Reihe Rechtswissenschaft
Band 176

Rechtsfolgen der Manipulation bei juristischen Prüfungen

Bettina Barten

Centaurus Verlag & Media UG 1994

Die Deutsche Bibliothek – CIP-Einheitsaufnahme

Barten, Bettina:
Rechtsfolgen der Manipulation
bei juristischen Prüfungen / Bettina Barten. –
Pfaffenweiler : Centaurus-Verl.-Ges., 1994
(Reihe Rechtswissenschaft ; Bd. 176)
Zugl.: Trier, Univ., Diss., 1994
ISBN 978-3-89085-966-8 ISBN 978-3-86226-455-1 (eBook)
DOI 10.1007/978-3-86226-455-1
NE: GT

ISSN 0177-2805

Satz: Vorlage der Autorin

Meinen Eltern

Vorwort

Die vorliegende Arbeit wurde im Wintersemester 1993/94 vom Fachbereich Rechtswissenschaft der Universität Trier als Dissertation angenommen.

Die Problematik der Manipulation bei juristischen Prüfungen dürfte wohl jedem bekannt sein, der mit diesem Themenbereich befaßt ist. Anstoß für die vorliegende Dissertation waren einige an der Universität Trier bekanntgewordene Manipulationsfälle im Rahmen von juristischen Prüfungen; Studenten fertigten für Prüfungsteilnehmer Aufsichtsarbeiten unter deren Namen an.

Im Verlauf der Untersuchung wurde das Deutsche Richtergesetz durch das Gesetz zur Verkürzung der Juristenausbildung vom 20.11.1992 (BGBl. I, S. 1926) geändert. Hierdurch wurden unter anderem die sogenannten Leistungskontrollen als Zulassungsvoraussetzung für die Fortgeschrittenenübungen und das erste juristische Staatsexamen formell abgeschafft. Sie finden jedoch vorliegend weiterhin Berücksichtigung, da bei Abschluß der Arbeit noch keine vollständige Umsetzung der Änderungen durch die Länder und Universitäten erfolgt war. Darüber hinaus bleiben die Leistungskontrollen sowohl für die Rechtsfolgen zukünftig aufgedeckter Manipulation als auch unter dem Gesichtspunkt der Heilungsproblematik relevant.

Nach Auffassung der rheinland-pfälzischen Landesregierung erforderte die Transparenz der Ausbildungsregelungen eine Neufassung des Juristenausbildungsgesetzes und der Juristischen Ausbildungs- und Prüfungsordnung. Zum Zeitpunkt der Dissertationseinreichung existierten jedoch lediglich Entwürfe dieser Normierungen. Deshalb werden als Anhang die erst nach Fertigstellung und Einreichung der Arbeit statuierten Änderungen in einem Überblick dargestellt.

An dieser Stelle möchte ich es nicht versäumen, mich bei all jenen, die mich bei meinem Vorhaben unterstützt haben, aufrichtig zu bedanken. Aufgrund der bestehenden Vielfalt an Personen, denen ich zu Dank verpflichtet bin, möchte ich ohne Darlegung ihrer jeweiligen Verdienste insbesondere danken: Prof. Dr. Rainer Zaczyk, Dr. Jürgen Kemper, meinen Eltern, meinem Bruder, meiner Großtante Änne Lamberts, Beate Hüllen, Ref. iur. Barbara Horsmann, Cand. iur. Stefan Jaeger und insbesondere meinem Doktorvater Prof. Dr. Hans-Heiner Kühne.

Inhaltsverzeichnis

1. TEIL: EINFÜHRUNG IN DIE PROBLEMATIK

A. Einleitung

"Fürs Mogeln hinter Gitter"[1], "Fünf bis zehn Jahre Freiheitsstrafe drohen möglicherweise künftig in Bangladesch Schülern der Mittel- und Oberstufe, die beim Prüfungsbetrug ertappt werden"[2], "Titel auf Bestellung; mit 24.000 DM ist man dabei"[3], "Gesetzlich zulässige Promotionsunterstützung bringt keine bedeutende Arbeitserleichterung"[4], "Betrüger müssen geoutet werden"[5], "Promotionsberatung - am Rande des Abgrunds?"[6], "Ein gekaufter Doktorhut wird jedem Unbefugten wieder vom Kopf gerissen"[7], "Der Doktor ist schon für 10.000 DM zu haben"[8], "Heute Cash, morgen Doktor"[9]. Solche Schlagzeilen, die Prüfungsmanipulation betreffen, liest oder hört man fast täglich.

Im Sommersemester 1992 wurden auch an der Universität Trier mehrere Manipulationsfälle publik. Die Täuschungsversuche in den verschiedenen Übungen für Fortgeschrittene (große Übung im Zivil- und Strafrecht) wurden fast durchgehend von denselben Studenten ausgeführt. Hier wurden Prüfungsarbeiten auf Bestellung gegen Bezahlung durch Dritte angefertigt.

Auffallend ist die bestehende Divergenz zwischen Praxisrelevanz und Behandlung der Thematik in Literatur und Rechtsprechung; wissenschaftliche Abhandlungen diesbezüglich existieren überhaupt nicht und in der Judikatur finden sich nur vereinzelt Fundstellen über diese in der täglichen Prüfungs- und Universitätspraxis enorm wichtige Problematik.

---

1 Thüringer Allgemeine vom 27. Oktober 1992, S. 16.

2 So die Frankfurter Allgemeine Zeitung vom 30. Oktober 1992, S. 9.

3 Vgl. Jenrich, Unicum 10. Jahrgang, Nr. 12, Dezember 1992, S. 31.

4 Gespräch mit Prof. Theisen über die legalen Grenzen der Tätigkeit von Promotionsberatern, Handelsblatt vom 23./24. Oktober 1992, Nr.206, Beilage Karriere, S. 1.

5 Leffers, Süddeutsche Zeitung - Beilage Hochschule und Beruf zu Nr. 270 vom 21./22. November 1992, S. 7.

6 Theisen, WiSt, Heft 9, 1992, S. 477 ff.

7 Vgl. Theisen, Junge Karriere, Sommersemester 1989, S. 4 f.

8 Herr, Frankfurter Allgemeine Zeitung vom 25. Januar 1992, S. 30.

9 Vgl. Leichs, Die Zeit vom 26. Juni 1992.

Die vorliegende Arbeit befaßt sich mit den mit der Manipulation bei juristischen Prüfungen zusammenhängenden Rechtsproblemen und soll Universitäten und Behörden eine Hilfe zur Bewältigung der daraus resultierenden Fragestellungen bieten.

Trotz des Vorhabens, eine extensive Bearbeitung der Problematik vorzunehmen, wäre es jedoch illusorisch zu glauben, daß jedes bestehende Einzelproblem und jede nur denkbare Manipulationsalternative erfaßt und allumfassend abgehandelt werden könnte. Die Aufzählung der verschiedenen Täuschungs- und Manipulationshandlungen läßt sich beliebig erweitern; ein Ende ist nicht abzusehen. Die Erfahrung lehrt, daß Not erfinderisch macht. Prüflinge, Prüfer und Dritte werden ihre Energie und ihren Geist auch weiterhin verwenden, um neue, ausgeklügelte Manipulationsmöglichkeiten zu entwickeln. Auf erfolgte Täuschungen wird zwar durch Erlaß neuer oder Änderung bereits bestehender Gesetze und auch durch Änderung der Handhabungspraxis reagiert, aber man wird wohl nie verhindern, daß Menschen durch Menschen getäuscht werden.[10]

Das Thema dieser Arbeit ist für alle universitären Ausbildungsbereiche relevant und soll hier nur exemplarisch für das Gebiet der Jurisprudenz abgehandelt werden. Durch bestehende Gemeinsamkeiten und Schnittpunkte der einzelnen Manipulationsvariationen ist eine gewisse Vergleichbarkeit und Übertragbarkeit der gewonnenen Erkenntnisse und Ergebnisse sichergestellt.

B. Problembeschreibung

Einleitend soll zunächst versucht werden, einen Einblick in das Ausmaß der Prüfungsmanipulation bei juristischen Prüfungen aus Sicht der Landesjustizprüfungsämter und Dekanate juristischer Fakultäten zu vermitteln. Diese tatsächliche Bestandsaufnahme gründet sich auf die Resonanz hinsichtlich eines umfangreichen Fragenkatalogs, der von der Verfasserin im September 1992 an alle Universitäten und Landesjustizprüfungsämter versandt wurde.[11]

---

10 So bereits Hachenburg, DJZ 1914, S. 677.

11 Hierin wurden die genannten Stellen u.a. gebeten, den Umfang bekanntgewordener Manipulationsfälle, ihre Erfahrungen diesbezüglich und verhängte Sanktionen mitzuteilen. Einbezogen in die Auswertung wurden auch Telefonate mit den bei den Institutionen zuständigen Personen. Anzumerken bleibt, daß es sich bei diesen Befragungen nicht um eine empirische Studie i.e.S. handelt, sondern um eine erste Bestandsaufnahme.

I. Mitteilungen der Landesjustizprüfungsämter[12]

Die zuständigen Justizprüfungsämter der Länder erteilten hinsichtlich Art und Umfang erheblich divergierende Angaben. Einige Landesjustizprüfungsämter verweigerten sowohl auf die schriftliche als auch auf eine nachfolgend durchgeführte telefonische Anfrage strikt jegliche Auskunft, andere machten sehr umfangreiche und ausführliche Angaben.[13] Teilweise wurde von den zuständigen Stellen mitgeteilt, daß bei ihnen Manipulationsfälle - gleichgültig welcher Art - im Rahmen juristischer Prüfungen noch nicht vorgekommen seien, zum Teil verwiesen sie hinsichtlich der gesamten Thematik nur auf die einschlägigen Normen über Ordnungsverstöße und Täuschungsversuche in den Juristenausbildungsgesetzen oder -ordnungen.[14] Fast alle Justizprüfungsämter bekundeten jedoch ein ihrerseits bestehendes Interesse an einer rechtlichen Bearbeitung der Manipulationsproblematik im Rahmen juristischer Prüfungen.

Die Mitteilungen zusammenfassend bleibt festzustellen: wenn nachträglich Leistungskontrollnachweise und/oder Scheine wegen Täuschung aberkannt werden, dann kann die Zulassung zur ersten juristischen Staatsprüfung versagt oder widerrufen werden, da in diesem Fall die Zulassungsvoraussetzungen für des erste Staatsexamen nicht erfüllt sind.[15] Ein solcher Fall sei aber noch nicht vorgekommen.

---

12 Berücksichtigt wurden die Angaben des Justizprüfungsamtes beim Hanseatischen Oberlandesgericht, Oberlandesgericht Hamm, Oberlandesgericht Düsseldorf, Oberlandesgericht Köln, Schleswig-Holsteinischen Oberlandesgericht, der Justizprüfungsämter Berlin, Bremen, Wiesbaden, Sachsen, des Ministers für Justiz des Landes Mecklenburg-Vorpommern, des Landes Sachsen-Anhalt, des Landes Brandenburg, des Bayerischen Landesjustizprüfungsamtes, der Landesjustizprüfungsämter Baden-Württemberg, Rheinland-Pfalz, Niedersachsen, Nordrhein-Westfalen, des Thüringer Justizministeriums und des Saarländichen Landesjustizprüfungsamtes.

13 Eine Sonderstellung nehmen die Prüfungsämter der neuen Bundesländer ein; teilweise existierten z.Zt. der Anfrage bei ihnen noch keine gesetzlichen Grundlagen, aufgrund derer Maßnahmen gegen Prüfungsmanipulation hätten ergehen können. Zudem fehlten aufgrund der Tatsache, daß die Justizprüfungsämter, die für die beiden juristischen Staatsexamen zuständig sind, erst neu eingerichtet werden mußten, laut eigener Angabe Erfahrungswerte, die mitgeteilt werden konnten.

14 Gesetze, die Folgen von Täuschungsversuchen und vollendeten Täuschungen im Rahmen der juristischen Staatsexamen beinhalten, sind z.B. § 23 JAPrO BW; § 31 JAPO Bay.; §§ 9, 19 JAO Berl.; § 27 JAG Brem.; § 23 JAO Ham.; § 18 JAG Hess.; § 15 JAG Meckl.-Vorp.; § 24 JAO Nds.; § 11 JAG Rhl.-Pf.; § 14 JAPO Sachs.; § 30 JAO Schl.-Hol.

15 Vgl. hierzu die einzelnen Landesvorschriften, wie beispielsweise § 8 JAPrO BW, § 16 JAPO Bay., § 1 JAG Berl., § 9 JAG Hess., § 20 JAG Meckl.Vorp., § 1 JAO Nds., § 8 JAG NRW, § 9 JAG Saarl., § 26 JAPO Sachs., § 8 JAPrO Sachs.-Anh., § 7 JAO Schl.-Hol.

In insgesamt sieben Fällen hatten sich Prüflinge, die im Examen eine Hausarbeit zu erstellen hatten, Kenntnis von einer durch einen Vorarbeiter der bereits früher einmal als Prüfungsarbeit ausgegebenen Hausarbeit erstellten Lösung verschafft. Die Hausarbeiten der Prüflinge wurden daraufhin mit der Note "ungenügend" bewertet. In einem anderen Fall wurden verschlossene Prüfungsaufgaben, die im ersten Staatsexamen gestellt wurden, von einer Gruppe von Prüfungsteilnehmern einige Tage vor dem Prüfungstermin nachts mit Hilfe eines Nachschlüssels entwendet, fotokopiert und später wieder zurückgelegt. Die betroffenen Personen wurden strafrechtlich zur Verantwortung gezogen und ihre Staatsprüfung wurde für nicht bestanden erklärt.

Von den Justizprüfungsämtern wurden insgesamt fünf Vorkommnisse mitgeteilt, die die Lösung einer Prüfungsaufgabe durch Dritte betrafen. In einem Fall hat ein Kandidat im ersten Examen per Sprechfunk über einen Minisender den erhaltenen Aufgabentext der Aufsichtsarbeit an Helfer übermittelt und nach Bearbeitung durch diese die Lösung auf dem gleichen Weg empfangen. Das Examen wurde daraufhin für nicht bestanden erklärt. Ein anderes Mal hat ein Rechtsanwalt für einen Prüfling mit gefälschtem Personalausweis das erste Staatsexamen abgelegt. Das Examen wurde für nicht bestanden erklärt. Desweiteren absolvierte ein Münchener Jurist für einen Prüfungskandidaten das erste juristische Staatsexamen, bestand dieses jedoch nicht und legte dann auch für den Prüfling die Wiederholungsprüfung ab, welche er bestand. Das Examen wurde auch hier für nicht bestanden erklärt. Zwei Prüfungskandidaten, die ihre Aufsichtsarbeiten in zwei getrennt voneinander liegenden Räumlichkeiten geschrieben hatten, lieferten weitgehend identische Klausuren ab. Beide bestanden daraufhin das erste juristische Staatsexamen nicht. Die Landesjustizprüfungsämter führten an, daß in den Fällen, in denen der Prüfling die Leistung nicht selber erbringe, sondern dies durch eine dritte Person erfolge, fast durchgehend ein schwerer Fall von Prüfungsmanipulation zu bejahen sei.

Als häufigst vorkommender Manipulationsfall wurde die Verwendung unzulässiger Hilfsmittel (präparierte Gesetzestexte, "Fuschzettel" etc.) und die durch Zusammenarbeit zustandekommenden Übereinstimmungen in den häuslichen Arbeiten der Prüflinge genannt. Auch der Verstoß gegen die wissenschaftliche Redlichkeit in Form von wörtlicher Übernahme umfangreicher Literaturteile ohne Kenntlichmachung sei bei Hausarbeiten nicht selten. In einem solchen Fall sei die Hausarbeit in der Regel mit "ungenügend" zu benoten.

Bei der Prüfungsform der häuslichen Arbeit seien insbesondere drei Täuschungsmöglichkeiten zu erwähnen:

a) den als Hausarbeitsaufgabe ausgegebenen Aktenstücken lägen Originalverfahren zugrunde und die darin ergangenen Urteile würden bei der Anfertigung der Arbeit als unerlaubte Hilfe verwendet;

b) die Beauftragung Dritter mit der Anfertigung der Hausarbeiten;

c) in der Vergangenheit wurden gleiche Aktenstücke über einen längeren Zeitraum mehrfach als Hausarbeitsprüfungsaufgaben ausgegeben. Die Bearbeiter eines Aktenstücks wurden in einer zentralen Kartei - meist nur mit der Telefonnummer - erfaßt. Den Prüfungskandidaten, die dieses Aktenstück später als Examenshausarbeit zu bearbeiten hatten, stand die Möglichkeit offen, sich bei dem Führer dieser Kartei Informationen über Vorarbeiter zu beschaffen und damit möglicherweise an bereits fertiggestellte und bewertete Hausarbeiten zu gelangen. Dieser Manipulationsmöglichkeit sei aber inzwischen durch eine Änderung der Ausgabepraxis von häuslichen Arbeiten begegnet worden.

Als Gegenmaßnahme zu erfolgten Täuschungen kam es in Berlin zur Abschaffung der Vorbereitungszeit von drei Tagen für den Aktenvortrag und zur Abschaffung der Hausarbeit im Examen. Auch in den übrigen Ländern existieren Überlegungen, die Prüfungsform der häuslichen Arbeit abzuschaffen bzw. bei der Notengebung schwächer zu berücksichtigen und/oder eventuell eine größere Anzahl von Aufsichtsarbeiten einzuführen. Um Prüfungsmanipulation von vornherein auszuschließen, wird in einigen Ländern verhindert, bzw. versucht zu verhindern, daß wissenschaftliche Hilfskräfte von dem Professor, bei dem sie beschäftigt waren, (im mündlichen Teil der Staatsexamina) geprüft werden.

Die Landesjustizprüfungsämter gaben an, der Verdacht, daß häusliche Arbeiten durch Dritte angefertigt wurden, komme insbesondere dann auf, wenn das Hausarbeitsergebnis extrem von den Klausurergebnissen abweiche. Problematisch sei in diesen Fällen aber der Beweis der Manipulation.[16] Ein Prüfungsamt äußerte

---

16 "Die Prüfer haken in solchen Fällen in der mündlichen Prüfung nach und stellen oft fest, daß der Kandidat vom Thema seiner Hausarbeit keine Ahnung hat", so Herr, Frankfurter Allgemeine Zeitung vom 25. Januar 1992, S. 30. Beachte hierzu die vom BVerfG entschiedene Verfassungsbeschwerde des "schweigenden Prüflings" (NJW 1980, S. 1153 f = EuGRZ 1980, S. 43 ff): Ein Kandidat hatte im schriftlichen Teil des ersten juristischen Staatsexamens eine Punktzahl erreicht, mit der er die gesamte Prüfung auch dann bestanden hätte, wenn seine mündlichen Leistungen durchweg mit null Punkten bewertet worden wären. Da er die ihm gestellten Fragen in der mündlichen Prüfung nahezu alle nicht beantwortete, wurde die Prüfung unter dem Gesichtspunkt "Nichtteilnahme an der Prüfung ohne

die Vermutung, daß 80 % der Examenshausarbeiten nicht von den Prüflingen alleine geschrieben würden. Folglich wären viele Juristen, die ein Hausarbeitsexamen abgelegt hätten, ohne Qualifikation und Befähigung auf dem Arbeitsmarkt, da sie sich ihre Hausarbeiten hätten schreiben lassen. Da man diese Vermutung aber nicht beweisen könne, wäre es auch nicht möglich, sie öffentlich kundzutun.[17]

Der Großteil der Prüfungsämter wies daneben auf die bestehende Schwierigkeit bei der Bekämpfung der sog. ghost-writer-Büros hin. Welche Sanktionen im Einzelfall ergriffen würden, hinge von der Schwere des ordnungswidrigen Verhaltens ab. Dabei sei insbesondere zu berücksichtigen, in welcher Weise sich der Täuschungsversuch auf die Anfertigung der Prüfungsleistung ausgewirkt und inwieweit sich diese dadurch von einer eigenständigen Leistung des Kandidaten entfernt habe.

II. Mitteilungen der Dekanate juristischer Fakultäten[18]

Die Resonanz der Dekanate der Universitäten war ebenfalls sehr unterschiedlich.[19] Einige Universitäten erteilten bereits nach der ersten Anfrage bereitwillig und detailliert Auskunft, andere schickten nach mehrmaliger Anfrage nur Kopien

---

entschied das BVerfG, daß die Prüfungskommission den Prüfling unter Berücksichtigung der verfahrensrechtlichen Auswirkungen des Art. 12 I GG bereits während der Prüfung darauf hätte hinweisen müssen, daß sein Schweigen nach dem o.g. Gesichtspunkt beurteilt werden könnte. Da dies nicht geschehen sei, liege eine Verletzung des Beschwerdeführers in seinem Grundrecht aus Art. 12 I GG vor.

17 Durch eine solche Äußerung in der Öffentlichkeit würde die Rechtssicherheit und das Vertrauen der Bevölkerung in die Rechtspflege erheblich geschwächt, wenn nicht sogar beseitigt.

18 Berücksichtigt wurden die Angaben der Ernst-Moritz-Arndt-Universität Greifswald, der juristischen Fakultät der Universitäten Göttingen, Heidelberg, Augsburg, Mannheim, Rostock, Osnabrück, Regensburg, Erlangen-Nürnberg, Bremen, Hamburg, Köln, Trier, Konstanz, Passau, Hannover und Bielefeld, der Bayerischen Julius-Maximilians-Universität Würzburg, der Ludwig-Maximilians-Universität München, der Albert-Ludwigs-Universität Freiburg, der Georg-August-Universität Göttingen, der Johannes-Gutenberg-Universität Mainz, der Ruhr-Universität Bochum, der Fernuniversität Hagen, der Rheinischen Friedrich-Wilhelms-Universität Bonn, der Johann Wolfgang-Goethe-Universität Frankfurt a.M., der Justus-Liebig-Universität Giessen, der Technischen Hochschule Darmstadt, der Philipps-Universität Marburg, der Westfälischen Wilhelms-Universität Münster, der Eberhard-Karls-Universität Tübingen, der Christian-Albrechts-Universität zu Kiel und der Freien Universität Berlin.

19 Auch bei den Dekanaten juristischer Fakultäten in den neuen Bundesländern ist zu berücksichtigen, daß vielfach noch keine universitären Ordnungen vorhanden waren, und daß aufgrund erst erfolgter Wiedererrichtung oder Neueinrichtung eigene Erfahrungswerte noch nicht bestanden.

mit einigen bei Täuschungsfällen einschlägigen Normen; nur sehr wenige Universitäten antworteten - auch nach wiederholten Anfragen - überhaupt nicht.

Verschiedene Dekanate (auch die großer Universitäten) führten an, daß Manipulation im Rahmen von juristischen Prüfungen bei ihnen bisher noch nicht aufgetreten sei.[20] Andere verweigerten Angaben zu der Problematik, da bei ihnen kein zuverlässiges Material gesammelt würde, also keine verläßlichen und vollständigen Daten vorhanden seien. Einige Dekanate begründeten ihre Auskunftsverweigerung mit dem zu hohen Arbeitsaufwand, der durch die Beantwortung der Fragen entstünde, andere damit, daß die einzelnen Manipulationsfälle im Dekanat nicht bekannt würden, da sie in die Verantwortung des Übungsleiters bzw. der Landesjustizprüfungsämter fielen; Maßnahmen hinsichtlich eines Manipulationsfalls würden von den jeweiligen Übungsleitern ohne Rücksprache mit dem Dekanat verhängt. Es erscheint naheliegend, daß teilweise eine Geheimhaltung hinsichtlich der Manipulationsfälle erfolgt, um dadurch nicht dem Ruf der Universität zu schaden.[21]

Fälle, in denen Prüflinge bei allgemeinen Täuschungshandlungen (Verwenden unzulässiger Hilfsmittel, Abschreiben vom Platznachbarn etc.) aufgefallen sind, seien bereits häufiger vorgekommen; sowohl bei den Leistungskontrollen und den großen Scheinen als auch bei den Staatsexamen sei diese Manipulationsart nicht selten. Größtenteils erfolgten die Täuschungen durch Abschreiben vom Sitznachbarn und durch Zurhilfenahme von Büchern und Aufbauschemata.[22] Die Folge eines solchen Manipulationsversuchs sei in der Regel die Bewertung der Arbeit mit null Punkten, also "ungenügend". Rechtsgrundlage hierfür seien bei den Leistungskontrollen die Leistungskontrollordnungen, bei den großen Scheinen die Studien- oder Prüfungsordnungen und/oder allgemeine ungeschriebene Prüfungsgrundsätze[23]. In einigen Fällen sind im Rahmen der kleinen Scheine fast identische Hausarbeiten abgegeben worden; beide Arbeiten wurden mit null Punkten

---

20 Da andere Universitäten angeben, Täuschungsfälle seien in diesem Bereich nicht rar und auch eigene studentische Erfahrungen darauf hindeuten, daß Prüfungsmanipulation im Rahmen juristischer Prüfungen an den Universitäten nicht sehr selten versucht - und noch öfter vollendet - wird, erscheint diese Angabe zweifelhaft.

21 Durch eine Geheimhaltung der Manipulationsfälle wird jedoch genau das Gegenteil erreicht; erstens werden aufgrund der Geheimhaltung keine Maßnahmen gegen die Manipulation ergriffen und zweitens hat doch gerade eine Universität, die gegen Manipulation vorgeht und dies auch publik macht, einen guten Ruf.

22 Eine große Universität gab an, im Rahmen der studienbegleitenden Leistungskontrollen komme es durchschnittlich einmal pro Semester zum Nichtbestehen einer Arbeit wegen Täuschungsversuchs; es erfolge ein Ausschluß von der Fortsetzung der Arbeit oder der gesamten Übungsteilnahme.

23 Was hierunter zu verstehen ist, wurde von den Dekanaten nicht ausgeführt.

bewertet. Bei einer Aufsichtsarbeit im Rahmen der großen Scheine wurde ein Prüfungskandidat mit einem Skriptum auf den Knien entdeckt; auch seine Arbeit wurde mit null Punkten bewertet.

Eine Universität gab an, ein Korrekturassistent habe die Lösungsskizze der Arbeit vorher an einige Prüflinge herausgegeben.[24]

Insgesamt sind auch mehrere Fälle, in denen Dritte schrifliche Arbeiten für die eigentlichen Prüflinge erstellt haben, mitgeteilt worden. In einem Fall hat ein Prüfungskandidat die Hausarbeit von einem Mitprüfling übernommen und abgegeben. Als Ordnungsmaßnahme erging ein Studienausschluß von einem Semester und die Androhung eines Zwangsgeldes in Höhe von 500 DM bei Zuwiderhandlung. An einer Universität haben mehrere Personen Klausuren im Rahmen der großen Scheine für die eigentlichen Prüflinge geschrieben. Sie versahen die Klausuren mit den Namen der Prüflinge und gaben sie ab.[25] In einem anderen Fall hat eine Person für mehrere Prüflinge eine häusliche Arbeit geschrieben; er erstellte die Arbeit mit Hilfe des Computers, übertrug sie auf Disketten und gab diese gegen Entgelt an die Prüflinge. Die Arbeiten wurden alle mit null Punkten bewertet.

An einer Universität wurde ein besonderer Fall publik. Ein Student vermittelte gegen Entgelt Personen, die schriftliche Prüfungsleistungen im Rahmen der großen Scheine für die eigentlichen Prüflinge erbrachten. Nach Aufdeckung dieser Vorkommnisse wurde der Vermittler, der selbst Teilnehmer einer Fortgeschrittenenübung war, von dieser ausgeschlossen; der Schein wurde ihm nicht ausgeteilt, obwohl er eine Klausur und eine Hausarbeit bestanden hatte.

Wiederholt wiesen die Dekanate darauf hin, daß bei der großen Anzahl der Studenten auf eine hohe Dunkelziffer hinsichtlich der Prüfungsmanipulation zu schließen sei; bei den "Masseklausuren" könne man das Abschreiben in gewissem Umfang nicht verhindern und wenn die Korrekturarbeiten auf mehrere Korrekturkräfte verteilt seien, dann würde das Abschreiben entweder gar nicht oder nur - selten - zufällig bemerkt. Häufiger bestünden Ähnlichkeiten bei schriftlichen Prüfungsarbeiten, jedoch seien die existierenden Beweisschwierigkeiten oft nicht zu überwinden. Bei nahezu (zumindest teilweiser) wörtlicher Überein-

24 Als man dieses Vorgehen entdeckte, wurde laut Angabe des Dekanats lediglich der Werkvertrag mit dem Korrekturassistenten aufgelöst; ansonsten ergaben sich für diesen keine Folgen.

25 Dem die Hilfe in Anspruch nehmenden Prüfling wurde, nach entsprechender Mitteilung des Professors an das Bafög-Amt, die finanzielle Unterstützung entzogen.

stimmung der Arbeiten würden diese nicht gewertet, ansonsten versuche man, die Manipulation bei Aufsichtsarbeiten dadurch zu vermeiden bzw. zu verringern, daß die Platzdistanz vergrößert und die Aufsicht verbessert würde. Auch sei zu beachten, daß nicht jeder aufgedeckte Täuschungsversuch zu einem formellen Ordnungsverfahren führe; häufig käme es nur zu einer Ermahnung auffällig gewordener Personen während einer Klausur, zu einer Wegnahme unzulässiger Hilfsmittel[26], zu einer Umsetzung der auffällig gewordenen Person während der Aufsichtsarbeit oder zu einer Ahndung durch einfache Nichtanerkennung der Leistung.

Im Falle der Manipulation im Rahmen der Promotion kommt es nach Angabe der Universitäten grundsätzlich zur Entziehung des Doktorgrades. In einem Fall sei einem Doktoranden nach über zwanzig Jahren von einem Hochschullehrer einer anderen juristischen Fakultät der Vorwurf eines Plagiats gemacht worden. Nach der Promotionsordnung hätte der Titel zwar entzogen werden können, man einigte sich jedoch darauf, ein neues Promotionsverfahren mit einer selbständig geschriebenen Dissertation durchzuführen. Der Doktorand hat dieses Verfahren durchlaufen und bestanden.

III. Akademisches ghost-writing

Die Sichtung der vorhandenen Literatur und Rechtsprechung weist auf eine evidente Divergenz zwischen tatsächlicher Praxis und verwaltungsrechtlicher, disziplinarrechtlicher und strafrechtlicher Ahndung der Prüfungsmanipulation hin; dies könnte die Folge eines bestehenden hohen Dunkelfeldes im Bereich der Prüfungsmanipulation sein.[27] In Zeitungen, Zeitschriften und Fernsehsendungen werben beispielsweise sog. akademische ghost-writer für ihre Tätigkeit (Anfertigung von Hausarbeiten, Dissertationen u.ä.). Das akademische ghostwriting hat bereits ein solches Ausmaß angenommen, daß die Bundestagsabgeordnete Sigrun Löwisch (CDU/CSU) die Bundesregierung befragte, ob diese es

---

26 Eine Universität führte an, daß im Falle kommentierter Gesetzestexte diese dem Prüfling für die Dauer der Prüfung weggenommen und durch unkommentierte, universitätseigene ausgetauscht würden.

27 Auf ein bestehendes hohes Dunkelfeld wiesen auch die Landesjustizprüfungsämter und die Dekanate der Universitäten hin, siehe oben B.I. und II. Häufig besteht das Problem der Nachweisbarkeit der Prüfungsmanipulation; zwar ist ein Verdacht vorhanden, aber beweisen läßt sich diese Vermutung oft nicht. Wer soll z.B. nachprüfen, ob ein Prüfungskandidat die schriftliche Leistung tatsächlich selber erbracht hat. Entweder sind es evidente Manipulationsfälle, die entdeckt werden, oder ein Zufall führt zu deren Aufdeckung. Sichere Quellen, um die Schwierigkeiten in der Beweisführung zu bewältigen, sind nur die manipulierenden Prüflinge, die manipulierenden Dritten und/oder die manipulierenden Prüfer, aber genau diese schweigen.

nicht für erforderlich halte, das sog. akademische ghost-writing (Anfertigung schriftlicher Prüfungsarbeiten an den Universitäten durch Dritte) unter Strafe zu stellen; ein solches Vorgehen erfolge gewerbsmäßig, werde aber durch bestehende Straftatbestände nicht erfaßt.[28] Auch im rheinland-pfälzischen Landtag hat es eine kleine Anfrage des Abgeordneten Pörksen (SPD) hinsichtlich des akademischen ghost-writing gegeben.[29] Der Antwort auf diese kleine Anfrage vom Ministeriums für Wissenschaft und Weiterbildung ist zu entnehmen, daß die Betätigung des "ghost-writers" strafrechtlich kaum relevant ist.

Die Anfertigung schriftlicher juristischer Prüfungsleistungen durch Dritte (Fremdschreiber) hat sich zu einem - auch in Universitätskreisen bekannten - lukrativen Gewerbe entwickelt. Hierdurch werden die vorgegebenen allgemeinen und besonderen juristischen Prüfungsziele[30] - im Wege der Manipulation - umgangen und in ihr Gegenteil verkehrt. Aus diesem Grunde verdient die gesamte Thematik der Prüfungsmanipulation im Rahmen juristischer Prüfungen eine entsprechende Verbreitung und Bewußtwerdung in der Öffentlichkeit.

---

28 Vgl. BT-Drucks., 12/2099 vom 14.02.1992. Dort ist auch die Antwort der Bundesregierung auf diese Anfrage abgedruckt. Es wurden daraufhin zwei Länderbefragungen durchgeführt; der Bundesminister der Justiz und der Bundesminister für Bildung und Wissenschaft wandten sich an die entsprechenden Landesministerien und baten um Stellungnahme zur Frage, ob Bedarf für die Einführung von Strafvorschriften gegen das sog. akademische ghost-writing bestehe. Als Ergebnis dieser initiierten Länderumfragen ist festzuhalten, daß sich nahezu alle Länder gegen die Schaffung neuer Straftatbestände ausgesprochen haben, zumal bisher nur Einzelfälle des gewerblichen akademischen ghost-writing bekannt geworden seien. Die einzelnen Länder führen an, daß die bestehenden gesetzlichen Regelungen ausreichend seien. Lediglich das Thüringer Ministerium für Wissenschaft und Kunst hält gesetzgeberische Maßnahmen im strafrechtlichen Bereich in jedem Fall für notwendig. Aufgrund dieser Länderumfragen besteht nach Auffassung der Bundesregierung zum gegenwärtigen Zeitpunkt kein Bedürfnis für gesetzgeberische Maßnahmen im strafrechtlichen Bereich; einzelne Fallkonstellationen würden außerdem bereits jetzt durch existierende Strafvorschriften erfaßt.

29 Landtags-Drucks. Rheinland-Pfalz, 12/1294 vom 31.03.1992.

30 Siehe hierzu unten 2.Teil, C.II. und III.

2. TEIL: BEGRIFFSBESTIMMUNG UND VERFASSUNGSRECHTLICHE GRUNDLAGEN

A. Darlegung des Untersuchungsgegenstands

I. Beschreibung der untersuchten Prüfungsarten

Als Prüfungsarten werden in dieser Arbeit die juristischen Prüfungen in Form der Leistungskontrollen, der großen Scheine, der beiden Staatsexamen sowie der Promotion herausgegriffen und untersucht. Damit sind in dem Bereich vor der Habilitation alle juristischen Prüfungsformen erfaßt.[31]

1. Die Leistungskontrollen

Bei den studienbegleitenden Leistungskontrollen handelt es sich um eine Art "Schwellenprüfung"; mit ihnen soll bis zum Ende des zweiten Studienjahres festgestellt werden, ob der Student für die weitere Ausbildung fachlich geeignet ist. Die Kontrollen erstrecken sich mindestens auf das Bürgerliche Recht, das Strafrecht und das Öffentliche Recht (vgl. § 5a IV (4) DRiG a.F.).[32] In der Regel wird je eine mit mindestens ausreichend bewertete Aufsichtsarbeit in den Fächern

---

31 Da sich bei den kleinen Scheinen hinsichtlich der Manipulationsfolgen keine Unterschiede zu denen bei der Übung für Fortgeschrittene ergeben, mit Ausnahme der gesondert untersuchten Leistungskontrollen, erfolgt diesbezüglich keine isolierte Untersuchung.

32 Mit der Verabschiedung des Dritten Gesetzes zur Änderung des Richtergesetzes vom 25.7.1984 wurden die studienbegleitenden Leistungskontrollen eingeführt (BGBl. I, S. 995). Ihnen mußten sich spätestens alle Studenten unterziehen, die vom Wintersemester 1985/86 an ihr Studium aufgenommen haben. Durch Art. 1 des Gesetzes zur Verkürzung der Juristenausbildung vom 20.11.1992 (BGBl. I, S. 1926) wurde § 5 a IV DRiG und damit das Erfordernis der Leistungskontrollen bundesrechtlich wieder aufgehoben. Die Problematik der Manipulation bei Leistungskontrollen ist durch die Änderung des DRiG jedoch nicht obsolet geworden. Zum einen bestimmt Art. 2 (1) des Gesetzes zur Verkürzung der Juristenausbildung, daß Studenten ein Studium nach § 5 a DRiG a.F. bis zum Ablauf von einem Jahr nach Inkrafttreten dieses Gesetzes aufnehmen können. Zwar ermächtigt Art. 2 (2) dieses Gesetzes die Landesgesetzgeber eine hiervon abweichende Regelung zu treffen. Von dieser Ermächtigung hatten die Länder bis zum Abschluß der vorliegenden Arbeit jedoch nur teilweise Gebrauch gemacht. Dementsprechend wurden die Leistungskontrollen zum Teil noch durchgeführt und weiterhin als Zulassungsvoraussetzung für die Fortgeschrittenenübungen und für das erste juristische Staatsexamen gefordert. Zum anderen bleibt die vorliegende Untersuchung im Hinblick auf die Leistungskontrollen auch für diejenigen Kandidaten relevant, die unter der Geltung der jeweiligen Leistungskontrollordnungen die Prüfungen abgelegt haben. Insoweit stellt sich insbesondere die Frage, ob eine nachträgliche Aufhebung des ursprünglichen Prüfungsergebnisses aufgrund von Manipulationen möglich ist und welche Folgen sich hieraus bejahendenfalls ergeben könnten. Dieser Aspekt wird unter dem Gesichtspunkt der Heilungsproblematik behandelt, vgl. unten 4.Teil, F.

der drei Anfängerübungen unter Prüfungsbedingungen gefordert. Bei wiederholten Mißerfolg ist die Zulassung zu den Fortgeschrittenenübungen und zur ersten juristischen Staatsprüfung ausgeschlossen, § 5 a IV (6) DRiG a.F.[33]

Über die studienbegleitenden Leistungskontrollen gab und gibt es scharfe Kontroversen, wobei sich die Frontlinie quer durch alle Gruppen zieht. Die Befürworter argumentieren[34], daß die Studenten durch die studienbegleitenden Leistungskontrollen endlich einen Hinweis darauf erhalten würden, ob sie für das Studium auch wirklich geeignet seien. Durch die Leistungskontrollen sei es möglich, schnell Aufschluß über vorhandene Eignung, Neigung und Motivation zu finden. Die Unsicherheit über lange Jahre bis zum ersten Staatsexamen könne dadurch gemildert werden. Weiterhin wird angeführt, daß die Leistungskontrollen zu einem gestrafften Studium in den ersten Semestern führten und dadurch die gesamte Studiendauer verkürzt würde. Nach Auffassung der Gegner der studienbegleitenden Leistungskontrollen[35] bewirken diese nur eine weitere, sinnlose Erschwerung des Studiums, einen "Numerus Clausus durch die Hintertür" und einen erheblichen Mehraufwand an Bürokratie und Arbeitseinsatz. Leistungsdruck schon in frühen Semestern, Verschulung des Universitätsstudiums und Einschränkung der akademischen Freiheit seien die Folge. Die Leistungskontrollen fixierten einen Zeitraum, in dem die Orientierung der Studenten im Studiengang noch unentwickelt sei. Deshalb sei ihr Prognosewert sehr gering, die Negativposten, die sie mit sich führten, jedoch sehr hoch. Die ihnen zugedachte Funktion, ungeeignete Studenten zu einem frühzeitigen Ausscheiden aus dem rechtswissenschaftlichen Studiengang zu veranlassen, könnten sie nicht erfüllen, denn die Mißerfolgsquote bei den Leistungskontrollen sei sehr gering und dürfte teilweise gegen Null tendieren.[36] Die Studenten konzentrierten sich zu sehr auf die Erbrin-

33 Zu den speziellen Anforderungen an die Leistungskontrollen vgl. die Ordnung der jeweiligen Universität über die studienbegleitenden Leistungskontrollen im Studiengang Rechtswissenschaft. Die Landesgesetzgeber haben die nähere Verfahrensausgestaltung dem Satzungsrecht der rechtswissenschaftlichen Fakultäten überlassen. Allerdings gibt es vom Deutschen Juristen-Fakultätentag einen Musterentwurf, an den sich die Fakultäten bei der Erstellung der Leistungskontrollordnungen weitgehend gehalten haben. Zu den studienbegleitenden Leistungskontrollen im allgemeinen siehe Hennecke in: Das Jura-Studium, S. 49 ff.

34 Siehe hierzu BT-Drucks. 10/1108; BR-Drucks. 545/83 S. 9; Protokoll und Beschluß des Deutschen Juristen-Fakultätentages vom 29./30.6.1984 (unveröffentlicht); Herr, DRiZ 1984, S. 263 f; Millgramm, Jura 1987, S. 178 ff.

35 Vgl. Gesetzentwurf, BT-Drucks., 12/2280 vom 17.03.1992; Beschlußempfehlung und Bericht des Rechtsausschusses, BT-Drucks., 12/3337 vom 02.10.1992; Fastenrath, WissR, Bd. 19, 1986, S. 141 ff; Hattenhauer, Jura 1984, S. 278 ff; Neumann, DVBl. 1987, S. 339 ff; Stalendorff, JuS 1989, S. 943 f; Thieme, DRiZ 1984, S. 233 ff.

36 Nach Angabe der Universität Osnabrück lag die Durchfallquote im Rahmen der studiengegleitenden Leistungskontrollen unter 1 %.

gung der Leistungskontrollen, vernachlässigten deshalb andere Fächer und würden aufgrunddessen zu spät mit einem systematischen Studium beginnen. Folglich wirkten die studienbegleitenden Leistungskontrollen nicht stundienverkürzend, sondern studienverlängernd. Wie dargestellt[37], ist dieser Streit durch die formelle Abschaffung der Leistungskontrollen jedoch hinfällig geworden.

2. Die großen Scheine

Die sog. großen Scheine werden im Rahmen der Übung für Fortgeschrittene im Bürgerlichen Recht, im Strafrecht und im Öffentlichen Recht erworben. Die Fortgeschrittenenübungen bestehen aus Hausarbeit und Klausur. In der Regel ist an drei Terminen im Semester eine Klausur zu schreiben und an zwei Terminen im Semester wird den Studenten eine Hausarbeit angeboten. Als Klausur soll jeder Student in zwei, drei oder vier Stunden eine schriftliche Lösung zu einem Rechtsfall abliefern. Als Hausarbeit wird ein umfangreicherer und problemangereicherter Sachverhalt ausgeteilt, der dann unter Zurhilfenahme von Fachliteratur gelöst werden soll. Die Übungen sind erfolgreich absolviert und der große Schein wird erteilt, wenn zumindest je eine Aufsichtsarbeit und eine Hausarbeit mit mindestens der Note "ausreichend" bewertet worden ist.

3. Das erste juristische Staatsexamen

Die erste juristische Staatsprüfung ist Studienabschlußprüfung und gleichzeitig Eingangsprüfung für den öffentlichen Dienst. Sie dient der Feststellung, ob der Bewerber das rechtswissenschaftliche Studienziel erreicht hat und somit für den juristischen Vorbereitungsdienst fachlich geeignet ist.[38]

Gem. § 5 d I DRiG sind im ersten Staatsexamen schriftliche und mündliche Leistungen zu erbringen. Hierdurch ist jedoch noch nicht klargestellt, wie sich die schriftliche Prüfung gestaltet. In der Praxis gibt es zwei unterschiedliche Examenstypen, das Hausarbeitsexamen und das Klausurexamen. Im Klausurexamen besteht die schriftliche Prüfung ausschließlich aus Aufsichtsarbeiten (fünfstündige Klausuren), beim Hausarbeitsexamen werden die Aufsichtsarbeiten durch eine Hausarbeit ergänzt. Z.B. in den Ländern Schleswig-Holstein, Hamburg, Niedersachsen, Nordrhein-Westfalen, Sachsen-Anhalt, Thüringen, Bremen und Hessen werden als Prüfungsleistungen eine Hausarbeit, Klausuren und eine mündliche

---

37 Vgl. oben Fußnote 32.

38 Siehe § 5 (1) JAG Rhl.-Pf. und die entsprechenden Vorschriften der anderen Länder, wie z.B. § 4 I JAPO Bay., § 2 (1) JAG Berl., § 6 JAG Hess.

Prüfung gefordert.[39] In Hessen kann eine Klausur durch eine schriftliche Kurzhausarbeit, bei der die Bearbeitungszeit eine Woche beträgt, ersetzt werden.[40]

In den Ländern Rheinland-Pfalz, Sachsen, Saarland, Baden-Württemberg und Bayern z.B. besteht das erste juristische Staatsexamen aus bis zu acht Klausuren und einer mündlichen Prüfung.[41]

Zu der mündlichen Prüfung wird nur zugelassen, wer bereits im schriftlichen Teil eine bestimmte Punktzahl, d. h. ein Mindestergebnis, erreicht hat. Die mündliche Prüfung dauert etwa fünf Stunden und wird von vier Prüfern abgehalten. Die Prüfungskommission setzt sich aus Hochschullehrern und Praktikern zusammen.

Sowohl in der schriftlichen als auch in der mündlichen Prüfung des ersten juristischen Staatsexamens hat der Prüfling Leistungen im Bereich des Bürgerlichen Rechts, des Strafrechts, des Öffentlichen Rechts und des jeweiligen Wahlfachs zu erbringen.

4. Das zweite juristische Staatsexamen

Die zweite juristische Staatsprüfung dient der Feststellung, ob der Referendar das Ziel der Ausbildung erreicht hat und ihm damit nach seinen fachlichen und allgemeinen Kenntnissen und Fähigkeiten, nach seinem persönlichen Geschick und nach dem Gesamtbild seiner Persönlichkeit die Befähigung zum Richteramt und zum höheren allgemeinen Verwaltungsdienst zuerkannt werden kann.[42]

Das zweite Examen setzt sich ebenso wie das erste aus schriftlichen (Hausarbeit, Klausuren, Kurzarbeit) und mündlichen (Aktenvortrag, Prüfungsgespräch) Teilen zusammen, und genau wie dort weichen auch hier in den einzelnen Bundesländern die Prüfungsanforderungen hinsichtlich ihrer Form stark von einander ab.[43]

---

39 So § 14 ff JAPG Brem., §§ 10 a ff JAO Ham., §§ 12 ff JAG Hess, §§ 11 ff JAO Nds., §§ 10 ff JAG NRW, §§ 15 ff JAPrO Sachs.-Anh., §§ 11 ff JAO Schl.-Hol., §§ 20 ff JAPO Thür.

40 Vgl. § 12 I JAG Hess.

41 So §§ 12 ff JAPrO BW, §§ 21 ff JAPO Bay., § 7 II JAG Rhl.-Pf., §§ 10 ff JAG Saarl., §§ 27 ff JAPO Sachs.

42 Vgl. z.B. § 43 II JAPO Bay. und § 16 JAG Rhl.-Pf.

43 Zu den unterschiedlichen Anforderungen vgl. z.B. §§ 50 ff JAPO Bay.; §§ 39 ff JAPrO BW; § 17 JAG Rhl.-Pf.; §§ 6 ff der Übereinkunft der Länder Freie Hansestadt Brem.,

Ein Mindestmaß an inhaltlicher Homogenität des zweiten Staatsexamens in den verschiedenen Ländern wird durch die Festlegung des § 5 d III DRiG gesichert, wonach sich die schriftlichen Leistungen auf die Ausbildung bei den Pflichtstationen und die mündlichen Leistungen sich auf die gesamte Ausbildung unter besonderer Berücksichtigung des Schwerpunktbereichs beziehen müssen.

5. Die Promotion[44]

Mit dem Staatsexamen steht die Promotion als ausschließlich akademischer Grad direkt in keinem Zusammenhang. Jedoch wird das erste juristische Staatsexamen in der Regel für die Vornahme einer Promotion vorausgesetzt. Erforderlich ist sie für denjenigen, der eine Hochschullaufbahn, d.h. eine wissenschaftliche Karriere, anstrebt; habilitieren kann grundsätzlich nur derjenige, der seine wissenschaftliche Befähigung vorher durch eine Promotion nachgewiesen hat, und gem. § 44 I Nr. 3 HRG ist der Doktorgrad in der Regel Einstellungsvoraussetzung für Professoren.

Die Voraussetzungen für die Promotion sind in den Promotionsordnungen der einzelnen Fakultäten enthalten. Danach setzt die Zulassung zum Promotionsverfahren den Besitz eines Reifezeugnisses oder eines gleichwertigen Nachweises, in der Regel das Bestehen des ersten juristischen Staatsexamens mit einem Prädikat und ein zweisemestriges Studium an der betreffenden Universität voraus.[45] Einige Universitäten verlangen darüberhinaus auch den Nachweis von Lateinkenntnissen.[46] Von diesen einzelnen Vorschriften kann der Fakultätsrat/Fachbereichsrat weitgehend Ausnahmen beschließen.

Freie und Hansestadt Ham. und Schl.-Hol. über ein gemeinsames Prüfungsamt und die Prüfungsordnung für die Große Juristische Staatsprüfung. Auch diesbezüglich sind jedoch Reformbewegungen im Gange. So wurde z.B. in Nordrhein-Westfalen durch das elfte Gesetz zur Änderung des JAG vom 21.9.1993 das Hausarbeitsexamen durch das reine Klausurexamen ersetzt. Die schriftlichen Leistungen bestehen nunmehr aus acht Aufsichtsarbeiten.

44 Die vorliegende Untersuchung bezieht sich lediglich auf die ordentliche Promotion; der Ehrendoktor ("Doctor honoris causa") bleibt im Rahmen dieser Arbeit außer Betracht.

45 So z.B. § 4 PromO der FU Berlin, § 4 PromO der Ruhr-Universität Bochum, § 4 PromO der Johann Wolfgang Goethe-Universität Frankfurt a. M., § 4 f PromO der Universität Mannheim, § 4 PromO der Universität Osnabrück, § 6 f PromO der Universität Trier. Die in dieser Arbeit genannten Pomotionsordnungen sind solche der jeweiligen juristischen Fakultät bzw. des juristischen Fachbereichs.

46 Vgl. z.B. § 3 I Nr. 2 PromO der Friedrich-Alexander-Universität Erlangen-Nürnberg, § 2 I (2) PromO der Universität zu Köln, § 4 Nr. 3 PromO der Wilhelms-Universiät Münster, § 6 I Nr. 2 PromO der Universität Passau, § 3 I Nr. 2 PromO der Universität Regensburg.

Die Prüfungsleistungen bei einer Promotion bestehen aus einer schriftlichen wissenschaftlichen Abhandlung (Dissertation) über ein bestimmtes Thema und einer mündlichen Prüfung[47]. Nach Einreichung der Dissertation durch den Doktorand erstatten zwei Hochschullehrer unabhängig voneinander Gutachten über die Annahme oder Ablehnung der Arbeit. Bei Annahme wird die mündliche Prüfung dann von mindestens drei Hochschullehrern, die die Fakultät repräsentieren, abgenommen.

II. Beschreibung der die Prüfungsmanipulation vornehmenden Personen

Als manipulierende Personen sind im Rahmen dieser Arbeit der Prüfling, der Prüfer und Dritte aufzufassen.

Aufgrund der untersuchten Prüfungsarten in Form der Leistungskontrollen, der großen Scheine, der beiden Staatsexamen und der Promotion kommt als manipulierender Prüfling der Student, der Referendar und der Doktorand im Betracht.

Gem. § 15 IV HRG i.V.m. den einschlägigen Landesgesetzen[48] sind zur Abnahme von Hochschulprüfungen Professoren, Hochschuldozenten, Oberassistenten, Oberingenieure, wissenschaftliche und künstlerische Assistenten sowie wissenschaftliche und künstlerische Mitarbeiter, Lehrbeauftragte, Lehrkräfte für besondere Aufgaben sowie in der beruflichen Praxis und Ausbildung erfahrene Personen befugt. Für die beiden Staatsexamen (staatliche Prüfungen im Sinne des § 15 I (1) HRG) können gem. der Juristenausbildungsgesetze und -ordnungen der Länder Richter, Staatsanwälte, Rechtsanwälte, Notare, Beamte des höheren Verwaltungsdienstes mit der Befähigung zum Richteramt, Juristen, die in der Wirtschaft oder bei Verbänden tätig sind und die Befähigung zum Richteramt haben, Professoren des Rechts, Hochschuldozenten und Privatdozenten des Rechts zu Prüfern berufen werden.[49] Die Berücksichtigung der Besonderheiten des jeweili-

---

47 Als mündliche Prüfung lassen sich drei Modelle unterscheiden: das Rigorosum (Kenntnis- und Verständnisprüfung in Form von Frage und Antwort, die sich auf das gesamte Fachgebiet oder Teile desselben erstreckt), das Kolloquium (wissenschaftliches Gespräch, das an die Dissertation anknüpft) und die Disputation (öffentliche Verteidigung der Thesen der Doktorarbeit durch den Doktoranden); vgl. im einzelnen Maurer in: Handbuch des Wissenschaftsrechts, Bd. I, S. 845. Bei der juristischen Promotion ist die häufigst vorkommende Prüfungsart jedoch das Rigorosum.

48 So etwa § 50 IV UG BW, Art. 80 VI HSchG Bay., § 32 HSchG Berl., § 62 III HSchG Brem., § 55 IV HSchG Hess., § 20 VI HSchG Nds., § 92 I UG NRW, § 24 III HSchG Rhl.-Pf., § 92 IV UG Saarl., § 86 IV HSchG Schl.-Hol.

49 Vgl. hierzu z.B. § 8 JAPO Bay.; § 14 JAG Berl.; §§ 6 ff JAPG Brem.; § 8 JAO Ham.; § 3 JAG Hess.; § 55 JAO Nds.; § 4 JAG NRW; § 3 JAG Saarl.; § 5 JAPO Sachs.; § 2 JAPrO Sachs.-Anh.; § 9 JAO Schl.-Hol.; § 2 der Übereinkunft der Länder Freie Hanse-

gen Berufsrechts der aufgeführten Personen bei den Manipulationsfolgen würde aufgrund der Ausuferung des Dissertationsthemas den Rahmen dieser Arbeit sprengen. Deshalb muß bei dem die Manipulation vornehmenden Prüfer eine Begrenzung der Untersuchung auf die Person des beamteten Universitätsprofessors im Sinne des § 46 HRG und § 48 I HSchG Rhl.-Pf. erfolgen.

Als manipulierende Dritte im Sinne dieser Arbeit sind diejenigen Personen aufzufassen, die Prüfungsleistungen (schriftliche und/oder mündliche) für den eigentlichen Prüfling erbringen. Aufgrund der in Betracht kommenden Vielzahl von unterschiedlichen Personen, die eine solche Manipulation vornehmen könnten, muß auch hier eine Eingrenzung der Person des Dritten erfolgen, um eine Untersuchung der Problematik überhaupt zu ermöglichen. Die Berücksichtigung der einzelnen berufsspezifischen Rechtsfolgen der jeweiligen potentiellen Manipulanten ist im Rahmen dieser Dissertation ausgeschlossen. Bei der Überprüfung der Manipulation durch Dritte im Hinblick auf die Leistungskontrollen und großen Scheine erfolgt eine Begrenzung auf den häufigst vorkommenden Fall, daß ein Student (der z.B. kurz vor dem ersten Staatsexamen steht und deshalb die nötigen Kenntnisse besitzt[50]) die Leistung für den eigentlichen Prüfling erbringt. Hinsichtlich der Untersuchung der Manipulation durch Dritte bei den beiden Staatsexamen erfolgt ebenfalls eine Verallgemeinerung der Person des Dritten. Der nicht begrenzbare Personenkreis der potentiellen Manipulanten und die darauf beruhenden unübersehbaren berufsspezifischen Rechtsfolgen der Manipulation für den Dritten werden nicht berücksichtigt. Im Rahmen der Untersuchung der Manipulation durch Dritte bei der Promotion erfolgt die Limitation auf sog. akademische ghost-writer, ohne deren besonderen Berufsstand zu berücksichtigen.

III. Beschreibung der untersuchten Manipulationsarten

"Wer nichts wird, wird Jurist." So salopp formuliert Landgerichtspräsident Proppe[51] seine Annahme, daß Jura durchweg ein Verlegenheitsstudium und auch die Täuschungsrate bei den juristischen Prüfungen unerträglich hoch sei. Schneider[52] führt an, daß mit der Zahl der Studenten auch zwangsläufig die Zahl derjenigen, die mittelmäßig, schwach oder ganz unqualifiziert seien, steige. Eben

stadt Brem., Freie und Hansestadt Ham. und Schl.-Hol. über ein gemeinsames Prüfungsamt und die Prüfungsordnung für die Große Juristische Staatsprüfung.

50 Die zwingende Folge, daß diejenigen, die kurz vor dem ersten juristischen Staatsexamen stehen, zugleich auch die hierfür notwendigen Kenntnisse besitzen, läßt sich sicherlich nicht herleiten.

51 Heinsberger Volkszeitung vom 11.07.1992, S. 7, ...ist Jura "durchweg ein Verlegenheitsstudium", von Rolf Liffers.

52 Schneider, DRiZ 1983, S. 362.

diese schwachen Studenten seien mehr als andere darauf angewiesen und bedacht, fremde Hilfe in Anspruch zu nehmen, um das Examen überhaupt zu bestehen. Schneider meint, in keiner anderen akademischen Disziplin würde (daher?) soviel getäuscht wie bei den Juristen, vom kleinen BGB-Schein bis zum Vortrag im Assessor-Examen. Um dieses angesprochene Phänomen näher untersuchen zu können, muß eine engere Begriffsbestimmung der Täuschung und Manipulation bei juristischen Prüfungen festgelegt werden. Eine rechtliche Untersuchung, die aufgrund ihres Umfangs und ihrer Zielsetzung gezwungen ist, mit grundlegenden Begriffen zu operieren, läuft Gefahr, aufgrund unzureichender Klärung eben dieser Begriffe, Validitätseinbußen hinnehmen zu müssen. Für die vorliegende Untersuchung ist eine Operationalisierung der zu verwendenden grundlegenden Begriffe besonders problematisch, da diese einerseits weit genug sein müssen, um alle zu untersuchenden Variationen erfassen bzw. diese von den gewählten Begriffen abgrenzen zu können, andererseits aber nicht inhalts- und konturenlos, undifferenzierend jedes Vorgehen einbeziehen dürfen.

1. Allgemeine Täuschungshandlungen

Wohl die Vielzahl derer, die bereits Prüfungen abgelegt haben, kennen die bestehende Versuchung, sich die Erbringung der geforderten Leistung unter Umgehung der festgeschriebenen Prüfungsbedingungen zu vereinfachen. Der ordnungsgemäße Ablauf eines Prüfungsverfahrens wird jedoch durch eine Täuschungshandlung des Prüflings gestört. Die jeweils einschlägige Prüfungsordnung und der Grundsatz der Chancengleichheit (Art. 3 I GG)[53] verbieten, daß sich ein Prüfungskandidat durch nicht zugelassene Hilfsmittel und sonstige Manipulationen gegenüber anderen Prüflingen Vorteile verschafft.[54]

Der Neue Brockhaus[55] definiert Täuschung als eine bewußte Irreführung bzw. als einen Irrtum über einen wahrgenommenen Gegenstand. Eine Täuschungshandlung im Sinne des Strafrechts liegt vor, wenn der Täter durch sein Verhalten

---

53 Siehe hierzu unten C.IV.2.c.

54 Einhaltung der Ordnung bedeutet, sich im Rahmen der durch die einschlägigen Verfahrensnormen und den Verfahrenszweck bestimmte allgemeine Ordnung des Prüfungsverfahrens zu halten (vgl. OVG Münster, NJW 1983, S. 2278; Jestaedt, JA 1984, S. 145). Ein Ordnungsverstoß liegt demnach vor, wenn das Verhalten des Prüflings gegen einschlägige Regeln des Prüfungsverfahrens oder gegen gültige Anordnungen der Prüfungsbehörde verstößt. Es genügt, wenn das Verhalten des Prüflings generell geeignet ist, den ordnungsgemäßen Ablauf des Prüfungsverfahrens zu beeinträchtigen (so Eggensperger/Hammel, Die Juristenausbildung in Baden-Württemberg, § 23 JAPrO, Rdnr. 2; vgl. auch OVG Münster, NJW 1983, S. 2278).

55 Der Neue Brockhaus, S. 235.

auf das intellektuelle Vorstellungsbild eines anderen einzuwirken sucht oder bei bestehender Rechtspflicht einen schon vorhandenen Irrtum oder eine sich bildende Fehlvorstellung nicht beseitigt.[56]

Im Rahmen juristischer Prüfungen wäre als Täuschung in diesem Sinne die ohne Mitteilung der stattgefundenen Manipulation erfolgte Abgabe bzw. Erbringung einer manipulierten Prüfungsleistung zu sehen, denn hierdurch täuscht der Prüfling den Prüfer konkludent darüber, die schriftliche Arbeit und/oder die mündliche Prüfung durch eigene, selbständige geistige Leistung erbracht zu haben; er täuscht in diesem Moment über die Rechtmäßigkeit der Anfertigung bzw. Erbringung der Prüfungsleistung, denn der die Prüfungleistung ab- oder entgegennehmende Prüfer geht mangels entgegenstehender Anhaltspunkte und Äußerungen seitens des Prüflings davon aus, daß dieser die Leistung ordnungsgemäß erbracht hat.[57] Täuschung bei juristischen Prüfungen ist demnach die Vorspiegelung einer eigenständigen und ordnungsgemäß erbrachten Leistung, um bei dem Prüfer über die dieser Prüfungsleistung zugrundeliegenden Fähigkeiten und Kenntnisse einen Irrtum zu erregen und so das Prüfungsergebnis zu beeinflussen.[58]

Entsprechend der Zwecksetzung der Untersuchung, eine detaillierte Bearbeitung der Problematik zu ermöglichen, sollen "allgemeine Täuschungshandlungen" im folgenden verstanden werden, als das Mitführen und/oder Verwenden unerlaubter Hilfsmittel bei einer Prüfung[59], speziell bei juristischen Hausarbeiten und Dissertationen die Verheimlichung benutzter, zulässiger Hilfsmittel und die Nichtkennzeichnung von in die Prüfungsleistung eingearbeiteten Fundstellen, die Übernahme der geistigen Leistung anderer Prüflinge durch Abschreiben von die-

---

56 Vgl. Cramer in: Schönke/Schröder, StGB, § 263, Rdnr. 11; Dreher/Tröndle, StGB, § 263, Rdnr. 6.

57 Es ist zu unterteilen zwischen noch nicht zu sanktionierenden Handlungen vor der Prüfung, die während der Prüfung eine Täuschung ermöglichen sollen, und zu sanktionierenden Täuschungsversuchen bzw. vollendeten Täuschungen; vgl. hierzu Guhl, Prüfungen im Rechtsstaat, S. 227 f.

58 Beachte VGH BW, ESVGH 26, S. 66; Eggensperger/Hammel, a.a.O., § 23 JAPrO, Rdnr. 1; Rehborn/Schäfer/Tettinger, Die Juristenausbildung in NRW, § 17 JAG, Rdnr. 3; Wassermann/Kirchner/Kröpil, Das Recht der Juristenausbildung, § 24 NJAO, Rdnr. 2.

59 Siehe hierzu z.B. die Verordnungen über zugelassene Hilfsmittel in den juristischen Staatsprüfungen im Anhang der JAPrO Baden-Württemberg, die Bekanntmachung der Bayerischen Staatsministeriums des Inneren, MABl. Nr. 11/1986, S. 255 f und die Bekanntmachung des Bayerischen Staatsministeriums des Inneren, AllMBl. Nr. 5/1889, S. 115 f. Teilweise ergeben sich die Einzelheiten über die zugelassenen Hilfsmittel aus den jeweiligen Bekanntmachungen des Präsidenten des Justizprüfungsamtes (Herzig/Schach, Juristenausbildung in Berlin, § 8 JAO, Anm. 3, S. 71).

sen und der mündliche und/oder schriftliche Materialaustausch mit anderen Prüflingen während der Prüfung.

2. Vorheriges Besorgen der Prüfungsaufgabe bzw. der Lösungsskizze

Hierunter ist der Fall zu verstehen, daß sich der Prüfling auf unterschiedlichstem Wege die Aufgaben, die in der nächsten schriftlichen und/oder mündlichen Prüfung gestellt werden, bzw. die hierzu bestehenden Lösungsskizzen vorher besorgt, so daß er aufgrund der frühzeitigen Bearbeitungsmöglichkeit und/oder der bereits vorliegenden Lösung gegenüber den Mitprüflingen einen entscheidenden, unangemessenen und rechtswidrigen Vorteil hat.

3. Erbringung der Prüfungsleistung durch einen Dritten

Das Wesen einer jeden Prüfung besteht darin, daß der Prüfungskandidat die von ihm geforderte Leistung selbständig und ohne fremde Hilfe erbringt und sich der durch das Prüfungsverfahren gebotenen Ordnung unterwirft. Nur so ist es gerechtfertigt, ihm den daran geknüpften Erfolg persönlich zuzurechnen und ihn in Bezug auf die daran anknüpfende Berechtigung günstiger zu stellen als andere, nicht oder nicht so erfolgreiche Kandidaten. Prüfungen dienen seit alters her der Feststellung des Leistungsstandes und haben damit eine gewisse Auslesefunktion.[60] Genau dieser Zweck der Prüfungen wird umgangen, wenn der Prüfling die von ihm geforderte Leistung nicht eigenständig erbringt, sondern die schriftliche und/oder mündliche Prüfung von einer dritten Person für den eigentlichen Prüfling abgelegt wird. Hierunter soll also die Variante verstanden werden, daß irgendein Dritter die eigentlich vom Prüfling geforderte Leistung für diesen unerlaubterweise erbringt.

4. Die Beeinflussung von Prüfern

Prüfungen bzw. deren Ergebnisse können nicht nur von dem Prüfling manipuliert werden, sondern dies kann auch durch den Prüfer selbst geschehen. Der Prüfer wiederum kann eine Prüfung bewußt oder unbewußt, auf Veranlassung oder aus eigenem Entschluß heraus manipulieren. Unter Beeinflussung von Prüfern soll hier der Fall verstanden werden, daß der Prüfungskandidat den jeweiligen Prüfer durch Anbieten, Versprechen oder Gewähren materieller oder immaterieller Vorteile beeinflußt, so daß dieser dann auf Veranlassung wiederum die Prüfung

---

60 Zur Erforderlichkeit von unmanipulierten Prüfungen und zu deren Zielsetzung vgl. unten Gliederungspunkt C.

bzw. deren Ergebnis bewußt zum Vorteil des Studenten, des Referendars und/oder des Doktoranden manipuliert.

5. Die Beeinflussung durch Prüfer

Hierunter soll die Variante gefaßt werden, daß der Prüfer aus eigenem Entschluß heraus, also nicht auf Veranlassung, eine Prüfung bzw. deren Ergebnis bewußt beeinflußt. Diese Prüfungseinwirkung kann entweder zum Vorteil oder aber auch zum Nachteil des jeweiligen Prüflings gereichen. Im Sinne der Untersuchung erfaßt diese Manipulationsart konkret das vorherige Besprechen von Prüfungsklausuren und -aufgaben mit einem oder mehreren betroffenen Prüflingen, das vorherige Herausgeben von Prüfungsaufgaben bzw. von entsprechenden Lösungsskizzen an einen oder mehrere Prüflinge und die manipulierte Beurteilung und Bewertung der Prüfungsleistung durch den Prüfer.

IV. Abgrenzung der verbotenen Prüfungsmanipulation zum erlaubten Vorfeld

Von der verbotenen Prüfungsmanipulation als solcher sind die im Vorfeld der eigentlichen Manipulationshandlung liegenden erlaubten Handlungen und bloßen Prüfungshilfen abzugrenzen. Genau diese Abgrenzung ist jedoch in der vorliegenden Untersuchung problematisch, denn hierbei müssen verschiedenste Gesichtspunkte und Faktoren Berücksichtigung finden.

1. Abhängigkeit der zugelassenen Hilfsmittel von der Prüfungsform

Bei Klausuren, Hausarbeiten, Dissertationen und mündlichen Prüfungen sind grundsätzlich nur die in den hochschulrechtlichen bzw. staatlichen Vorschriften jeweils ausdrücklich zugelassenen Hilfsmittel erlaubt. Alles, was darüber hinausgeht, ist deshalb in der Regel als verbotene Prüfungsmanipulation zu werten. Hierbei muß jedoch eine Differenzierung erfolgen. Es ist zu beachten, daß bei jeder Prüfungsart unterschiedliche Hilfsmittel und Hilfen zugelassen sein können; ein Vorgehen, welches bei Hausarbeiten und Dissertationen erlaubt ist, kann z.B. bei Klausuren und mündlichen Prüfungen verboten sein. Beispielsweise sind bei den Prüfungsformen der Hausarbeit und der Disstertation während ihrer Erstellung Diskussionen über bestimmte Problembereiche der Arbeit mit anderen Personen als Überlegungs- und Entscheidungshilfen grundsätzlich erlaubt; ein Ideenaustausch wird sowohl bei den Prüflingen untereinander als auch mit sonstigen

Dritten hingenommen.[61] Es muß nur gewährleistet sein, daß der Prüfling die Arbeit als solche selbständig erbringt. Während einer Klausur oder mündlichen Prüfung jedoch ist eine Diskussion über den Prüfungsstoff mit anderen Personen strengstens untersagt. Hierbei hat der Kandidat die Prüfung ohne jegliche Anreize von Seiten Dritter abzulegen. Weiterhin ist zu beachten, daß juristische Hausarbeiten und Dissertationen unter Zurhilfenahme einschlägiger Literatur und Rechtsprechung erstellt werden. Bei Klausuren und mündlichen Prüfungen sind diese Hilfsmittel nicht zugelassen, und im Falle ihrer Benutzung liegt eine Täuschungs- und Manipulationshandlung vor.

2. Abhängigkeit der erlaubten Hilfsmittel vom technischen Fortschritt

Was bei Prüfungen als erlaubte Hilfe oder als verbotene Manipulation zu werten ist, hängt auch vielfach vom technischen Fortschritt ab. Als z.B. der mathematische Taschenrechner gerade erfunden und dessen Gebrauch in der Gesellschaft noch nicht üblich war, durfte er in keiner juristischen Prüfung verwendet werden. Die Benutzung dieses Gerätes wäre als verbotene Manipulation zu werten gewesen. Heutzutage, wo sich der Taschenrechner als technische Errungenschaft durchgesetzt hat, ist er in manchen juristischen Prüfungen erlaubtes Hilfsmittel.[62]

Bei den Prüfungen in Form der Hausarbeit und der Dissertation hat der Prüfling bei Abgabe bzw. Einreichung der Leistung schriftlich zu erklären, daß er diese selbständig angefertigt und andere Quellen und Hilfsmittel als die angegebenen nicht benutzt hat.[63] Wenn der Prüfling die für die Erstellung einer Hausarbeit und einer Dissertation erforderliche Literaturrecherche durch eine andere Person hat durchführen lassen, dann dürfte er bei Abgabe der o.g. Erklärung erhebliche Bedenken haben. Hat er die Literatur jedoch mit Hilfe von JURIS[64] zusammen-

---

61 Bei der juristischen Dissertation ist die Betreuungsarbeit des "Doktorvaters" zu beachten. Hierunter sind sowohl Diskussionen über Probleme der Arbeit als auch Bearbeitungshinweise durch den Professor zu fassen.

62 So die Verordnung über die zugelassenen Hilfsmittel im ersten Staatsexamen Rheinland-Pfalz für die Wahlfachgruppe 5 a.F. (= WFG 7 n.F.) - Steuerrecht. Gem. § 4 IV JAPO Rhl.-Pf. bestimmt der Präsident des Prüfungsamtes die zulässigen Hilfsmittel, die der Bewerber selbst zu beschaffen hat. Siehe hierzu auch Herzig/Schach, a.a.O., S. 72.

63 Vgl. hierzu z.B. § 16 i.V.m. § 7 II (2) OStbglLK der Universität Trier; § 6 I (1) JAO Hess; § 10 II PromO der Universität Heidelberg; § 8 II Nr. 1 PromO der FU Berlin.

64 Juristisches Informationssystem für die Bundesrepublik Deutschland. Eine GmbH mit Sitz in Saarbrücken erstellt und vertreibt die Datenbank. Mit Hilfe der JURIS-Datenbank kann der Benutzer die Rechtsprechung und Literatur zu bestimmten Themengebieten maschinell zusammenstellen lassen. Es existiert: juris-Rechtsprechung, juris-Literatur, juris-Bundesrecht, juris-Verwaltungsvorschriften, juris-CELEX, juris-Gesetzesmaterialien, juris-aktuell, juris-ASYLIS, juris-Übungsdatenbank.

stellen lassen, dann wird er bei Abgabe der Erklärung keine Bedenken haben. In beiden Fällen hat der Prüfling die Literaturrecherchen nicht eigenständig durchgeführt; einmal erfolgte dies durch eine andere Person und einmal durch eine Maschine.[65]

Die Promotionsordnungen der verschiedenen Universitäten fordern, daß die Dissertation eine selbständige wissenschaftliche Arbeit des jeweiligen Prüfungskandidaten darstellt.[66] Problematisch ist hierbei jedoch, welche Anforderungen an die Selbständigkeit der Leistung des Doktoranden zu stellen sind. Vom reinen Wortsinn her umfaßt die "Selbständigkeit", daß die Dissertation vom Anfang bis zum Ende eigenständig erstellt wird, d.h. Literaturrecherche, Stoffsammlung, Erstellung einer Grobgliederung, Verfeinerung dieser Grobgliederung und auch Erstellung der eigentlichen schriftlichen Leistung sind von dem Doktoranden selbständig durchzuführen.[67] Deshalb ist die Bewertung der o.g. Vorgehensweisen (Literatursuche durch eine andere Person und Literaturrecherche mit Hilfe von JURIS) unterschiedlich. Der Computer ist ein bloßes Hilfsmittel; er denkt nicht, sondern führt nur das aus, was ihm eingegeben wurde[68]. Bei der Maschine fehlt das Moment der Eigenständigkeit. Der für den Doktoranden bei der Literatursuche tätig werdende Dritte wählt die zu verwendende Literatur in gewissem Rahmen selbständig aus. Ihm obliegt eine eigene Entscheidungskompetenz; er beurteilt bei jeder Fundstelle, ob diese für die zu behandelnde Thematik einschlägig und durch den eigentlichen Prüfling bei der Ausarbeitung zu verwenden ist. Durch diese Aktivität nimmt er Einfluß auf die inhaltliche Gestaltung der Prüfungsleistung. Es ist evident, daß die Güte einer jeden wissen-

---

65 Völlig undifferenziert, aber beide Vorgehensweisen wohl für zulässig erachtend, Zimmerling, Akademische Grade und Titel, Rdnr. 110, S. 59.

66 Vgl. z.B. § 8 II PromO der Universität Augsburg, § 10 I PromO der Universität Freiburg, § 11 I PromO der Universität Heidelberg, § 1 II PromO der Universität Mannheim, § 9 I PromO der Universität Passau, § 7 I PromO der Universität Regensburg, § 10 PromO der Universität Trier.

67 "Ist der gewünschte Doktorvater gefunden und steht der Themenbereich fest, so liegen sämtliche weiteren Aktivitäten zur Erstellung der Dissertationsschrift ausschließlich in den Händen des Doktoranden. Ihm obliegt insbesondere die Materialübersicht und nähere Themenabgrenzung, Materialauswahl, Materialauswertung, Manuskriptabfassung und Manuskripterstellung, Gestaltung der Reinschrift und des gesamten Layouts sowie Druck und Vervielfältigung. Dessen ungeachtet sind im formalen wie technischen Bereich Unterstützungsleistungen durch Dritte zulässig und grundsätzlich auch nicht in gesonderten Erklärungen offenzulegen", so Theisen, WiSt, Heft 9, 1992, S. 478. Unrichtigerweise sehr weitgehende Hilfeleistung befürwortend, Windholz, Promotionsmöglichkeiten für Juristen in Deutschland, A 54 f.

68 Die Literaturrecherche durch Juris ist zulässig, da es sich dabei nicht um eine qualifizierte Recherche im materiellen Sinn handelt. Die Maschine liefert nur das "Rohmaterial"; eine wertende Materialauswahl ist durch das technische Gerät nicht möglich, eine solche ist nur bei menschlicher Mitwirkung zu erreichen.

schaftlichen Arbeit von Art, Umfang, Inhalt und Qualität des verwendeten Literaturpotentials abhängig ist. Nimmt der die Literatur zusammenstellende Dritte im oben dargestellten Sinn Einfluß auf die Literaturauswahl, so stellt sich dies zwangsläufig auch als Einschränkung der selbständigen Erbringung der wissenschaftlichen Leistung dar. Es kommt zu einer Verzerrung der geforderten Eigenleistung, da auch dieser Vorbereich (Literaturauswahl) zu der von den jeweiligen Promotionsordnungen geforderten "Selbständigkeit" zu zählen ist. Die Grenze für legale Unterstützung ist dort zu ziehen, wo qualitative Arbeit beginnt, also dort, wo gewertet und entschieden wird.[69] Die Literaturrecherche durch eine andere Person[70] ist demzufolge grundsätzlich als verbotene Hilfeleistung anzusehen, die erfolgte Literaturzusammenstellung durch JURIS fällt hingegen unter die für die Prüfung erlaubten Hilfen.

Aus diesen aufgeführte Beispielen wird ersichtlich, daß die Technik die in einer Prüfung erlaubten Hilfen ständig erweitert. Das, was heute noch als verbotene Hilfe untersagt ist, kann aufgrund des technischen Fortschritts morgen erlaubt sein.

3. Abgrenzung bei Beteiligung Dritter auf der Seite des Prüflings

Dem Wesen der Prüfung entspricht, daß der Prüfling die Leistung eigenständig, ohne fremde Hilfe und unverfälscht erbringt, denn anderenfalls kann der Zweck der Prüfung, den tatsächlichen Leistungsstand des Kandidaten festzustellen, nicht erreicht werden. Wenn nun ein Dritter in das Prüfungsgeschehen eingreift, ist die Ziel- und Zwecksetzung von Prüfungen gefährdet. Schwierig ist jedoch die Abgrenzung zwischen erlaubter und verbotener Hilfeleistung durch Dritte.

Falls ein Dritter die Prüfung vollständig für den eigentlichen Prüfungskandidaten ablegt, ist dies eindeutig als unzulässige Prüfungsmanipulation zu werten und deshalb verboten. Problematisch ist jedoch der Fall, daß ein Dritter dem Prüfling lediglich hilft, die von ihm geforderte Prüfungsleistung zu erbringen. Hier muß eine Differenzierung nach den verschiedenen Prüfungsformen erfolgen.[71] Bei juristischen Klausuren und mündlichen Prüfungen ist jegliche Hilfeleistung durch

---

69 So auch Theisen im Handelsblatt vom 23./24. Oktober 1992, Nr. 206, Beilage Karriere, S. 1.

70 Diese Hilfeleistung ist in der abzugebenden Erklärung anzugeben und zu beschreiben. Zu dem begrenzten Bereich, in dem Unterstützungsleistungen durch Dritte zulässig und grundsätzlich auch nicht in gesonderten Erklärungen offenzulegen sind, vgl. Theisen, WiSt, Heft 9, 1992, S. 478.

71 Siehe hierzu auch oben A.IV.1.

Dritte untersagt; der Prüfling hat diese Leistungen vollständig selbständig zu erbringen. Ein Unterschied hierzu besteht bei den Prüfungsformen der juristischen Hausarbeit und der Dissertation. Grundsätzlich besteht zwar auch hierbei die Forderung nach eigenständiger Leistungserbringung durch den Prüfling, aber in gewissem Umfang wird die Beteiligung Dritter toleriert.[72] Es muß lediglich gewährleistet sein, daß es sich bei der Arbeit um die eigenständige Leistung des Prüflings handelt, er sie also nicht bloß von einer anderen Person übernommen hat. Die Prüfungsleistung muß in Form eines individuellen Leistungsnachweises erbracht werden.

Aus Vorhergesagtem ergibt sich, daß in diesem Bereich zwar Handlungsformen möglich sind, die unstreitig als Manipulation qualifiziert werden können, im übrigen jedoch eine abstrakte, trennscharfe Abgrenzung der erlaubten von der unzulässigen Hilfeleistung unmöglich ist. Sie hat daher, um gerechte Resultate erzielen zu können, unter Beachtung der o.g. Kriterien jeweils im konkreten Einzelfall zu erfolgen.[73]

4. Abgrenzung der manipulierten von der wohlwollenden bzw. strengen Korrektur

Unter Korrektur im Sinne dieser Untersuchung ist die Berichtigung oder Verbesserung einer Leistung durch den zuständigen Prüfer mittels sog. Korrekturanmerkungen zu verstehen.

Bei der Korrektur der Prüfungsleistung ist jedoch die verbotene manipulierte Korrektur von der grundsätzlich erlaubten wohlwollenden bzw. strengen Korrektur abzugrenzen.

---

72 Insbesondere sind im Rahmen der Dissertation die normalen Betreuungsleistungen des Doktorvaters als zulässig zu erachten. Die zum Teil fachliche Beratung des betreuenden Professors in Form von Gesprächen mit dem Doktoranden über das Dissertationsthema kann zwar teilweise der oben geschilderten verbotenen Hilfeleistung im materiellen Sinne (vgl. A.IV.2.) nahekommen, muß aber trotzdem als erlaubt angesehen werden, um zu verhindern, daß sich der Doktorand in eine falsche Richtung "verrennt". Dies insbesondere unter dem Aspekt, daß der Doktorvater die Leistung des Doktoranden später zu begutachten und zu bewerten hat und er dadurch in der Lage ist, zu erkennen, welche Ausführungen als Eigenleistung zu qualifizieren sind und welche nicht (vgl. bereits Theisen, WiSt Heft 9, S. 479).

73 Diese Notwendigkeit von Einzelfallentscheidungen, deren Wertungen nicht auf Kriterien beruhen, die einer Verallgemeinerung zugänglich sind, befriedigt weder die Prüflinge, die Prüfer noch die Prüfungsbehörden, da diese einem in gewissem Rahmen unbestimmten Bereich gegenüberstehen. Aber sie sind wohl unumgänglich.

Als manipulierte Korrektur im Sinne der Arbeit soll die durch den Prüfer erfolgte Verbesserung bzw. Berichtigung der Leistung des Prüflings in nicht mehr vertretbarer Weise verstanden werden. Hierunter ist auch der Fall zu fassen, daß eine Korrekturanmerkung unterlassen wird, obwohl die Prüfungsleistung ganz oder zum Teil mangelhaft bzw. fehlerhaft ist.

Problematisch ist hierbei aber, ab wann eine Korrektur als in nicht mehr vertretbarer Weise erfolgt anzusehen ist. Pädagogische Beurteilungen haben sehr häufig entscheidenden Einfluß auf die Berufskarriere des Prüfungskandidaten. Deshalb müssen sie so fair und gerecht ausfallen, wie eben möglich.[74] Im Prüfungsrecht wird dem fach- und sachkundigen Prüfer ein sog. Beurteilungsspielraum zugestanden.[75] Diese Lehre vom Beurteilungsspielraum besagt, daß sich der Prüfer mit seiner Korrektur in einem gewissen Rahmen halten muß; innerhalb dieser Grenzen entscheidet er, was richtig und was falsch ist.[76] Überschreitet der Prüfer aber diesen Rahmen, so ist die Prüfungsentscheidung rechtswidrig und daher anfechtbar. Anerkannterweise sind die Grenzen des Beurteilungsspieraums überschritten, wenn die entscheidungserheblichen Tatsachen verkannt oder unvollständig festgestellt, die jeweiligen Verfahrensvorschriften nicht eingehalten, allgemeine Bewertungsmaßstäbe mißachtet wurden, keine Chancengleichheit bestand oder eine gute Leistung als schlecht beurteilt wurde.[77] Seit den Beschlüssen des BVerfG vom 17.4.1991 zur gerichtlichen Kontrolle von Prüfungsentscheidungen[78] ist richtigerweise auch von einem Bewertungsgrundsatz, der es verbietet, Richtiges als falsch und vertretbare Ansichten, die mit gewichtigen Argumten

74 Das Fairneßgebot beruht auf dem Grundsatz der Chancengleichheit (Art. 3 I GG) und dem Rechtsstaatprinzip (Art. 20 III GG). Es verpflichtet den Prüfer, darauf zu achten, daß das Prüfungsverfahren - im Rahmen der bestehenden Prüfungsvorschriften - einen einwandfreien Verlauf nimmt. Vgl. hierzu BVerwGE 70/143, 145 und BVerwGE 55/355, 358 ff.

75 Siehe VHG München, NVwZ 1992, S. 693 f; Koenig, VerwArch. 1992, S. 351 f; Muckel, JuS 1992, S. 201; Niehues, NJW 1991, S. 3001; Pappermann, VR 1991, S. 343 f; Rozek, NVwZ 1992, S. 343; Schlöder, DVP 1992, S. 35; Seebass, NVwZ 1992, S. 609; Wahlers, DUZ 1991, S. 26; Würkner, NVwZ 1992, S. 311. Die Lehre vom Beurteilungsspielraum geht auf Bachof (JZ 1955, S. 97) zurück.

76 Als Argumente für einen solchen Beurteilungsspielraum werden beispielsweise aufgeführt: unbestimmte Rechtsbegriffe lassen unterschiedliche Wertungen zu; die Verwaltung verfügt über ein größeres Ausmaß an Sachkunde und Erfahrung und kann sachnäher entscheiden; der Verwaltung als Teil der Exekutive muß gegenüber der Judikatur ein eigenständiger Verantwortungsbereich zuerkannt werden; einige Entscheidungen sind durch Unvertretbarkeit oder Unwiederholbarkeit gekennzeichnet; vgl. nur Maurer, Allgemeines Verwaltungsrecht, § 7, Rdnr. 20.

77 Brehm, RdJB 1992, S. 87 ff; Guhl, a.a.O., S. 136 f; Muckel, JuS 1992, S. 201 ff; Seebass, NVwZ 1992, S. 609 ff.

78 Vgl. BVerfG, NJW 1991, S. 2005 = NVwZ 1991, S. 869 L = DVBl. 1991, S. 794, BayVBl. 1991, S. 590; BVerfG, NJW 1991, S. 2008 = NVwZ 1991, S. 870 L = DVBl. 1991, S. 805 = DÖV 1991, S. 807 L = BayVBl. 1991, S. 654.

begründet werden, als unvertretbar zu bewerten, auszugehen. Dem Prüfungskandidaten ist ein sog. Antwortspielraum zuzugestehen.[79] Diese Eckpfeiler stellen die Konkretisierung der allgemeinen Anforderung, ein faires und rechtstaatliches Prüfungsverfahren zu gewährleisten, dar.

Der Prüfer muß folglich bei der Korrektur vom zutreffenden Sachverhalt ausgehen, er muß die Prüfungsleistung richtig ermitteln und richtig zur Kenntnis nehmen. Weiterhin muß er die bestehenden Verfahrensvorschriften beachten, d.h. er muß sich an den durch die jeweils bestehende Prüfungsordnung aufgestellten Erfordernissen orientieren. Der Prüfer hat die allgemeinen Bewertungsmaßstäbe bei der Korrektur der Leistung einzuhalten. Es ist auf einen objektiven Maßstab abzustellen, das Gebot der Sachlichkeit ist einzuhalten und die Berichtigung bzw. Verbesserung der Leistung durch den Prüfer muß nachvollziehbar, darf also nicht willkürlich[80] sein. Dem Gebot der Sachlichkeit zufolge muß der Prüfer die Prüfungsleistung mit innerer Distanz und frei von Emotionen zur Kenntnis nehmen und sich bemühen, die Ausführungen des Prüflings richtig zu verstehen und auf dessen Gedankengänge einzugehen und ferner die notwendige Toleranz gegenüber abweichenden wissenschaftlichen Auffassungen aufbringen.[81] Eine willkürli-

---

79 Die aufgeführten Beschlüsse haben ein lebhaftes und zum Teil kontroverses Echo gefunden, siehe nur Berkemann, JR 1991, S. 451 f; Brehm, RdJB 1992, S. 87 ff; Gusy, Jura 1991, S. 633 ff; Koenig, VerwArch. 1992, S. 351 ff; Kopp, DVBl. 1991, S. 988 ff; Muckel, JuS 1992, S. 201 ff; Niehues, NJW 1991, S. 3001 ff; Pietzcker, JZ 1991, S. 1084 ff; Rausching, JuS 1993, S. 551 ff; Redeker, NVwZ 1992, S. 305 ff; Rozek, NVwZ 1992, S. 343 ff; Schlöder, DVP 1992, S. 35 ff; Seebass, NVwZ 1992, S. 609 ff; Theuersbacher, BayVBl. 1991, S. 649 ff; v. Mutius/Sperlich, DÖV 1993, S. 45 ff; Wahlers, DUZ 1991, S. 26 ff; Würkner, NVwZ 1992, S. 309 ff. Die Ansicht des BVerfG ist jedoch als richtig und die daraus herzuleitenden Folgen als sehr erfreulich anzusehen. Wegen der einschneidenden und entscheidenden Wirkung von Prüfungen besteht in diesem Zusammenhang ein besonderes Bedürfnis nach Kontrolle und, wenn nötig, nach Korrektur. Die Gerichte haben grundsätzlich die Pflicht, die Prüfungsentscheidungen in rechtlicher und tatsächlicher Hinsicht vollständig nachzuprüfen. Was die Bewertung von Rechtsansichten als richtig oder falsch betrifft, hat das BVerfG entschieden, daß der von der verwaltungsgerichtlichen Rechtsprechung bisher anerkannte Umfang des Beurteilungsspielraums und die Beschränkung der gerichtlichen Kontrolle auf die "Fälle einer groben Fehleinschätzung, die sich als unhaltbar aufdrängen", mit Art. 19 IV GG nicht vereinbar ist. Ein Beurteilungsspielraum, wird zwar auch weiterhin anerkannt, aber dieser wird auf "prüfungsspezifische Wertungen" (z.B., ob der Aufbau der gewählten Lösung überzeugend ist, ob ein Problem hinreichend erkannt und herausgearbeitet wurde, ob die Begründung ausreichend ist, wie die Gesamtbewertung unter Berücksichtigung aller Aspekte vorzunehmen ist, wobei diese in Relation zu den Noten anderer Prüflinge zu sehen ist) beschränkt.

80 Nach der Rechtsprechung des BVerfG ist Willkür eine objektive, also tatsächlich und eindeutig unangemessene Entscheidung, die offensichtlich unsachgemäß ist, die ohne vernünftige, nachvollziehbare Gründe erging, die einer inneren Rechtfertigung entbehrt, deren Gründe nur vorgeschoben sind und die zu einer offensichtlichen Benachteiligung führt (vgl. BVerfGE 1/321; 3/24; 4/7; 4/60; 10/246; 18/96). Hierzu auch Hummel, Gerichtsschutz gegen Prüfungsbewertungen, S. 35.

81 So BVerwGE 70/143, 151; Kröpil, JuS 1989, S. 244 m.w.N.

che Korrektur ist unzulässig. Sie liegt vor, wenn die Berichtigung oder Verbesserung der Prüfungsleistung auf einer derart eklatanten und nicht mehr nachvollziehbaren Fehleinschätzung wissenschaftlich-fachlicher Gesichtspunkte beruht, daß die Korrektur von Fachkundigen als gänzlich unhaltbar angesehen werden muß.[82] Letztlich hat der Prüfer auch den Grundsatz der Chancengleichheit (Art. 3 GG) zu beachten.[83] Daraus folgt, daß jeder, der eine Prüfungsleistung erbringt bzw. erbracht hat, die gleiche Chance haben und damit den gleichen Korrekturkriterien unterliegen muß. Im Prüfungsrecht ist die Gleichbehandlung aller Prüflinge Grundlage einer jeden gerechten Entscheidung. Es ist deshalb nicht zulässig, einem Prüfling leichtere Prüfungsbedingungen einzuräumen als den anderen, insbesondere ihn nach leichteren Maßstäben zu beurteilen, und sachfremde Erwägungen in die Prüfungsentscheidung einfließen zu lassen.[84] Wegen der bestehenden Eigenart der Prüfung, die Qualifikation des Prüfungskandidaten zu ermitteln, können für die Korrektur lediglich solche Kriterien herangezogen werden, die ihre Grundlage in der erbrachten Prüfungsleistung selbst haben; außerhalb liegende Umstände dürfen kein Kriterium hierfür sein.

Aus diesen aufgeführten Grundsätzen und Prüferpflichten folgt, daß eine Korrektur nicht mehr als wohlwollend bzw. streng, sondern als manipuliert anzusehen ist, wenn die Grenzen dieser Grundsätze überschritten sind, der Prüfer seinen Pflichten nicht nachgekommen ist und dadurch das Recht des Prüflings auf eine faire Korrektur verletzt wird.[85]

---

82 So auch BVerfG, NJW 1991, S. 2008; Berkemann, JR 1991, S. 452; v. Mutius/Sperlich, DÖV 1993, S. 49. (Anders - aber als zu eng abzulehnen - z.B. BVerwG, Buchholz 421.0, Nr. 121, S. 195, wonach sich die Willkürkontrolle darauf beschränkt, ob sich die Fehlerhaftigkeit einer wissenschaftlich-fachlichen Annahme des Prüfers dem Richter als gänzlich unhaltbar "aufdrängt".) Das BVerfG (a.a.O., S. 2008) führt aus, daß die Beurteilung zwar regelmäßig nur mit sachverständiger Hilfe möglich sei, aber diese praktische Schwierigkeit allein führe nicht dazu, den durch Art. 19 IV GG gewährleisteten Rechtsschutz einzuschränken.

83 In der Rechtsprechung und Literatur ist dem aus Art. 3 I GG folgenden Grundsatz der Chancengleichheit für das Prüfungsverfahren eine über das schlichte Willkürverbot hinausreichende Pflicht der Prüfer zu formaler Gleichbehandlung entnommen worden; BVerwGE 69/46, 49; BVerwGE 41/34, 35 f; OVG Münster, NVwZ 1988, S. 458; VGH Mannheim, NVwZ 1989, S. 891 f; Niehues, Schul- und Prüfungsrecht, Rdnr. 363, 403 ff; Scherzberg, NVwZ 1992, S. 31.

84 VGH Mannheim, Urt. v. 10.11.1981 - 4 S 1988/80, NJW 1983, S. 2594; Hamann, VR 1990, S. 17 ff, 21; Kröpil, JuS 1989, S. 243 ff, 244 f.

85 Vgl. zu der gesamten Problematik auch Guhl, Prüfungen im Rechtsstaat, S. 102 ff; Niehues, Schul- und Prüfungsrecht, Rdnr. 438 ff; Wagner, DVBl. 1990, S. 183 ff.

Grundsätzlich steht das in Art. 5 III GG festgesetzte Freiheitsrecht jedem wissenschaftlich tätigen Professor zu.[86] Daraus könnte folgen, daß die Korrektur einer Prüfungsleistung in erhöhtem Umfang dem Freiheitsraum des Prüfers unterfällt.[87] Dieses Grundrecht der freien wissenschaftlichen Betätigung kann für den Prüfer im Rahmen der Korrektur von Leistungen aber nur insoweit einschlägig sein, als es unter Berücksichtigung der legitimen Aufgaben des Prüfers und der Grundrechte[88] der Prüflinge möglich ist. Grundsätzlich sind Prüfer unabhängig, d.h. sie sind bei der Korrektur und der Bewertung einer Prüfungsleistung nicht an Weisungen und Anordnungen der Prüfungsämter gebunden.[89] Diese, mit der in Art. 97 I GG festgelegten richterlichen Unabhängigkeit vergleichbare Unabhängigkeit, folgt aus der Eigenverantwortlichkeit im Bereich der höchstpersönlichen Wertungen, die der Prüfer vorzunehmen hat.[90] Andererseits obliegen dem Professor[91] sog. Dienstpflichten, zu denen auch die ordnungsgemäße Abnahme, Korrektur und Bewertung von Prüfungsleistungen zählt.[92] Er hat

---

86 Siehe hierzu Bolte, Kompetenzen und Kompetenzabgrenzung im Hochschulinnenbereich, S. 139; Dettinger-Klemm, Grenzen der Wissenschaftsfreiheit, S. 6; Karpen in: Verfassungsprobleme des Hochschulwesens, S. 9, 35; Köttgen, Das Grundrecht der deutschen Universität, S. 17 ff; Reiß, Die Rechtsetzungsbefugnis der Universität, S. 30; Strauch, Staatliche und akademische Prüfungsordnungen, S. 150 ff; Wendt in: v. Münch/Kunig, GG-Kommentar, Art. 5, Rdnr. 103; Zacher, Hochschulrecht und Verfassung, S. 93 ff.

87 Einer Ansicht nach (BVerfGE 35/79, 112 ff; 43/242, 267; Thieme, Deutsches Hochschulrecht I, S. 43 f; Weber in: FS Hans Joachim Faller, S. 287 ff; Wendt in: v. Münch/Kunig, a.a.O., Art. 5, Rdnr. 104) hat Art. 5 III GG eine Doppelfunktion als objektive, wertentscheidende Grundsatznorm und als individuelles Freiheitsrecht. Eine andere Meinung (Roellecke, JZ 1969, S. 726 ff) deutet Art. 5 III GG ausschließlich als Individualrecht. Dieser Meinungsstreit ist vorliegend bedeutungslos, da hinsichtlich der Korrektur von Leistungen Art. 5 III GG nur als Individualrecht des jeweiligen Prüfers einschlägig sein könnte, und dieses ist nach beiden Ansichten in Art. 5 III GG verankert. Zur Bedeutung des Art. 5 III GG siehe auch Bolte, a.a.O., S. 125 ff m.w.N.; Köttgen, Grundrecht der deutschen Universität; Reiß, a.a.O., S. 30 ff m.w.N.; Schlink, Der Staat 1971, S. 244 ff.

88 Als betroffene Grundrechte des Prüflings kommen Art. 12 GG und Art. 3 GG in Betracht. Zum Schutzbereich des Art. 12 I GG gehören nicht nur die Berufswahl und die Berufsausbildung, sondern auch die Vorstufe der Berufsausbildung (BVerfG, Beschl. v. 27.01.1976, NJW 1976, S. 1309; Schmidt-Bleibtreu in: Schmidt-Bleibtreu/Klein, Kommentar zum GG, Art. 12, Rdnr. 9). Art. 3 I GG ist durch den Grundsatz der Chancengleichheit als eine Erscheinungsform des Gleichbehandlungsgrundsatzes im Prüfungsrecht von besonderer Bedeutung (Störle, Rechtsprechung zum Prüfungsrecht, S. 27).

89 Vgl. § 3 JAPO Bay., § 4 I JAG BW, § 14 V JAG Berl., § 4 IV JAG Hess., § 12 JAG Meckl.-Vorp., § 56 JAO Nds., § 6 JAG NRW, § 4 IV JAG Saarl.; siehe auch Kröpil, JuS 1989, S. 243 und Thieme, Grundprobleme des Hochschulrechts, S. 68.

90 Störle, a.a.O., S. 54 m.w.N.; Wassermann/Kirchner/Kröpil, a.a.O., § 5 d DRiG, Rdnr. 26.

91 Wie ausgeführt (A.II.), wird nur der beamtete Universitätsprofessor als Prüfer im Sinne dieser Untersuchung angesehen.

nach bestem Wissen und Gewissen zu korrigieren. Aus dieser Dienstpflicht und der Tatsache, daß eine Optimierung des Freiraums des Prüfers nur unter Berücksichtigung der Belange und Grundrechte[93] der Prüflinge erfolgen kann, wird ersichtlich, daß sich der Prüfer bei der Korrektur im Rahmen der oben aufgestellten Grundsätze halten muß und sich aus Art. 5 III GG keine entgegenstehenden Gesichtspunkte ergeben. Daraus folgt, daß eine manipulierte Korrektur einen Verstoß gegen das Gebot der objektiven, sachlichen, fairen, distanzierten, nachvollziehbaren und gleichen Beurteilung darstellt und deshalb pflicht- und rechtswidrig ist.

Im Unterschied dazu hält sich der Prüfer bei der wohlwollenden bzw. strengen Korrektur im Rahmen der oben aufgestellten Prüfungsgrundsätze; er geht zwar an den äußersten Rand, aber bewegt sich im Bereich des Erlaubten. Folglich ist die wohlwollende bzw. strenge Korrektur durch den Prüfer grundsätzlich erlaubt.

Fraglich ist hierbei jedoch, ob auch die Korrektur, bei der der Prüfer nicht alle Prüfungsleistungen, sondern nur die Leistung eines Prüflings wohlwollend bzw. streng korrigiert, rechtmäßig ist. Wie ausgeführt, muß jeder, der eine Leistung erbringt, die gleichen Chancen haben. Ist das nicht der Fall, liegt ein Verstoß gegen den Grundsatz der Chancengleichheit (Art. 3 I GG) vor. Da die Prüflinge, deren Leistungen nach strengeren Maßstäben korrigiert werden, im Verhältnis zu dem, dessen Prüfungsleistung wohlwollend korrigiert wird, nicht die gleichen Chancen haben, ist eine solche Korrektur rechtswidrig und deshalb als Manipulation im Sinne dieser Untersuchung anzusehen. Entsprechendes gilt für die Abgrenzung der manipulierten von der grundsätzlich erlaubten strengen Korrektur.

5. Abgrenzung der manipulierten von der wohlwollenden bzw. strengen Gesamtbenotung

Als Gesamtbenotung im Sinne dieser Untersuchung ist die Erteilung einer Note, also die endgültige und verbindliche Einstufung der Prüfungsleistung in das vorhandene Notensystem zu verstehen, wobei sich die Gesamtbenotung durch den Prüfer im Idealfall als Summe der Korrekturanmerkungen darstellt.

---

92 Vgl. § 43 I i.V.m. § 2 HRG; § 64 I i.V.m. § 3 UG BW; Art. 18 I i.V.m. Art. 2 HSchG Bay.; § 99 IV i.V.m. § 4 HSchG Berl.; § 17 II i.V.m. § 4 HSchG Brem.; § 39 I (2) UG Hess.; § 52 II i.V.m. § 15 HSchErnG Meckl.-Vorp.; § 55 I i.V.m. § 2 HSchG Nds.; § 48 I, II i.V.m. § 3 UG NRW; § 45 I i.V.m. § 2 HSchG Rhl.-Pf.; § 53 III i.V.m. § 1 UG Saarl.; § 93 I i.V.m. § 2 HSchG Schl.-Hol.; § 47 II i.V.m. § 4 HSchG Thür.

93 Als betroffene Grundrechte des Prüflings kommen Art. 12 GG und Art. 3 GG in Betracht, vgl. bereits Fußnote 88.

Zwar stehen Korrektur und Gesamtbenotung einer Prüfungsleistung in so engem Zusammenhang zueinander, daß eine diesbezügliche Differenzierung in der Praxis irrelevant oder vielleicht sogar unmöglich erscheint. Jedoch lassen sich für die Unterteilung von Korrektur und Gesamtbenotung systematische Gründe anführen: Bei beiden Tätigkeiten kann durch den Prüfer - da es sich um unterschiedliche, aufeinanderfolgende Arbeitsschritte handelt - unabhängig voneinander eine Manipulation vorgenommen werden. Die Korrektur ist zwar notwendige Voraussetzung für die Wertung und Gesamtbenotung, aber eine Differenzierung ist erforderlich, da der Prüfer bei ein und derselben Leistung eine wohlwollende Korrektur und eine strenge Gesamtbenotung (oder umgekehrt) vornehmen kann.[94] Ebenso besteht aber auch die Möglichkeit, daß der Prüfer eine ordnungsgemäße Korrektur vornimmt, jedoch eine dieser nicht entsprechenden Note erteilt. Die Gesamtbenotung kann sich als Resultat der Korrekturanmerkungen darstellen, muß es theoretisch aber nicht. Lediglich in dem Fall, in dem die erteilte Gesamtbenotung der rechtmäßigen bzw. rechtswidrigen Korrektur entspricht, erscheint eine Unterteilung somit nicht erforderlich.

Auch bei der Gesamtbenotung einer Prüfungsleistung ist eine Abgrenzung zwischen manipulierter und wohlwollender bzw. strenger Benotung durch den Prüfer vorzunehmen[95], und ebenso wie bei der Korrektur einer Prüfungsleistung ist eine manipulierte Gesamtbenotung rechtswidrig, eine wohlwollende bzw. strenge hingegen grundsätzlich rechtmäßig und folglich erlaubt.[96]

Unzweifelhaft liegt eine Manipulation durch den Prüfer vor, wenn er eine bewußt rechtswidrige Korrektur vorgenommen hat und sich die erteilte Gesamtbenotung als Summe der Korrekturanmerkungen darstellt.[97] Ebenfalls ist eine Prüfungsmanipulation zu bejahen, wenn zwar eine rechtmäßige Korrektur erfolgt ist, die daraufhin bewußt erteilte Gesamtnote aber nicht den Korrekturanmerkungen entspricht.

---

94 In der Regel wird eine strenge Korrektur auch eine strenge Benotung nach sich ziehen, aber diese Folge ist nicht zwingend.

95 Vgl. zur Rechtsgültigkeit der Bundesnotenverordnung für die Juristenausbildung vom 3.12.1981 (BGBl. I S. 1243) BVerwG, Beschl. v. 16.08.1985 - 7 B 51, 58, 59/85, NJW 1986, S. 951 = DÖV 1985, S. 1018. Zur Leistungsbewertung in der juristischen Ausbildung allgemein siehe Ingo Richter in: Juristenausbildung - erneut überdacht, S. 344 ff.

96 Zur unterschiedlichen Bewertung juristischer Prüfungsleistungen vgl. Schroeder, JuS 1980, S. 310 ff.

97 Zu beachten ist, daß eine gerichtliche Abänderung nur in Betracht kommt, wenn sich ein Fehler in der Korrektur auf die Notengebung ausgewirkt haben kann, wenn also die notwendige Kausalität besteht oder nicht ausgeschlossen werden kann. Vgl. hierzu nur BVerfG, NJW 1991, S. 2008 und Rausching, JuS 1993, S. 555.

Die inhaltliche Einschätzung und Benotung einer Prüfungsleistung durch den Prüfer vollzieht sich außerhalb der in den jeweils geltenden Prüfungsordnungen rechtlich normierten Maßstäbe, d.h. auch bei der abschließenden Benotung einer Prüfungsleistung wird dem Prüfer der sog. Beurteilungsspielraum zugestanden.[98] Die fachliche Qualifikation, als Voraussetzung für die Übertragung des Prüfungsamtes, legitimiert den Prüfer zu einem letztverantwortlichen Urteil über die Leistung des Prüflings. Aber diese höchstpersönlichen Fachurteile des Prüfers stehen nicht außerhalb der geltenden Rechtsordnung. Auch hierbei ist es die Pflicht des Prüfers, den zutreffenden Sachverhalt zu ermitteln und von diesem auszugehen, die jeweiligen Verfahrensvorschriften einzuhalten, die allgemeinen Bewertungsmaßstäbe und auch den Grundsatz der Chancengleichheit zu beachten. Er hat eine der erbrachten Prüfungseistung tatsächlich entsprechende Gesamtnote zu erteilen.

Im Prüfungsverfahren gebietet Art. 3 I GG möglichst allen Prüflingen gleiche Erfolgschancen zu gewähren; die Kandidaten dürfen folglich nicht vor unterschiedliche Prüfungsbedingungen gestellt werden.[99] Der Grundsatz der Chancengleichheit ist deshalb verletzt, wenn der Prüfer sich bei der wissenschaftlichen Bewertung einer Leistung in der Weise von sachfremden Erwägungen[100] leiten läßt, daß er die Leistung unmittelbar um der Person des Prüflings willen schlechter oder besser bewertet, als dies nach seinem besten Wissen und Gewissen erfolgen dürfte, und wenn die Prüfungsentscheidung darauf beruht.[101] Er darf nicht willkürlich benoten, sondern muß auch hierbei den Grundsatz des fairen Prüfungsverfahrens wahren. Der einzelne Prüfungskandidat hat ein Recht darauf, daß seine Prüfungsleistung mit einer verfahrensfehlerfreien Punktzahl und einer damit sachgerecht korrespondierenden Note bewertet wird.[102] Alle Prüfungsgesamtbenotungen, die unter Verstoß gegen diese Grundsätze zustandekommen,

---

98 VGH Mannheim, Urt. v. 10.11.1981 - 4 S 1988/80, NJW 1983, S. 2592 ff; Hamann, VR 1990, S. 17 ff; Kröpil, JuS 1989, S. 243 ff. Vgl. zu der Gesamtproblematik auch Guhl, a.a.O., S. 129 ff.

99 BVerwG, Urt. v. 3.5.1963, Buchholz, 421.0, Nr. 19; BVerwG, Urt. v. 13.10.1972, NJW 1973, S. 1147; BayVGH, Urt. v. 23.6.1976, BayVBl. 1976, S. 572; Störle, a.a.O., S. 38 m.w.N.

100 Es darf nicht außer acht gelassen werden, daß es auch hierbei eine Grenze zwischen bewußter und unbewußter Benotungsverfälschung durch den Prüfer gibt, die begrifflich nicht exakt bestimmbar ist. Für die Frage der Ordnungsmäßigkeit der Benotungsleistung ist diese Unterscheidung jedoch irrelevant, da hierbei nur auf objektive Kriterien abzustellen ist (vgl. hierzu bereits Fußnote 80). Ähnlich auch Hummel, a.a.O., S. 35: "Willkür ist folglich auch jener ungewollte Bewertungsirrtum, den jeder verständige Prüfer unterlassen hätte".

101 BayVerfGH, E. v. 2.11.1964, BayVBl. 1965, S. 202.

102 Für eine gleichartige Prüfungsleistung muß die gleiche Zensur erteilt werden, siehe Hummel, a.a.O., S. 36.

gelten als manipuliert und sind deshalb rechtswidrig und untersagt. Daraus folgt, daß für die Gesamtbenotung einer Prüfungsleistung grundsätzlich das gleiche gilt, wie für die Korrektur derselben. Somit kann hier auf das oben Ausgeführte zur Abgrenzung der manipulierten von der wohlwollenden bzw. strengen Korrektur verwiesen werden.

Festzustellen bleibt, daß der Prüfer durch sein Recht auf Verfahrensführung und Verfahrensgestaltung, auf Bestimmung des jeweiligen Prüfungsstoffs und auf Festlegung des Prüfungsergebnisses eine Position deutlicher Überlegenheit gegenüber den betreffenden Prüflingen inne hat. Manipulationen im Rahmen von juristischen Prüfungen, also hier Mißbräuche, die ihren Ursprung in dem bestehenden Übergewicht der Prüfungsgewalt haben, sind zu unterbinden, so daß der Anspruch des Prüflings auf eine faire Behandlung im Prüfungsverlauf sichergestellt wird.

B. Gründe, die zur Manipulation bei juristischen Prüfungen führen

Es gibt wohl für jeden Beteiligten die verschiedensten Gründe, die ihn zu einer Prüfungsmanipulation veranlassen. Nachstehend sollen nur die wichtigsten Beweggründe kurz aufgeführt werden.[103]

Für den täuschenden Prüfling stehen wohl die nicht zu unterschätzende Prüfungsangst[104], die Unsicherheit bezüglich des eigenen Könnens, die auf unterschiedlichste Ursachen zurückzuführenden Lerndefizite, unüberwindbare Faulheit, die Unzulänglichkeit der Überwachung durch die aufsichtsführenden Personen, das Ziel, bessere Noten zu erhalten als verdient und die Unfähigkeit bzw.

---

103 Vgl. zu dieser gesamten Problematik Brockmann, Das große Buch vom Schummeln, S. 7 ff; Drake, The Journal of Higher Education, 1941, S. 418 ff; Großfeld, JZ 1986, S. 357 ff; Janke/Faber, Die Deutsche Schule, 52. Jhrg., 1960, S. 284 ff; Kirchhoff/Wermann, Schule und Psychologie, 1961, S. 193 ff; Rogge, Zeitschrift für Pädagogik, 1963, S. 280 ff; Rost/Wild, Schulisches Mogeln und Leistungsvermeidung.

104 Speziell zur Prüfungsangst vgl. Becker, Prüfungsrecht, S. 156 ff; Becker, NJW 1990, S. 273; Buchholz in: Zwischen Apathie und Protest, Bd. 2; S. 5 ff; Florin/v. Rosenstiel, Leistungsstörungen und Prüfungsangst, Ursachen und Behandlung; Kerres, Prüfungsangst und Bewältigung; Krohe, Angst bei Schülern und Studenten; Krope, Zensur, Ausbildung und Gesellschaft, S. 26 ff; Moeller, Kölner Zeitschrift für Soziologie und Sozialpsychologie, 1969, S. 355 f; Nhili, Pädagogische und psychologische Untersuchungen zur Objektivität mündlicher Prüfungen im Hochschulbereich, S. 27 ff; Pietzcker, Verfassungsrechtliche Anforderungen an die Ausgestaltung staatlicher Prüfungen, S. 50 ff; Prahl, Gesellschaftliche Funktionen von akademischen Abschlußprüfungen und Graden, S. 315 ff; Prahl, Hochschulprüfungen - Sinn oder Unsinn?, S. 128 ff; Prahl, Prüfungsangst. Symptome, Formen, Ursachen; Scheer/Zenz, Studenten in der Prüfung, S. 49 ff; Weiß, Prüfungsangst.

mangelnde Begabung[105] zur Handhabung der juristischen Materie im Vordergrund. Auch darf hier die ständig anwachsende Stoffülle bei den juristischen Prüfungen und die damit zusammenhängende Unüberschaubarkeit der Prüfungsanforderungen nicht außer acht gelassen werden; die Zahl der zu beherrschenden Normen und Entscheidungen steigt ständig und der Schwierigkeitsgrad wird unaufhaltsam angehoben, denn der zulässige Prüfungsstoff wird häufig bis in seine absoluten Feinheiten abgefragt, und hin und wieder wird auch der zulässige Prüfungsstoff wohl überschritten.[106]

Als Hauptgründe für den Prüfer und den beteiligten Dritten, eine für den betroffenen Prüfling vorteilhafte Manipulation vorzunehmen bzw. zu versuchen, existieren materielle oder immaterielle Vorteile als Gegenleistung für dieses untersagte Vorgehen, Sympathie für den Prüfungskandidaten und Freundschafts- oder Verwandtschaftsverhältnisse zu dem Prüfling. Wichtigster Anlaß für den Prüfer, eine für den betroffenen Prüfling nachteilhafte Manipulation seiner Leistung durchzuführen, dürfte wohl eine diesem gegenüber bestehende Antipathie und eine während der Prüfung situativ bestehende negative psychische oder physische Befindlichkeit des Prüfers sein.[107]

C. Erforderlichkeit von unmanipulierten Prüfungen

Unter dem Begriff "Prüfung" versteht man ein Verfahren, mit Hilfe dessen die individuelle Fähigkeit und Eignung einer Person im Hinblick auf das vorgegebene Prüfungsziel festgestellt werden soll.[108]

---

105 Drake, a.a.O., S. 418 ff; Großfeld, JZ 1986, S. 359; Liffers, Heinsberger Volkszeitung vom 11.7.1992, S. 7.

106 So Großfeld, JZ 1986, S. 357. Vgl. hierzu auch Großfeld, NJW 1989, S. 875 ff.

107 "Prüfungsrechtliche Verstöße, die einen Verzicht auf Leistung zum Gegenstand haben, sind typischerweise dort zu registrieren, wo Prüfungen innerhalb der Hochschule organisiert und abgenommen werden. Der Professor als Prüfer vermag nicht nur auf einen zumindest faktisch weitreichenden Beurteilungsspielraum zurückgreifen, sondern es bietet sich ihm auch in großem Umfang die Möglichkeit, Rechtsverstöße zu begehen, ohne daß eine Korrektur dieser Verstöße befürchtet werden müßte", so Quambusch, DÖD 1989, S. 253 f. Ähnlich Schmidt in: Probleme der Juristenausbildung, S. 89.

108 Vgl. zum Begriff der Prüfung im Hochschulrecht, Thieme, Deutsches Hochschulrecht II, Rdnr. 320, S. 351.

I. Geschichtlicher Überblick

Das älteste Prüfungswesen[109] hatte sich in China herausgebildet. Dort existierte bereits vor ca. 2500 Jahren ein ausgeklügeltes Examenssystem, mit dem Staatsbeamte ausgewählt und befördert wurden. Dieses auch nach heutigen Begriffen streng rechtsstaatliche Prüfungssystem hatte die Aufgabe, Käuflichkeit und Beziehungen bei der Stellenvergabe zugunsten des wirklich bestehenden Tauglichkeitsgrades für das jeweils zu besetzende Amt zurückzudrängen und bestand in China bis zum Jahre 1905.[110] In Europa existierten die ersten Prüfungen - von der Zeit der Antike abgesehen - auf den Universitäten.[111] Zwar war mit der Gründungsgeschichte der mittelalterlichen Universitäten die Entstehung von Prüfungen nicht zwingend vorgegeben, aber das akademische Prüfungswesen ist annähernd zum selben Zeitpunkt entstanden wie die Universitäten. Die damaligen Prüfungen, die mit der Institutionalisierung des universitären Unterrichts entstanden, hatten die Funktion, den Geeigneten den Aufstieg innerhalb der bestehenden Korporation zu ermöglichen und ihn in unterschiedlichem Umfang an der Lehre und an Prüfungsabnahmen zu beteiligen, ihn also vom Studenten in die Reihe der Dozenten aufzunehmen. Spätestens am Ende des 13. Jahrhunderts fanden sich neben den bis dahin mündlich veranstalteten Prüfungen auch schriftliche und zwar in Form von häuslich anzufertigenden Ausarbeitungen.

---

109 Ein detaillierter historischer Überblick über die Entstehung des Prüfungswesens ist im Rahmen dieser Arbeit nicht möglich. Dennoch sollen hier einige Eckpunkte herausgegriffen und dargelegt werden. Zur Prüfungsgeschichte vgl. Bake, Die Entstehung des dualistischen Systems der Juristenausbildung in Preußen; Bleek, Von der Kameralsausbildung zum Juristenprivileg; Boehm in: Chronik der Ludwig-Maximilians-Universität München, S. 167 ff; Dohse, Das Schulzeugnis; Kaufmann, Die Geschichte der Deutschen Universitäten, Bd. I und II; Menze in: FS zum 65. Geburtstag von Albert Reble, S. 215 ff; Goldschmidt, Rechtsstudium und Prüfungsordnung; o.V., Justiz-Ministerial-Blatt für die Preußische Gesetzgebung und Rechtspflege, 1898, S. 51 ff; Paulsen, Geschichte des gelehrten Unterrichts auf den deutschen Schulen und Universitäten vom Ausgang des Mittelalters bis zur Gegenwart, Bd. I und II; Stölzel, Justiz-Ministerial-Blatt für die Preußische Gesetzgebung und Rechtspflege, 1882, S. 48 ff; Weber, Zeitschrift für Deutschen Zivilprozeß, 1935, S. 1-53, 96-168, 253-290.

110 Siehe hierzu Heyde, Das Altertum, 1977, S. 90 ff; Holmes/Lauwerys in: Lauwerys und Scanlon: Examinations, S. 1 ff; Judges in: Lauwerys und Scanlon: Examinations, S. 17 ff; Prahl, Gesellschaftliche Funktionen von akademischen Abschlußprüfungen und Graden, S. 71 ff; Prahl, Hochschulprüfungen, Sinn oder Unsinn?, S. 38 ff; Wendt, Die Bayerische Konkursprüfung der Montgelas-Zeit, S. 242 ff.

111 Jastrow (in: Das akademische Deutschland, Bd. 3, S. 219) führt an, daß die entstehenden Universitäten bereits ein Prüfungssystem in Form der unterschiedlichen Priesterweihen (an die die theologischen Fakultäten anknüpfen) vorfanden; auch Wendt (a.a.O., S. 250) hält es für möglich, daß die mittelalterlichen Universitäten auf die kirchlichen Examina zurückgriffen; a.A. hierzu Prahl (Gesellschaftliche Funktionen von akademischen Abschlußprüfungen und Graden, S. 114; ders., Hochschulprüfungen, Sinn oder Unsinn?, S. 59 und S. 219, Fußnote 19), der bezweifelt, daß die Universitäten bereits existierende Prüfungsformen übernommen haben.

Im Zeitalter der Territorialstaaten hatte die Prüfung aufgrund eines hohen materiellen Aufwands eine starke sozial selektive Wirkung; die Verleihung der Grade war in großem Rahmen kommerzialisiert.[112]

Im absolutistischen Staat erhielt das Studium und dessen Abschlüsse für das Berufsleben entscheidende Bedeutung. Da die Manipulation und Kommerzialisierung des Prüfungs- und Graduierungswesens aber sehr stark verbreitet waren, wurden staatliche Prüfungsbehörden, die jeden angehenden Beamten prüften, eingerichtet. Bei den Juristenberufen existierten schon im 16. Jahrhundert Ansätze zum Staatsexamen und zum staatlichen Vorbereitungsdienst.[113] Das System staatlicher Prüfungen, die dem Universitätsstudium folgten, erfuhr für Juristen, Beamte, Mediziner und Theologen seinen tatsächlichen Durchbruch im 19. Jahrhundert; Studium und Berufsvorbereitung wurden in eine systematische Reihenfolge gebracht und jeweils mit Prüfungen abgeschlossen.[114]

Seit Ende des 19. und Anfang des 20. Jahrhunderts finden Prüfungen eine stetig ansteigende Verbreitung und Häufung. Ihre Bedeutungszunahme entspricht der Industialisierung und Verwissenschaftlichung und der damit korrespondierenden Relevanz des allgemeinen und beruflichen Bildungswesen.[115]

II. Allgemeine Funktionen der Prüfung

Prüfungen haben unterschiedliche Funktionen[116], d.h. verschiedene beabsichtigte Wirkungen. So obliegt ihnen eine Kontrollfunktion, eine Selektionsfunktion, eine Berichts- und Prognosefunktion, eine Schutzfunktion, eine Chancengleichheit-

---

112 Zum Dualismus zweier Prüfungssysteme (akademische Grade und rein staatliche Prüfungen) vgl. insbesondere Jastrow, a.a.O., S. 219 ff.

113 So Jastrow, a.a.O., S. 219 f; Oppermann, Kulturverwaltungsrecht, S. 107; Wendt, a.a.O., S. 194.

114 Jastrow, a.a.O., S. 220 ff; Oppermann, a.a.O., S. 107; Reuhl, Die Rechtsbeziehungen zwischen Staat und Hochschule auf dem Gebiet der wissenschaftlichen Berufsvorbildung und Prüfungen in der Form der Staats- und Diplomprüfungen, S. 29 ff.

115 Bettermann/Goessl, Schulgliederung, Lehrerbildung und Lehrerbesoldung in der bundesstaatlichen Ordnung, S. 21 ff; Oppermann, a.a.O., S. 40 ff; Prahl, Gesellschaftliche Funktionen von akademischen Abschlußprüfungen und Graden, S. 196 ff; Prahl, Hochschulprüfungen - Sinn oder Unsinn?, S. 88 ff.

116 Deshalb gelangen verschiedene Autoren zu einer unterschiedlich hohen Anzahl von Funktionen, je nachdem, wie differenziert sie ihre Analyse betreiben; siehe hierzu Birkel, Mündliche Prüfungen, S. 18; Nhili, a.a.O., S. 5.

Herstellungs-Funktion, eine Machtausübungsfunktion, eine Orientierungs- bzw. Steuerungsfunktion und eine Motivationsfunktion.[117]

Die Kontroll- und Diagnosefunktion dient der Feststellung, ob der Kandidat das Prüfungsziel in wünschenswerter Weise erreicht hat.[118] Es soll eine Kontrolle des Prüflings, seines Wissensstandes und seiner Leistungsfähigkeit erfolgen.[119] Beachtenswert ist aber auch, daß durch Prüfungen ebenfalls die Leistung des Lehrens und der Bildungsanstalt insgesamt kontrolliert werden kann.[120] Mit Hilfe der Selektionsfunktion kommt es zu einer Berechtigungsverleihung, zu einer Auslese und zu einer Plazierung.[121] Bestandene Prüfungen berechtigen in der Regel dazu einen bestimmten Ausbildungsweg einzuschlagen oder einen bestimmten Beruf zu ergreifen. Diese begrenzten Wege sollen aber nur geeigneten Personen zugänglich sein, also nur denen, die die Prüfung mit Erfolg absolviert haben. Außerdem muß aus einer bestimmten vorhandenen Bewerberzahl eine Auslese der Qualifiziertesten möglich sein; dazu werden die Prüflinge, die in der Prüfung erfolgreich waren, noch in eine bestimmte Rang- oder Reihenfolge gebracht (plaziert).[122] Aus dem Prüfungsergebnis soll sich ergeben, was der Kandidat gelernt hat, was er momentan und was er in Zukunft leisten kann. Durch die Berichts- und Prognosefunktion soll somit aufgezeigt werden, inwieweit die Eignung des einen Kandidaten hinsichtlich einer bestimmten Tätigkeit im Verhältnis zu anderen größer oder geringer ist.[123] Die Schutzfunktion der Prüfung führt dazu, daß für die Gesellschaft gefährliche Tätigkeiten nur derjenige ausüben

---

117 Diese Funktionsaufzählung ist nicht erschöpfend. Einige der oben aufgeführten Prüfungsfunktionen lassen sich weiter und differenzierter unterteilen, so daß andere beabsichtigte Prüfungswirkungen den Schwerpunkt bilden können.

118 Siehe hierzu z. B. Schmidt, a.a.O., S. 81.

119 Dohse, a.a.O., S. 63.

120 So Dohse, a.a.O., S. 63; Flechsig/Francke/Huber/Walter, Ausbildungsbegleitende Leistungskontrollen als Formen wissenschaftlichen Prüfens in der einstufigen Juristenausbildung in Niedersachsen, S. 24 f.

121 Vgl. hierzu Dohse, a.a.O., S. 62 f; Flechsig in: Hochschuldidaktische Stichworte, 1974, S. 2 f; Flechsig/Francke/Huber/Walter, a.a.O., S. 4.

122 Der Selektionseffekt von juristischen Prüfungen wird oft überbewertet. Untersuchungen haben gezeigt, daß eben dieser Effekt etwa in der Größenordnung von 1-3 % liegt. Das Fernhalten von Ungeeigneten wird folglich durch Prüfungen nur in einem sehr begrenzten Umfang sichergestellt, so Schmidt, a.a.O., S. 81.

123 Bahrdt, DUZ 1972, S. 536 ff; Flechsig/Francke/Huber/Walter, a.a.O., S. 18; Schmidt, a.a.O., S. 82. Diese Prüfungsfunktion ist insbesondere wichtig für die Gesellschaft. Sie erhält Rückschlüsse darauf, wie und wo der Prüfungskandidat am optimalsten einzusetzen ist.

kann, der seine spezielle Befähigung hierzu in einer Prüfung nachgewiesen hat.[124] Weiterhin haben Prüfungen die Aufgabe Chancengleichheit unter den Prüflingen herzustellen.[125] Dem Wesen der Prüfung haftet eine Machtausübungsfunktion an, wobei die Macht in verschiedenen Formen, z. B. die Macht des Prüfers über den Prüfling, erscheint.[126] Die Orientierungs- und Steuerungsfunktion ermöglicht es dem Prüfling, seinen Leistungsstand zu erfahren, diesen besser einzuschätzen und das weitere Lernen daran anzupassen.[127] Mit Hilfe der Motivationsfunktion von Prüfungen kann ein Anreiz zum Lernen gegeben werden, wobei aber nicht übersehen werden sollte, daß Prüfungen die Lernmotivation positiv und negativ beeinflussen können.[128]

Diese einzelnen Prüfungsfunktionen sind nicht nur für den Prüfling und die Gesellschaft, sondern auch für den Prüfer relevant. Er lernt aufgrund der Prüfungsergebnisse die Leistungen und damit auch die Leistungsfähigkeit der Prüfungskandidaten kennen. Ebenfalls erhält er Rückschlüsse auf sein Lehrverhalten und hat die Chance, gegebenenfalls Korrekturen oder Änderungen daran vorzunehmen.[129] Der Prüfer kann aus der Analyse der Prüfungsergebnisse Konsequenzen für alle durch ihn bestimmbaren Faktoren des Lehrens ableiten.[130]

III. Spezielle Ziele der juristischen Prüfungen

Prüfungen im Hochschulbereich schließen in der Regel einen bestimmten Studienabschnitt oder ein gesamtes Studium ab. Sie dienen der Feststellung, ob der

124 Flechsig/Francke/Huber/Walter, a.a.O., S. 18; Jahoda, UQ 1966, S. 269 f. In diesen Bereichen muß die Gesellschaft in ganz besonderem Maße geschützt werden.

125 Flechsig/Francke/Huber/Walter, a.a.O., S. 4; Ingenkamp in: Begabung und Lernen, S. 407; Ingenkamp, Die Fragwürdigkeit der Zensurengebung, S. 13, 37; Judges, a.a.O., S. 19; Kvale, Prüfungen und Herrschaft, S. 57.

126 Siehe hierzu Prahl, Prüfungssysteme und Prüfungsreformen an den Hochschulen in der BRD, Bd. I, S. 21 f.

127 Gertmann, Wirkung des Vollzugs der akademischen Prüfung auf Selbstbewertung und Motivation der Prüflinge, S. 29; Kvale, a.a.O., S. 76; Nhili, a.a.O., S. 9.

128 Dohse, a.a.O., S. 31; Füller, Funktionen und Formen von Prüfungen; Kvale, a.a.O., S. 69; Loeser, Das außerschulische berufliche Prüfungswesen, S. 107; Nhili, a.a.O., S. 11 f.

129 Schmiel, Lernstandsfeststellungen in der Berufsbildung, S. 21; Weingarten, Prüfungserwartung als Lernbehinderung, S. 42.

130 Vgl. zu den Funktionen von Prüfungen weiterhin Francke in: Prüfungssysteme und Prüfungsreformen an den Hochschulen in der BRD, Bd. II, S. 105 ff; Hülbusch in: Probleme der Juristenausbildung, S. 73 ff; Kurth, VR 1991, S. 144 f; Prahl, Gesellschaftliche Funktionen von Hochschulprüfungen, S. 307 ff; Prahl in: Ausbildung und Sozialisation in der Hochschule, S. 442 ff; Schusser in: Recht und Ökonomie der Hochschulprüfungen, S. 73 ff; Stiebler in: Probleme der Juristenausbildung, S. 57 ff.

Student bei Beurteilung seiner individuellen Leistung das Ziel des Studienabschnitts oder des Studiums erreicht hat, § 15 II HRG.[131]

Speziell mit den juristischen studienbegleitenden Leistungskontrollen soll festgestellt werden, ob der Student für die weitere Ausbildung fachlich geeignet ist, § 5 a IV (2) DRiG a.F.[132]

Die Prüfungen im Rahmen der juristischen Anfänger- und Fortgeschrittenenübungen[133] haben die Funktion, Grundkenntnisse und Grundfertigkeiten des Studenten abzufragen. Der Prüfling erhält durch die angebotenen Hausarbeiten und Klausuren die Gelegenheit zur Eignungs- und Leistungskontrolle. Die Übungen sollen den Studenten eine Rückmeldung über ihren Lernerfolg geben, und bei wiederholtem Nichtbestehen haben sie die Funktion, zur Überprüfung der Studienwahl zu veranlassen. Desweiteren dienen die Übungen zur Vorbereitung auf das erste Staatsexamen.[134]

Im ersten juristischen Staatsexamen soll der Prüfling nachweisen, daß er das rechtswissenschaftliche Studienziel erreicht hat und für den Vorbereitungsdienst fachlich geeignet ist. Er muß zeigen, daß er das Recht mit Verständnis erfassen und anwenden kann und über die hierzu erforderlichen Kenntnisse in den Prüfungsfächern mit ihren geschichtlichen, gesellschaftlichen, wirtschaftlichen, politischen und rechtsphilosophischen Bezügen verfügt.[135]

Die zweite juristische Staatsprüfung dient der Feststellung, ob der Referendar das Ziel der Ausbildung erreicht hat und ihm damit nach seinen fachlichen und allgemeinen Kenntnissen und Fähigkeiten, nach seinem persönlichen Geschick und

---

131 Beachte hierzu auch die entsprechenden Vorschriften der Landeshochschulgesetze, so z.B. § 50 II UG BW, Art. 80 II HSchG Bay., § 61 II HSchG Brem., § 55 II HSchG Hess., § 19 I HSchG Nds., § 90 II UG NRW, § 24 I HSchG Rhl.-Pf., § 92 II UG Saarl., § 86 II HSchG Schl.-Hol., § 25 III HSchErnG Meckl.-Vorp., § 21 II HSchG Thür.

132 Siehe hierzu bereits oben A.I.1.

133 Im Rahmen der Untersuchung werden zwar nur die Übungen für Fortgeschrittene explizit berücksichtigt. Da aber in den Zielsetzungen und Folgen keine Unterschiede zwischen den Anfänger- und den Fortgeschrittenenübungen bestehen, ist eine Differenzierung nicht notwendig.

134 Vgl. Rinken, Einführung in das juristische Studium, S. 25 f.

135 So formulieren die meisten Prüfungsordnungen; siehe z.B. § 1 II i.V.m. § 4 I JAPrO BW, § 4 JAPO Bay., § 2 JAG Berl., § 6 JAG Hess., § 6 JAO Nds., § 2 JAG NRW, § 5 JAG Rhl.-Pf., § 1 II JAG Saarl., § 16 JAPO Sachs., § 1 JAO Schl.-Hol., § 2 JAO Ham.

nach dem Gesamtbild seiner Persönlichkeit die Befähigung zum Richteramt und zum höheren allgemeinen Verwaltungsdienst zuerkannt werden kann.[136]

Zweck der juristischen Promotion ist es, den Nachweis der Befähigung des Bewerbers zur selbständigen wissenschaftlichen Arbeit auf dem Gebiet der Rechtswissenschaft zu erbringen.[137]

IV. Erforderlichkeit der Verhinderung von Prüfungsmanipulation

1. Umgehung der Prüfungsziele

Die Manipulation im Rahmen von juristischen Prüfungen - gleichgültig, ob diese durch den Prüfling selbst, einen Dritten oder den Prüfer vorgenommen wird - hat zur Folge, daß sowohl die allgemeinen Prüfungsfunktionen als auch die speziellen Ziele der juristischen Prüfungen umgangen werden.[138] Die gesamten Prüfungsziele, die für die Prüflinge, den Prüfer, die Bildungsanstalt und auch für die Gesellschaft relevant sind, werden - im Wege der Manipulation - in ihr Gegenteil verkehrt. Bereits aufgrund dieser Tatsache wird ersichtlich, daß Prüfungsmanipulation, gleichgültig welcher Art, verhindert werden muß.

2. Verfassungsrechtliche Bestimmungen

Daneben könnten auch verfassungsrechtliche Festlegungen existieren, die angeben, daß Prüfungen neutral und unmanipuliert erfolgen sollen.[139] In Betracht

---

136 Siehe § 43 JAPO Bay., § 11 JAG Berl., § 41 I JAG Hess., § 25 I JAG NRW, § 16 JAG Rhl.-Pf., § 46 II JAPO Sachs. und die ähnlichen Formulierungen in den Gesetzen der anderen Bundesländern. Zu beachten ist auch, daß die beiden juristischen Staatsexamina Wettbewerbscharakter haben, so z.B. ausdrücklich § 4, § 43 II JAPO Bay. und § 16 I, § 46 II JAPO Sachs. Die Staatsprüfungen dienen nicht nur der Kontrolle eines bestimmten Mindestwissens, sondern die Prüfungsleistungen werden qualitativ gemessen und mit einer Note der vorgegebenen Notenskala bewertet. Aus der erreichten Prüfungsgesamtnote läßt sich dann die Rangfolge der einzelnen Prüflinge ermitteln.

137 Vgl. beispielsweise § 54 I UG BW, Art. 83 HSchG Bay., § 35 HSchG Berl., § 65 I HSchG Brem., § 61 HSchG Hess., § 26 I HSchG Nds., § 94 I UG NRW, § 94 IV UG Saarl.; auch die Promotionsordnungen der einzelnen Universitäten beinhalten diese Zecksetzung, wie z.B. § 2 PromO der Universität Passau, § 2 PromO der Johann Wolfgang Goethe-Universität Frankfurt a.M., § 5 I PromO der Universität zu Köln, § 7 I PromO der Universität Regensburg, § 11 PromO der Universität Osnabrück, § 1 II PromO der Universität Mannheim, § 8 II PromO der Universität Augsburg, § 10 I PromO der Universität Freiburg, § 11 I PromO der Universität Heidelberg.

138 Siehe oben C.II. und III.

139 Davon zu unterscheiden ist die Problematik, ob den von der Manipulation nur "mittelbar" Betroffenen (d.h. denjenigen, die unmanipulierte Prüfungsleistungen ablegen und unmanipulierte Prüfungsergebnisse erzielen) Rechtsschutzmöglichkeiten gegen die Manipulation

kommen insbesondere berufsbezogene Grundrechte, Gleichheitsgrundrechte und das Rechtsstaatsprinzip.[140]

a. Art. 12 I GG

In unserem bestehenden Rechtsstaat sind auch juristische Prüfungen kein rechtsschutzloser Raum.[141] Verfassungsrechtliche Anforderungen im Hinblick auf neutrale und unmanipulierte Prüfungen könnten sich aus Art. 12 I GG als besondere Ausprägung des umfassenderen, in Art. 2 I GG verbürgten Rechts auf freie Entfaltung der Persönlichkeit[142], ergeben. Art. 12 I GG gewährleistet allen Deutschen das Recht, Beruf, Arbeitsplatz oder Ausbildungsstätte frei zu wählen.[143]

---

zur Verfügung stehen. Eine umfassende Auseinandersetzung mit dieser Problematik ist im Rahmen der Untersuchung nicht möglich. Hier jedoch einige Anmerkungen: So entschied das BVerwG (Buchholz, 421.0, Nr. 232, S. 287 ff), daß die Chancengleichheit eines Prüflings durch Täuschungshandlungen von Mitprüflingen keinen Schaden erleide, solange sein eigenes Prüfungsverfahren korrekt verlaufe und seine eigenen Prüfungsleistungen ordnungsgemäß bewertet würden. Ein mittelbarer Einfluß in der Weise, daß die durch Täuschung verbesserten Ergebnisse den Durchschnitt anheben und dadurch die Bewertung der übrigen Prüfungsleistungen herabdrücke, scheide aufgrund des Vorhandenseins eines absoluten, allgemeinen und gleichbleibenden Bewertungsmaßstabes aus; etwas anderes könne nur bei ersichtlichem Verstoß gegen diesen Bewertungsgrundsatz gelten. Ein - den Prüfern unbewußt - verschobenes "Erwartungsniveau", welches zu einer generellen Verschärfung der Bewertungen führen könne, sei eine nicht nachprüfbare, bloße Vermutung, auf die eine Chancengleichheitsverletzung nicht gestützt werden könne (BVerwG, Buchholz, 421.0, Nr. 185, S. 148 ff; Urt. des OVG Rhl.-Pf., 2 A 12307/90.OVG, S. 15 f; OVG Münster, NJW 1983, S. 2278 = DÖD 1983, S. 230 f = OVGE 36/272 ff; Urt. des VG Mainz v. 28.3.1990, 7 K 82/89, S. 8 ff; Urt. des VG Neustadt a.d. Weinstrasse, 2 K 2051/89.NW, S. 14 ff). Das OVG Saarlouis (NVwZ-RR 1991, S. 364 = WissR 1991, S. 234 ff) führt an, daß ein gleichheitswidriger Vorteil für eine Reihe von Prüfungskandidaten zur Unterbewertung von Leistungen ihrer Mitprüflinge führen könne, wenn er den Prüfer zur Anhebung der Anforderungen veranlasse. Diese Gefahr sei nicht ohne weiteres von der Hand zu weisen, wenn die Mehrzahl der Prüfungsbewerber infolge einer Unregelmäßigkeit gehobene Leistungen erbringe. M.E. handelt es sich bei dem vom BVerfG (s.o.) aufgeführten und anzuwendenden allgemeinen, absoluten und gleichbleibenenden Bewertungsmaßstab um eine sehr theoretische "Konstruktion", die in der Praxis nicht (immer) eingehalten wird; so wohl auch Pietzcker, a.a.O, S. 187 ff.

140 Bestimmungen der einzelnen Länderverfassungen, die für diese Thematik von Bedeutung sein könnten, bleiben bei der Untersuchung außer Betracht.

141 "Prüfungen sind als Akt gebundener Rechtsanwendung anzusehen", Becker, Prüfungsrecht, S. 87.

142 So die ganz h.M. Vgl. BVerfG in ständiger Rechtsprechung, z.B. BVerfGE 13/181 ff; 22/114 ff; 33/303 ff und Schmidt-Bleibtreu in: Schmidt-Bleibtreu/Klein, a.a.O., Art. 12, Rdnr. 5 m.w.N. Zum früher umstrittenen Verhältnis von Art. 12 zu Art. 2 GG siehe nur Gubelt in: v. Münch/Kunig, a.a.O., Art. 12, Rdnr. 93 m.w.N.

143 Vgl. statt aller Jarass in: Jarass/Pieroth, GG für die Bundesrepublik Deutschland, Art. 12, Rdnr. 1. Das BVerfG (Beschl. v. 27.1.1976, NJW 1976, S. 1309) führt an: "Nicht nur die Berufswahl und die Berufsausbildung, sondern auch die Vorstufe der Berufsausbildung gehören zum Schutzbereich des Art. 12 I GG".

Prüfungen und deren Ergebnisse sind in der Regel ausschlaggebend für die Berufschancen des Prüfungskandidaten. Gute Noten haben für das berufliche Fortkommen bei dem heutzutage bestehenden schwierigen Arbeitsmarkt erheblich an Bedeutung gewonnen.[144] Bereits dieser Aspekt verdeutlicht, daß Prüfungen in einem sehr engen Zusammenhang mit Art. 12 I GG stehen.[145] Auch das BVerfG mißt sämtliche Prüfungen, gleichgültig, ob sie unmittelbar die Berechtigung zur Ausübung des angestrebten Berufs verleihen oder nicht, an den Anforderungen des Art. 12 I GG.[146]

Prüfungen im o.g. Sinn stellen in der Regel[147] subjektive Zulassungsvoraussetzungen zum Beruf oder zum Beginn, zur Fortführung oder zur Beendigung der gewählten Ausbildung dar.[148] Ein solcher Eingriff in Form von subjektiven Zulassungsvoraussetzungen ist nur zulässig, wenn er dem Schutz besonders wichtiger Gemeinschaftgüter, die der Freiheit des einzelnen vorgehen, dient und nicht außer Verhältnis zu diesem Zweck steht.[149] Als wichtige Gemeinschaftsgüter im

144 So auch Becker, NJW 1990, S. 275; Becker, Prüfungsrecht, S. 98 und Wagner, DVBl. 1990, S. 183.

145 Daß Prüfungen Grundrechtseingriffe darstellen, wird schon von Pietzcker (a.a.O., S. 70 f) einsichtig herausgestellt: "Durch die Sicherung einer grundrechtlichen Freiheit in Art. 12 I GG stellt sich das Prüfungsverfahren jedenfalls auch als Beschränkung dieser Freiheit dar". Siehe hierzu auch Jarass in: Jarass/Pieroth, a.a.O., Art. 12, Rdnr. 46.

146 BVerfGE 13/97, 106 f; 19/330, 336 f; 37/342, 352 f; 41/251, 261; 52/380, 388. Siehe auch BVerfG, Beschl. v. 17.4.1991, NJW 1991, S. 2008 ff, BVerfG, Beschl. v. 17.4.1991, NJW 1991, S. 2005 ff und auch BVerfGE 79/ 212, 218. In den o.g. Beschlüssen führt das Gericht aus, daß Vorschriften, die für die Aufnahme des Berufs eine bestimmte Vor- und Ausbildung sowie den Nachweis erworbener Fähigkeiten in Form einer Prüfung verlangten, in die Freiheit der Berufswahl eingriffen und deshalb den Anforderungen des Art. 12 I GG genügen müßten. Zu Recht weist Kopp (DVBl. 1991, S. 990) darauf hin, daß die vom BVerfG aufgestellten Grundsätze auch für andere als die vom BVerfG beurteilten Prüfungen Geltung beanspruchen können. Pietzcker (a.a.O., S. 74 ff) unterteilt im Rahmen des Art. 12 I GG die freie Wahl der Ausbildungsstätte und die des Berufs. Er führt an, daß alle Prüfungen, die von Beginn bis zum Abschluß der Ausbildung in allgemeinen Ausbildungsstätten abgehalten würden (wozu die Hochschulen und die juristischen Referendarausbildungsstellen zu zählen seien, (S. 74)) in den Normbereich der Wahl der Ausbildungsstätte und alle Prüfungen, die unmittelbar vor der Berufsaufnahme stünden, in den Normbereich der freien Berufswahl fielen. Vgl. hierzu auch Becker, Prüfungsrecht, S. 85.

147 Etwas anderes gilt, wenn bereits die Zulassung zur Prüfung eine objektive Zulassungsvoraussetzung darstellt oder die Prüfung den Zweck verfolgt, eine nur begrenzte Anzahl von Stellen sachgerecht zu verteilen.

148 Subjektive Zulassungsvoraussetzungen liegen vor, wenn Vorschriften die Aufnahme der Berufstätigkeit an subjektive, also von der Person des Berufsanwärters abhängige und für diesen (generell) erfüllbare Voraussetzungen binden (so BVerfGE 7/377, 406 f), wozu auch Prüfungen zu zählen sind, vgl. Gubelt in: v. Münch/Kunig a.a. O., Art. 12, Rdnr. 53.

149 Diese Einordnung entspricht der zu Art. 12 GG entwickelten Stufentheorie. Siehe BVerfGE 13/97, 107; 69/209, 218; BVerwGE 35/146, 148 f; Gubelt in: v. Münch/Kunig,

Rahmen von juristischen Prüfungen kommen in Betracht: die Funktionsfähigkeit der Ausbildungsstätte[150], der Schutz der Bevölkerung vor unfähigen Vertretern des Berufes[151], eine leistungsfähige Rechtspflege[152] und die Gewährleistung der Chancengleichheit[153].

Im Falle manipulierter Prüfungen werden diese besonderen Güter aber gerade nicht geschützt. Die für den juristischen Beruf ungeeigneten Personen haben aufgrund der Manipulation die Möglichkeit diesen Beruf doch zu ergreifen; eine erhebliche Gefährdung der Bevölkerung und auch der Rechtspflege ist nicht auszuschließen. Durch Manipulation - ausgehend vom Prüfungskandidaten, von Dritten oder vom Prüfer - wird auch der Chancengleichheitsgrundsatz, der zugunsten aller Prüflinge besteht, unterlaufen. Da Art. 12 I GG Prüfungen fordert, die den Schutz der oben aufgeführten Güter tatsächlich bewerkstelligen[154], läßt sich bereits aus Art. 12 I GG das Gebot unmanipulierter und neutraler Prüfungen ableiten.

b. Art. 33 II GG

Desweiteren könnte Art. 33 II GG Anhaltspunkte für die Erforderlichkeit regulärer und unmanipulierter Prüfungen bieten.[155] Gem. Art. 33 II GG hat jeder Deutsche nach seiner Eignung, Befähigung und fachlicher Leistung gleichen Zugang zu jedem öffentlichen Amt. Bei den hier zu untersuchenden Prüfungsarten könnten sich aus diesem grundrechtsähnlichen Recht[156] aber nur in Bezug auf das

---

a.a.O., Art. 12, Rdnr. 55; Jarass in: Jarass/Pieroth, a.a.O., Art. 12, Rdnr. 29. Hierzu auch Becker, Prüfungsrecht, S. 85 f.

150 Guhl, a.a.O., S. 26. Der Schutz der Gesellschaft vor ungeeigneten Personen kommt bei Prüfungen, die den Zugang zu einer Ausbildungsstätte vermitteln, noch nicht zum Tragen. In diesem Bereich ist folglich die Funktionsfähigkeit der Ausbildungsstätte Schutzgut.

151 BVerfGE 7/377, 407; 25/236, 247; Pietzcker, a.a.O., S. 80.

152 BVerwG, DVBl. 1972, S. 182, 184; Gubelt in: v. Münch/Kunig, a.a.O., Art. 12, Rdnr. 63.

153 BVerwGE 38/105, 114; Gubelt in: v. Münch/Kunig, a.a.O., Art. 12, Rdnr. 63; Pietzcker, a.a.O., S. 81. A.A. Guhl (a.a.O., S. 26) indem er anführt, Prüfungen dienten nicht dem Schutz der Chancengleichheit. Diese Ansicht ist abzulehnen, denn Prüfungen stehen gerade unter dem Anspruch Gleichheit zu verwirklichen; insbesondere im Falle der Knappheit der zu vergebenden Stellen und bei der Herstellung bzw. Verteilung geeigneter Rangpositionen unter den Prüflingen ist das Schutzgut der Chancengleichheit von erheblicher Bedeutung.

154 So auch Guhl, a.a.O., S. 55.

155 Vgl. hierzu allgemein z.B. Becker, ZBR 1978, S. 255 ff; Fischbach, DVBl. 1951, S. 99 ff; Krüger, Das Leistungsprinzip als Verfassungsgrundsatz.

156 Maunz in: Maunz/Dürig, GG-Kommentar, Art. 33, Rdnr. 11, 17; Pietzcker, a.a.O., S. 70; Klein in: Schmidt-Bleibtreu/Klein, a.a.O., Art. 33, Rdnr. 4 m.w.N.

erste und/oder zweite juristische Staatsexamen Folgerungen ergeben, da die hochschulinternen Prüfungen, wie z.B. die Leistungskontrollen und großen Scheine, schon vom Schutzbereich her nicht von Art. 33 II GG erfaßt werden.

Das Verhältnis von Art. 12 I GG zu Art. 33 II GG ist in Literatur und Rechtsprechung umstritten; dies gilt insbesondere für die Frage der Behandlung von Ausbildungsplätzen.[157] Im Rahmen des hier zu untersuchenden Sachverhalts kann diese Problematik dahinstehen. Faßt man den Schutzbereich des Art. 33 II GG eng und versteht darunter nur Prüfungen, die lediglich für den Eintritt in den öffentlichen Dienst oder in ein öffentliches Amt vorausgesetzt werden bzw. den Zugang zu Ausbildungsstellen, die nur der Vorbereitung auf ein öffentliches Amt dienen, so ist allein Art. 12 I GG einschlägig.[158] Die erste juristische Staatsprüfung ist Hochschulabschlußprüfung und gleichzeitig Eingangsprüfung für den juristischen Vorbereitungsdienst.[159] Daraus folgt, daß das erste Staatsexamen nicht lediglich Voraussetzung für den Eintritt in den öffentlichen Dienst ist. Es beendet das juristische Studium und ermöglicht dadurch auch die Aufnahme eines freien Berufs. Das zweite juristische Staatsexamen dient zwar nach seiner Zielsetzung der Feststellung, ob dem Kandidaten die Befähigung zum Richteramt und zum höheren Verwaltungsdienst zugesprochen werden kann[160], aber die erfolgreiche Beendigung des juristischen Vorbereitungsdienstes mit dem Examen ist sowohl Voraussetzung für den Staatsdienst als auch für den freien Beruf des Volljuristen.[161] Folglich ist auch das zweite juristische Staatsexamen nicht lediglich Voraussetzung für den Eintritt in den öffentlichen Dienst. Gleiches gilt für den Zugang zur Ausbildungsstätte in Form des juristischen Vorbereitungsdienstes.[162] Der juristische Vorbereitungsdienst dient kraft öffentlich rechtlicher Regelung nicht nur der Vorbereitung auf ein öffentliches Amt, sondern auch zu anderen

157 Siehe hierzu den dargestellten Meinungsstand bei Matthey in: v. Münch, GG-Kommentar, Art. 33, Rdnr. 22 m.w.N. Abzulehnen sein dürfte wohl die vom BVerwG (E 6/13 ff) vertretene Auffassung, bei der Einordnung der Ausbildungsstätte zu Art. 12 I oder Art. 33 II GG sei auf die subjektive Ausbildungsvorstellung des Bewerbers abzustellen. Bei Eintritt in die Ausbildungsstätte kann die zukünftige Berufswahl noch nicht verbindlich festgestellt werden; so auch Maunz in: Maunz/Dürig, a.a.O., Art. 33, Rdnr. 15. Zu dieser Problematik auch Thieme, JZ 1959, S. 265 ff.

158 So Klein in: Schmidt-Bleibtreu/Klein, a.a.O., Art. 33, Rdnr. 5; Maunz in: Maunz/Dürig, a.a.O., Art. 33, Rdnr. 15; Pietzcker, a.a.O., S. 74.

159 Vgl. hierzu z.B. § 4 JAPO Bay., § 2 JAG Meckl.-Vorp., § 2 I JAG NRW, § 16 I JAPO Sachs. Beachte auch Herzig/Schach, a.a.O., S. 11.

160 Siehe oben C.III.

161 Klein in: Schmidt-Bleibtreu/Klein, a.a.O., Art. 33, Rdnr. 5.

162 Die Stellen des juristischen Vorbereitungsdienstes sind als Ausbildungsstätten anzusehen; so Pietzcker, a.a.O., S. 74. Vgl. hierzu auch Klein in: Schmidt-Bleibtreu/Klein, a.a.O., Art. 33, Rdnr. 5.

Berufswegen und stellt hiernach eine Ausbildungsstätte im Sinne des Art. 12 I GG dar.

Dehnt man den Schutzbereich des Art. 33 II GG hingegen auch auf das erste und zweite juristische Staatsexamen und den Zugang zum juristischen Vorbereitungsdienst aus, so ergibt sich daraus, daß jedem Bürger nach seiner Fähigkeit die Möglichkeit des Eintritts in den Staatsdienst gesichert sein, aber gleichzeitig auch gewährleistet werden soll, daß nur die Besten und Geeignetsten für den Staat tätig werden, ihn also vertreten dürfen.[163] Als abschließende Auswahlkriterien sind im Gesetz die Eignung, die Befähigung und die fachliche Leistung genannt.[164] Für die Ermittlung der geeignetsten Bewerber sind insbesondere Ergebnisse abgelegter Prüfungen relevant.[165] Jedoch können nur ordnungsgemäß zustandegekommene und selbständig erbrachte Prüfungsleistungen die Eignung und Fähigkeit des Bewerbers der Wirklichkeit entsprechend repräsentieren. Wenn Prüfungsergebnisse durch Manipulation verändert werden, sind die durch Art. 33 II GG festgelegten Auswahlkriterien ausgehebelt. Eine Besten- und Geeignetstenauswahl, die gerecht ist und dem Gleichheitssatz entspricht, wird dadurch unmöglich.[166] Durch manipulierte Prüfungen und deren Ergebnisse wird somit das grundrechtsgleiche Recht der Bewerber aus Art. 33 II GG umgangen.[167]

Sowohl aus Art. 12 I GG als auch aus Art. 33 II GG folgt demnach, daß Prüfungen und deren Ergebnisse neutral und unmanipuliert sein müssen.

---

163 Klein in: Schmidt-Bleibtreu/Klein, a.a.O., Art. 33, Rdnr. 4, 6; Maunz in: Maunz/Dürig, a.a.O., Art. 33, Rdnr. 12. Vgl. hierzu auch Pietzcker, a.a.O., S. 86.

164 Eine nähere Umschreibung dieser Begriffe ist vorliegend nicht erforderlich. Vgl. aber hierzu Klein in: Schmidt-Bleibtreu/Klein, a.a.O., Art. 33, Rdnr. 6 m.w.N.; Pieroth in: Jarass/Pieroth, a.a.O., Art. 33, Rdnr. 4.

165 Vgl. Pietzcker, a.a.O., S. 86; Ule in: Bettermann-Nipperdey, Die Grundrechte IV 2, S. 587. Siehe auch Klein in: Schmidt-Bleibtreu/Klein, a.a.O., Art. 33, Rdnr. 6.

166 Dies gilt natürlich auch bei der Personeneinstellung in den Staatsdienst. Z.B. orientiert sich die Einstellung eines Juristen in das Richteramt oder ein sonstiges höheres Verwaltungsamt nach Abschluß der Referendarausbildung an den oben dargestellten Grundsätzen des Art. 33 II GG; siehe hierzu Klein in: Schmidt-Bleibtreu/Klein, a.a.O., Art. 33, Rdnr. 4; Maunz in: Maunz/Dürig, a.a.O., Art. 33, Rdnr. 12.

167 Sei es dadurch, daß derjenige, der durch Manipulation bessere Noten erhalten hat, deshalb zu Unrecht eingestellt wird, sei es dadurch, daß derjenige, dessen Noten durch Manipulation verschlechtert wurden, zu Unrecht nicht eingestellt wird.

c. Art. 3 I GG

Nach Art. 3 I GG sind alle Menschen vor dem Gesetz gleich. Dieser Gleichheitssatz verlangt, daß alle drei Gewalten (Legislative, Exekutive, Judikative) Gleiches gleich und Ungleiches ungleich behandeln.[168]

Im Prüfungsrecht hat der durch Art. 3 I GG verfassungsrechtlich verbürgte Grundsatz der Chancengleichheit[169] als eine Erscheinungsform des Gleichbehandlungsgrundsatzes besondere Bedeutung.[170] Dieser Grundsatz der Chancengleichheit verbietet, die Prüflinge vor unterschiedliche Prüfungsbedingungen zu stellen.[171] Im Prüfungsverfahren sollen möglichst gleichmäßige Voraussetzungen für alle Prüflinge geschaffen werden, um damit allen Prüfungskandidaten gleiche Erfolgschancen einzuräumen.[172] Das gesamte Prüfungsverfahren muß so gestaltet sein, daß eine unterschiedliche Beeinflussung der Prüfungsleistung und des Prüfungsergebnisses durch außerhalb der Person des Prüflings liegende Umstände möglichst verhindert wird.[173] Die Chancengleichheit kann durch den Prüfling selbst, durch Dritte und/oder durch den Prüfer verfälscht werden.[174]

Grundvoraussetzung für eine Gleichbehandlung ist, daß der Prüfling die für seinen Prüfungserfolg maßgeblichen Leistungen persönlich und unverfälscht er-

---

168 BVerfGE 1/264, 275 f und 18/38, 46; Bleckmann, Staatsrecht II - Die Grundrechte, S. 520, 524; Schmalz, Grundrechte, S. 163, Rdnr. 507 ff. Art. 3 I GG ist nur anwendbar, wenn ein speziellerer Gleichheitssatz nicht eingreift, vgl. BVerfGE 59/128, 156; Gubelt in: v. Münch/Kunig, a.a.O., Art. 3 GG, Rdnr. 106 f; Jarass in: Jarass/Pieroth, a.a.O., Art. 3 GG, Rdnr. 2. Bettermann (Hypertrophie der Grundrechte, S. 13) vertritt die Auffassung, daß Art. 3 I GG nur die Rechtsanwendungsgleichheit verankere. Diese Auffassung ist jedoch abzulehnen. So führt Bleckmann (a.a.O., S. 520) richtigerweise an, daß das Grundgesetz den Grundrechtsschutz im Verhältnis zu dem bereits in der Weimarer Republik erzielten Standard, wo bereits starke Tendenzen bestanden, auch den Gesetzgeber an den Gleichheitssatz zu binden, noch erheblich habe verstärken wollen.

169 Vgl. hierzu bereits oben A.IV.4. und 5.

170 BVerwG, Urt. v. 23.7.1965, DÖV 1965, S. 771; BVerwG, Beschl. v. 11.11.1975, NJW 1976, S. 905; BayVGH, Urt. v. 23.6.1976, BayVBl. 1976, S. 572; Scherzberg, NVwZ 1992, S. 31; Störle, a.a.O., S. 37 f. "Das verfassungsrechtliche Gleichbehandlungsgebot erstreckt sich mit seinen Auswirkungen auf die Prüfung in besonderem Maße auf das Verfahren und die äußere Form des Prüfungsgeschehens", so Niehues, a.a.O., Rdnr. 403.

171 Allgemein zu den Geboten des Gleichbehandlungsgrundsatzes im Prüfungsrecht siehe Guhl, a.a.O., S. 119 ff.

172 BVerwG, Urt. v. 3.5.1963, Buchholz, 421.0, Nr. 19; BayVGH, Urt. v. 8.7.1977, BayVBl. 1978, S. 214; Wagner, DVBl. 1990, S. 183 m.w.N.; Wassermann/Kirchner/Kröpil, a.a.O., § 5 d DRiG, Rdnr. 23. Zu den Ursachen der Ausweitung des Gleichheitssatzes im Bereich des Prüfungswesens siehe Guhl, a.a.O., S. 114 ff.

173 BayVGH, Urt. v. 8.7.1977, BayVBl. 1978, S. 214; Störle, a.a.O., S. 39.

174 Hierzu bereits oben A.II. und III.1.2.3.4.5.

bringt.[175] Da die zur Verfügung stehenden Hilfsmittel das Ergebnis einer Prüfung erheblich beeinflussen können, wirkt eine hierbei bestehende Unterschiedlichkeit auf den Grundsatz der Chancengleichheit ein. Folglich kommt es bei Benutzung nicht zugelassener Hilfen (personelle oder sächliche) durch einen oder einige Prüflinge zu einer Verfälschung der Chancengleichheit.[176] Eine Ungleichheit liegt aber auch dann vor, wenn nicht allen Prüflingen die gleichen zugelassenen Hilfsmittel zur Verfügung stehen.[177]

Aus Art. 3 I GG folgt für Prüfungen ebenfalls das Gebot der Fairneß und der Sachlichkeit.[178] Dieses Gebot verpflichtet den Prüfer darauf zu achten, daß das gesamte Prüfungsverfahren mit innerer Distanz und frei von Emotionen im Rahmen der vorgegebenen Prüfungsvorschriften verläuft und Prüfungsleistungen bzw. deren Ergebnisse nicht manipuliert werden[179]; gleichwertige Leistungen müssen die gleiche Korrektur und die gleiche Note erhalten[180]. Aus Art. 3 I GG folgt für den Prüfungskandidaten der Anspruch auf einen unabhängigen Prüfer[181], denn der gegenüber einem oder mehreren Prüflingen postitiv oder negativ voreingenommene Prüfer ist nicht mehr unabhängig und beurteilt den oder die Prüflinge dann im Verhältnis zu den anderen Kandidaten nicht gleich. Das

175 Vgl. Niehues, a.a.O., Rdnr. 386 a.

176 Niehues, a.a.O., Rdnr. 386 c; Pietzcker, a.a.O., S. 185; Salzwedel in: Handbuch des Wissenschaftsrechts, Bd. I, S. 814 f; Störle, a.a.O., S. 59 m.w.N.; Wagner, DVBl. 1990, S. 184; Wassermann/Kirchner/Kröpil, a.a.O., § 24 NJAO, Rdnr. 3.

177 So Niehues, a.a.O., Rdnr. 405; Wagner, DVBl. 1990, S. 183. Umstritten ist, ob der Grundsatz der Chancengleichheit verletzt wird, wenn bei einer schriftlichen Prüfung einem Teil der Kandidaten für Aufsichtsarbeiten Bücher von der Prüfungsbehörde zur Verfügung gestellt werden, und anderen Kandidaten aufgegeben wird, die Bücher selbst mitzubringen. Verneinend z.B. OVG Münster, Urt. v. 15.12.1969, DVBl. 1970, S. 704, bejahend beispielsweise BVerwG, Urt. v. 13.10.1972, BVerwGE 41/34 und Wagner, DVBl. 1990, S. 183. Hierbei wird wohl eine Verletzung des Chancengleichheitsgrundsatzes anzunehmen sein, denn die Kandidaten, die mit den ihnen zur Verfügung gestellten Bücher arbeiten müssen, werden benachteiligt; es ist nicht sichergestellt, daß die mitgebrachten Bücher bezüglich Auflage, Randbemerkungen u.s.w. den zur Verfügung gestellten entsprechen.

178 Vgl. Kröpil, JuS 1989, S. 244 f; Wagner, DVBl. 1990, S. 185; dieses Gebot gründet sich auch auf das Rechtsstaatsprinzip (siehe dazu unten IV.2.d.)

179 So Kröpil, JuS 1989, S. 244 f; Pietzcker, a.a.O., S. 166 f; Wassermann/Kirchner/Kröpil, a.a.O., § 56 NJAO, Rdnr. 8.

180 Vgl. Niehues, a.a.O., Rdnr. 367. Becker (Prüfungsrecht, S. 102) bezeichnet ein Prüfungsverfahren als fair, "wenn dem Kandidaten die Regeln bekannt sind, die auf seinen Fall angewandt werden, wenn er also nicht mit Tricks und Überraschungen rechnen muß, und wenn eine Prüfung nachvollziehbar ist".

181 Niehues, a.a.O., Rdnr. 399; Störle, a.a.O., S. 54 f; Wagner, DVBl. 1989, S. 185. Guhl (a.a.O., S. 201) führt an: "Das Gebot der Chancengleichheit gebietet, daß der Prüfer allen Prüflingen gleich unvoreingenommen gegenübertritt und es verbietet, daß ein Prüfer tätig wird, bei dem Gründe vorliegen, die geeignet sind, Mißtrauen gegen seine Unparteilichkeit zu rechtfertigen"; ebenso Becker, DÖV 1970, S. 733.

Chancengleichheitsgebot verbietet sowohl eine Benachteiligung als auch eine Bevorzugung von Prüflingen.[182]

Für das Prüfungsverfahren bestimmt Art. 3 I GG die Rechtsanwendungsgleichheit, die Rechtsgleichheit, die tatsächliche Gleichheit, das Willkürverbot und die Chancengleichheit[183]; es wird formelle und materielle Gleichbehandlung der Prüflinge gefordert[184]. All diese aus dem Gleichheitsgrundsatz folgenden Bestimmungen und Forderungen im Hinblick auf Prüfungen werden durch Prüfungsmanipulationen umgangen. Somit legt auch Art. 3 I GG fest, daß Prüfungen neutral und unmanipuliert erbracht und beurteilt werden müssen. Die Gleichbehandlung aller Kandidaten ist Grundlage einer jeden gerechten Entscheidung und diese kann nur gesichert werden, wenn das zu Prüfende richtig und unverfälscht ermittelt wird.[185]

d. Rechtsstaatsprinzip

Naheliegend ist auch der Rückgriff auf das Rechtsstaatsprinzip[186] zur Beantwortung der Frage, ob Prüfungen unmanipuliert abgelegt, korrigiert und bewertet werden müssen.[187] Bestandteile des Rechtsstaatsprinzips sind z.B. die Rechtssi-

182 Siehe zu dieser Problematik auch Hamann, VR 1990, S. 17 ff; Hummel, a.a.O., S. 32 f; Kröpil, JuS 1989, S. 243 ff; Salzwedel, a.a.O., S. 814 ff; Voelkner in: Probleme der Juristenausbildung, S. 130 ff.

183 Pietzcker, a.a.O., S. 162 ff.

184 So Becker, Prüfungsrecht, S. 98 ff, 100, wobei formelle und materielle Chancengleichheit einander bedingen. Siehe hierzu auch BVerfGE 42/64, 73 und Bleckmann, a.a.O., S. 521.

185 Ob Prüfungsbedingungen und -verlauf die Chancengleichheit wesentlich beeinträchtigen, ist maßgeblich vom Einzelfall abhängig. Verfassungsrechtliche Anforderungen an das Prüfungsverfahren ergeben sich ferner aus der Verpflichtung zur Achtung der Menschenwürde gem. Art. 1 I GG und aus dem persönlichen Freiheitsrecht des Art. 2 I GG. Vgl. hierzu BVerfGE 51/150, 156; 52/380, 389; Guhl, a.a.O., S. 239 ff; Niehues, a.a.O., Rdnr. 362, 372, 375; Wassermann/Kirchner/Kröpil, a.a.O., § 5 d DRiG, Rdnr. 23.

186 Das Rechtsstaatsprinzip wird wohl vorrangig als in Art. 20 III GG verankert angesehen, vgl. z.B. BVerfGE 35/41, 47; 39/128, 143; Degenhart, Staatsrecht I, § 3 I; Leibholz/Rink/Hesselberger, GG für die BRD, Art. 20, Rdnr. 21 ff. Zur grundgesetzlichen Ableitung i.e. siehe Stern, Staatsrecht I, § 20 III. Zu Begriff und Geschichte des Rechtsstaatsprinzips ausführlich Stern, a.a.O., § 20 m.w.N. Siehe allgemein zum Rechtsstaatsprinzip auch Maunz/Zippelius, DStR, § 12 I; Raether, Das Prinzip des Rechtsstaats in der Rechtsprechung des Bundesverfassungsgerichts und der oberen Bundesgerichte und Kunig, Das Rechtsstaatsprinzip. Letzterer (a.a.O., S. 339 ff) kommt zu dem Schluß, daß sich die Gerechtigkeitsvorstellungen des Grundgesetzes in den einzelnen Grundrechten ausdrücke und insoweit grundsätzlich kein Raum für die Anwendung eines allgemeinen Rechtsstaatsprinzips verbleibe.

187 Zum Rückgriff auf das Rechtsstaatsprinzip im Prüfungsrecht siehe auch BVerwGE 16/154; Becker, DÖV 1970, S. 730; Guhl, a.a.O., S. 7 ff; Krause, WissR 1970, S. 125; Pietzcker, a.a.O., S. 103 ff; Schick, ZBR 1972, S. 301. Der Rechtsstaat präsentiert sich als Inbegriff

cherheit, das Prinzip der Gesetzmäßigkeit der Verwaltung[188] und der Vertrauensschutz.[189]

Jeder Betroffene vertraut darauf, daß die jeweils zuständige Prüfungsbehörde[190] als "Herrin des Verfahrens"[191] die Einhaltung der rechtsstaatlichen und rechtmäßigen Prüfungsordnungen[192] und das vorgeschriebene Prüfungsverfahren[193], woraus sich ergibt, daß Prüfungsmanipulation - gleichgültig welcher Art - zu verhindern ist, sicherstellt. Die bestehenden Prüfungsordnungen und die aufgestellten Verfahrensgrundsätze dienen dem Schutz des einzelnen Prüflings, indem sie die Beachtung der verfassungsmäßig garantierten Grundrechte des Kandidaten, insbesondere des Gleichbehandlungsgrundsatzes, sicherstellen wollen[194]; sie dienen zum Schutz der gesamten Ausbildungsstätte, indem sie eine Sicherung des Ausbildungszwecks und die Funktionsfähigkeit des Ausbildungsbetriebs erreichen bzw. erhalten wollen[195] und sie dienen auch dem Schutz des einzelnen Bürgers

---

der normativ belegbaren verfassungsrechtlichen Einzelprinzipien, vgl. Schnapp in: FS für Scupin, S. 906. Zwar lassen sich aus dem Rechtsstaatsprinzip konkrete Folgen ableiten, aber wegen der Weite und Unbestimmtheit dieses Prinzips ist hierbei Zurückhaltung geboten, beachte BVerfGE 57/250, 276; 70/297, 308; 74/129, 152; Pietzcker, a.a.O., S. 103; Schnapp in: v. Münch/Kunig, a.a.O., Art. 20, Rdnr. 24.

188 Das Prinzip der Gesetzmäßigkeit verlangt, daß bindende Gesetze, d.h. Verfassungsnormen, förmliche Gesetze und alle anderen gültigen Rechtsvorschriften (vgl. statt aller Schnapp in: v. Münch/Kunig, a.a.O., Art. 20, Rdnr. 36), auch tatsächlich ausgeführt werden, BVerfGE 25/216, 228; 30/292, 332; Gusy, JuS 1983, S. 191 ff; Jarass in: Jarass/Pieroth, a.a.O., Art. 20, Rdnr. 26, 27.

189 Degenhart, a.a.O., § 3 V 1; Guhl, a.a.O., S. 9 ff; Jarass in: Jarass/Pieroth, a.a.O., Art. 20, Rdnr. 21, 25 ff; Schnapp in: v. Münch/Kunig, a.a.O., Art. 20, Rdnr. 23.

190 Dies ist bei den Hochschulprüfungen in Form der Leistungskontrolle, der großen Scheine und der Promotion die Hochschule bzw. der zuständige Fachbereich/die zuständige Fakultät oder der Professor (soweit Hochschulen im Rahmen ihrer hoheitlichen Aufgaben Prüfungen abhalten, liegt die Verantwortung bei ihnen; siehe hierzu auch Niehues, a.a.O., S. 234, Rdnr. 254 a.E.), bei den juristischen Staatsexamen das zuständige Landesjustizprüfungsamt (Wassermann/Kirchner/Kröpil, a.a.O., § 24 NJAO Rdnr. 5; vgl z.B. auch § 2 I JAPrO BW; § 2 I JAPO Bay., § 2 I JAG Hess. und die weiteren speziellen Landesvorschriften).

191 So Wagner, DVBl. 1990, S. 184.

192 Damit alle Prüfungsteilnehmer die gleichen Erfolgschancen haben, sind für sie in höchstmöglichem Maße gleiche Bedingungen zu schaffen, vgl. statt aller BayVHG, Urt. v. 11.7.1975, BayVBl. 1976, S. 60. Diese Aufgabe obliegt den Prüfungsordnungen. Sie haben deshalb z.B. vorzusehen, daß die Beeinträchtigung der Chancengleichheit durch Manipulation Rechtsfolgen nach sich zieht, BayVGH, a.a.O., S. 60; VGH BW, Urt. v. 28.2.1977, WissR 1977, S. 259.

193 Hierzu bereits oben A.IV. und C.IV.2.c.

194 In diesem Zusammenhang ist auch Art. 1 III GG zu nennen.

195 So soll z.B. durch Prüfungen festgestellt werden, welche Prüflinge die notwendigen Eigenschaften und Fähigkeiten besitzen, um ohne Behinderung des Ausbildungsbetriebs die jeweilige Ausbildung beginnen oder fortsetzen zu können. Durch das Vorhandensein fach-

und somit der Allgemeinheit, indem sie zur Schaffung einer funktionsfähigen Rechtspflege und zur Verhinderung von unfähigen Personen auf dem Arbeitsmarkt beitragen. Da somit die Ziele und Funktionen der Prüfungsordnungen und der aufgestellten Verfahrensgrundsätze durch Prüfungsmanipulation negiert werden, folgt daraus, daß Manipulation in diesem Bereich verhindert werden muß.

Als weiterer Anhaltspunkt folgt aus dem Rechtsstaatsprinzip das Gebot der Fairneß und der Sachlichkeit im Bereich des Prüfungswesen.[196] Hiernach hat der Prüfer darauf zu achten, daß das gesamte Prüfungsverfahren im Rahmen der bestehenden Prüfungsvorschriften und Verfahrensgrundsätze einen einwandfreien Verlauf nimmt.[197] Manipulationen unterlaufen dieses Gebot und sind daher zu unterbinden.

Festzustellen bleibt somit, daß sich auch aus dem Rechtsstaatsprinzip die Forderung nach unmanipulierten Prüfungen und unmanipulierten Prüfungsergebnissen herleiten läßt. Den Schutzgütern der Prüfungswahrheit und der Prüfungsgleichheit muß Rechnung getragen werden. Prüfungen sind so abzuwickeln, daß an der Richtigkeit der Prüfungsentscheidung keine Zweifel bestehen; die wahren Leistungen und Befähigungen des Prüflings sind zu ermitteln. Folglich sind alle Verfahrensweisen untersagt, die dieser Zielsetzung zuwiderlaufen.[198]

Allein zweifelhaft könnte hierbei sein, ob Prüfungsmanipulation vom Staat (das zuständige Justizprüfungsamt bei den juristischen Staatsexamen) oder von den Hochschulen als Träger hoheitlicher Gewalt (der zuständige Fachbereich/die zuständige Fakultät oder der Professor bei den Hochschulprüfungen in Form der Leistungskontrolle, der großen Scheine und der Promotion) durch Kontrollmaßnahmen oder organisatorische Maßnahmen zu unterbinden ist, oder ob die Manipulationsmöglichkeit nicht lediglich in die Risikospähre der Prüfungskandidaten fällt. Da jegliche Prüfungsmanipulation aus den oben aufgeführten Gründen zu

---

lich Ungeeigneter während der Ausbildung könnten die Ausbildungsmöglichkeiten der qualifizierten und geeigneten Personen behindert werden. In diesem Zusammenhang ist aber darauf hinzuweisen, daß die Behinderung der Ausbildung durch weniger geeignete Personen umstritten ist; vgl. hierzu allgemein Tent, Die Auslese von Schülern für weiterführende Schulen.

196 Kröpil, JuS 1989, S. 245; Wagner, DVBl. 1990, S. 185.

197 BVerwGE 70/143, 145 = DVBl. 1985, S. 61; BVerwGE 55/355, 358 ff; BVerwG, DÖV 1983, S. 817.

198 Siehe hierzu auch Becker, Prüfungsrecht, S. 92 ff; Niehues, a.a.O., S. 302, Rdnr. 407.

verhindern ist, der einzelne Prüfling selbst dazu aber nicht in der Lage ist, obliegt diese Pflicht den "Prüfungsveranstaltern".[199]

---

199 So auch BVerwGE 38/105, 114; BVerwGE 41/34, 36; Niehues, a.a.O., S. 233 f, Rdnr. 354; Pietzcker, a.a.O., S. 185 f. Zwar erfolgt eine Einschränkung insofern, als daß sinnvolle Prüfungsarten nicht verworfen werden müssen, nur um Prüfungsmanipulation zu verhindern, aber so weit wie möglich besteht die Pflicht, Gegenmaßnahmen zu ergreifen. Eben diese Verpflichtung des Staates bzw. der Hochschulen (als Träger hoheitlicher Gewalt) folgt auch aus der "objektiven Werteordnung". Nach heutigem Verständnis kommen den Grundrechten verschiedene Funktionen zu und sind in ihnen verfassungsrechtliche Wert- und Ordnungsprinzipien normiert, die die Staatsmacht auf bestimmte Ziele orientieren und binden (Stern, a.a.O., S. 90). Gestützt auf die Vorstellung einer in ihnen zum Ausdruck kommenden objektiven Werteordnung (BVerfGE 7/198, 205; Bettermann, Hypertrophie der Grundrechte, S. 7; Bull, Die Staatsaufgaben nach dem Grundgesetz, S. 156 f; Jarass, AöR 1985, S. 363 ff) besteht im Wesentlichen Einigkeit darüber, daß die Grundrechte neben ihrer Primärfunktion als Abwehrrechte zugleich eine für alle Rechtsbereiche geltende verfassungsrechtliche Grundentscheidung verkörpern, die Richtlinien sowohl für Gesetzgebung und Verwaltung als auch für die Rechtsprechung bietet. Zwar sind Inhalt und Umfang des Begriffs der objektiven Werteordnung umstritten (hierzu beispielsweise Hesse, Grundzüge des Verfassungsrechts der BRD, S. 124; Scheuner, VVDStRL 1964, S. 1 ff; Schwabe, Probleme der Grundrechtsdogmatik, S. 286), aber anerkannt ist wohl, daß sich aus der in der Gesamtheit der Grundrechte zum Ausdruck kommenden verfassungsrechtlichen Grundentscheidung i.V.m. Art. 1 III GG die Verpflichtung der staatlichen Gewalt ergibt, die Voraussetzung für die Verwirklichung der Grundrechte zu schaffen (Klein in: Schmidt-Bleibtreu/Klein, a.a.O., Vorb. Art. 1, Rdrn. 8; v. Münch in: v. Münch/Kunig, a.a.O., Vorb. Art. 1-19, Rdnr. 22; Kemper, Die Überleitungsgerechtigkeit bei Gebietsänderungen und sonstigen Änderungen im territorialen Geltungsbereich von Rechtsordnungen, S. 66 f m.w.N.). Aus diesem Grund folgt daraus auch die Verpflichtung, Manipulation im Rahmen von Prüfungen zu verhindern.

3. TEIL: HISTORISCHER ÜBERBLICK

Manipulationen bei Prüfungen sind so alt, wie das Prüfungswesen selbst.[200] Da jegliche Prüfungsmanipulation grundsätzlich zu einer Umgehung der Prüfungsziele[201] und zu einer Verletzung der Chancengleichheit der Prüflinge führt[202], sind in den verschiedenen Bereichen schon frühzeitig Versuche unternommen worden, eine solche zu unterbinden. Im Folgenden soll die geschichtliche Entwicklung einiger Sanktionsmöglichkeiten im Rahmen akademischer Prüfungen in einem Überblick dargestellt werden.

A. Die akademische Gerichtsbarkeit

Bereits an den im 12. Jahrhundert gegründeten Universitäten von Bologna und Paris finden sich Ansätze zu einer akademischen Gerichtsbarkeit.[203] Im deutschsprachigen Raum läßt sich die akademische Gerichtsbarkeit bis zur Errichtung der ersten deutschen Universitäten zurückverfolgen.[204]

Unter akademischer Gerichtsbarkeit[205] versteht man die ausschließliche Rechtszuständigkeit der jeweiligen Universität für ihre Mitglieder und Verwandten auf dem Gebiet der Zivil- und Strafgerichtsbarkeit (einschließlich der Disziplinargerichtsbarkeit).[206] Der sachliche Zuständigkeitsbereich der akademischen Gerichtsbarkeit umfaßte also zunächst die volle Zivilgerichtsbarkeit über die Rechts-

---

200 Vgl. Hirsch, DUZ 1963, S. 12 f; Müller, Geschichte der Universität, S. 28, 58 und die in Fußnote 110 aufgeführten Fundstellen.

201 Siehe hierzu 2.Teil, C.II., III. und IV.1.

202 Vgl. insbesondere 2.Teil, C.IV.2.c.

203 Vgl. hierzu nur Brüdermann, Göttinger Studenten und akademische Gerichtsbarkeit im 18. Jahrhundert, S. 34 ff; Klotz, Die akademische Gerichtsbarkeit, S. 42 und Stein, Die akademische Gerichtsbarkeit in Deutschland, S. 18 ff.

204 Woeste, Akademische Väter als Richter, S. 1. Zu der umstrittenen Entstehungsgeschichte der akademischen Gerichtsbarkeit in Deutschland ders., S. 9 ff, Brüdermann, a.a.O., S. 33 ff und Stein, a.a.O., S. 45 ff.

205 Als "begriffsbestimmendes Moment" der entstandenen Universitäten sieht Kaufmann (Die Geschichte der Deutschen Universitäten, Bd. 1, S. 98) die akademische Gerichtsbarkeit.

206 Siehe S.F., Akademische Gerichtsbarkeit und akademische Disziplin, Alama Mater, 3, 1878, S. 374. Zu den Universitätsmitgliedern gehörten die Professoren und die Studenten; Universitätsverwandte waren z.B. alle Angestellten der Hochschule, Frauen und Kinder der Universitätsbeschäftigen und sogar das jeweilige private Dienstpersonal. Ausführlich hierzu Ebel in: Universitätschronik, Georgia Augusta, S. 35 ff; Kern, Die Geschichte des Gerichtsverfassungsrechts, S. 98; Oesterley, Darstellung der Gerichtsverfassung in der Universitätsstadt Göttingen, insbersondere S. 50 ff.

unterworfenen.[207] Darüber hinaus umfaßte sie an allen Universitäten auch die sog. niedere Strafgerichtsbarkeit.[208]

Innerhalb der akademischen Gerichtsbarkeit beanspruchten die disziplinären Verfahren, die eng mit der Eigenart und Aufgabe der Körperschaft zusammenhingen, den größten Teil.[209] Zu ihrer vorrangigen Aufgabe[210] gehörte es, die Erhaltung der Studiendisziplin und des Lehrbetriebs, auch die Aufrechterhaltung der Ruhe und Ordnung[211], sicherzustellen; z.B. wurde den Studenten allgemeines gutes Betragen, Gehorsam und Ehrerbietung gegenüber Doktoren und Meistern, gute Sitten und solider Lebenswandel, Fleiß hinsichtlich ihrer Studien sowie das Tragen ehrbarer Kleidung auferlegt, die Professoren wurden zu regelmäßigem Lesen angehalten.[212]

Soweit ersichtlich, enthalten die akademischen Gesetze in ihrem Disziplinarbereich keine ausdrücklichen Bestimmungen für den Fall der Prüfungsmanipulation, unabhängig von der die Manipulation vornehmende Person (Prüfling, Dritte oder Professor). Hierbei ist jedoch zu beachten, daß eine abschließende Aufzählung der Tatbestände, an die sich disziplinarrechtliche Folgen anknüpfen konnten, nicht möglich ist; "die Zahl der denkbaren Fälle, in denen eine Verletzung der Ordnung, Sitte oder Ehrenhaftigkeit des akademischen Lebens vorliegt, ist praktisch unerschöpflich"[213]. Deshalb enthielten die jeweiligen Bestimmungen stets

---

207 Maack, Grundlagen des studentischen Disziplinarrechts, S. 31 f.

208 So Maack, a.a.O., S. 32. Zur weiteren Einteilung der sachlichen Zuständigkeitsbereiche für Strafsachen vgl. grundlegend Stein, a.a.O., S. 60 ff, auf den sich auch Maack, a.a.O., S. 32 ff und Woeste, a.a.O., S. 9 ff beziehen.

209 Vgl. statt aller Hohl, Die akademische Gerichtsbarkeit in Württemberg, S. 34. "Dieser ausgedehnten akademischen Disziplinargerichtsgewalt als einer der drei Ausformungen der akademischen Gerichtsbarkeit unterlagen Lehrende und Lernende in gleicher Weise", so Maack, a.a.O., S. 36. Im Laufe der Zeit änderte sich jedoch der Adressatenkreis der akademischen Disziplinargerichtsbarkeit; Grundlage wurde das sittliche Erziehungsverhältnis zwischen Lehrendem und Lernendem (Hermelink/Kaehler, Die Philipps-Universität zur Marburg 1527-1927, S. 81 f), so daß später die Professoren der akademischen Disziplinargerichtsbarkeit nicht mehr oder doch nicht mehr unbedingt unterstanden, Stein, a.a.O., insbesondere S. 105 ff, S. 120, S. 124, S. 127.

210 Im Hinblick auf die Studenten wurde die Aufgabe der Universität darin gesehen, die ihr anvertraute Jugend "an Stelle der abwesenden Eltern weiter zu erziehen, sie ermahnend und väterlich strafend zum Guten anzuleiten und womöglich vorbeugend den Folgen ihres unüberlegten und leichtsinnigen Handelns zu entziehen", Stein, a.a.O., S. 106.

211 Ellwein, Die deutsche Universität, S. 143, § 69.

212 So Hohl, a.a.O., S. 33 ff und Akademische Gesetze für die Studierenden auf der Universität Marburg, abgedruckt bei Woeste, a.a.O., S. 156 ff.

213 Thieme, Deutsches Hochschulrecht I, S. 326 m.w.N. "Aufzählungen der Handlungen, welche der disciplinaren Ahndung anheimfallen, sind misslich, weil die Disciplin ihrer

auch Generalklauseln, die dazu dienten, alle Verstöße gegen die o.g. Grundsätze zu erfassen.[214] Prüfungsmanipulation im Rahmen akademischer Prüfungen ist ein der Universität eigentümliches Vergehen, welches sich unter dem Begriff der Verletzung der Ordnung, Sitte, Ehrenhaftigkeit oder des Fleißes des akademischen Lebens subsumieren läßt. Solche Verstöße, welche die Universität selbst betrafen, unterfielen bereits vom Sinn her dem disziplinären Bereich der akademischen Gerichtsbarkeit der Universitäten.

Die einschlägigen disziplinarrechtlich möglichen Folgen unterteilten sich - von Universität zu Universität verschieden - in: Ermahnung[215], Verweis[216], Geldstrafe[217], Zimmer-, Haus- und Stadtarrest[218], Karzerstrafe[219], Unterschrift unter

---

Natur nach nicht einzelne bestimmte Handlungen zum Gegenstand hat, sondern jede Handlung daraufhin untersuchen muss, ob sich in ihr Momente finden, welche sich als eine Verletzung der dem Schutze der Disciplin anvertrauten ethischen Güter darstellen", so Stein, a.a.O., S. 149.

214 Vgl. z.B. V der "Akademische Gesetze für die Studierenden auf der Universität Marburg von 1796" und §§ 8,9 der "Akademischen Gesetze von 1819", beide abgedruckt bei Woeste, a.a.O., S. 156 ff, 161 ff. So auch Hohl, a.a.O., S. 34: "Wo eine Strafbestimmung fehlte, galt der allgemeine Satz, daß die Verletzung der Statuten in einem nicht mit ausdrücklicher Strafe bedrohten Punkt durch das Konsistorium geahndet werden solle". Meroth, (Disziplinar- und Strafgerichtsbarkeit der Universität Freiburg im 19. und 20. Jahrhundert, S. 77) führt eine noch weitergehende Generalklausel an: "Studierenden, deren Entfernung von der Universität zu ihrem eigenen Besten oder im Interesse der Disziplin für nötig befunden wird" konnte ab 1835 das akademische Bürgerrecht aufgekündigt werden, "auch wenn ihnen kein bestimmtes Vergehen zur Last fiel".

215 So Woeste, a.a.O., S. 51. Die Ermahnung ist gleichzusetzen mit der Verwarnung "als mildeste Form der Disziplinarstrafe", Maack, a.a.O., S. 146.

216 Der Verweis war ein Tadel, der privat oder öffentlich erteilt werden konnte, Toll, Akademische Gerichtsbarkeit und akademische Freiheit, S. 49. Vgl. hierzu auch Brüdermann, a.a.O., S. 124; Meroth, a.a.O., S. 79 und Woeste, a.a.O., S. 51.

217 Vor allem an den Universitäten des 18. Jahrhunderts kam es häufig zu einer Umwandlung der verschiedensten Strafen in eine Geldstafe, siehe Stein, a.a.O., S. 112. Zur Geldstrafe auch Brüdermann, a.a.O., S. 124 ff und Toll, a.a.O., S. 49.

218 Dieser war z.B. an der Universität Freiburg nur in den akademischen Gesetzen von 1810 vorgesehen, so Meroth, a.a.O., S. 78.

219 Als Karzer bezeichnete man sowohl die Strafe als auch die Räumlichkeiten in der Universität, in denen der Student die Arresttage zu verbringen hatte. Zur Karzerstrafe im allgemeinen, Brüdermann, a.a.O., S. 126; Ebel, a.a.O., S. 34 ff; Schulze/Ssymank, Das deutsche Studententum von den ältesten Zeiten bis zur Gegenwart, S. 182 f. Zu der im Laufe der Zeit veränderten Auffassung der Karzerstrafe vgl. statt aller Brüdermann, a.a.O., S. 130 und Schlichting, Deutsche Studenten-Zeitung, 1. 1884, No. 52 und 2. 1885, No. 1. Die heutige Professorenschaft mag hin und wieder - angesichts der Studentenschaft - mit Wehmut an die früher zur Verfügung stehende Sanktionsmöglichkeit des sog. Kazers zurückdenken.

das consilium abeundi[220], consilium abeundi[221] und die verschiedenen Formen des Relegationsverfahrens[222]. Ausdrücklich werden auch noch der zeitweilige oder dauernde Ausschluß von den Vorlesungen und Graden und die Entziehung akademischer Privilegien angeführt.[223] Die Universität hatte im Rahmen der akademischen Gerichtsbarkeit sogar die Möglichkeit, die von ihr verliehene Doktorwürde zu entziehen.[224]

Das endgültige Ende[225] der akademischen Gerichtsbarkeit an den deutschen Universitäten läßt sich auf den 1.10.1879 datieren; mit dem Inkrafttreten des Gerichtsverfassungsgesetzes wurde die Gerichtsbarkeit zum ausschließlichen Zuständigkeitsbereich des Staates erklärt.[226]

---

220 Mit dieser Unterschrift gab die Person das Versprechen, sich künftig kein Vergehen mehr zuschulden kommen zu lassen, vgl. Brüdermann, a.a.O., S. 134 und Meroth, a.a.O., S. 80.

221 Siehe hierzu Toll, a.a.O., S. 50 f; Woeste, a.a.O., S. 56. Unter consilium abeundi verstand man eine zeitliche Wegweisung von der jeweiligen Universität.

222 Hierzu ausführlich Brüdermann, a.a.O., S. 134 ff; Hohl, a.a.O., S. 127 und Meroth, a.a.O., S. 80 ff.

223 Hergenröther/Kaulen, Enzykopädie der katholischen Theologie und ihrer Hilfswissenschaften, S. 330 f.

224 So Vollmar (Die Entziehung der Doktorwürde, S. 66 ff) der anführt, daß sowohl einem dem Lehrkörper angehörendem Doktor als auch einem dort lediglich Promovierten bei Vorliegen eines unwürdigen Verhaltens der Titel kraft Gewohnheitsrecht entzogen werden konnte. Ebenso Ritter, Die Heidelberger Universität, S. 106. Itter (De Honoribus sive gradibus academicis liber, S. 529 ff) und Meiners (Geschichte der Entstehung und Entwicklung der hohen Schulen unseres Erdteils, Bd. 4, S. 31) gehen zwar ebenfalls davon aus, daß die Universitäten im Rahmen der akademischen Gerichtsbarkeit wegen eines unehrenhaften Verhaltens die Doktorwürde entziehen konnten, bestreiten jedoch, daß dies vor dem Jahre 1500 vorgekommen sei.

225 Schon vor diesem Zeitpunkt bestand die akademische Gerichtsbarkeit an den einzelnen Universitäten zumeist nicht mehr, Hohl, a.a.O., S. 189; Meroth, a.a.O., S. 98; Thieme, Deutsches Hochschulrecht I, S. 323. Siehe auch Stein, a.a.O., S. 115 ff; Maack, a.a.O., S. 63 ff und Woeste, a.a.O., S. 145 ff. Zur Einschränkung der ursprünglich umfangreich bestehenden akademischen Gerichtsbarkeit vgl. ebenfalls das Reglement wegen Einrichtung der akademischen Gerichtsbarkeit bei den Universitäten, vom 28.12.1810, Pr. GS 1810-1813, S. 142.

226 Bahnson in: Student und Hochschule im 19. Jahrhundert, S. 234 f; Herrmann, Allgemeine Deutsche Strafrechtszeitung, Jhrg. 8, 1868, S. 144-153; Allgemeine academische Zeitung 1. 1861, S. 177-180 und S. 193-196; Hohl, a.a.O., S. 189; Thieme, Deutsches Hochschulrecht I, S. 323; Woeste, a.a.O., S. 1. Zu den Äußerungen für und gegen die Beibehaltung der akademischen Gerichtsbarkeit siehe Erdmann in: Über einige der vorgeschlagenen Universitätsreformen, S. 7 ff; Hudtwalcker in: Criminalisiche Beiträge 1825, S. 203 ff; Krug in: Versuch einer neuen Eintheilung der Wissenschaften, S. 60 ff; o.V., Zeitschrift für Deutschlands Hochschulen, Heidelberg 1844, S. 63-65 und S. 72-73; o.V., Karl Adolph Cäsar's Gedanken über die Notwendigkeit der akademischen Gerichtsbarkeit, S. 15 ff; Oesterley, a.a.O., S. 110 ff; Wetzel, Bedenken gegen die Aufhebung der akademischen Gerichtsbarkeit.

B. Das studentische Disziplinarrecht

Nach förmlicher Beendigung der akademischen Gerichtsbarkeit verblieb den Universitäten zur Aufrechterhaltung der akademischen Disziplin[227] sachlich lediglich die Disziplinargewalt[228] und diese bestand personell nur noch über die Studierenden.[229] Infolge der Beseitigung der akademischen Gerichtsbarkeit[230] kam es zu einer neuen Regelung der akademischen Disziplinargewalt.[231] Die akademischen Behörden hatten das Recht zur Aufsicht über die Studenten, das Recht, Anordnungen zur Wahrung der Ordnung, Sitte und Ehrenhaftigkeit unter den Studierenden zu erlassen und gegebenenfalls auch die Befugnis, Disziplinarstrafen zu verhängen.[232] Es konnten nicht nur Maßnahmen zur Aufrechterhaltung der äußeren Ordnung der Universität getroffen werden, sondern durch die Formulierung

---

227 Ortloff, Der Gerichtssaal, 33, 1881, S. 191: "Die Aufgabe der akademischen Disziplin ist die Aufrechterhaltung der Sitte, Ehrenhaftigkeit und Ordnung der Studenten während ihres Aufenthalts auf der Universität, welche als Hochschule noch Erziehungsanstalt sein soll".

228 Darunter verstand man die Summe der Möglichkeiten, die den akademischen Behörden zur Aufrechterhaltung der Ordnung, Sitte und Ehrenhaftigkeit des akademischen Lebens zur Verfügung standen, siehe Thieme, Deutsches Hochschulrecht I, S. 322.

229 Die Disziplinargewalt über die Professoren der Universität ging im allgemeinen Beamtendisziplinarrecht auf, vgl. statt aller Ebel, a.a.O., S. 36 f. Im allgemeinen begnügte man sich damit, die Professoren nach den Grundsätzen, die für Verwaltungsbeamte galten, zu behandeln. Zu den wenigen Ausnahmen hiervon vgl. Köttgen, Deutsches Universitätsrecht, S. 138 f m.w.N. und Thieme, Deutsches Hochschulrecht I, S. 267. Das Preußische Gesetz über die Dienstvergehen der nichtrichterlichen Beamten vom 21.7.1852 (Pr. GS 1852, S. 465) hatte den Begriff des Dienstvergehens festgelegt und für seine Ahndung ein eigenständiges, vom allgemeinen Strafrecht getrenntes Disziplinarverfahren mit einem besonderen Behördenapparat geschaffen; es gilt als Vorbild für alle später erlassenen Disziplinargesetze der übrigen Länder und des Reichs, so Sellmann, DVBl. 1957, S. 227. Zu der Forderung, alle Hochschulmitglieder einer akademischen Disziplinargerichtsbarkeit zu unterwerfen, vgl. Gerber, DÖV 1954, S. 673 ff.

230 Die akademische Disziplinargewalt und die staatliche Gerichtsbarkeit standen nun selbständig nebeneinander und unterzogen das studentische Verhalten jeweils unterschiedlichen Beurteilungsmaßstäben.

231 Z.B. wurden die akademischen Gesetze durch das lediglich fünf Paragraphen umfassende förmliche "Gesetz über die Rechtsverhältnisse der Studierenden" vom 20.2.1868 und durch die Verordnung vom 19.3.1868 in Form der "Vorschriften über das akademische Bürgerrecht, die akademische Disziplin und den Besuch der Vorlesungen durch Nichtakademiker" ersetzt (Meroth, a.a.O., S. 98) und in Preußen trat am 29.5.1879 das "Gesetz betreffend die Rechtsverhältnisse der Studierenden und die Disziplin auf den Landesuniversitäten ..." in Kraft, vgl. Maack, a.a.O., S. 66. In den neuen Bestimmungen wurde festgelegt, daß ein disziplinarisches Einschreiten der akademischen Behörden unabhängig von einer wegen derselben Handlung eingeleiteten Strafverfolgung sei, so Thieme, Deutsches Hochschulrecht I, S. 324.

232 OVG Münster, DVBl. 1955, S. 161; Fries, Die Rechtsstellung des Studenten innerhalb der wissenschaftlichen Hochschule, S. 135; Thieme, Deutsches Hochschulrecht I, S. 325. Vgl. im einzelnen hierzu auch die bayerischen Universitätssatzungen und die einschlägigen Bestimmungen in den Statuten der anderen deutschen Universitäten von 1890.

"Wahrung der Würde und des Ansehens der Hochschule" und "Aufrechterhaltung der Sitte und Ehre des akademischen Lebens" bestand die Möglichkeit einer generellen (nicht nur auf ihre spezifische Eigenschaft als Studierende beschränkte) Aufsicht über die Studenten, eine ethische Inpflichtnahme derselben.[233]

Ebenso wie die akademischen Gesetze zur Zeit der akademischen Gerichtsbarkeit keine punktuellen Festlegungen enthielten, sind auch in den Disziplinarordnungen der Folgezeit keine speziellen Regelungen hinsichtlich Prüfungsmanipulation enthalten.[234] Da aber, wie ausgeführt, aufgrund der Vielfalt und Verschiedenartigkeit der möglichen disziplinär relevanten Handlungen, welche die Ordnung, Sitte und Ehrenhaftigkeit des akademischen Lebens verletzen konnten, eine abschließende Aufzählung der Tatbestände nicht möglich war, enthielten die Disziplinarbestimmungen durchweg Generalklauseln, um mit deren Hilfe alle Verstöße erfassen zu können.[235] Bei der Manipulation im Rahmen akademischer Prüfungen handelt es sich um ein universitätsinternes Vergehen, welches geeignet ist, Würde und Ansehen der Universität und die Ordnung, Sitte und Ehrenhaftigkeit des akademischen Lebens zu gefährden. Deshalb unterfielen diese Vergehen bereits begrifflich den bestehenden disziplinarrechtlichen Generalklauseln.[236]

Als mögliche Disziplinarstrafen existierten in weitgehender Übereinstimmung der jeweiligen Universitäten der Verweis (mündlich, schriftlich, leicht, scharf), die Geldbuße[237], die Karzerstrafe, die Androhung der Ausschließung von der Universität, der Ausschluß von der Universität und schließlich die Relegation.[238]

Diese Rechtslage galt bis zur nationalsozialistischen Zeit. Am 1.4.1935 erließ der Reichswissenschaftsminister die "Strafordnung für Studenten, Hörer und studentische Vereinigungen an den deutschen Hochschulen" in Form eines bloßen mini-

---

233 Meroth, a.a.O., S. 103 ff; Wende, Grundlagen des preußischen Hochschulrechts, S. 161.

234 Spezielle Regelungen hinsichtlich einiger Prüfungsmanipulationsarten enthielt z.B. das Disziplinarrecht an der Universität Zürich, vgl. Killias, Disziplinarrecht, S. 22.

235 Scholz, Die heutige Problematik des Hochschuldisziplinarrechts, S. 72 f; Westen, Das neue Ordnungsrecht der wissenschaftlichen Hochschulen, S. 12. "Neben dieser Generalklausel haben alle Einzeltatbestände nur die Bedeutung, klarzustellen, daß bei Vorliegen dieser Tatbestände in jedem Fall eine Disziplinarwidrigkeit vorliegt", Thieme, Deutsches Hochschulrecht I, S. 326.

236 Siehe hierzu bereits Gliederungspunkt A.

237 Aus der früher bestehenden Sanktionsform der Geldstrafe wurde die Geldbuße.

238 Vgl. hierzu Meroth, a.a.O., S. 107 und S. 111; Thieme, Deutsches Hochschulrecht I, S. 324.

steriellen Erlasses[239] und setzte damit das bis dahin geltende akademische Disziplinarrecht außer Kraft.[240] Folge war die Vereinheitlichung des an den verschiedenen Universitäten geltenden Rechts und die Unterwerfung der Studenten unter das nun auch an den Hochschulen geltende Führerprinzip. Sie hatten ihre "Hochschulpflichten" zu erfüllen, "Würde und Ansehen der Hochschule" zu wahren und die "Anordnungen der Hochschulführung" zu befolgen.[241] Als Anlaß und Maßstab für eine Bestrafung der Studierenden wurde von nun an die Gemeinschaftswidrigkeit des Verhaltens angesehen.[242] Da Manipulation im Rahmen akademischer Prüfungen - unabhängig davon, wer sie vornimmt - aufgrund der aus ihr resultierenden Folgen[243] in besonderem Maße geeignet ist, die Hochschulgemeinschaft und ebenso Würde und Ansehen der Universität zu verletzen, mußte eine solche auch zu damaliger Zeit als besondere Pflichtverletzung, welche Sanktionen nach sich zog, angesehen werden. Das Strafensystem bestand aus der mündlichen Verwarnung, dem schriftlichen Verweis, der Nichtanrechnung des laufenden Semesters, der Entfernung von der Hochschule und dem dauernden Ausschluß vom Studium. Geld- und Karzerstrafe wurden abgeschafft; es entstand eine Ehrengerichtsbarkeit mit Ehrenstrafen.[244]

Nach dem Zusammenbruch des totalitären Systems blieb die Strafordnung von 1935 in einigen Ländern in Kraft[245], zum Teil kehrte man zu den vor 1933 gültigen disziplinarrechtlichen Regelungen zurück[246] und einige Länder erließen neue Disziplinarordnungen[247]. Die inhaltliche Ausgestaltung der studentischen Pflich-

239 RdErl. vom 1.4.1935, abgedruckt in: DDtschHSchVerw., Bd. 2, S. 353.

240 Maack, a.a.O., S. 79; Westen, a.a.O., S. 8.

241 Vgl. statt aller Meroth, a.a.O., S. 120. Abgedruckt ist diese Strafordnung bei Rotter, Enklave des Rechtsstaats, S. 141 ff.

242 Eckhardt, Deutsche Rechtswissenschaft 1935, S. 92 f; Maack, a.a.O., S. 79.

243 Siehe hierzu bereits oben 2.Teil, C.IV.

244 Maack, a.a.O., S. 79; Westen, a.a.O., S. 8; Meroth, a.a.O., S. 121.

245 So wurde die Strafordnung z.B. an der Universität Kiel und den Technischen Hochschulen Braunschweig, Hannover und Karlsruhe weiterhin angewandt, vgl. Rotter, Enklave des Rechtsstaats, S. 21 und Westen, a.a.O., S. 9.

246 Nach 1945 wurde beispielsweise im ehemaligen Lande Baden die Verordnung des badischen Ministers vom 22.4.1920 ganz oder zumindest teilweise wieder angewandt, vgl. Meroth, a.a.O., S. 124 und Thieme, Deutsches Hochschulrecht I, S. 325; an der Universität Frankfurt und an der Universität Göttingen galt wieder das preußische "Gesetz, betreffend die Rechtsverhältnisse der Studierenden ...".

247 An der Universität Hamburg wurde die vorläufige Disziplinarordnung vom 15.6.1951 erlassen, vgl. Grapengeter-Damm, Kultusrecht, Bd. 2, C III 2. Vgl. hierzu auch Scholz, a.a.O., S. 3. Es kam zu einer von Land zu Land, teilweise sogar von Universität zu Universität unterschiedlichen Regelung des studentischen Disziplinarrechts. Eine ausführliche Darstellung der früher geltenden unterschiedlichen Regelungen findet sich bei Maack,

ten, welche durch die an den verschiedenen Universitäten bestehenden Disziplinarordnungen mit Hilfe von Generalklauseln festgelegt wurden, waren sowohl nach Sinn und Zweck als auch nach ihrem Wortlaut sehr einheitlich.[248] Zur Erhaltung der akademischen Disziplin konnten hiernach nicht nur Maßnahmen zur Aufrechterhaltung der formalen äußeren Ordnung der Hochschule gegen die Studenten getroffen werden, sondern es bestand für die akademischen Behörden auch die Möglichkeit, zur Wahrung einer universitätsgemäßen Haltung, die Sitte, Würde und Ehre des akademischen Lebens entsprach, einzuschreiten.[249] Wie ausgeführt, war die Manipulation im Rahmen akademischer Prüfungen als Verstoß gegen die Generalklauseln anzusehen und konnte folglich Disziplinarmaßnahmen nach sich ziehen. Schon damals herrschte die Ansicht, daß die Qualität der Studenten für den Bestand und den Rang einer Hochschule mitbestimmend sei, und das Maß der Pflichterfüllung durch dieselben den Ruf der Bildungsstätte ausmache.

Als mögliche disziplinare Strafmaßnahmen existierten zu dieser Zeit der Verweis, die Androhung der Wegweisung von der Universität, die Nichtanrechnung des laufenden Semesters, die Wegweisung von der Universität und die Relegation.[250]

Anfang der sechziger Jahre mehrten sich die Stimmen, die eine Abschaffung des bestehenden studentischen Disziplinarrechts forderten.[251] Sowohl rechtliche als auch hochschulpolitische Gründe wurden dafür vorgebracht; es herrschte Unsicherheit über die Fortgeltung des alten studentischen Disziplinarrechts, das angewandte Disziplinarrecht war materiell- und formell-rechtlich zutiefst fragwürdig und die Studentenschaft lehnte das bestehende Recht ab.[252] Gegen Ende der

---

a.a.O., S. 152 ff; bei Rotter, Enklave des Rechtsstaats, S. 17 ff; bei Rotter, Studentisches Disziplinarrecht und Verfassung, S. 17 ff und bei Westen, a.a.O., S. 9 ff.

248 Vgl. hierzu Rotter, Enklave des Rechtsstaats, S. 37 f; Rotter, Studentisches Disziplinarrecht und Verfassung, S. 37 f; Scholz, a.a.O., S. 3 f; Westen, a.a.O., S. 9 ff. Siehe insbesondere die einzelnen Disziplinarordnungen abgedruckt bei Rotter, Enklave des Rechtsstaats, S. 132 ff. Zur umstrittenen Rechtsnatur des studentischen Disziplinarrechts ausführlich Maack, a.a.O., S. 81 ff; Scholz, a.a.O., S. 70 ff; Thieme, DVBl. 1957, S. 769 ff; Westen, a.a.O., S. 39 ff.

249 Rotter, Ethische Totalbindung des Studenten?, S. 15 f und Thieme, Deutsches Hochschulrecht I, S. 325.

250 Vgl. statt aller Meroth, a.a.O., S. 131 und Westen, a.a.O., S. 13.

251 Zu den Versuchen der Schaffung einer einheitlichen westdeutschen studentischen Disziplinarordnung vgl. die übersichtliche Darstellung bei Meroth, a.a.O., S. 126 ff. Im wissenschaftlichen Schrifttum verlangte Rotter erstmalig die Abschaffung des bestehenden Disziplinarrechts, vgl. Rotter, Studentisches Disziplinarrecht und Verfassung.

252 Siehe hierzu im einzelnen Baumann, Reform des studentischen Disziplinarrechts; ders., DÖV 1970, S. 257 ff; Evers in: FS für Wilhelm Felgentraeger, S. 17 ff; Scholz, a.a.O., S. 8 ff; Rotter, Enklave des Rechtsstaats, S. 17 ff; Rupp, VVDStRL 1969, Heft 27, S. 137 f;

sechziger und Anfang der siebziger Jahre kam es aufgrund der allgemein gegen das überkommene studentische Disziplinarrecht bestehenden Ablehnung zur Einführung des bloßen Ordnungsrechts.[253] Hiernach unterstand der Student lediglich einer allgemeinen Ordnungspflicht; er hatte die Pflicht, den Hochschulbetrieb nicht zu stören und die Organe und Einrichtungen der Hochschule bei der Erfüllung ihrer Aufgaben nicht zu behindern.[254] Eine ethische Inpflichtnahme des Studenten, wie sie aufgrund der Regelungen des alten Disziplinarrechts möglich war, wurde nun ausgeschlossen. Diese allgemeine Ordnungsrecht besteht bis zur heutigen Zeit und hat durch Bund[255] und Länder[256] eine unterschiedlich starke Ausprägung erfahren.[257]

C. Die Entziehung des Doktorgrades

Der Doktorgrad ist von alters her eine akademische Würde, die von einer promotionsberechtigten Hochschule[258] zur Anerkennung einer besonderen wissen-

---

v. Weber, DVBl. 1958, S. 297 ff; Westen, a.a.O., S. 15 ff. Wie unterschiedlich das studentische Disziplinarrecht bewertet wurde, zeigt z.B. das Urteil des Landesverwaltungsgerichts Hannover (DVBl. 1954, S. 680 ff) und die Abhandlung Gerbers (DVBl. 1954, S. 657 ff). Zum Erfordernis einer gesetzlichen Regelung des akademischen Disziplinarrechts vgl. Gerber, DVBl. 1955, S. 480 ff; Scheuner, DVBl. 1955, S. 137 ff.

253 Die damals bestehenden Neuregelungen und Neuregelungsentwürfe zu dem Ordnungsrecht der wissenschaftlichen Hochschulen sind abgedruckt bei Westen, a.a.O., S. 23 ff.

254 So Baumann, JZ 1967, S. 657 ff; Fries, a.a O., S. 135 und Thieme, Deutsches Hochschulrecht II, S. 660 f. "Die Tatbestände des Ordnungsrechts schützen expressis verbis nur noch die Ordnung innerhalb der Universität und sind somit "entschlackt" von Begriffen wie "Würde und Ansehen des akademischen Lebens" ....", Westen, a.a.O., S. 37.

255 Vgl. hierzu § 28 HRG.

256 Die Länder haben unterschiedliche Ordnungsregelungen getroffen. Siehe im einzelnen z.B. §§ 98 ff UG BW, Art. 93 f HSchG Bay., § 16 f HSchG Berl., § 38 HSchG Brem., § 38 I HSchG Hess., § 41 f HSchG Nds., § 69 IV UG NRW, § 65 III HSchG Rhl.-Pf., § 18 UG Saarl., § 75 V HSchG Schl.-Hol., § 49 f HSchErnG Meckl.-Vorp. Teilweise erfolgt nur eine landesrechtliche Umsetzung des § 28 HRG und zum Teil bestehen Regelungen, die sich in gewissem Rahmen an den alten Disziplinarordnungen orientieren; teilweise existieren allgemeine Generalklauseln und zum Teil sind die ordnungsrechtlichen Tatbestände enumerativ aufgezählt.

257 Auf die nähere Darlegung des allgemeinen Ordnungsrechts, insbesondere hinsichtlich der sachlichen und personellen Anwendbarkeit im Falle der Manipulation im Rahmen juristischer Prüfungen, hinsichtlich möglicher Ordnungsmaßnahmen und hinsichtlich des Ordnungsverfahrens, wird an dieser Stelle verzichtet. Siehe dazu im einzelnen die rechtliche Bewertung im 4. Teil.

258 Das Promotionsrecht wird den Hochschulen vom Staat verliehen und ist ihnen allein vorbehalten. Es schließt das Recht ein, die Einzelheiten der jeweiligen Graduierung festzusetzen; vgl. hierzu z. B. § 54 UG BW, Art. 86 HSchG Bay., § 34 IV i.V.m. § 35 HSchG Berl., § 65 HSchG Brem.

schaftlichen Leistung verliehen wird.[259] Zum größten Teil ist das Promotionsrecht in den Promotionsordnungen der Universitäten geregelt.[260] Obwohl deshalb eine Zersplitterung der Vorschriften besteht, stimmen die Promotionsordnungen in den wesentlichen Forderungen überein. Die Promotionsleistungen bestehen grundsätzlich aus einer selbständig angefertigten schriftlichen Abhandlung und einer mündlichen Prüfung.[261]

Der Doktorgrad ist mit der natürlichen Person, der er verliehen wurde, verbunden. Der Graduierte hat das Recht, den Doktorgrad in der Öffentlichkeit zu führen, aber dieses grundsätzlich bis zum Lebensende bestehende Führungsrecht kann und konnte unter bestimmten Voraussetzungen entzogen werden.

Wie ausgeführt, hat Manipulation im Rahmen akademischer Prüfungen eine lange Tradition[262] und auch speziell bei der Promotion war diese nicht fremd[263]. Im Folgenden werden deshalb die in der Vergangenheit - begrenzt auf den Zeitpunkt vor und nach 1939[264] - bestehenden Möglichkeiten der Entziehung des Doktorgrades[265] in einem Überblick dargestellt.

---

259 Die umfassende Bedeutung des mittelalterlichen Doktorgrades ist im Laufe der Zeit in zweifacher Hinsicht eingeschränkt worden; als notwendige Vorstufe für die wissenschaftliche Lehrtätigkeit entstand die Habilitation und staatliche und/oder akademische Abschlußprüfungen wurden in verstärktem Maße als Voraussetzung für die Ausübung der im öffentlichen Interesse liegender Berufe eingeführt, so Bengeser, Hochschulrecht/Promotionsordnungen, S. 60.

260 Sie regeln insbesondere die Voraussetzungen der Promotion, die zu erbringenden Promotionsleistungen, den Ablauf des Promotionsverfahrens und meist auch die Gründe für die Entziehung des Titels.

261 Hierzu oben 2.Teil, A.I.5.

262 Oben 2.Teil, C.I. und 3.Teil.

263 Vgl. diesbezüglich Seeberg (MittVDH 1923, S. 76 ff) der auch besonders den früher bestehenden Fortfall des Druckzwangs im Hinblick auf Dissertationen für eine verbreitete Manipulationspraxis in diesem Bereich verantwortlich machte; ders., MittVDH 1926, S. 47 ff; ders., MittVDH 1927, S., 178 ff; ders., MittVDH 1928, S. 99 ff; ders., MittVDH 1929, S. 133 ff; Glauning, MittVDH 1930, S. 188. Daß es schon in frühen Jahren Manipulation im Rahmen von Doktorprüfungen gab, wird auch anschaulich von Döhring (Die juristische Fakultät, S. 94 f, 153 ff) dargelegt. Zur Kritik an den früher bestehenden Regelungen und dem früher durchgeführten Verfahren der Promotion, vgl. v. Amira, Akademische Rundschau 1912/13, S. 564 ff.

264 Zu der im Rahmen der akademischen Gerichtsbarkeit bestehenden Möglichkeit der Entziehung des Doktortitels, vgl. oben A. Der Zeitpunkt vor und nach 1939 wurde gewählt, da am 7.6.1939 das Reichsgesetz über die Führung akademischer Grade (RGBl. I S. 985) und am 21.7.1939 die dazu erlassene Durchführungsverordnung (RGBl. I S. 1326) in Kraft traten. § 4 AkadGFG ermächtigte die Hochschulen beim Vorliegen bestimmter Gründe explizit zur Entziehung des akademischen Grades. Hier sei bereits darauf hingewiesen, daß diese Bestimmungen grundsätzlich auch heute noch als Landesrecht weitergelten; die Fortgeltung in der Bundesrepublik Deutschland hat das BVerwG in mehreren Entscheidungen festgestellt, BVerwGE 10/195 f; 27/222 ff; 39/77 ff. Einige Bundesländer haben die ge-

I. Der Zeitpunkt vor 1939

1. Der Entzug des Grades durch die verleihende Hochschule

Vor 1939 existierte kein einheitliches Gesetz, welches den Entzug der Doktorwürde regelte. Nur für die Fakultäten derjenigen deutschen Universitäten, die sich ein solches Entziehungsrecht bei Vorliegen bestimmter Gründe in ihren Promotionsordnungen vorbehalten hatten, bestand eine geschriebene Regelung. Da der Promovierte sich durch das an der Universität durchgeführte Promotionsverfahren den Bestimmungen der jeweiligen Promotionsordnung unterworfen hatte, wurde eine aufgrund dieser Vorschriften vorgenommene Entziehung des Grades als rechtsgültig angesehen.[266]

Problematisch war jedoch, daß die Promotionsordnungen Anfang dieses Jahrhunderts - mit Ausnahme der juristischen Fakultät der Universität Erlangen und München - keinerlei Regelungen über den Entzug der Doktorwürde enthielten.[267] In diesem Fall bestand Streit über die Frage, ob eine Fakultät den von ihr verliehenen Doktorgrad bei Vorliegen bestimmter Gründe wieder aberkennen konnte.

Einer Meinung nach war die Rückgängigmachung des Verleihungsaktes im Verwaltungswege[268] durch die Universität auch ohne eine gesetzliche Regelung möglich.[269] Diese Möglichkeit bestand hiernach entweder kraft Gewohnheitsrechts, da der Titel unter dem Vorbehalt der Entziehungsmöglichkeit verliehen worden sei,

---

setzlichen Bestimmungen des AkadGFG förmlich aufgehoben, vgl. im einzelnen Zimmerling, Akademische Grade und Titel, S. 2 f.

265 Der Gesetzgeber unterschied zwischen Titeln und Graden indem er die Titel in den Vorschriften über Titel, Orden und Ehrenzeichen (Verordnung des Reichspräsidenten über Titel vom 30.1.1934, RGBl. I, S. 75; Gesetz über Titel, Orden und Ehrenzeichen vom 1.7.1937, RGBl. I S. 725) und die Grade durch das Gesetz über die Führung akademischer Grade regelte. In § 6 AkadGFG wurde ausdrücklich festgelegt, daß das Gesetz über Titel, Orden und Ehrenzeichen auf akademische Grade keine Anwendung fand.

266 Arndt, Das Recht 1902, S. 412; Bürker, MittVDH 1926, S. 19; Karl, AnnDR 1931, S. 212. Hiernach war sowohl die Entziehung des Grades wegen ursprünglich vorliegender als auch wegen nachträglich eintretender Umstände zulässig.

267 Vgl. die Darstellung in: Die Juristische Doktorwürde einschließlich der Staats-, Wirtschafts- und Sozialwissenschaften. Die Bestimmungen aller Universitäten Deutschlands, 9. Auflage, Berlin 1921.

268 Anerkannt war, daß die Fakultät der Universität eine Behörde im verwaltungsrechtlichen Sinne und die Promotion einen begünstigenden Verwaltungsakt darstellte; so RGSt 17/211; Karl, a.a.O., S. 213; Vollmar, a.a.O., S. 9.

269 OVG Hamburg, DJZ 1927, S. 941; Bürker, a.a.O., S. 21; Karl, a.a.O., S. 213; Rosenberg in einem Gutachten für die juristische Fakultät der Universität Gießen, teilweise abgedruckt bei Bürker, a.a.O., S. 19.

oder als allgemeines Prinzip des deutschen Verwaltungsrechts, wonach fehlerhafte Verwaltungshandlungen von der sie erlassenden Behörde wieder rückgängig gemacht werden könnten.

Die Gegenmeinung[270] lehnte eine Entziehung im Verwaltungswege durch die Universität ohne ein besonderes Gesetz oder eine Satzung, die eine Entziehung vorsah, ab. Begründet wurde diese Ansicht damit, daß mit dem Doktorgrad ein subjektives öffentliches Recht verliehen wurde, welches nur aufgrund eines Gesetzes entzogen werden könne, und daß die Entziehung eine Strafe darstelle und Strafen ebenfalls nur aufgrund eines Gesetzes ergehen könnten.

Der erstgenannten Ansicht zufolge ließen sich die vor 1939 bestehenden Entziehungsgründe hinsichtlich des Doktorgrades in zwei Gruppen einteilen: Der ersten Gruppe unterfielen die Umstände, die bereits bei der Promotion vorlagen, die zweite Gruppe umfaßte die nach der eigentlichen Promotion eingetretenen Ereignisse. Es bestand also die Unterteilung zwischen ursprünglichen[271] und nachträglichen Entziehungsgründen.

Die ursprünglichen Entziehungsgründe unterteilten sich in Entziehung der Doktorwürde wegen Erschleichens derselben und wegen Gesetzwidrigkeit[272] der Verleihung.[273] Unter den Begriff des "Erschleichens" wurde sowohl die Drohung und die Täuschung als auch die Bestechung gefaßt.[274] Da Manipulation im Rahmen der Promotion durch Täuschung und/oder Bestechung, also durch Erschleichen, möglich ist[275], bestand hiernach für die Universität, die den Grad verliehen

---

270 Arndt, a.a.O., S. 412; Mittermayer in einem Gutachten für die Universität Gießen, teilweise abgedruckt bei Bürker, a.a.O., S. 20.

271 Von der Entziehung des bereits verliehenen Doktorgrades ist die Vorenthaltung desgleichen durch die Hochschule zu unterscheiden. Die Vorenthaltung wurde bejaht, wenn sich vor Aushändigung der Promotionsurkunde herausstellte, daß eine oder mehrere Promotionsvoraussetzungen nicht vorlagen. Dies war insbesondere der Fall, wenn der Promovend manipulierte, also nicht den Anforderungen entsprechende Leistungen erbracht hatte. Siehe hierzu Arndt, a.a.O., S. 412; Bengeser, a.a.O., S. 58; ders., Doktorpromotion in Deutschland, S. 58.

272 "Gesetzwidrig ist eine Promotion dann, wenn sie objektiv dem zur Zeit ihres Erlasses geltenden Recht widerspricht", so § 142 I der thüringischen LVO vom 10.6.1926.

273 Vgl. bereits § 43 der badischen Verordnung vom 31.8.1884 (Gesetz- und Verordnungsblatt für das Großherzugtum Baden, S. 384) und §§ 142, 143 der thüringischen LVO vom 10.6.1926. Hierzu auch Jellinek, Verwaltungsrecht, S. 273 und Vollmar, a.a.O., S. 11, 23.

274 Siehe Vollmar, a.a.O., S. 11. Die Bestechung als Widerrufsrecht ablehnend, Kaz, VerwArch., Bd. 24, 1916, S. 497 ff.

275 Vgl. hierzu bereits oben 2.Teil, A.III.1.2.3.4.5.

hat, die Möglichkeit, dem Promovierten im Falle der Manipulation den Doktorgrad wieder zu entziehen.[276] Als gesetzwidrig war eine Promotion anzusehen, wenn sie den Bestimmungen der Promotionsordnung widersprach, sie also den darin aufgestellten Anforderungen nicht genügte und/oder die darin vorgeschriebenen Voraussetzungen nicht erfüllte. Eine manipulierte Promotion genügte weder den in den Promotionsordnungen aufgestellten Anforderungen noch waren in diesem Fall die vorgeschriebenen Voraussetzungen, wie z.B. die Eigenständigkeit der Leistungserbringung, das Vorhandensein des wissenschaftlichen Niveaus o.ä., erfüllt. Folglich bestand auch unter dem Gesichtspunkt der Gesetzwidrigkeit - im Falle der nach der Verleihung des Grades entdeckten Manipulation - für die Universität die Möglichkeit der Entziehung des Doktorgrades.

Desweiteren war dieser Ansicht zufolge eine Entziehung des Grades durch die verleihende Universität wegen nachträglich eintretender Umstände möglich.[277] Hierunter war der Fall gefaßt, daß sich der Promovierte nach seiner Graduierung eine Verfehlung zuschulden kommen ließ, die eine Weiterführung des Grades seinerseits nicht mehr als vertretbar erscheinen ließ.[278] Unter diese Vorgabe läßt sich der Fall subsumieren, daß der mit dem Grad Ausgezeichnete gravierende Manipulationen in späteren eigenen Prüfungen vornahm oder aber, daß er gegen Entgelt Prüfungen anderer Kandidaten in erheblichem Maße manipulierte oder zumindest dazu beitrug. Ein solches Verhalten hätte der mit dem Grad verbundenen Ehre und Würde widerstrebt und deshalb die Möglichkeit der Entziehung eröffnet. Demnach war die Entziehung des akademischen Grades durch die verleihende Universität auch wegen nachträglicher Prüfungsmanipulationen zur damaligen Zeit möglich.

---

276 "Wer beim Erwerb der Doktorwürde nicht wahrheitsgetreu verfahren ist, kann nicht verlangen, dass die so von ihm belogene Fakultät ihm gegenüber an ihr Wort aus dem Promotionsakt gebunden sei. Das Widerrufsrecht infolge Erschleichung ist geradezu ein Postulat der Gerechtigkeit", so Vollmar, a.a.O., S. 19. Siehe hierzu den von Reichel (DJZ 1927, S. 941 f) aufgeführten Fall der Erschleichung der Zulassung zur Promotion, der die Aberkennung des Doktortitels durch die verleihende Hochschule zur Folge hatte.

277 Vgl. statt aller Bürker, a.a.O., S. 20 f.

278 Bürker, a.a.O., S. 19; Vollmar, a.a.O., S. 33. Explizit wurde dieser Fall als nachträgliche Unwürdigkeit oder Unehrenhaftigkeit des Promovierten bezeichnet. Der Graduierte habe mit der Gradverleihung nicht nur Rechte erhalten, sondern auch die Pflicht übernommen, einen ehrenhaften und würdigen Lebenswandel zu führen. Zu beachten ist jedoch, daß diese Auffassung schon am Anfang des 19. Jahrhunderts heftig umstritten war, siehe nur Vollmar, a.a.O., S. 52 ff m.w.N.

2. Verlust des Grades durch Strafurteil

Losgelöst von dieser umstrittenen Rückgängigmachung des Verleihungsaktes im Verwaltungswege war anerkannt, daß die Aberkennung des Rechts zur Führung des Doktorgrades durch die Verurteilung eines ordentlichen Strafgerichts möglich war.[279] Der Verlust trat infolge rechtskräftiger strafrichterlicher Verurteilung gem. §§ 33, 34 StGB a.F. ein; mit Verlust der sog. bürgerlichen Ehrenrechte ging auch das Recht zur Führung des Doktorgrades verloren. Voraussetzung für diese Entziehungsmöglichkeit war jedoch eine mit Zuchthaus oder schwerer Gefängnisstrafe bedrohte strafbare Handlung des Graduierten.[280] Demnach war damals die Entziehung des Doktorgrades aufgrund einer Prüfungsmanipulation, der eine solche Straftat zugrunde lag, durch die Aberkennung der bürgerlichen Ehrenrechte gem. §§ 33, 34 StGB a.F. möglich.

II. Der Zeitpunkt nach 1939

1. Der Entzug des Grades durch die verleihende Hochschule

Am 7.6.1939 wurde das Reichsgesetz über die Führung akademischer Grade[281] und am 21.7.1939 die dazu erlassene Durchführungsverordnung[282] in Kraft gesetzt.[283] § 4 AkadGFG ermächtigte die Hochschulen beim Vorliegen bestimmter Gründe explizit zur Entziehung des akademischen Grades. In § 4 I AkadGFG wurden die Entziehungsgründe - Täuschung, Irrtum und anfängliche oder nachträgliche Unwürdigkeit - abschließend aufgezählt.[284] Da sich eine von dem Gra-

---

279 Bürker, a.a.O., S. 21; Frank, StGB, § 34, Anm. II 2; Hubrich, AöR, Bd. 22, 1907, S. 360; Justus von Olshausen's Kommentar zum StGB für das Deutsche Reich, § 33, Anm. 7, S. 133; Karl, a.a.O., S. 212; Köttgen, Deutsches Universitätsrecht, S. 27; Rosenberg, Das Recht der akademischen Grade in Preußen, S. 25; Oppenhoff/Delius, Das StGB für das Deutsche Reich, § 33, Anm. 8; v. Mangoldt, StGB für das Deutsche Reich, S. 12, § 33; Vollmar, a.a.O., S. 35. Grade wurden als "öffentliche Würden" im Sinne des § 33 StGB a.F. angesehen, und nach §§ 33, 34 StGB a.F. bewirkte die Aberkennung der bürgerlichen Ehrenrechte den dauernden Verlust der öffentlichen Würden und die Unfähigkeit, während der im Urteil festgesetzten Zeit öffentliche Würden zu erlangen.

280 Braun (AöR, Bd. 37, 1918, S. 158) weist jedoch darauf hin, daß nach der Handhabung der Gerichte vielfach in schweren und Ehrlosigkeit verratenden Straffällen der Verlust der bürgerlichen Ehrenrechte nicht ausgesprochen wurde.

281 RGBl. I S. 985; ebenfalls abgedruckt in Sammlung Vahlen, Die Gesetzgebung Adolf Hitlers, Heft 32, 1.4-15.7 1939.

282 RGBl. I S. 1326.

283 "In dieser Gesetzesnorm ist die gesamte Materie der Entziehung der Doktorwürde erstmalig allgemein verbindlich geregelt", so Vollmar, a.a.O., S. 41.

284 Bengeser, Doktorpromotion in Deutschland, S. 58; ders, Hochschulrecht/Promotionsordnungen, S. 58; Schöner, Das Recht der akademischen Grade in der

duierten vorgenommene Prüfungsmanipulation, wie ausgeführt[285], unter diese Entziehungsgründe subsumieren ließ, bestand auch hiernach die Möglichkeit der Entziehung des Doktorgrades durch die verleihende Hochschule bei entdeckter Prüfungsmanipulation.

Die zu damaliger Zeit bestehenden Promotionsordnungen der einzelnen Hochschulen lehnten sich hinsichtlich der in ihnen aufgeführten Entziehungsgründe an § 4 AkadGFG an und gingen nicht über den durch ihn gesetzten Rahmen hinaus[286]. Deshalb bestanden nach den Promotionsordnungen die gleichen Entziehungsmöglichkeiten wie nach dem AkadGFG. Folglich existierte auch hiernach die Möglichkeit der Entziehung des Doktorgrades durch die Hochschule bei vorgenommener Prüfungsmanipulation.

2. Verlust des Grades durch Strafurteil

Bis zum Inkrafttreten des ersten Strafrechtsänderungsgesetzes[287] am 1.4.1970 konnte der Doktortitel aufgrund eines strafrichterlichen Urteils gem. §§ 33, 34 StGB a.F. unter den aufgeführten Voraussetzungen[288] entzogen werden.[289] Da also diesgezüglich nach 1939 keine Änderung eintrat, bestand hiernach weiterhin die Möglichkeit der Entziehung des Doktorgrades, wenn sich der Graduierte im Rahmen der Prüfungsmanipulation eine strafbare Handlung von gewisser Schwere zuschulden kommen ließ.

Bundesrepublik Deutschland, S. 201; Thieme, Deutsches Hochschulrecht I, S. 230; Wichardt, Verleihung und Entziehung des Doktorgrades, S. 202.

285 Siehe oben C.I.1.

286 Vgl. statt aller Menzel, JZ 1960, S. 457 und Wichardt, a.a.O., S. 202.

287 BGBl. I S. 645.

288 Oben C.I.2.

289 Vgl. Jagusch in: LK (1957), § 33, Anm. 1 c m.w.N.; Kohlrausch-Lange, StGB, § 33, Anm. IV.

4. TEIL: RECHTLICHE BEWERTUNG

Die folgende umfassende rechtliche Überprüfung der Manipulationsproblematik im Rahmen juristischer Prüfungen wird sich unterteilt nach der die Manipulation vornehmenden Personen ausrichten. Prüfling, Prüfer und Dritte werden dementsprechend getrennt dargestellt und abgehandelt. Innerhalb dieser Unterteilung wird desweiteren zwischen Manipulationen im hochschultinternen Bereich (Leistungskontrollen, große Scheine, Promotion) und Manipulationen bei den Staatsexamina unterschieden. Eine solche Differenzierung ist im Hinblick auf die einschlägigen unterschiedlichen Rechtsgrundlagen und die sich daraus ergebenden Rechtsfolgen der Prüfungsmanipulation erforderlich.[290]

A. Manipulation durch den Prüfling

I. Manipulation im hochschulinternen Bereich

Für die Manipulation des eigentlichen Prüflings im hochschulinternen Bereich wird eine Überprüfung hinsichtlich der Leistungskontrollen, der großen Scheine und der Promotion - unterteilt nach den einzelnen Manipulationsarten[291] - vorgenommen. Sodann werden die auf verschiedenen Rechtsgrundlagen beruhenden Sanktionsmöglichkeiten hinsichtlich der vorgenommenen Manipulation dargestellt und untersucht.

1. Die Leistungskontrollen

a. Allgemeine Täuschungshandlungen

Allgemeine Täuschungshandlungen im Sinne dieser Untersuchung sind in vielfältiger Form möglich[292]:

---

290 Hinsichtlich der landesrechtlichen und speziell universitären Regelungen werden in erster Linie die in Rheinland-Pfalz und an der Universität Trier bestehenden Normen in die Untersuchung einbezogen. Die Überprüfung erfolgt aber insofern länderübergreifend, als daß andere landesrechtliche und universitäre Regelungen zum Teil in den Fußnoten Berücksichtigung finden. Soweit keine besondere Benennung erfolgt, handelt es sich um Normen des Landes Rheinland-Pfalz, die Teilstudienordnung des Fachbereichs Rechtswissenschaft der Universität Trier über studienbegleitende Leistungskontrollen und Übungen während des rechtswissenschaftlichen Studiums (OStbglLK), die Promotionsordnung des Fachbereichs Rechtswissenschaft der Universität Trier und die Habilitationsordnung des Fachbereichs Rechtswissenschaft der Universität Trier.

291 Siehe hierzu oben 2.Teil, A.III.

292 Vgl. hierzu oben 2.Teil, A.III.1.

Als unzulässige Hilfsmittel bei der Aufsichtsarbeit in Form der Leistungskontrollklausur sind z.B. Lehrbücher, Fotokopien einzelner Buchseiten, Kommentare, Lösungsskizzen, eigene Aufzeichnungen des Prüflings, Prüfungs- und Aufbauschemata und Funkkontakt zu außerhalb des Prüfungsraums befindlichen Personen anzusehen.

An einer bewertungsfähigen Prüfungsleistung fehlt es auch, wo der Prüfling das Ergebnis einer Leistungskontrollklausur dadurch zu beeinflussen sucht, daß er die geistige Leistung eines anderen Prüflings durch Abschreiben übernimmt. Die Manipulationsmöglichkeit der Übernahme geistiger Leistungen anderer durch Abschreiben wird teilweise dadurch ermöglicht, daß aus Platzgründen nicht immer ein ausreichender Abstand zwischen den einzelnen Prüflingen gewährleistet werden kann. Der andere Teilnehmer vereinfacht oder duldet das Abschreiben oder weiß gar nichts von dem Vorgehen des manipulierenden Prüflings.[293]

Unter mündlichem und/oder schriftlichem Materialaustausch mit anderen Prüflingen während der Leistungskontrollklausur ist der Austausch über Probleme der Aufsichtsarbeit und die schriftliche und/oder mündliche Weitergabe von Lösungsvorschlägen und -anreizen zu verstehen.

aa. Strafrechtliche Beurteilung

(1) § 263 I StGB

Durch Vornahme der beschriebenen Täuschungshandlungen könnte der Prüfling einen Betrug im Sinne des § 263 I StGB begehen.

Ein solches Vorgehen führt zu einer Umgehung der festgeschriebenen Prüfungsbedingungen. Der Prüfling täuscht[294] den zuständigen Übungsleiter bei Abgabe der Leistungskontrollklausur konkludent darüber, die Arbeit durch eigene, selbständige geistige Leistung ordnungsgemäß erbracht zu haben. Es erfolgt eine Täuschung über die Rechtmäßigkeit der Anfertigung der Prüfungsleistung.

---

293 In dem Fall, daß die Person gar nicht weiß, daß ein anderer Prüfling von ihr abschreibt, sie dieses Verhalten also nicht bemerkt und sie auch von niemandem darauf aufmerksam gemacht wird, ist selbstverständlich nicht von einer Prüfungsmanipulation durch sie, sondern lediglich von einer solchen durch den abschreibenden Mitprüfling auszugehen.

294 Zum Begriff der Täuschungshandlung im Sinne des Strafrechts siehe oben 2.Teil, A.III.1.

Durch diese Täuschungshandlung wird ein entsprechender Irrtum, also ein Widerspruch zwischen Vorstellung und Wirklichkeit[295], bei dem Übungsleiter hervorgerufen. Daß der Übungsleiter sich häufig nicht tatsächlich Gedanken über die rechtmäßige Leistungserbringung der entgegengenommenen Leistungskontrollklausur macht, ist hierbei unerheblich.[296] Auch ohne diese aktuelle Bewußtseinsbildung darf er als selbstverständlich davon ausgehen, eine von dem Prüfling in vorgeschriebener Weise erbrachte Klausur zu erhalten.[297] Somit wird durch Abgabe der ordnungswidrig erstellten Klausur eine unrichtige Vorstellung über Tatsachen und folglich ein Irrtum bei dem Übungsleiter hervorgerufen.

Desweiteren müßte der zuständige Übungsleiter durch diesen Irrtum zu einer Vermögensverfügung veranlaßt werden.[298] Vermögensverfügung ist jedes Handeln, Dulden oder Unterlassen, das sich unmittelbar vermögensmindernd auswirkt.[299] Daran fehlt es jedoch vorliegend: Weder die Korrektur der von dem Prüfling ordnungswidrig angefertigten Klausur noch die Erteilung des Kontrollnachweises über das Bestehen der Leistungskontrolle ist ein Vorgang, der das Vermögen des Übungsleiters oder der Universität unmittelbar berührt.[300] Demnach scheidet eine Strafbarkeit des Prüflings nach § 263 I StGB aus.[301]

---

295 So Dreher/Tröndle, a.a.O., § 263, Rdnr. 18; Maurach/Schroeder/Maiwald, BT 1, S. 420 f, Rdnr. 57 f; Samson in: SK, § 263, Rdnr. 50.

296 Ein aktuelles Bewußtsein des Vorstellungsinhalts ist nicht notwendig, vgl. Lackner in: LK, § 263, Rdnr. 77 m.w.N. "Zum Vorstellungsinhalt gehört auch das "sachgedankliche Mitbewußtsein" und das "ständige Begleitwissen" ....", so Cramer in: Schönke/Schröder, a.a.O., § 263, Rdnr. 39.

297 Ein Irrtum scheidet aus, wenn sich der Getäuschte überhaupt keine Vorstellung von der maßgeblichen Tatsache gemacht hat (sog. ignorantia facti), vgl. Blei, Strafrecht II, S. 225 f; Krey, BT 2, Rdnr. 379 m.w.N.; a.A. OLG Celle, MDR 1957, S. 436 f. Davon ist jedoch bei dem die Klausur entgegennehmenden Übungsleiter grundsätzlich nicht auszugehen; er hat vielmehr mangels gegenteiliger Anhaltspunkte oder Äußerungen des Prüfungskandidaten die falsche Vorstellung, die Leistungskontrollklausur sei ordnungsgemäß erstellt worden. Da sich die fehlerhafte Annahme des Übungsleiters hierbei auf die Tatsache stützt, daß es dem Wesen einer Prüfung entspricht, die Leistung selbständig und der vorgeschriebenen Ordnung entsprechend zu erbringen, ist mit der wohl h.M. davon auszugehen, daß die irrige Annahme, "alles sei in Ordnung", als Irrtum zu behandeln ist. Siehe hierzu Kühne, Geschäftstüchtigkeit oder Betrug?, S. 48 ff; Lackner in: LK, § 263, Rdnr. 78; Samson, JA 1978, S. 469, 473; ders. in: SK; § 263, Rdnr. 50; Welzel, Das deutsche Strafrecht, S. 370; Wessels, BT 2, § 13 II 2.

298 Die Vermögensverfügung ist ungeschriebenes Tatbestandsmerkmal des § 263 und dient der Abgrenzung Betrug/Diebstahl, vgl. statt aller Krey, BT 2, Rdnr. 383 ff.

299 BGHSt 14/171 f; Cramer in: Schönke/Schröder, a.a.O., § 263, Rdnr. 55 ff; Dreher/Tröndle, a.a.O., § 263, Rdnr. 24.

300 Der beamtete Universitätsprofessor als Übungsleiter und der bei ihm tätige wissenschaftliche Assistent sind Landesbeamte, vgl. §§ 48 I, 52 I HSchG. Anders als beim Arbeitsverhältnis findet beim Beamtenverhältnis kein Austausch zwischen Arbeit und Entgelt statt. Vielmehr gilt hierbei das sog. Alimentationsprinzip. Demnach erhält weder der Professor

(2) § 267 I 1. Alt. StGB

Der Prüfungskandidat könnte sich jedoch des Herstellens einer unechten Urkunde strafbar machen.

Voraussetzung dafür wäre, daß die Leistungskontrollklausur eine Urkunde im Sinne des § 267 StGB darstellt. Eine Urkunde wird üblicherweise definiert als verkörperte Gedankenerklärung (Perpetuierungsfunktion), die geeignet und bestimmt ist, eine außerhalb ihrer selbst liegende Tatsache im Rechtsverkehr zu beweisen (Beweisfunktion) und die einen bestimmten Aussteller erkennen läßt (Garantiefunktion).[302] Diese Merkmale sind bei einer Leistungskontrollklausur erfüllt: Der vom Prüfling verfaßte Klausurtext ist eine verkörperte Gedankenerklärung; er beinhaltet die Erklärung des jeweiligen Prüfungskandidaten, die Arbeit selbständig angefertigt zu haben[303] und deshalb auch die Festlegung, wie die Lösung dieser Aufgabe aus seiner Sicht ausgestaltet sein muß[304]. Die Leistungskontrollklausur erbringt für den Rechtsverkehr Beweis, da sie die Überprüfung der Rechtskenntnisse des jeweiligen Prüflings ermöglicht[305] und deshalb als Voraussetzung für die Erteilung des Kontrollnachweises und somit als Zulassungsvoraussetzung für das erste juristische Staatsexamen[306] rechtserheblich ist.

---

noch der Assistent eine Bezahlung speziell für die Korrektur oder für die Erteilung des Kontrollnachweises. Eine Vermögensverfügung ist deshalb insofern nicht gegeben. In dem Fall, daß die Korrektur der schriftlichen Arbeiten von im Sinne des § 24 IV HSchG qualifizierten externen Personen durchgeführt wird - die als Nichtbeamte eben für diese Tätigkeit eine entsprechende Bezahlung pro korrigierter Klausur erhalten - könnte in der Korrektur zwar ein Handeln gesehen werden, welches das Vermögen der Universität unmittelbar berührt, ein Vermögensschaden wäre jedoch nicht ersichtlich: Gegenleistung für die Bezahlung ist die Korrektur der Aufsichtsarbeit. Genau diese aber wird durch das Vorgehen des Prüflings bei der Erstellung der Klausur nicht beeinträchtigt. Die Vermögensminderung wird durch die ordnungsgemäße Korrektur als Gegenleistung ausgeglichen, welche auch gerade dazu dient, Unregelmäßigkeiten bei der Klausurerstellung durch den Prüfling aufzudecken.

301 Auch eine Versuchsstrafbarkeit gem. §§ 263, 22 f StGB kommt nicht in Betracht, da es evident am Tatentschluß hinsichtlich einer Vermögensverfügung bzw. eines Vermögensschadens mangelt.

302 RGSt 6/290, 18/66; Dreher/Tröndle, a.a.O., § 267, Rdnr. 2; Kienapfel, Urkunden im Strafrecht, S. 274 ff; Krey, BT 1, Rdnr. 679.

303 RGSt 68/240.

304 BGHSt 17/287; BayObLG, BayVBl. 1981, S. 216, hinsichtlich einer Klausur im ersten juristischen Staatsexamen.

305 Die Beweisfunktion besteht aus zwei Elementen, der Beweisbestimmung und der Beweiseignung, vgl. statt aller Lackner, StGB, § 267, Rdnr. 11 ff. Hier erstreckt sich die Beweisfunktion auf den Nachweis über die erforderlichen Kenntnisse im Prüfungsfach. Die Urkunde wurde gerade zu diesem Zweck hergestellt; es handelt sich bei der Klausur mithin im eine Absichtsurkunde.

306 Vgl. § 2 I Nr. 3 JAPO; weiterhin z.B. § 9 I Nr. 4 JAG Hess.; § 2 I JAO Nds.

Dadurch, daß die Aufsichtsarbeit mit dem Namen des Bearbeiters zu versehen und von diesem zu unterzeichnen ist[307], läßt sie auch den Aussteller erkennen. Folglich ist eine Leistungskontrollklausur als Urkunde im Sinne des § 267 StGB anzusehen.[308]

Unecht ist eine Urkunde, wenn sie nicht von dem stammt, der aus ihr als Aussteller hervorgeht.[309] Entscheidend ist demnach, daß die Urkunde über die Identität des Ausstellers täuscht. Sie muß auf einen Aussteller hinweisen, der in Wirklichkeit nicht hinter der verkörperten Gedankenerklärung steht. Die Wahrheit eben dieser Erklärung ist unerheblich, da eine bloße schriftliche Lüge noch keine unechte Urkunde im Sinne des § 267 StGB darstellt.[310] Der Prüfungskandidat, der die Klausur ordnungswidrig erstellt, aber mit seinem eigenen Namen unterzeichnet, weist damit auf sich als Aussteller hin. Eine Identitätstäuschung liegt insofern nicht vor, so daß die Aufsichtsarbeit als echte Urkunde anzusehen ist.[311] Eine Strafbarkeit des Prüflings gem. § 267 I 1. Alt. StGB ist somit nicht gegeben.[312]

(3) <u>§ 271 I StGB</u>

Das Bestehen einer Leistungskontrolle wird dem Prüfling in einem Kontrollnachweis bestätigt.[313] Deshalb könnte der Prüfling sich dadurch, daß er sich einen solchen Kontrollnachweis ausstellen läßt, obwohl er die dafür erforderliche

---

307 So beispielsweise § 7 II OStbglLK.

308 Urkunde ist also erst die zusammengeheftete Klausur, bestehend aus Lösungstext und Unterschrift. Diese ist aber nicht als Gesamturkunde anzusehen, denn eine solche müßte aus mehreren Einzelurkunden bestehen. Der Text alleine stellt aber noch keine Urkunde dar. BGHSt 4/60; BayObLG, BayVBl. 1981, S. 216; Puppe, JZ 1986, S. 940.

309 Cramer in: Schönke/Schröder, a.a.O., § 267, Rdnr. 48; Dreher/Tröndle, a.a.O., § 267, Rdnr. 20; Krey, BT 1, Rdnr. 703; Steinmetz, Der Echtheitsbegriff im Tatbestand der Urkundenfälschung (267 StGB), S. 24.

310 BGHSt 33/159 f; Dreher/Tröndle, a.a.O., § 267, Rdnr. 18; Krey, BT 1, Rdnr. 703.

311 Daß der Prüfungskandidat durch die Abgabe der Klausur konkludent vorgetäuscht hat, er habe die Klausur ordnungsgemäß erstellt, ist unbeachtlich, denn dies berührt die Echtheit der Urkunde nicht.

312 Da schon das Herstellen einer unechten Urkunde verneint wird, liegt durch die Abgabe der Klausur an den Aufsichtsführenden auch kein Gebrauchmachen gem. § 267 I 3. Alt. StGB vor. Vgl. hierzu auch BGHSt 36/64. Ebenfalls scheitert grundsätzlich eine Versuchsstrafbarkeit mangels Tatentschlusses hinsichtlich der Herstellung einer unechten Urkunde.

313 Vgl. § 3 OStbglLK und die ähnlichen Regelungen der anderen Universitäten, wie z.B. § 6 I (1) LKO der Universität Bielefeld; § 5 LKO der Universität Tübingen; § 11 LKO der Universität Münster.

Leistung ordnungswidrig erbracht hat, einer mittelbaren Falschbeurkundung im Sinne des § 271 I StGB strafbar machen.[314]

Voraussetzung dafür wäre, daß es sich bei dem entsprechenden Kontrollnachweis um eine öffentliche Urkunde handelt. Gem. § 415 I ZPO, der für § 271 StGB maßgeblich ist[315], sind öffentliche Urkunden Schriftstücke, die von einer öffentlichen Behörde innerhalb der Grenzen ihrer Amtsbefugnisse oder von einer mit öffentlichem Glauben versehenen Person innerhalb des ihr zugewiesenen Geschäftskreises in der vorgeschriebenen Form aufgenommen sind und öffentlichen Glauben genießen, d.h. Beweis für und gegen jedermann erbringen.[316] Bei der Ausstellung des Kontrollnachweises nimmt der Übungsleiter als Amtsträger im Sinne des § 11 I Nr. 2 StGB[317] die Befugnisse der jeweiligen Universität bzw. des Fachbereichs oder der juristischen Fakultät wahr. Er wird hierbei folglich als Organwalter tätig.[318] Er beurkundet - innerhalb der Grenzen seiner Amtsbefugnis - durch die Unterzeichnung des Leistungskontrollnachweises, daß der jeweilige Prüfling seiner Kenntnis nach an der Leistungskontrollklausur teilgenommen und eben die Aufsichtsarbeit abgeliefert hat, die mit einer bestimmten Note bewertet wurde. Öffentlichen Glauben genießt der Leistungskontrollnachweis deshalb insofern, als durch ihn der Erwerb bestimmter juristischer Fähigkeiten bewiesen werden soll. Der Leistungskontrollnachweis im Öffentlichen Recht, im Strafrecht und im Bürgerlichen Recht stellt, wie ausgeführt[319], eine Voraussetzung für die Zulassung zum ersten juristischen Staatsexamen dar[320] und ist deshalb dem zuständigen Landesjustizprüfungsamt bei der Anmeldung vorzulegen. Da er somit für den Außenverkehr bestimmt ist[321], stellt der Leistungskontrollnachweis eine öffentliche Urkunde dar.

---

314 Im Gegensatz zu § 267 StGB soll § 271 StGB den Rechtsverkehr vor inhaltlich unwahren Urkunden schützen, vgl. Cramer in: Schönke/Schröder, a.a.O., § 271, Rdnr. 1; Dreher/Tröndle, a.a.O., § 271, Rdnr. 2.

315 So die ganz h.M., BGHSt 7/96; BGHSt 19/21; Krey, BT 1, Rdnr. 740; Tröndle in: LK, § 271, Rdnr. 4.

316 BGHSt 33/190 ff; Cramer in: Schönke/Schröder, a.a.O., § 271, Rdnr. 8.

317 Der Universitätsprofessor, auf den die Untersuchung begrenzt ist, wird als Landesbeamter im Sinne des § 11 I Nr. 2 a StGB tätig.

318 Die Organe der Universitäten werden als öffentliche Behörden anerkannt, so Tröndle in: LK, § 271, Rdnr. 6. Vgl. auch RGSt 17/208 und 75/112.

319 Hierzu oben Fußnote 306.

320 Eine Befreiung von dieser Zulassungsvoraussetzung ist nicht möglich, vgl. § 2 III JAPO. In den übrigen Bundesländern existieren bzw. existierten vergleichbare Regelungen.

321 "Das Justizprüfungsamt als Justizbehörde ist im Bereich der juristischen Staatsprüfung nicht innerdienstlich mit der Universität verbunden", so Bürsch, JuS 1975, S. 721 f. Die Ausbildung, die Hochschulprüfungen und die Verleihung von Hochschulgraden stellen

Gem. § 271 I StGB muß der Prüfungskandidat weiterhin eine in tatsächlicher Hinsicht unrichtige Beurkundung bewirken, d.h. durch sein Verhalten muß eine Tatsache falsch beurkundet werden, auf die sich der öffentliche Glaube der Urkunde bezieht.[322] Eine Tatsache ist falsch beurkundet, wenn der Urkundeninhalt der Realität nicht entspricht. Für den Wahrheitsgehalt und das Maß des öffentlichen Glaubens ist der jeweilige Zweck der Urkunde von Bedeutung[323] und zwar so, wie er sich nach den dafür geltenden gesetzlichen Vorschriften und den tatsächlichen Übungen des Rechtslebens darstellt.[324]

Potentiell einschlägig sind insofern zunächst die §§ 415 ff ZPO. Der Leistungskontrollnachweis ist nicht über eine vor der Behörde oder der Urkundsperson abgegebenen Erklärung errichtet worden. Deshalb scheidet § 415 I ZPO als eine die Beweiskraft regelnde Norm aus.

In Betracht kommt jedoch § 417 ZPO.[325] Der Kontrollnachweis beinhaltet die Entscheidung, daß der Prüfling die Leistungskontrolle bestanden hat. Nach § 417 ZPO begründet die eine Entscheidung enthaltende Urkunde vollen Beweis ihren Inhalts. Diese Vorschrift ist aber dahingehend auszulegen, daß die Beweiskraft sich tatsächlich nur auf den Inhalt der Entscheidung und nicht auch auf die sie begründenden Tatsachen, also auf die sachliche Richtigkeit der Entscheidung erstreckt.[326] Folglich beweist der Kontrollnachweis das Bestehen der Aufsichtsarbeit, nicht aber ihr ordnungsgemäßes Zustandekommen.

Davon abweichend könnte der Leistungskontrollnachweis als Urkunde im Sinne des § 418 ZPO anzusehen sein. Gem. § 418 III i.V.m. § 418 I ZPO erbringen nur solche Tatsachen der Urkunde Beweis für und gegen jedermann, deren Zeugnis auf eigener Wahrnehmung der Behörde oder der Urkundsperson beruhen[327],

---

gem. § 6 Nr. 3 HSchG Selbstverwaltungsangelegenheiten der Hochschule dar. Folglich wird die Universität in diesen Bereichen nicht als Organ des Landesjustizprüfungsamtes tätig.

322 BGHSt 22/203; Dreher/Tröndle, a.a.O., § 271, Rdnr. 15; Tröndle in: LK, § 271, Rdnr. 29; Wessels, BT 1, § 19 II 3.

323 Krey, BT 1, Rdnr. 742; Tröndle in: LK, § 271, Rdnr. 59.

324 Vgl. BGHSt 20/309 und Bürsch, a.a.O., S. 722 m.w.N.

325 Ablehnend aber Bürsch, a.a.O., S. 722.

326 Geimer in: Zöller, ZPO, § 417, Rdnr. 3; Hartmann in: Baumbach/Lauterbach/Albers/Hartmann, ZPO, § 417, Anm. 2; Thomas/Putzo, ZPO, § 417, Anm. 2. Vgl. auch BGH, NJW 1964, S. 558; OLG Köln, JR 1979, S. 255; Puppe, Jura 1979, S. 632.

327 "Denn regelmäßig nur dort, wo die Urkundsperson selbst verläßlich etwas wahrzunehmen verpflichtet ist, soll sie es mit erhöhter Beweiswirkung beurkunden können", so Tröndle

es sei denn, daß sich aus landesrechtlichen Vorschriften ergibt, daß die Beweiskraft des Zeugnisses von der eigenen Wahrnehmung unabhängig ist. Gem. § 5 a IV (1) DRiG a.F. und § 1 I (2) OStbglLK[328] wird mit den Kontrollen festgestellt, ob der Studierende für die weitere Ausbildung fachlich geeignet ist. Der Leistungskontrollnachweis soll also Beweis dafür erbringen, daß der Prüfling eine Aufsichtsarbeit mit Erfolg absolviert hat. Auch aus dem JAG und der JAPO ergibt sich kein weitergehender Effekt der Beurkundung.[329] In dem ausgestellten Kontrollnachweis wird der jeweilige Übungsleiter entsprechend § 418 I i.V.m. § 418 III ZPO deshalb nur solche Tatsachen mit Beweiskraft für und gegen jedermann beurkunden, die auf seiner eigenen Wahrnehmung oder auf der seiner von ihm beauftragten Mitarbeiter beruhen. Das sind aber nur die Teilnahme eines Studenten an dem Prüfungsverfahren und die Abgabe der Aufsichtsarbeit unter Angabe eines bestimmten Namens, nicht hingegen die ordnungsgemäße Leistungserbringung. Zwar ist es, wie ausgeführt[330], grundsätzlich die Pflicht des Übungsleiters dafür Sorge zu tragen, daß die Aufsichtsarbeit von den Studenten ordnungsgemäß erstellt wird, jedoch ist es ihm in der Regel nicht möglich, jeden Verstoß zur Kenntnis zu nehmen.[331]

Hier stellt sich die Frage, ob allein die fehlende Möglichkeit, jeden Verstoß wahrzunehmen, auch die dargestellte Pflicht des Übungsleiters, für eine ordnungsgemäße Leistungserbringung durch den Prüfling Sorge zu tragen, rechtlich beschränkt, denn was einer Person tatsächlich unmöglich ist, darf grundsätzlich nicht von ihr verlangt werden. Dagegen bleibt jedoch anzuführen, daß es dem Übungsleiter nicht grundsätzlich unmöglich ist, Prüfungsmanipulation festzustellen und entsprechend zu ahnden. Lediglich eine allumfassende Wahrnehmungsmöglichkeit diesbezüglich ist in der Regel zu verneinen. Folglich wird mit der dem Übungsleiter obliegenden Pflicht, Prüfungsmanipulation zu erkennen und zu verhindern, auch nichts generell Unmögliches von ihm verlangt. Wunschziel der dem Übungsleiter obliegenden Verpflichtung ist es, eine uneingeschränkt

---

in: LK, § 271, Rdnr. 35. Die Rechtsprechung verneint eine Beweiskrafterstreckung soweit bei der Herstellung öffentlicher Urkunden eine eigene Tatsachenfeststellung nicht möglich oder nicht üblich ist, vgl. BGHSt 17/68, 19/22, 20/309 ff, OLG Düsseldorf, MDR 1966, S. 945, OLG Hamburg, NJW 1964, S. 936.

328 Die Leistungskontrollordnungen der meisten anderen Universitäten enthalten bzw. enthielten entsprechende Regelungen.

329 Landesgesetze, die einen weitergehenden Effekt der Beurkundung nahelegen, sind nicht ersichtlich; so schon Bürsch, a.a.O., S. 722, für das Bundesland Schleswig-Holstein.

330 Siehe hierzu 2.Teil, C.IV.2.d.

331 So auch Bürsch, a.a.O., S. 722: "Die Beweiskraft erstreckt sich hierbei lediglich auf solche Vorgänge, die der Übungsleiter wahrzunehmen sowohl in der Lage als auch verpflichtet ist".

ordnungsgemäße Leistungserbringung zu gewährleisten, also jegliche durch den Prüfungskandidaten verübte bzw. veranlaßte Manipulation zu unterbinden. Durch Bejahung einer Pflichtenbeschränkung würde jedoch die Unerreichbarkeit dieses Wunschziels von vornherein manifestiert. Außerdem könnte eine Beschränkung der Wahrnehmungsverpflichtung ungewollt ebenfalls zu einer Beschränkung der Ahndungsverpflichtung führen. Um dies zu verhindern, ist von einer unbeschränkten Verpflichtung des Übungsleiters, für eine ordnungsgemäße Leistungserbringung durch die Prüflinge Sorge zu tragen, auszugehen. Es muß sichergestellt sein, daß ein unlimitiertes Bemühen des Prüfers im Hinblick auf die ihm obliegende Pflicht gewährleistet ist, unabhängig davon, ob er im Einzelfall tatsächlich jeden Verstoß erkennen kann.

Durch den Leistungskontrollnachweis legt der zuständige Übungsleiter demnach lediglich Zeugnis darüber ab, welche Leistung der betreffende Prüfungskandidat nach seiner Wahrnehmung in der Aufsichtsarbeit erbracht hat.[332] Er beurkundet, daß der Prüfling nach seiner Kenntnis an der Leistungskontrolle teilgenommen und eine Aufsichtsarbeit abgeliefert hat, die mit einer bestimmten Note bewertet wurde. Eine darüber hinausgehende Beweiskraft obliegt dem ausgestellten Leistungskontrollnachweis nicht. Folglich beweist er auch nicht, daß der jeweilige Prüfling bei der Klausur keine allgemeinen Täuschungshandlungen begangen hat.

Ein abweichendes Ergebnis ist auch nicht durch Argumentation mit dem Wortlaut der Urkunde und mit Sinn und Zweck der Leistungskontrollen erreichbar: Zwar soll mit ihnen festgestellt werden, daß der Student für die weitere Ausbildung fachlich geeignet ist und aus dem Leistungskontrollnachweis ergibt sich auch, daß der jeweilige Student die Aufsichtsarbeit mit einer bestimmten Note bestanden hat, aber trotzdem kann hieraus kein Beweis für die ordnungsgemäße Leistungserbringung durch den Prüfling hergeleitet werden. Nur durch die von der Rechtsprechung vorgegebenen Einschränkungen[333] kann die notwendige Begrenzung der erhöhten Beweiswirkung erreicht werden. Eine solche darf einer Beurkundung möglichst nur beigemessen werden, wenn eine eigene Tatsachenfeststellung vorgeschrieben oder üblich und auch möglich ist. Im Hinblick auf eine ordnungsgemäße Leistungserbringung im Rahmen einer Prüfung kann in der Praxis jedoch nicht jeder Verstoß gegen die vorgegebene Ordnung zur Kenntnis

---

332 Somit stellt der Leistungskontrollnachweis eine bloße Berichtsurkunde dar, d.h. er erbringt ausschließlich Zeugnis darüber, daß unter Angabe eines bestimmten Namens eine bestimmte Erklärung abgegeben worden ist; für die Identität des Erklärenden oder die Wahrheit der abgegebenen Erklärung erbringt er keinen Beweis (vgl. hierzu Tröndle in: LK, § 271, Rdnr. 32 m.w.N.); entsprechend argumentierend Bürsch (a.a.O., S. 722) für die Beweiskraft eines Leistungsnachweises aus einer juristischen Übung.

333 Siehe hierzu Fußnote 327.

genommen werden. Eine tatsächliche Feststellung der sachlichen Richtigkeit hinsichtlich des Leistungskontrollnachweises ist demnach nicht möglich und folglich darf ihm insofern auch keine Beweiswirkung beigemessen werden.

Da somit die Tatsachen, auf die sich die Beweiskraft erstreckt, sowohl bei Abstellen auf § 417 ZPO als auch bei Heranziehung des § 418 ZPO richtig beurkundet sind, kann dahingestellt bleiben, auf welche beweiskraftregelnde Norm abzustellen ist. Eine Strafbarkeit gem. § 271 I StGB[334] ist unter keinem Gesichtspunkt gegeben.

(4) § 123 I StGB

In Betracht käme weiterhin ein Hausfriedensbruch nach § 123 I StGB durch den Prüfling aufgrund der Verfolgung widerrechtlicher Zwecke.[335]

Grundsätzlich wird der eingeschriebene Student, soweit er den Kontrollnachweis in dem betreffenden Fach noch nicht erhalten hat[336], unter den Voraussetzungen des § 6 II OStbglLK zur Ablegung der Leistungskontrolle und somit auch zum Betreten des Prüfungsraums zugelassen; hierüber wird ihm eine schriftliche Zulassungsbescheinigung ausgestellt. Bei dem Vorhaben, die Aufsichtsarbeit ordnungswidrig zu erstellen, könnte das Betreten des Prüfungsraums aber trotz dieser Zulassung gegen den Willen des Hausrechtsinhabers[337] erfolgen. Dies ist jedoch abzulehnen: Die Absicht des Studenten, die Prüfungsleistung ordnungswidrig zu erbringen, kann aus dem ausdrücklich erlaubten Betreten aufgrund der Zulassung kein "Eindringen" im Sinne des § 123 I StGB machen; die im Einzelfall erteilte schriftliche Zulassung ist nicht ausdrücklich unter der Bedingung vergeben worden, daß der Prüfling die Klausur ordnungsgemäß erstellen möchte oder tatsächlich erstellt.

---

334 Für eine Versuchsstrafbarkeit gem. §§ 271, 22 f StGB mangelt es in der Regel am Tatentschluß hinsichtlich der besonderen Beweiswirkung des Beurkundungsinhalts.

335 Als Verfolgung widerrechtlicher Zwecke kommt hier der beabsichtigte Mißbrauch der Erlaubnis, den Prüfungsraum zu betreten, in Betracht.

336 Vgl. insofern § 6 I (1) OStbglLK.

337 Dies ist grundsätzlich der Präsident, der gem. § 74 VII (1) HSchG das Hausrecht ausübt. Der Dekan ist für die Zulassung zu einer Leistungskontrolle zuständig (§ 13 I Nr. 2 OStbglLK). Die Durchführung der Leistungskontrollen liegt jedoch in der Verantwortung des jeweiligen Übungsleiters (§ 7 I OStbglLK). Deshalb ist davon auszugehen, daß dieser auch mit der Ausübung des Hausrechts im Sinne des § 74 VII (2) HSchG betraut wird.

bb. Hochschulrechtliche Beurteilung

(1) Leistungskontrollordnung

Speziell auch für die studienbegleitenden Leistungskontrollen existiert an der Universität Trier die Teilstudienordnung über studienbegleitende Leistungskontrollen und Übungen während des rechtswissenschaftlichen Studiums (OStbglLK).[338] Gem. § 7 III (2) OStbglLK gilt bereits das Mitführen nicht zugelassener Hilfsmittel als Täuschungsversuch. Das Abschreiben von einem anderen Prüfling sowie der schriftliche und/oder mündliche Materialaustausch zwischen Prüflingen ist als Versuch einer sonstigen Täuschung im Sinne des § 8 I (1) OStbglLK zu qualifizieren. In § 8 I OStbglLK wird der Aufsichtsführende[339] ermächtigt, Teilnehmer der Leistungskontrolle wegen der Verwendung nicht zugelassener Hilfsmittel oder wegen des Versuchs einer sonstigen Täuschung zu eigenem oder fremdem Vorteil oder wegen eines erheblichen Verstoßes gegen die Ordnung[340] von der Teilnahme bzw. der Fortsetzung der Arbeit auszuschließen. Darüber hinaus kann der Aufsichtsführende den Teilnehmer in besonders schweren Fällen von der weiteren Teilnahme an der gesamten Leistungskontrolle ausschließen. Gem. § 8 II OStbglLK ist eine unter Verwendung nicht zugelassener

---

338 Diese von der Universität erlassene Ordnung ist auf Grund des § 80 II Nr. 1 HSchG beschlossen worden.

339 Gem. § 7 IV OStbglLK ist dies der Übungsleiter oder ein von diesem beauftragter Mitarbeiter.

340 "Ordnung" in diesem Sinne ist die durch die einschlägigen Verfahrensnormen und den Verfahrenszweck bestimmte allgemeine Ordnung des jeweiligen Prüfungsverfahrens (vgl. OVG Münster, NJW 1983, S. 2278; Wassermann/Kirchner/Kröpil, a.a.O., § 13 NJAO, Rdnr. 3). Hier ist aber lediglich von der Erfassung des Prüfungsverfahrens i.e.S. auszugehen, also des eigentlichen Prüfungsgeschehens, nicht aber des Prüfungsverfahrens i.w.S., welches mit der Zulassung zur Prüfung beginnt und mit dem Bestehen, Nichtbestehen, dem Widerruf oder der Zurücknahme der Zulassung endet. Dafür sprechen: die Überschrift des § 8 OStbglLK, worin der Ordnungsverstoß als "Störung" bezeichnet ist, die in § 8 I (1) OStbglLK aufgeführten Sanktionen (Ausschluß von der Teilnahme bzw. der Fortsetzung der Arbeit), die dort festgesetzte Zuständigkeit des Aufsichtsführenden (falls auch die Ordnung während des Prüfungsverfahrens i.w.S. erfaßt werden sollte, müßte die Zuständigkeit des Übungsleiters oder des Dekans begründet sein) und der Bezug des Ordnungsverstoßes zu den Tathandlungen des "Verwendens nicht zugelassener Hilfsmittel" und des "Versuchs einer sonstigen Täuschung", die sich eindeutig auf das Geschehen während der schriftlichen Prüfung beziehen. Gegen diese Ordnung kann auch durch ein Verhalten des Prüfungskandidaten verstoßen werden, das darauf gerichtet ist, über sein Leistungsvermögen zu täuschen, um so das Prüfungsergebnis günstig zu beeinflussen (vgl. Rehborn/Schäfer/Tettinger, a.a.O., § 17 JAG, Rdnr. 1 und Wassermann/Kirchner/Kröpil, a.a.O., § 13 NJAO, Rdnr. 3, für den Bereich der juristischen Staatsexamina). Folglich ist auch der Täuschungsversuch ein Verstoß gegen diese Ordnung, aber er ist in § 8 I (1) OStbglLK als "Verwendung nicht zugelassener Hilfsmittel" und "Versuch einer sonstigen Täuschung" besonders aufgeführt.

Hilfsmittel oder unter sonstiger Täuschung angefertigte Aufsichtsarbeit als "ungenügend" zu bewerten.[341]

Kraft der das Prüfungsverhältnis begründenden Zulassung zu der entsprechenden Leistungskontrolle steht dem betroffenen Prüfling das Recht auf Durchführung der Prüfung entsprechend den Bestimmungen der einschlägigen Leistungskontrollordnung zu. Bei Erfüllung der dort festgesetzten Bestehensvoraussetzungen hat er auch einen Anspruch auf Aushändigung des entsprechenden Leistungskontrollnachweises. Aus dem Recht auf Durchführung der Leistungskontrolle folgt für den Prüfungskandidaten grundsätzlich auch der Anspruch auf Bewertung der erbrachten Prüfungsleistung.[342] Dieser Anspruch setzt aber voraus, daß der Prüfling die ihm auferlegte Pflicht, die Prüfungsleistung ordnungsgemäß zu erbringen[343], erfüllt. Folglich gehört es zu der Pflicht des Prüfungskandidaten, bei der Leistungserbringung die für alle Prüflinge geltenden äußeren Prüfungsbedingungen einzuhalten und diese nicht durch das Manipulieren zu verändern. Geschieht dies trotzdem, so stehen dem Aufsichtsführenden die oben aufgeführten Rechte gegenüber dem Prüfling zu.[344] Nach pflichtgemäßem Ermessen unter Würdigung des Prüfungszwecks und des Grundsatzes der Verhältnismäßigkeit[345] entscheidet er demnach, ob der Student von der Teilnahme bzw. der Fortsetzung der Arbeit auszuschließen ist und wenn ja, ob darüber hinaus ein besonders schwerer Fall vorliegt, so daß auch der Ausschluß von der weiteren Teilnahme an der gesamten Leistungskontrolle zu erfolgen hat. Gem. § 8 II OStbglLK steht dem Aufsichtsführenden jedoch insoweit kein Ermessen zu, als eine unter Verwendung nicht zugelassener Hilfsmittel oder sonstiger Täuschung angefertigte Aufsichtsarbeit als "ungenügend" zu bewerten ist.[346]

---

341 Bei den anderen Universitäten bestehen bzw. bestanden ähnliche Vorschriften, vgl. z.B. § 9 LKO der Universität Hamburg, § 7 LKO der Universität Bochum, § 8 LKO der Universität Regensburg, § 7 LKO der Universität zu Köln, § 4 LKO der Universität Frankfurt a.M., § 1 V LKO der Universität Tübingen, § 19 StudienO der FU Berlin, § 13 StudienO der Universität Marburg, § 5 III LKO der Universität Hannover, § 8 LKO der Universität Passau, § 6 IV LKO der Universität Gießen.

342 OVG Münster, NVwZ 1885, S. 593 = DÖV 1985, S. 493.

343 VG Köln, Beschl. v. 24.11.1986 - 6 L 1583/86 m.w.N.

344 Gem. § 13 II OStbglLK ist der Hochschullehrer für eine Entscheidung nach § 8 OStbglLK zuständig, der die Leistungskontrollklausur abhält. Folglich trägt er auch die materielle Beweislast für das Vorliegen einer Täuschungshandlung.

345 Vgl. Klenke, NWVBL 1988, S. 203. Daneben ist auch der Zweck, von Täuschungsversuchen abzuschrecken, bei der Entscheidung zu berücksichtigen, OVG Münster, Urt. v. 17.2.1984, KMK-HSchR 1985, S. 88.

346 In einem solchen Fall ist der Kontrollnachweis entsprechend § 11 III OStbglLK zu versagen. Gem. § 11 I (1) OStbglLK ist der bereits erteilte Leistungskontrollnachweis zurückzunehmen, wenn sich bezüglich einer für einen Kontrollnachweis erforderlichen Kon-

§ 8 OStbglLK will in erster Linie die Chancengleichheit der Prüflinge gewährleisten. Alle Prüfungskandidaten sollen die von ihnen geforderten Aufgaben eigenständig und unter Verwendung der gleichen Hilfsmittel erstellen, so daß eine Vergleichbarkeit der Leistungen sichergestellt ist.[347] Das abgestufte Sanktionssystem[348] des § 8 OStbglLK ermöglicht, diejenige Sanktion zu wählen, die am ehesten als geeignet erscheint, die durch den Täuschungsversuch bewirkte Verschiebung der Chancengleichheit wieder herzustellen.[349] Bei der großen Bedeutung, die dem Grundsatz der Chancengleichheit im Prüfungsrecht zukommt[350], können die in § 8 OStbglLK aufgeführten Sanktionsmöglichkeiten auch nicht als Verstoß gegen den aus dem Rechtsstaatsprinzip folgenden[351] Grundsatz der Verhältnismäßigkeit angesehen werden[352]; sie sind geeignet[353], die Gleichheit unter den Prüflingen wieder herzustellen und sie sind - angepaßt an leichte und schwere Verstöße[354] - auch erforderlich, da ansonsten der durch die

---

trolleistung ein Fall des § 8 II OStbglLK nachträglich herausstellt. Diese Rücknahme ist jedoch entsprechend § 11 II OStbglLK nur innerhalb eines Jahres seit dem Zeitpunkt der Kenntnisnahme zulässig. Über die Rücknahme entscheidet der Dekan im Einvernehmen mit dem Übungsleiter, § 13 I Nr. 4 OStbglLK.

347 Vgl. hierzu oben 2.Teil, C.IV.2.c.

348 Zwar ist die Verwarnung oder Ermahnung des Prüflings durch den Aufsichtsführenden in § 8 OStbglLK nicht erwähnt, aber es ist davon auszugehen, daß diese Maßnahmen den oben aufgeführten Sanktionen oftmals vorausgehen und unter dem Gesichtspunkt der Verhältnismäßigkeit auch nicht durch § 8 OStbglLK ausgeschlossen sind, zumindest dann nicht, wenn die Täuschungsversuche des Prüflings nicht als besonders schwer einzustufen sind und die Schuld gering ist.

349 Siehe hierzu allgemein VGH Mannheim, WissR 1977, S. 259 f und Jestaedt, JA 1984, S. 148.

350 So BVerfGE 37/353 f; BVerwGE 41/34 f; BayVGH, BayVBl. 1987, S. 182 f und BayVBl. 1987, S. 371 f.

351 BVerfGE 19/348 f.

352 Dem Grundsatz der Verhältnismäßigkeit entsprechend muß eine Maßnahme geeignet, notwendig und verhältnismäßig i.e.S. sein. Geeignet ist die Maßnahme, wenn sie den erstrebten Erfolg erreichen kann, notwendig ist die Maßnahme, wenn nicht andere geeignete aber mildere Mittel zur Verfügung stehen und verhältnismäßig i.e.S. ist die Maßnahme, wenn sie nicht außer Verhältnis zu dem angestrebten Erfolg steht; vgl. Maurer, Allgemeines Verwaltungsrecht, § 10, Rdnr. 17 m.w.N.

353 Der Prüfungsausschluß wird vielfach, insbesondere im Hinblick auf die darin liegende generalpräventive Wirkung, als ein geeignetes Mittel angesehen, um Beeinträchtigungen der Chancengleichheit durch Prüfungsmanipulation entgegenzutreten, vgl. BVerwGE, Buchholz, 421.0, Nr. 78, S. 61; OVG Rhl.-Pf., DÖD 1989, S. 46.

354 Für die Abgrenzung eines leichten von einem schweren Täuschungsversuch durch den Prüfling ist nicht nur die rein quantitative Zahl der unzulässigen Hilfsmittel oder der Umfang des Materialaustauschs, sondern auch Umfang und Gewicht der durch die Täuschung herbeigeführten Beeinträchtigung der Chancengleichheit ausschlaggebend; vgl. auch BVerwG, Beschl. v. 12.1.1981 - 7 B 300 und 301/80; OVG Münster, NVwZ 1986, S. 463. Hinsichtlich unzulässiger Anmerkungen in einem zugelassenen Hilfsmittel während der ersten juristischen Staatsprüfung, siehe BVerwGE, Buchholz, 421.0, Nr. 78, S. 59 f.

allgemeine Täuschungshandlung hervorgerufenen Ungleichheit zwischen den Prüfungskandidaten nicht entgegnet werden könnte.

Bei einer Gesamtabwägung zwischen der Schwere des Eingriffs und dem Gewicht der Dringlichkeit der ihn rechtfertigenden Gründe ist die Regelung auch verhältnismäßig i.e.S., insbesondere unter dem Aspekt, daß der Ausschluß von der weiteren Teilnahme an der Leistungskontrolle auf besonders schwere Fälle beschränkt ist, den Prüflingen die zulässigen Hilfsmittel bekanntgegeben werden und in der Regel vor Beginn der Leistungskontrollklausur auf die Folgen von Ordnungsverstößen durch den Aufsichtsführenden hingewiesen wird. So können die Prüflinge Anweisungen unschwer beachten und sich danach richten.[355] Bei der Bestimmung, ob es sich z.B. bei dem vom Prüfling mitgeführten Hilfsmittel um ein unzulässiges handelt, kommt es auf seine allgemeine Eignung zur Verwendung in einer Leistungskontrollklausur, nicht auf die Förderlichkeit für die konkrete Prüfungsaufgabe an.[356] Zu beachten ist hierbei aber, daß der Besitz nicht zugelassener Hilfsmittel nur dann mit den Sanktionen des § 8 OStbglLK belegt werden darf, wenn der Prüfling nicht nachweisen kann, daß ihn kein Verschulden (Vorsatz oder wenigstens Fahrlässigkeit) daran trifft.[357]

Mit einem Täuschungsversuch durch Abschreiben von einem anderen Prüfling während einer Leistungskontrollklausur im Fach Bürgerlichen Recht befaßt sich ein Beschluß des VG Braunschweig.[358] Dort stellte sich der Täuschungsversuch nicht während der Leistungserbringung, sondern erst bei der nachfolgenden Korrektur und Bewertung der Arbeiten heraus. Die Klausuren zweier Studenten wiesen evidente Übereinstimmungen auf und nach Anhörung der beiden Prüflinge gewann man den Eindruck, daß der eine Student von dem anderen abgeschrieben habe. Dementsprechend wurde die Aufsichtsarbeit des abschreibenden Studenten

---

355 BVerwG, Buchholz, 421.0, Nr. 78, S. 61; BayVGH, BayVBl. 1981, S. 688 f.

356 OVG Rhl.-Pf., Urt. v. 23.3.1988 - 2 A 63/87, DÖD 1989, S. 46 f; VGH Mannheim, Urt. v. 28.2.1977 - IX 575/76, WissR 1977, S. 260; Niehues, Schul- und Prüfungsrecht, Rdnr. 386 c.

357 Der Besitz verbotener Hilfsmittel, für den der Prüfling nicht verantwortlich ist, darf keine Sanktionen nach sich ziehen; dies ist z. B. dann der Fall, wenn ihm ein anderer Prüfungskandidat die Hilfsmittel ohne seine Kenntnis vor oder während einer Kontrolle durch die Aufsichtsperson zugesteckt hat. Vgl. hierzu BayVGH, BayVBl. 1976, S. 60 f, 1980, S. 630 und 1988, S. 435. Das OVG Rhl.-Pf. (DÖD 1982, S. 120) verlangt sogar Wissen und Wollen des Prüflings davon, daß das unzulässige Hilfsmittel bereitsteht und verfügbar ist und läßt demnach Fahrlässigkeit wohl nicht ausreichen. Dies ist jedoch m.E. grundsätzlich zu eng. Zwar sind Ausnahmefälle denkbar, in denen dem Prüfling trotz fahrlässiger Mitführung unerlaubter Hilfsmittel ein Täuschungsvorwurf nicht gemacht werden kann, aber generell muß auch das fahrlässige Mitführen Sanktionen nach sich ziehen, da ansonsten Schutzbehauptungen Tür und Tor geöffnet würde.

358 Beschl. des VG Braunschweig v. 14.1.1992 - 6 A 61232/91.

als nicht bestanden gewertet, da sie nicht als eigenständige Leistung habe anerkannt werden können. Obwohl der Prüfling bestritt, von dem anderen abgeschrieben zu haben und sich auch nicht eindeutig klären ließ, wer von wem abgeschrieben hat oder ob beide zusammen gearbeitet haben[359], wurde die Entscheidung der Prüfer, die Arbeit des Studenten für nicht bestanden zu erklären, durch das Gericht als rechtmäßig bestätigt. Übertragen auf die Universität Trier wäre eine solche Entscheidung durch den zuständigen Übungsleiter nach § 8 I i.V.m. II OStbglLK ebenfalls möglich. § 8 I (1) OStbglLK erfaßt den "Versuch einer sonstigen Täuschung zu eigenem oder fremdem Vorteil". Folglich könnte auch hiernach offenbleiben, ob der eine Student bei dem Mitstudenten abgeschrieben hat (Täuschungsversuch zu eigenem Vorteil), ob er geduldet hat, daß der Mitstudent bei ihm abschreibt (Täuschungsversuch zu fremdem Vorteil) oder ob beide zusammengearbeitet haben (Täuschungsversuch zu eigenem und zu fremdem Vorteil), da die Rechtsfolgen jeweils die gleichen sind, wenn bewiesen ist, daß auf jeden Fall einer dieser Täuschungsversuche vorliegt.[360]

Ob eine Sanktion verhältnismäßig[361] ist und ob ein leichter oder ein schwerer Täuschungsfall vorliegt, kann nicht generell, sondern muß im jeweiligen Einzelfall unter Würdigung der oben aufgeführten Kriterien beurteilt werden.

(2) Hochschulgesetz

Desweiteren könnte vorliegend § 65 III (2) 2. Alt. HSchG einschlägig sein.[362] Danach kann die Einschreibung eines Studenten widerrufen werden, wenn dieser

---

359 Das VG sah aufgrund freier Beweiswürdigung unter Auswertung der Arbeiten der Prüfungskandidaten lediglich als erwiesen an, daß die Übereinstimmungen in den Aufsichtsarbeiten auf ein "wie auch immer geartetes Zusammenwirken" beruhen, VG Braunschweig, a.a.O., S. 7 ff.

360 Dem steht der Beschl. des VGH Mannheim v. 3.7.1986 - 9 S 1586/86 (NVwZ 1987, S. 1014 f = VBlBW 1987, S. 302 f = KMK-HSchR 1986, S. 1366) nicht entgegen. Dort wird zwar ausgeführt, daß es keinen allgemeinen Grundsatz des Prüfungsrechts gebe, nach dem bereits die Gestattung oder Duldung der Übernahme einer eigenen Prüfungsleistung durch einen anderen Prüfungsteilnehmer ("Abschreibenlassen") zu einer Sanktionsnote oder dem Verlust des Bewertungsanspruchs führt. Jedoch wird angemerkt (vgl. nur NVwZ 1987, S. 1014), daß eine Sanktionsnote für das "Abschreibenlassen" zulässig sei, wenn hierfür eine ausdrückliche Ermächtigungsgrundlage existiere (etwa in einer auf gesetzlicher Ermächtigung beruhenden Prüfungsordnung). Genau diese rechtliche Grundlage findet sich für die Leistungskontrollen an der Universität Trier in § 8 I i.V.m. II OStbglLK.

361 Bei ganz geringfügigen Verstößen durch den Prüfling ist wohl in der Regel Nachsicht zu gewähren.

362 Beachte auch § 28 I (2) HRG. Vergleichbar z.B. § 99 I (2) UG BW, § 16 II HSchG Berl., § 38 II (2) Nr. 2 HSchG Brem., § 69 IV (2) UG NRW, § 41 I Nr. 2 HSchG Nds., § 71 I (2) HSchG Thür., § 49 II HSchErnG Meckl.-Vorp. Über die Formulierung der Vorschrift des HRG hinausgehend beispielsweise § 98 UG BW und Art. 93 HSchG Bay.

wiederholt Anordnungen zuwiderhandelt, die gegen ihn aufgrund des Hausrechts wegen Verletzung seiner Pflichten nach § 32 IV HSchG[363] getroffen worden sind.[364] Bereits aus dem Wortlaut dieser Vorschrift folgt, daß ein einmaliges Täuschungsvorgehen bzw. ein solcher Versuch nicht zum Widerruf der Immatrikulation führen kann. Nur das wiederholte Zuwiderhandeln gegen ergangene Anordnungen kann eine solche Folge nach sich ziehen: Gem. § 74 VII (1) HSchG steht das Hausrecht grundsätzlich dem Präsidenten zu. Insbesondere im Hinblick auf die juristischen Übungen und somit auch auf die Leistungskontrollen wird er jedoch die jeweiligen Übungsleiter gem. § 74 VII (2) HSchG mit der Ausübung des Hausrechts beauftragen. Diese Personen können folglich wegen Verletzung der aus § 32 IV HSchG folgenden Pflichten gegen den Studenten Anordnungen erlassen.

Gem. § 32 IV i.V.m. § 2 I (1) HSchG dienen die Hochschulen der Pflege und der Entwicklung der Wissenschaft durch Forschung, Lehre und Studium; § 3 V HSchG legt fest, daß trotz bestehender etwaiger Freiheiten die Regelungen, die das Zusammenleben in der Hochschule ordnen, zu beachten und einzuhalten sind; gem. § 24 I (1) HSchG dienen die Hochschulprüfungen der Feststellung, ob der Student mit seiner individuellen Leistung das Ziel des Studienabschnitts oder des Studiums erreicht hat; § 5 IV (2) DRiG a.F. und § 1 I (2) OStbglLK beinhalten, daß mit den Leistungskontrollen festgestellt werden soll, ob der Student für die weitere Ausbildung fachlich geeignet ist.

Die Erfüllung all dieser Aufgaben, die gem. § 45 I (1) HSchG von den jeweiligen Professoren selbständig wahrgenommen werden, ist infolge einer Prüfungsmanipulation durch den Studenten nicht mehr sichergestellt. Zusätzlich wird der Prüfer aufgrund des Vorgehens des Studenten daran gehindert, die ihm obliegende Pflicht, gerechte und dem tatsächlichen Leistungsstand entsprechende Bewertungen vorzunehmen, zu erfüllen. Folglich verhält sich der im Rahmen von Leistungskontrollen manipulierende und täuschende Prüfling nicht so, daß die Hochschule und ihre Organe ihre Aufgaben erfüllen und ihre Pflichten wahrnehmen können. Er begeht mithin eine Pflichtverletzung im Sinne des § 32 IV HSchG, aufgrund derer die Anordnung entsprechend § 65 III (2) HSchG gegen

---

363 Bei dem eingeschriebenen Studenten handelt es sich gem. § 36 I HRG, § 32 I (1) HSchG um ein Mitglied der Hochschule.

364 § 65 III und 32 IV HSchG bestehen als bloße Ordnungsvorschriften nach Abschaffung des allgemeinen studentischen Disziplinarrechts (vgl. hierzu oben 3.Teil, B.).

ihn ergehen kann, ein solches Vorgehen bei zukünftigen Prüfungen zu unterlassen.[365]

Bei Vornahme wiederholter - zumindest zweimaliger - Prüfungsmanipulation durch denselben Studenten trotz vorheriger gegen ihn getroffener Anordnung, wäre demnach der Widerruf der Einschreibung möglich.[366] In einem solchen Fall wäre gem. § 65 III (3) HSchG je nach der Schwere des Falles eine Frist bis zur Dauer von zwei Jahren[367] festzusetzen, innerhalb derer eine erneute Einschreibung an der Hochschule ausgeschlossen ist.[368] Bei Einstufung des studentischen Vorgehens als weniger schwerem Fall, ist gem. § 65 IV (1) HSchG der Widerruf der Einschreibung nur zulässig, wenn dieser vorher angedroht wor-

---

365 Notwendig ist eine förmliche Anordnung insofern, als daß sie gegenüber dem Studenten eindeutig und unmißverständlich getroffen werden muß, vgl. nur Hammer in: Denninger, HRG, § 28, Rdnr. 40. Zwar ist Schriftlichkeit diesbezüglich nicht ausdrücklich vorgeschrieben, aber der Klarheit halber ist eine Anordnung in schriftlicher Form zu wählen; ebenso Hammer, a.a.O., § 28, Rdnr. 40; a.A. Reich, HRG, § 28, Rdnr. 8.

366 Mit dem Widerruf der Einschreibung kann das Mitgliedschaftsverhältnis des Studenten beendet werden. Aufgrund des aus Art. 12 I (2) GG folgenden Gesetzesvorbehalts und mangels Bestehens einer sonstigen gesetzlichen Regelung diesbezüglich, stellt § 65 III, IV HSchG hinsichtlich des Widerrufs der Einschreibung als Ordnungsmaßname eine abschließenden Regelung dar. Da es sich bei § 65 III (2) HSchG um eine "Kann-Vorschrift" handelt, ist die Entscheidung, ob der Widerruf erfolgen soll, nach pflichtgemäßem Ermessen unter Beachtung des Verhältnismäßigkeitsgrundsatzes und der Zwecke des Verstoßes zu treffen. "Es gilt .... - in Wahrung des Verhältnismäßigkeitsgrundsatzes - die Verpflichtung zur Prüfung im konkreten Einzelfall, ob die Einleitung eines Ordnungsverfahrens oder der Anspruch der Zwangsexmatrikulation zur Wahrung der Hochschulordnung zwingend erforderlich sind", so Hammer, a.a.O., § 28, Rdnr. 18. Durch die Vorschrift soll nicht eine Tatschuld ausgeglichen oder Spezialprävention betrieben werden, sondern vielmehr soll eine vorbeugende Störerabwehr im Hinblick auf die Hochschule, ihre Mitglieder und die von diesen wahrzunehmenden Aufgaben und in gewissem Maße Generalprävention erfolgen; ähnlich Bender in: Leuze/Bender, Gesetz über die wissenschaftlichen Hochschulen des Landes Nordrhein-Westfalen, § 69, Rdnr. 14. Zweck ist es, die Hochschulordnung für die Zukunft aufrechtzuerhalten, nicht aber Vergeltung für Geschehnisse in der Vergangenheit zu üben; ebenso Bode in: Dallinger/Bode/Delian, HRG, § 28 Anm. 3; Hammer, a.a.O., § 28, Rdnr. 13; a.A. Reich, HRG, § 28, Rdnr. 1, der vorwiegend eine repressive Orientierung der Norm bejaht.

367 Eine darüber hinausgehende Frist, also beispielsweise ein dauerhafter Ausschluß, ist nach dem eindeutigen Gesetzeswortlaut nicht möglich.

368 Auch bei dieser Entscheidung über das "Wie" handelt es sich um eine Ermessensentscheidung, die nach pflichtgemäßem Ermessen unter Beachtung des Verhältnismäßigkeitsgrundsatzes zu treffen ist. Nach Ablauf der festgelgten Frist ist eine erneute Einschreibung möglich. Eine solche muß zu den Bedingungen, die im Zeitpunkt des Widerrufs bestanden, erfolgen, denn ansonsten würde dem Studenten bei Verschlechterung der Bedingungen eine zusätzliche, von § 65 III (2) HSchG als Ordnungsmaßnahme nicht vorgesehene Belastung auferlegt; so auch Bender, a.a.O., § 69, Rdnr. 27; Bode in: Dallinger/Bode/Delian, HRG, § 28, Rdnr. 11; Hammer in: Denninger, HRG, § 28, Rdnr. 55. A.A. Reich, HRG, § 28, Rdnr. 9.

den ist.[369] Eine solche Androhung ist jedoch nur einmal zulässig, vgl. § 65 IV (2) HSchG.[370]

b. Vorheriges Besorgen der Prüfungsaufgabe bzw. der Lösungsskizze

Der Prüfling kann sich die von ihm in der nächsten Leistungskontrollklausur zu lösende Aufgabe oder die hierzu angefertigte Lösungsskizze auf unterschiedlichstem Wege vorher besorgen. Diese verschiedenen Möglichkeiten sollen im Rahmen dieser Arbeit jedoch nicht differenziert betrachtet werden.[371] Vielmehr wird

---

369 Über den Widerruf der Einschreibung und dessen Androhung entscheidet der nach § 65 VII HSchG zuständige, paritätisch zusammengesetzte Ausschuß. Sowohl der Widerruf der Einschreibung als auch dessen Androhung sind gem. § 65 V HSchG schriftlich zu begründen und mit einer Rechtsmittelbelehrung zu versehen. Nach § 65 VIII HSchG ist der Widerruf der Einschreibung allen anderen Hochschulen im Geltungsbereich des HRG mitzuteilen. Gem. § 28 IV (1) HRG ist während der festgelegten Frist die Einschreibung an einer anderen Hochschule zu versagen, es sei denn, daß für den Bereich der anderen Hochschule die Gefahr einer Beeinträchtigung durch das Vorgehen des Studenten nicht oder nicht mehr besteht.

370 Diese Ordnungsmaßnahme ist bei Erfüllung der gesetzlich festgeschriebenen Voraussetzungen grundsätzlich möglich, soweit es sich bei der manipulierenden Person um einen eingeschriebenen Studenten der Universität handelt. Folglich gelten die obigen Ausführungen bzgl. Leistungskontrollen und Übungen. Auch im Hinblick auf den manipulierenden Doktoranden ist die Ordnungsmaßnahme möglich, wenn er als Student eingeschrieben ist. Jedoch ist sie in der Praxis hinsichtlich des Doktoranden grundsätzlich ausgeschlossen, da ein wiederholtes, also mindestens zweimaliges Zuwiderhandeln gegen die Anordnung, Prüfungsmanipulation in Zukunft zu unterlassen, vorausgesetzt wird. Dies ist jedoch im Rahmen der Promotion regelmäßig nicht möglich, da diese sich lediglich aus einer schriftlichen und einer mündlichen Prüfungsleistung zusammensetzt. Auch ist davon auszugehen, daß dem Doktoranden in der Praxis bei einmaligem Zuwiderhandeln gegen eine solche Anordnung die Promotionsmöglichkeit an der Hochschule versagt wird. (Dies ist z.B. bei Auflösung des Promotionsverhältnisses durch den Doktorvater wegen schwerwiegender Verletzung des Vertrauensverhältnisses entsprechend § 5 PromO möglich. Zur Auflösung eines Doktorandenverhältnisses allgemein siehe BVerwGE 24/355 = NJW 1967, S. 72 f = JZ 1967, S. 215 f; BVerwG, NVwZ 1986, S. 377 = Buchholz, 421.2, Nr. 112 und Hufen, JuS 1987, S. 918 f.) Die Fallkonstellation im Rahmen der Prüfungsmanipulation, bei der die Einschreibung gem. § 65 III (2) 2. Alt. HSchG widerrufen werden kann, stellt eine Ausnahme dar und entspricht nicht der im Sinne dieser Arbeit zu untersuchenden "normalen" Vorgehensweise diesbezüglich. Deshalb wird sie im weiteren Verlauf der Untersuchung hinsichtlich der rechtlichen Bewertung der durch den Prüfling vorgenommenen Manipulation nicht weiter erwähnt. Auch wird auf die gegen Studenten grundsätzlich bestehende Möglichkeit, wegen begangener Pflichtverletzung aufgrund des Hausrechts (§ 74 VII HSchG) die Anordnung zu treffen, Prüfungsmanipulation in Zukunft zu unterlassen (§ 65 III (2) 2. Alt. HSchG), und auf die deswegen zulässige Androhung des Einschreibungswiderrufs (§ 65 IV HSchG) im Folgenden nicht weiter eingegangen.

371 Da im Hinblick auf die Vielfältigkeit der denkbaren Beschaffungsmöglichkeiten der Prüfungsaufgabe und/oder der dazu bestehenden Lösungsskizze diese nicht in die Untersuchung einbezogen werden, erfolgt keine Darstellung der dadurch begründeten Strafbarkeit des Prüflings. Die "Beschaffungsstrafbarkeit" z.B. in Form des Hausfriedensbruchs gem. § 123 StGB, des Verwahrungsbruchs gem. § 133 StGB, der Verletzung des Briefgeheimnisses gem. § 202 StGB, des Diebstahls gem. §§ 242 ff und der Sachbeschädigung gem. § 303 StGB bleibt vorliegend außer Betracht.

vorliegend auf die allgemeine Folge dieser Vorgehensweise abgestellt, die darin besteht, daß der Prüfungskandidat aufgrund der frühzeitigen Bearbeitungsmöglichkeit und/oder der bereits vorliegenden Lösung gegenüber den Mitprüflingen einen entscheidenden, unangemessenen und rechtswidrigen Vorteil hat.[372]

aa. Strafrechtliche Beurteilung

(1) § 263 I StGB

Der Prüfling, der die Leistungskontrollklausur mit dem beschriebenen Kenntnisvorsprung anfertigt und abgibt, spiegelt eine eigenständige und regulär erbrachte Prüfungsleistung vor. Hierdurch wird bei dem zuständigen Übungsleiter ein entsprechender Irrtum über die ordnungsgemäße Erstellung der entsprechenden Leistungskontrollklausur, also über die ihr zugrundeliegenden eigenen Fähigkeiten und Kenntnisse des Studenten hervorgerufen. Da jedoch die für § 263 StGB erforderliche Vermögensverfügung weder in der Korrektur der ordnungswidrig erstellten Aufsichtsarbeit noch in der Erteilung des Leistungskontrollnachweises zu sehen ist und somit kein Handeln, Dulden oder Unterlassen, das sich unmittelbar vermögensmindernd auswirkt, vorliegt[373], scheidet eine Strafbarkeit nach § 263 I StGB aus.

(2) § 267 I 1. Alt. StGB

Mangels Identitätstäuschung stellt die Klausur eine echte Urkunde dar.[374] Daß der Prüfling die Leistung nach vorheriger Erarbeitung oder Kenntniserlangung der Lösung erstellt und durch Abgabe der Aufsichtsarbeit konkludent die ordnungsgemäße Erbringung der Leistung vorgetäuscht hat, ist unbeachtlich, denn hierdurch wird die Echtheit der betreffenden Urkunde nicht berührt; eine Strafbarkeit gem. 267 I 1. Alt. StGB ist nicht gegeben.

(3) § 271 I StGB

Der Leistungskontrollnachweis als öffentliche Urkunde im Sinne des § 271 I StGB beweist nicht, daß der jeweilige Student die Arbeit durch eigene geistige Leistung und regulär erbracht hat. Der Student bewirkt durch sein Vorgehen des-

---

372 Siehe 2. Teil A.III.2.

373 Siehe hierzu oben A.I.1.a.aa.(1).

374 Oben A.I.1.a.aa.(2).

halb auch nicht, daß eine Tatsache falsch beurkundet wird, auf die sich der öffentliche Glaube der Urkunde bezieht. Demnach scheidet eine Strafbarkeit gem. § 271 I StGB aus.[375]

bb. Hochschulrechtliche Beurteilung

Nimmt der Prüfling die aufgrund der vorherigen Kenntniserlangung der Prüfungsaufgabe eigenhändig erstellte Lösungsskizze oder die vom Übungsleiter angefertigte Lösungsskizze mit in die Leistungskontrollklausur, um sie dort zur Anfertigung der Aufsichtsarbeit zu verwenden, so kann der Aufsichtsführende die in § 8 OStbglLK aufgeführten Sanktionen wegen der "Verwendung nicht zugelassener Hilfsmittel" verhängen.

Problematisch ist jedoch, ob auch ein "Verwenden nicht zugelassener Hilfsmittel" vorliegt, wenn der Student sich das vorhandene Lösungsmuster - unabhängig davon, ob der Prüfling oder der Prüfer dieses erstellt hat - vorher einprägt, das Schriftstück also nicht mit in die Leistungskontrollklausur nimmt. Der Kandidat, der eine vorher erstellte Lösung zur Anfertigung seiner Arbeit gebraucht, verwendet ein nicht zugelassenes Hilfsmittel. Hierbei kann es keinen Unterschied machen, ob das schriftliche Lösungsmuster oder eine in das Gedächtnis aufgenommene Lösungsskizze zur Fertigstellung der Leistungskontrollklausur benutzt wird. Bei einer bewußt vorher erlangten Lösungsskizze[376] handelt es sich somit um ein "unerlaubtes Hilfsmittel" im Sinne des § 8 OStbglLK und ein "Verwenden" in diesem Sinne liegt auch vor, wenn der Prüfungskandidat das auswendig gelernte Wissen in der Leistungskontrollklausur "abspult", um die Arbeit zu erstellen. Gleichzeitig ist dieses Vorgehen aber auch als ein sonstiger Täuschungsversuch im Sinne des § 8 OStbglLK zu qualifizieren.[377]

---

375 Siehe A.I.1.a.aa.(3).

376 Hiervon zu unterscheiden ist der Fall, daß ein Prüfling in der Leistungskontrollklausur bemerkt, daß er die von ihm zu lösende Aufgabe oder eine ähnliche während seiner Vorbereitung auf die Prüfung zufällig durchgearbeitet hat und folglich die Lösung bereits kennt. Ein solch zufälliger Umstand kann nicht zu Lasten des Studenten gehen, denn gerade Umstände wie bessere Fähigkeiten, Kenntnisse oder auch besonderer Fleiß bilden den Gegenstand einer Prüfung.

377 "Ein Täuschungsversuch kann durch den Beweis des ersten Anscheins bewiesen werden, wenn die Prüfungsarbeit und das vom Prüfer erarbeitete, allein zur Verwendung durch die Prüfungskommission bestimmte Lösungsmuster teilweise wörtlich und im übrigen in Gliederung und Gedankenführung übereinstimmen", so BVerwG, Beschl. v. 20.2.1984 - 7 B 109.83, Buchholz, 421.0, Nr. 196. Hiernach ist die Schlußfolgerung als zwingend anzusehen, daß der Prüfling eine Täuschungshandlung begeht, wenn er eine in Kenntnis des Lösungsmusters erstellte Prüfungsarbeit als eigene Prüfungsleistung ausgibt, wenn keine andere hinreichende Erklärung für die extreme Übereinstimmung von Lösungsskizze und Klausurlösung möglich erscheint.

Bei Entdecken eines solchen Vorgehens kann der Aufsichtsführende den Studenten demnach nach pflichtgemäßen Ermessen unter Würdigung des Prüfungszwecks und des Grundsatzes der Verhältnismäßigkeit gem. § 8 I OStbglLK von der Teilnahme beziehungsweise der Fortsetzung der Arbeit ausschließen[378] und ihn - bei Einstufung des Vorgehens als besonders schweren Fall - von der gesamten Leistungskontrolle ausschließen.[379] Gem. § 8 II OStbglLK ist die so angefertigte Aufsichtsarbeit als "ungenügend" zu bewerten und unter den Voraussetzungen des § 11 OStbglLK ist die Versagung oder Zurücknahme des Leistungskontrollnachweises möglich.

Fraglich ist, ob ein Täuschungsversuch im dargestellten Sinn auch dann vorliegt, wenn ein Prüfling als studentische Hilfskraft an einem juristischen Lehrstuhl arbeitet, dort im Rahmen seiner Tätigkeit die Lösung für eine Leistungskontrollklausur miterstellt hat, und genau diese Aufgabe in der Klausur löst, ohne auf sein besonderes Wissen hinzuweisen. Wie ausgeführt, stellt auch die lediglich geistige Verwendung einer - eigenhändig oder durch den Prüfer erstellten Lösungsskizze - die Verwendung eines unzulässigen Hilfsmittels und einen sonstigen Täuschungsversuch dar. Vorliegend könnte jedoch eingewandt werden, daß den Studenten keine Schuld an dem gegebenen Sachverhalt trifft; es wäre die Aufgabe des Prüfers gewesen, den Studenten nicht an der Erstellung der Lösungsskizze zu beteiligen.[380] Andererseits ergeben sich aus dem bestehenden Prüfungsverhältnis und dem hierbei zu beachtenden Grundsatz von Treu und Glauben aber auch Pflichten des Studenten. Hierzu zählen Mitwirkungspflichten z.B. in der Form, daß der Prüfling nach seinen Möglichkeiten zu einem ordnungsgemäßen Verlauf des Prüfungsverfahrens beizutragen[381] und die Prüfungsleistung der vorgegebenen Ordnung entsprechend zu erbringen hat. Daraus könnte sich eine Mitwirkungs-

---

378 Diese Sanktionsmöglichkeit wird wohl, wenn der Prüfling sich die Lösungsskizze eingeprägt hat und dieses Auswendiggelernte in der Klausur niederschreibt, von dem Aufsichtsführenden nicht ergriffen werden, denn es dürfte für ihn unmöglich sein, bereits in diesem Stadium zu erkennen, daß die Ausführungen des Studenten mit denen der Lösungsskizze identisch sind. Ein solcher Täuschungsversuch wird - wenn überhaupt - während der Korrektur der schriftlichen Arbeit entdeckt werden.

379 Das BVerwG (Beschl. v. 20.2.1984 - 7 B 109.83, Buchholz, 421.0, Nr. 196, S. 186) sieht die Verwendung eines internen Lösungsmusters als einen besonders schweren Fall an. Es führt aus: "... es liegt auf der Hand, daß der auf dem Rechtsstaatsprinzip beruhende Grundsatz der Verhältnismäßigkeit nicht verletzt ist, wenn die Benutzung des internen Lösungsmusters als ein besonders schwerwiegender Täuschungsversuch gewertet wird ...".

380 Grundsätzlich ist davon auszugehen, daß der Lehrstuhlinhaber weiß, in welchem Semester und somit in welchem Prüfungsstadium sich seine Hilfskräfte befinden. Folglich hat der Professor die Pflicht, die bei ihm beschäftigten Studenten nicht mit Aufgaben zu betrauen, die für weitere Prüfungen derselben relevant sein könnten.

381 Vgl. BVerwGE 69/49 f, VGH Mannheim, VBlBW 1983, S. 182, Seebass, NVwZ 1985, S. 524, Wagner, DVBl. 1990, S. 183.

pflicht des Studenten insofern ergeben, als er den Aufsichtsführenden auf seine Hilfskrafttätigkeit und die daraus resultierende Kenntnis der Aufgabenlösung aufmerksam machen muß. Jedoch ist zu beachten, daß die Mitwirkungspflicht an der Zumutbarkeitsgrenze endet.[382]

Art. 3 I GG gebietet als Grundsatz der Chancengleichheit im Prüfungsrecht möglichst gleichmäßige Voraussetzungen für alle Prüflinge zu schaffen und damit allen gleiche Erfolgschancen einzuräumen.[383] Gegen diesen Grundsatz wird verstoßen, wenn ein Prüfling in der Leistungskontrollklausur dadurch in eine gegenüber den Mitprüflingen günstigere Lage versetzt ist, daß er die Lösung der Aufgabe aufgrund seiner Hilfskrafttätigkeit bereits kennt.[384] Da mangels zu erwartender Sanktionen von der Zumutbarkeit der Offenbarung auszugehen ist, obliegt dem Prüfling die Pflicht, den Aufsichtsführenden auf die vorhandene vorzeitige Kenntniserlangung hinzuweisen. Unterläßt er dies pflichtwidrig und erstellt die Leistungskontrollklausur aufgrund seiner Kenntnis von der internen Lösungsskizze, so kann der Übungsleiter nach pflichtgemäßem Ermessen unter Beachtung des Verhältnismäßigkeitsgrundsatzes die in § 8 OStbglLK aufgeführten Maßnahmen treffen. Ein solches Vorgehen des Prüflings wird grundsätzlich erst bei der Bewertung der Leistung entdeckt. Deshalb ist die in § 8 II OStbglLK aufgeführte Maßnahme (Bewertung als "ungenügend") einschlägig. Da dieses Vorgehen aufgrund "unverschuldeter" Kenntniserlangung durch den Prüfling und des bei diesem hinsichtlich der Offenbarung bestehenden Konfikts grundsätzlich nicht als besonders schwerwiegender Fall einzustufen ist, kommt ein Ausschluß von der

382 So z.B. auch BVerwGE 31/192 und 69/50.

383 Zum Grundsatz der Chancengleichheit im Prüfungsrecht vgl. oben 2.Teil, C.IV.2.c.

384 Da die besonderen Fähigkeiten und Kenntnisse des einzelnen Studenten und auch dessen Fleiß in einer Prüfung gerade ermittelt werden sollen, können darauf beruhende Chancenungleichheiten einen Verstoß gegen Art. 3 I GG nicht begründen. Somit könnte daran gedacht werden, die Tätigkeit als Hilfskraft und die darauf beruhende Kenntnis der Lösung auf den besonderen Fleiß des Studenten zurückzuführen, so daß eine Verletzung des Chancengleichheitsgrundsatzes zu verneinen wäre. Dies ist jedoch abzulehnen, denn Tatsache ist, daß der Prüfling gegenüber den anderen Studenten in der Klausur eine erheblich verbesserte Ausgangsposition inne hat. Diese Kenntniserlangung beruht zwar insofern ebenso wie bei dem in Fußnote 376 dargestellte Geschehen auf einem Zufall, kann aber nicht mit diesem gleichgestellt und -beurteilt werden; die Prüfungskandidaten haben während ihrer Vorbereitung auf die Klausur zwar alle die Möglichkeit Lernmaterial zu verwenden, in dem sich zufällig die in der Leistungskontrollklausur gestellte Aufgabe oder eine ähnliche befindet, aber es besteht nicht für alle Prüflinge die Chance an einem juristischen Lehrstuhl als Hilfskraft beschäftigt zu sein und dort mit der Erstellung einer Lösungsskizze für die in der nächsten Prüfung gestellten Klausur betraut zu werden. Da der Kenntnisvorsprung somit nicht auf Umständen beruht, die gerade durch die Prüfung ermittelt werden sollen, und die Kenntniserlangung auf diesem Wege nicht jedem Prüfling möglich ist, liegt ein Verstoß gegen den Grundsatz der Chancengleichheit vor.

weiteren Teilnahme an der gesamten Leistungskontrolle gem. § 8 I (2) OStbglLK nicht in Betracht.

c. Anfertigung der Prüfungsleistung durch einen Dritten

Gem. § 7 OStbglLK werden die Leistungskontrollen unter Prüfungsbedingungen durchgeführt. Demnach werden die Prüfungsleistungen unter Aufsicht angefertigt und die zugelassenen Bewerber haben sich auf Verlangen bei jeder Aufsichtsarbeit durch einen amtlichen Ausweis mit Lichtbild auszuweisen. Die Aufsichtsarbeiten sind mit dem Namen des Bearbeiters zu versehen und von diesem zu unterzeichnen. Unter diesen Voraussetzungen ist die Manipulationsart in Form der Anfertigung der Prüfungsleistung durch einen Dritten zwar seltener, aber gleichwohl nicht ausgeschlossen. Denkbar und zu unterscheiden sind insbesondere zwei Fallvarianten: In dem einen Fall fertigt ein Dritter die Leistungskontrollklausur für den eigentlichen Prüfling an, aber dieser unterzeichnet sie nach Übergabe mit seinem eigenen Namen und liefert sie bei der Aufsichtsperson ab. In dem anderen Fall fertigt ein Dritter die Aufsichtsarbeit ebenfalls für den Prüfungskandidaten an, unterzeichnet sie aber selbst mit dessen Namen und liefert sie dann auch selbst bei der Aufsichtsperon ab.

aa. Unterzeichnung und Ablieferung der Klausur durch den eigentlichen Prüfling

Die Manipulation kann hier dadurch geschehen, daß der Prüfling dem außerhalb des Prüfungsraums befindlichen Dritten die Aufgabe irgendwie zukommen läßt und dann - kurz vor Abgabe - die fertiggestellte Klausur, also die Lösung der Aufgabe, auf dem gleichen Wege zurückerhält, sie dann mit seinem Namen unterzeichnet und abgibt. Denkbar ist aber auch, daß sich der Dritte ebenfalls in dem Prüfungsraum befindet, die Klausur dort für den Prüfling schreibt und sie diesem dann übergibt, bevor er sie mit seinem Namen unterzeichnet und abgibt.

(1) Strafrechtliche Beurteilung

(a) § 263 I StGB

Eine Strafbarkeit des Prüflings, der sich die Aufsichtsarbeit von einer dritten Person schreiben läßt, wegen Betruges scheitert am Fehlen des Tatbestandsmerkmals "Vermögensverfügung".[385]

---

385 Vgl. oben A.I.1.a.aa.(1).

(b) § 267 I 1. Alt. StGB

Wie ausgeführt[386], handelt es sich bei der Leistungskontrollklausur um ein taugliches Tatobjekt des § 267 StGB. Fraglich ist, ob durch die Übernahme einer fremden Klausur eine Identitätstäuschung hervorgerufen werden kann, d.h. ob der Prüfling durch die Abgabe der von dem Dritten verfaßten Klausur über den Aussteller der Urkunde täuscht. Umstritten ist dabei bereits, wer Aussteller einer Urkunde ist.

Das OLG Düsseldorf[387] vertritt die Ansicht, eine Urkunde sei unecht, wenn ihr der Schein verliehen sei, als sei sie von einem anderen ausgestellt als von dem, der sie in Wirklichkeit ausgestellt habe. Wenn Textverfasser und Unterzeichner nicht identisch seien, sei demnach der Unterzeichner der scheinbare Aussteller, der Verfasser des Textes der wirkliche Aussteller. Hiernach ist der Prüfling, der sich die Klausur schreiben läßt, der scheinbare Aussteller, der Dritte der wirkliche Aussteller. Folglich wäre dieser Ansicht zufolge eine Täuschung über die Identität des Ausstellers gegeben, der objektive Tatbestand des § 267 I 1. Alt. StGB also erfüllt.

Mit der ganz herrschenden Meinung, die zwar für § 267 StGB ebenfalls eine Identitätstäuschung verlangt, ist für die Bestimmung der Ausstellereigenschaft jedoch ein anderer Ansatzpunkt zu wählen: Scheinbarer Aussteller ist die Person, die sich aus der verkörperten Gedankenerklärung ergibt, also der eigentliche Prüfling. Wirklicher Aussteller ist derjenige, von dem die Erklärung "geistig herrührt"[388], nicht aber jener, der die Urkunde körperlich hergestellt hat[389]. Diese Geistigkeitstheorie bezieht sich aber nicht notwendig auf die Urheberschaft der

386 A.I.1.a.aa.(2).

387 NJW 1966, S. 749; ähnlich schon RGSt 30/43, worauf sich die vorgenannte Entscheidung ausdrücklich beruft.

388 Sog. Geistigkeitstheorie, auch "materielle Urheberlehre" oder "materiell-zivilrechtsbezogene Theorie" genannt; vgl. BHGSt 13/385; Cramer in: Schönke/Schröder, a.a.O., § 267, Rdnr. 16; Krey, BT 1, Rdnr. 708; Lackner, a.a.O., § 267, Rdnr. 14; Samson in: SK, § 267, Rdnr. 50; Tröndle in: LK, § 267, Rdnr. 16; Wessels, BT 1, § 18 I 2 c. Kritik an dieser Theorie legt Puppe (JZ 1986, S. 940 f) dar.

389 So aber die u.a. von Frank (StGB, § 267, Anm. 1) vertretene, heute überholte Körperlichkeitstheorie, auch "formale Urheberlehre" oder "Lehre von der faktischen Herstellung" genannt. "Diese Theorie trug den Lebenstatsachen nicht hinreichend Rechnung und führte zu sachwidrigen Ergebnissen, weil nach ihr Urkunden, die auftragsgemäß durch einen anderen oder durch die Schreibhilfe eines anderen hergestellt worden sind, "unecht" wären und nur wegen der Einwilligung des Namensträgers keine rechtswidrige Urkundenfälschung vorläge", so Tröndle in: LK, § 267, Rdnr. 25. Zu Fallkonstellationen, die bei konsequenter Durchführung einer rein körperlichen Betrachtungsweise zum Teil zu nicht akzeptablen Ergebnissen führen, vgl. Steinmetz, a.a.O., S. 28 ff.

Urkunde[390], sondern auf deren Bedeutung im Rechtsverkehr. Demnach ist Aussteller, wer geistig dahintersteht, sie als seine Erklärung gelten läßt, sich zu ihr bekennt und sich an sie gebunden fühlt.[391] Durch die Unterschrift des eigentlichen Prüflings unter die Leistungskontrollklausur wird die von dem Dritten erstellte Arbeit gebilligt; der Prüfling will sich zu den Ausführungen bekennen und sie sich zu eigen machen.[392] Er will durch seine Unterschrift gerade erreichen, daß ihm die Aufsichtsarbeit zugerechnet wird. Folglich ist der Prüfungskandidat wirklicher Aussteller der Urkunde, eine Identitätstäuschung somit nicht gegeben und § 267 I 1. Alt. StGB demnach nicht einschlägig.

Für Handlungssituationen wie die hier zu untersuchende stellt sich jedoch das Problem der Eigenhändigkeit. Fraglich ist, ob in Fällen, in denen es auf die eigenhändige Herstellung eines Schriftstücks ankommt, eine andere Sichtweise geboten ist, um die Echtheit einer Urkunde zu bestimmen.[393]

Das OLG Düsseldorf[394], ihm folgend Ohr[395], vertritt die Auffassung, beim Bestehen gesetzlicher oder vereinbarter Formvorschriften habe § 267 StGB auch den Zweck, das Vertrauen des Rechtsverkehrs in die Ordnungsmäßigkeit der Entstehung einer Urkunde zu schützen. Lediglich die Unterschrift könne eine Urkunde deshalb nicht zu einer echten machen, wenn diese Formvorschriften nicht eingehalten seien. Dieser Ansicht zufolge hätte der Prüfling, da die eigenhändige Erstellung der Leistungskontrollklausur grundsätzlich verlangt wird, durch seine Unterschrift unter die von dem Dritten verfaßte Gedankenerklärung eine unechte Urkunde hergestellt.

Diese Meinung kann jedoch nicht befürwortet werden. Zwar ist grundsätzlich von dem Erfordernis der eigenhändigen Erstellung einer Klausur auszugehen, aber es kann nicht so sein, daß den Prüfling, bei dem eine zulässige Ausnahme von die-

---

390 Insofern ist diese Bezeichnung irreführend, vgl. nur Puppe, JZ 1986, S. 941.

391 Lackner, a.a.O., § 267, Rdnr. 14; Samson in: SK, § 267, Rdnr. 48; Steinmetz, a.a.O., S. 35 f; Tröndle in: LK, § 267, Rdnr. 16.

392 Vgl. BayObLG, BayVBl. 1981, S. 217.

393 Ansatz für diese Überlegung sind Fälle, in denen eine eigenhändige Ausstellung gesetzlich vorgeschrieben ist (z.B. beim Testament, gem. § 2247 I BGB) oder aufgrund besonderer Umstände geboten erscheint, weil jede andere Herstellung dem Urkundszweck zuwiderliefe. Eine eigenhändige Ausstellung wird namentlich bei Prüfungsleistungen verlangt, wobei diese Forderung durch die jeweilige Prüfungsordnung oder jedenfalls gewohnheitsrechtlich begründet wird, siehe RGSt 68/240 ff; Bürsch, a.a.O., S. 723; Cramer in: Schönke/Schröder, a.a.O., § 267, Rdnr. 59.

394 NJW 1966, S. 749.

395 JuS 1967, S. 255 ff, 257. Zustimmend wohl auch Samson JA 1979, S. 660.

ser Regel gemacht wurde[396], der Vorwurf einer Urkundenfälschung trifft, wenn er die von einer Schreibhilfe angefertigte Arbeit mit seinem Namen unterzeichnet. Die Eigenhändigkeit der ganzen Urkunde wird von dem Urkundenfälschungstatbestand nicht geschützt. Vielmehr ist davon auszugehen, daß eine von § 267 StGB geforderte Identitätstäuschung nur dann vorliegt, wenn ein Dritter die Urkunde herstellt und für den eigentlichen Prüfling unterschreibt.[397] Hier liegt der Fall jedoch anders. Der eigentliche Prüfling unterzeichnet das Schriftstück selber. Er setzt zwar die schriftlichen Ausführungen des Dritten für seine Zwecke ein, indem er vorgibt, selbst die Lösung erstellt zu haben, aber durch die von ihm vollzogene Unterschrift auf dem Schriftstück weist die Urkunde lediglich auf ihn als Aussteller hin. Die Echtheit eines eigenhändig anzufertigenden Schriftstücks bestimmt sich aber richtigerweise lediglich nach der Unterschrift[398], nicht nach seinem Wahrheitsgehalt[399]. Somit liegt, wenn ein Dritter die Klausur anfertigt, der Prüfling sie jedoch mit seinem Namen unterzeichnet, keine Täuschung über den Aussteller vor.[400] Da folglich die Urkunde in Form der Leistungskontrollklausur nicht unecht, sondern lediglich unwahr ist, scheidet eine Strafbarkeit des eigentlichen Prüflings nach § 267 I 1. Alt. StGB aus.[401]

(c) <u>§ 271 I StGB</u>

Eine Strafbarkeit des Prüflings gem. § 271 I StGB scheidet aus den o.g. Gründen[402] aus.

---

396 Als Hilfsmittel im Sinne des § 7 III (1) OStbglLK kann einem körperbehindertem Prüfling beispielsweise eine Schreibhilfe zur Verfügung gestellt werden. Die gleiche Möglichkeit existiert gem. § 16 i.V.m. § 7 III (1) OStbglLK für die Klausuren im Rahmen der Übungen und gem. § 4 V (2) und § 50 VI i.V.m. § 4 V (2) JAPO für die juristischen Staatsexamina. In den anderen Bundesländern bestehen entsprechende Regelungen.

397 So auch die wohl h. M., vgl. RGSt 68/240; BayObLG, BayVBl. 1981, S. 216; Cramer in: Schönke/Schröder, a.a.O., § 267, Rdnr. 59; Dreher/Tröndle, a.a.O., § 267, Rdnr. 18, 20; Lackner, a.a.O., § 267, Rdnr. 18.

398 Vgl. Cramer in: Schönke/Schröder, a.a.O., § 267, Rdnr. 59; Dreher/Tröndle, a.a.O., § 267, Rdnr. 18; Mohrbotter, NJW 1966, S. 1421; Otto, JuS 1987, S. 764; Schroeder, JuS 1981, S. 417; Sonnen, JA 1981, S. 367.

399 BayObLG, BayVBl. 1981, S. 217; Tröndle in: LK, § 267, Rdnr. 125.

400 Eine nach dem Bürgerlichen oder Öffentlichen Recht begründete Unwirksamkeit der Urkunde ist streng vom rein strafrechtlichen Begriff der Unechtheit der Urkunde zu unterscheiden.

401 Da schon das Herstellen einer unechten Urkunde zu verneinen ist, liegt auch in der Abgabe der Aufsichtsarbeit nicht das Gebrauchmachen einer solchen nach § 267 I 3. Alt. StGB.

402 Siehe oben A.I.1.a.aa.(3).

(2) Hochschulrechtliche Beurteilung

Auch für diese Manipulationsart sind die Bestimmungen der OStbglLK der Universität Trier einschlägig. Gem. § 8 I dieser Ordnung kann der Prüfling wegen des Versuchs einer sonstigen Täuschung zu eigenem Vorteil von der Teilnahme beziehungsweise der Fortsetzung der Arbeit ausgeschlossen werden. Darüber hinaus kann er, da die Erstellung der gesamten Klausur durch einen Dritten in der Regel als besonders schwerwiegender Fall zu werten sein wird[403], von der weiteren Teilnahme an der gesamten Leistungskontrolle ausgeschlossen werden. Gem. § 8 II OStbglLK ist die Leistungskontrollklausur in einem solchen Fall als "ungenügend" zu bewerten. Demzufolge ist auch gem. § 11 I (1) OStbglLK die Rücknahme des bereits erteilten oder gem. § 11 III OStbglLK die Versagung des noch nicht erteilten Kontrollnachweises durch den Dekan der Universität[404] vorzunehmen.

bb. Anfertigung, Unterzeichnung und Ablieferung der Klausur durch den Dritten

Der eigentliche Prüfling verabredet hierbei mit einer dritten Person, daß diese die Leistungskontrollklausur anfertigt, sie mit dem Namen des Prüflings unterzeichnet und sie dann der Aufsichtsperon abliefert. Der eigentliche Prüfungskandidat kann sich zwar während der Klausur in dem Prüfungsraum aufhalten, muß es aber nicht, da der Dritte die notwendigen Handlungen alle eigenständig für den Prüfling vornimmt.[405]

---

403 Die Bejahung eines schweren Falles ergibt sich bereits aus einem Vergleich mit den sonst möglichen Manipulatonsvarianten, z.B. aus dem Vergleich mit einem geringfügigen Austausch mit anderen Prüflingen während der Leistungserbringung. In dem Fall, daß ein Dritter die Lösung für den Examenskandidaten erstellt, ist eine geistige Leistung des eigentlichen Prüflings in der Arbeit überhaupt nicht vorhanden; er versucht, sich das gesamte Wissen eines anderen zunutze zu machen und ein solches Vorgehen muß als besonders schwerwiegendem Täuschungsversuch zu werten sein.

404 So § 13 I Nr. 4 OStbglLK. In einem solchen Fall entscheidet der Dekan im Einvernehmen mit dem zuständigen Übungsleiter.

405 Ob der Dritte sich zulässiger- oder unzulässigerweise in dem Prüfungsraum befindet, ist für diese Untersuchung unerheblich. Aufgrund der vielfältigen Möglichkeiten einer "Vorfeldstrafbarkeit" bleibt deshalb auch eine im Vorfeld der eigentlichen Prüfungsmanipulation stattfindende Strafbarkeit, z.B. durch Anfertigung und Vorlage eines gefälschten Personalausweises, außer Betracht.

(1) Strafrechtliche Beurteilung

(a) § 263 I / § 267 I 1. und 3. Alt. / § 123 I StGB

Vorab ist klärungsbedürftig, in welcher Form (Täterschaft oder Teilnahme) eine mögliche Strafbarkeit des eigentlichen Prüflings vorliegen könnte.

Gem. § 25 I 1. Alt. StGB ist unmittelbarer Täter, wer die Straftat in eigener Person selbst begeht. Diese Voraussetzung trifft auf den eigentlichen Prüfling nicht zu. Folglich ist eine Täterschaft für diesen nur in Form der Mittäterschaft möglich. Zwar erfolgt eine Prüfung des § 25 II StGB in der Regel erst, nachdem festgestellt wurde, daß eine andere Person die Strafbarkeitsmerkmale erfüllt hat. Aus gliederungstechnischen Gründen wird die Untersuchung an dieser Stelle jedoch vorgezogen.

Unter Mittäterschaft ist die gemeinschaftliche Begehung einer Straftat durch bewußtes und gewolltes Zusammenwirken zu verstehen.[406] Ausgangspunkt ist also ein arbeitsteiliges Handeln und eine funktionelle Rollenverteilung. Aufgrund des gemeinschaftlichen Tatentschlusses und der gemeinschaftlichen Verwirklichung eben dieses Entschlusses vervollständigen sich die einzelnen Tatbeiträge zur Verwirklichung des gesetzlichen Tatbestandes und ist dieser Gesamterfolg jedem Mitwirkenden voll zuzurechnen.[407]

Da der Dritte die notwendigen Handlungen (Betreten des Prüfungsraums, Schreiben der Klausur, Unterzeichnen mit dem Namen des Prüflings, Abgabe der Aufsichtsarbeit) alle eigenständig vornimmt, der eigentliche Prüfling also überhaupt nicht daran beteiligt ist, liegt in diesem Fall kein bewußtes und gewolltes Zusammenwirken bei der Gestaltung des Tatplans und dessen Durchführung vor. Der eigentliche Prüfling leistet weder einen förderlichen, vorbereitenden oder unterstützenden Tatbeitrag noch ist eine geistige Mitwirkung durch ihn gegeben.[408] Der Dritte entscheidet - ohne daß der eigentliche Prüfling daran beteiligt ist - eigenständig über das "Ob" und "Wie", z.B. ob und wie er den Prüfungsraum betritt, ob und wie er die Aufsichtsarbeit erstellt, ob und wie er sie mit dem

406 Vgl. nur Dreher/Tröndle, a.a.O., § 25, Rdnr. 5 ff; Haft, AT, 8. Teil, § 3, Anm. 3; Lackner, a.a.O., § 25, Rdnr. 9; Wessels, AT, § 13 III 2.

407 BGHSt 24/286, 34/124; Dreher/Tröndle, a.a.O., § 25, Rdnr. 6, 8; Stratenwerth, AT I, Rdnr. 807 ff.

408 Häufig ist es bei dieser Fallvariante sogar so, daß der eigentliche Prüfling den Dritten überhaupt nicht kennt, da die "Fremdschreibertätigkeit" vermittelt wird.

Namen des Prüflings unterzeichnet, ob und wie er die Klausur an den Aufsichtsführenden abliefert.

Da somit keine greifbaren Anhaltspunkte für eine Mittäterschaft des eigentlichen Prüflings vorhanden sind[409], kommt bei dieser Variante nur eine Teilnahme (Anstiftung, § 26 StGB oder Beihilfe, § 27 StGB) in Betracht. Für beide Teilnahmeformen ist jedoch eine tatbestandsmäßig-rechtswidrige[410] Haupttat Voraussetzung.[411] Deshalb kann eine in dieser Form vorliegende Strafbarkeit des Prüflings erst nach Annahme einer durch den Dritten vorgenommenen Haupttat möglich sein.[412]

(b) <u>§ 271 I StGB</u>

Der eigentliche Prüfling könnte sich jedoch - als unmittelbarer Täter - einer mittelbaren Falschbeurkundung strafbar machen.

Wie ausgeführt[413], beweist der Leistungskontrollnachweis bei Einstufung desselben als Urkunde im Sinne des § 417 ZPO nicht die sachliche Richtigkeit der Entscheidung und bei Qualifizierung desselben als Urkunde im Sinne des § 418 ZPO ist der Umfang der Beweiskraft einer Urkunde danach zu bemessen, was für einen durchschnittlichen pflichtbewußten Übungsleiter wahrnehmbar ist und zu welchem Maß an Wahrnehmung er verpflichtet ist. Dies ist die Teilnahme eines dem Übungsleiter in der Regel nicht persönlich bekannten Studenten an der Aufsichtsarbeit und die Abgabe einer Klausur unter Angabe eines bestimmten Namens, nicht jedoch die eigenständige, ordnungsgemäße Leistungserbringung

---

409 Weder nach der vornehmlich in der Rechtsprechung vertretenen "subjektiven Theorie", nach der Täter ist, wer mit Täterwillen handelt und die Tat als eigene will (seit RGSt 2/160, 3/181 ständige Rechtsprechung, wobei der BGH diese Formel jedoch durch faßbare Elemente objektiviert, vgl. BGHSt 2/150, 8/393, 16/12, 28/346, 35/347) noch nach der von der herrschenden Ansicht in der Literatur vertretenen Lehre von der Tatherrschaft, nach der Täter ist, wer als "Hauptfigur" des Geschehens die planvoll-lenkende oder mitgestaltende Tatherrschaft besitzt, die Tatbestandsverwirklichung somit nach seinem Willen hemmen oder ablaufen lassen kann (Haft, a.a.O., 8. Teil, § 2, Anm. 3; Lackner, a.a.O., Vor § 25, Rdnr. 6; Roxin in: LK, § 25, Rdnr. 26 ff; Wessels, AT, § 13 II 5), kommt hier eine Mittäterschaft des eigentlichen Prüflings in Betracht.

410 Hierzu § 11 I Nr. 5 StGB.

411 Siehe § 26 und § 27 I StGB; es besteht also eine limitierte Akzessorietät der Teilnahme, Haft, a.a.O., 8. Teil, § 3, Anm. 5 a; Lackner, a.a.O., Vor § 25, Rdnr. 9; Wessels, AT, § 13 IV 1.

412 Siehe hierzu die Ausführungen unter Gliederungspunkt E.

413 Vgl. A.I.1.a.aa.(3).

durch den wirklichen Prüfungskandidaten.[414] Zwar haben sich die zugelassenen Bewerber gem. § 7 II (1) OStbglLK auf Verlangen bei jeder Aufsichtsarbeit durch einen amtlichen Ausweis mit Lichtbild auszuweisen, aber trotzdem ist der Übungsleiter weder verpflichtet, in jedem Einzelfall festzustellen, daß es sich bei der die Aufsichtsarbeit abliefernden Person tatsächlich um den wirklichen Prüfling handelt, noch ist dies möglich.[415] Für die Identität des Erklärenden erbringt der Kontrollnachweis deshalb ebensowenig Beweis, wie für die ordnungsgemäße Erstellung der Arbeit. Da somit nach beiden Vorschriften keine unrichtige Beurkundung bewirkt[416] wird[417], scheidet eine Strafbarkeit des Prüflings nach § 271 I StGB aus.

(2) Hochschulrechtliche Beurteilung

Dem Wortlaut des § 8 I (1) OStbglLK zufolge könnte unter dem Aspekt des "sonstigen Täuschungsversuchs" lediglich der durch den Teilnehmer selbst verübte Täuschungsversuch zu fassen sein. Aufgrund der Tatsache, daß § 8 OStbglLK als umfassende Sanktionsnorm anzusehen und auch diese Auslegung mit dem Wortlaut der Vorschrift vereinbar ist, muß jedoch davon ausgegangen werden, daß auch ein Täuschungsversuch, der dem Teilnehmer zuzurechnen ist,

---

414 Ähnlich auch Bürsch, a.a.O., S. 722.

415 Es würde einen erheblichen Arbeitsaufwand bedeuten, wenn der Übungsleiter von jedem Studenten bei Abgabe der Klausur die Vorlage des Personalausweises verlangen würde. Auch wäre dadurch nicht vermieden, daß der tatsächliche Prüfling die durch einen Dritten angefertigte Arbeit unter seinem Namen abliefert, oder daß ein Dritter die Klausur unter Vorlage eines gefälschten Personalausweises für den Prüfungskandidaten abgibt.

416 Bewirken bedeutet Verursachung der unrichtigen Beurkundung, vgl. Cramer in: Schönke/Schröder, a.a.O., § 271, Rdnr. 25; Lackner, a.a.O., § 271, Rdnr. 6; Tröndle in: LK, § 271, Rdnr. 54. In der vorliegenden Variante wäre wohl auch die Verwirklichung dieses Tatbestandsmerkmals durch den eigentlichen Prüfling problematisch. Wer lediglich eine falsche Beurkundung geschehen läßt, bewirkt damit noch nicht eine Falschbeurkundung, so RGSt, GA 52, 1905, S. 93; Cramer in: Schönke/Schröder, a.a.O., § 271, Rdnr. 25; Tröndle in: LK, § 271, Rdnr. 56. Voraussetzung für eine Falschbeurkundung durch Unterlassen wäre eine Garantenpflicht des Prüfungskandidaten. Eine solche kann jedoch nicht angenommen werden. Zwar gehört es grundsätzlich zur Pflicht des Prüflings bei der Leistungserbringung die für alle geltenden äußeren Prüfungsbedingungen einzuhalten, also auch die Klausur eigenständig anzufertigen, aber falls er diese Verpflichtung nicht erfüllt, kann nicht von ihm verlangt werden, daß er sein Vorgehen vor Erteilung des Leistungskontrollnachweises offen legt. Dies ergibt sich schon aus dem Gesichtspunkt der Selbstbegünstigung und dem Rechtsgedanken, der z.B. in den §§ 258 V und 257 III (1) StGB, §§ 55 I und 60 Nr. 2 StPO zum Ausdruck kommt. Grundsätzlich ist niemand verpflichtet, seine Straftaten zu offenbaren und sich dadurch selbst zu belasten.

417 Deshalb kann auch hier dahingestellt bleiben, ob § 417 ZPO oder § 418 ZPO als Beweiskraft regelnde Vorschrift heranzuziehen ist.

und von ihr erfaßt werden soll.[418] Wenn die hier zu beurteilende Manipulation entdeckt wird, kann der Aufsichtsführende den eigentlichen Prüfling als Teilnehmer an der Leistungskontrolle demnach gem. § 8 I (1) OStbglLK wegen des Versuchs einer sonstigen Täuschung zu eigenem Vorteil und Vorliegens eines erheblichen Ordnungsverstoßes von der Teilnahme an der Aufsichtsarbeit ausschließen. Da auch diese Manipulationsvariante grundsätzlich als besonders schwerwiegender Fall zu werten ist, kann der eigentliche Prüfling gem. § 8 I (2) OStbglLK von der weiteren Teilnahme an dieser Leistungskontrolle ausgeschlossen werden. Die entsprechende Leistungskontrollklausur ist als "ungenügend" zu bewerten, § 8 II OStbglLK. Stellt sich das Vorgehen erst nach Erteilung des Leistungskontrollnachweises heraus, so ist die Rücknahme desselben gem. § 11 I (1) i.V.m. II OStbglLK innerhalb eines Jahres seit dem Zeitpunkt der Kenntniserlangung zulässig. Ein noch nicht erteilter Kontrollnachweis ist dem Prüfling zu versagen, § 11 III OStbglLK.

d. Beeinflussung von Prüfern durch die Gewährung materieller oder immaterieller Vorteile[419]

aa. Strafrechtliche Beurteilung

(1) § 271 I StGB

Der für das Bestehen einer Leistungskontrollklausur ausgestellte Kontrollnachweis stellt eine öffentliche Urkunde im Sinne des § 271 I StGB dar.[420] Tat-

---

418 Zwar erfolgt die eigentliche Täuschungshandlung (Schreiben und Abgabe der Klausur unter dem Namen des eigentlichen Prüflings) durch den Dritten, aber genau diese ist dem Prüfungskandidaten zuzurechnen: nur er hat den Dritten veranlaßt diese Handlungen vorzunehmen und lediglich dadurch, daß er der Leistungskontrollklausur fern bleibt oder die Arbeit auf jeden Fall nicht selber schreibt und abgibt, ist das Vorgehen des Dritten möglich. Der Fremdschreiber übernimmt aufgrund des Angebots des Prüfungskandidaten dessen Rolle; er wird wie ein "Stellvertreter" unter dessen Namen tätig. Aus diesem Grunde muß dem Prüfling die Täuschung zugerechnet werden; dieser Fall ist mit dem, daß der Prüfungskandidat selbst eine Täuschungshandlung vornimmt, gleichzusetzen. Er täuscht selber durch den Dritten darüber, die Arbeit ordnungsgemäß und den Vorschriften entsprechend angefertigt zu haben. Selbst bei - abzulehnender - Verneinung eines solchen Täuschungsversuchs wird das Vorgehen unter dem Gesichtspunkt eines "erheblichen Ordnungsverstoßes" (hierzu insbesondere Fußnote 340) von § 8 I (1) OStbglLK erfaßt: Der eigentliche Prüfling verstößt durch sein Vorgehen gegen die unter die allgemeine Ordnung des Prüfungsverfahrens zu fassende Bestimmung, daß er die geforderte Leistung ordnungsgemäß, eigenhändig und eigenständig zu erbringen hat.

419 Da der normale Prüfungskandidat im Hinblick auf die Beeinflussung von Prüfern oder auch hinsichtlich eines solchen Versuchs in der Regel eine erhebliche Hemmschwelle zu überwinden hat, ist bei dieser Variante der Manipulation im Rahmen juristischer Prüfungen davon auszugehen, daß sie im Verhältnis zu den sonstigen Manipulationsarten seltener vorkommt, obgleich sie dadurch nicht ausgeschlossen ist. Zur Begriffsbestimmung vgl. oben 2.Teil, A.III.4.

420 Siehe oben A.I.1.a.aa.(3).

handlung ist das Bewirken einer in tatsächlicher Hinsicht unrichtigen Beurkundung.[421] Problematisch ist jedoch vorliegend das Tatbestandsmerkmal "Bewirken", worunter das Verursachen der unrichtigen Beurkundung zu verstehen ist.[422]

Voraussetzung für die Anwendung des § 271 StGB ist, daß der beurkundende Amtsträger gutgläubig und von dem Hintermann, der diese Gutgläubigkeit kennt, als Werkzeug mißbraucht wird.[423] Folglich darf das "Bewirken" keine Anstiftung im Sinne des § 26 StGB sein. In einem solchen Fall greift nicht § 271 StGB ein, sondern der Amtsträger verstößt gegen § 348 StGB und der andere begeht eine Anstiftung hierzu.[424] Der Student, der den Prüfer durch die Gewährung materieller oder immaterieller Vorteile dazu veranlaßt, die Leistungskontrollklausur oder deren Ergebnis bewußt zu seinem Vorteil zu manipulieren und die Note in dem Leistungskontrollnachweis festzuschreiben, kann sich demzufolge nicht gem. § 271 I strafbar machen. Bei dieser Variante wird der Prüfer als vorsätzlich handelnde Urkundsperson eventuell zu einer Falschbeurkundung veranlaßt; der eigentliche Prüfling nimmt aber in diesem Fall in strafbarer Weise als Anstifter an dem Amtsdelikt des § 348 StGB teil.[425] § 271 I StGB ist folglich ausgeschlossen.

(2) § 333 I StGB

Da der Prüfer, als Universitätsprofessor, Beamter[426] und damit Amtsträger im Sinne des § 11 I Nr. 2 a StGB ist, könnte der Prüfling sich durch sein Vorgehen gem. § 333 I StGB strafbar machen. Voraussetzung dafür wäre, daß der Prüfling

---

421 RGSt 63/127; Krey, BT 1, Rdnr. 738 ff; Lackner, a.a.O., § 271, Rdnr. 6.

422 Vgl. Fußnote 416.

423 Dreher/Tröndle, a.a.O., § 271, Rdnr. 15; Maurach/Schroeder/Maiwald, BT 2, § 66 I, Rdnr. 14 f. Nach ganz h.M. wird § 271 StGB jedoch auch angewandt, wenn der beurkundende Amtsträger entgegen der Vorstellung des Hintermanns gutgläubig, oder umgekehrt, bösgläubig ist, vgl. RGSt 13/56; Hruschka, JZ 1967, S. 212; Tröndle in: LK § 271, Rdnr. 61; Wessels, BT 1, § 19 II 1. A.A. RGSt 13/370; Arzt/Weber, BT, LH 4, Rdnr. 606; Samson in: SK, § 271, Rdnr. 21.

424 Dreher/Tröndle, a.a.O., § 271, Rdnr. 15; Krey, BT 1, Rdnr. 736; Lackner, a.a.O., § 271, Rdnr. 7; Maurach/Schroeder/Maiwald, BT 2, § 66 I, Rdnr. 15; Tröndle in: LK, § 271, Rdnr. 55.

425 Die Strafe des Prüflings ist in einem solchen Fall gem. § 28 I StGB zu mildern, Bockelmann, BT 3, § 14 I 5; Krey, BT 1, Rdnr. 736.

426 Im Rahmen dieser Untersuchung wird auf den beamteten Universitätsprofessor als Prüfer abgestellt, 2.Teil, A.II. Nach § 46 HRG sind die Professoren grundsätzlich Beamte, und zwar Beamte auf Lebenszeit, seltener auf Zeit, so Thieme, Deutsches Hochschulrecht II, Rdnr. 459. Hierzu ebenfalls Laubinger in: Handbuch des Wissenschaftsrechts, Bd. 1, S. 402 ff und Reich, HRG, § 46, Rdnr. 1. Siehe auch § 48 I HSchG.

dem Professor als Gegenleistung für eine künftige bestimmte pflichtgemäße Diensthandlung, die in seinem Ermessen steht, einen Vorteil anbietet, verspricht oder gewährt.

Die Korrektur und Benotung der Leistungskontrollklausur durch den Prüfer stellt eine künftige bestimmte Diensthandlung dar.[427] Wie dargelegt[428], steht dem Professor - sowohl bei der Korrektur als auch bei der Benotung der Leistung - ein sog. Beurteilungsspielraum zu. Folglich handelt es sich hierbei um Ermessensentscheidungen[429], d.h. um Diensthandlungen, bei deren Vornahme dem Prüfer ein Entscheidungsspielraum, also ein Spielraum für die pflichtgemäße Wahl zwischen verschiedenen sachlich richtigen Möglichkeiten, verbleibt.[430] Hält der Professor sich bei der Korrektur und der Benotung der Leistung innerhalb seines Ermessensspielraums[431], so sind seine Diensthandlungen per Definition rechtmäßig. Gleichwohl scheidet die Anwendung des § 333 I StGB bei der vorliegenden Variante aus: Der Prüfling wird in der Regel mit der Möglichkeit rechnen, daß der Prüfer sich durch den Vorteil in der Ausübung seines Ermessens beeinflussen lassen wird; für einen solchen Fall ist jedoch nicht § 333 I StGB, sondern § 334 I StGB einschlägig. Durch die Vorteilsgewährung wird der Student den Professor auch zu bestimmen versuchen, sich bei der Ausübung seines Ermessens durch den Vorteil beeinflussen zu lassen; dann greift aber nicht § 333 I StGB ein, sondern § 334 III Nr. 2 StGB.[432] Für § 333 I StGB verbleibt somit nur der Fall, in

---

427 Wie ausgeführt (2.Teil, A.II.) sind die Universitätsprofessoren zur Abnahme von Prüfungen befugt. Gem. § 43 I (2) HRG und den entsprechenden Vorschriften in den Landeshochschulgesetzen (z.B. § 45 I (2) HSchG) ist es sogar eine dienstliche Aufgabe der Professoren, Prüfungen abzunehmen. In einem solchen Fall obliegt ihnen dann aber auch grundsätzlich die Korrektur und Bewertung der Leistungen.

428 Vorstehend 2.Teil, A.IV.4. und 5.

429 Eine Diensthandlung steht nach Sinn und Zweck der Bestechungstatbestände nicht nur dort im Ermessen des Amtsträgers, wo es um das sog. Handlungsermessen auf der Rechtsfolgenseite geht, sondern auch dort, wo ein Beurteilungsspielraum besteht; vgl. nur Krey, BT 1, Rdnr. 677 m.w.N. Der Ermessensbegriff ist hier nicht verwaltungsrechtlich, sondern strafrechtlich zu verstehen, siehe Dreher/Tröndle, a.a.O., § 332, Rdnr. 5; Graupe, Die Systematik und das Rechtsgut der Bestechungsdelikte, S. 34.

430 Dreher/Tröndle, a.a.O., § 332, Rdnr. 5; Lackner, a.a.O., § 332, Rdnr. 4; Maurach/Schroeder/Maiwald, BT 2, § 78 II, Rdnr. 17.

431 Zur Bestimmung des Beurteilungsspielraums bei der Korrektur und der Bewertung und zu der Frage, wann eine Überschreitung der Grenzen gegeben ist, siehe 2.Teil, A.IV.4. und 5.

432 Cramer in: Schönke/Schröder, a.a.O., § 333, Rdnr. 4; Dreher/Tröndle, a.a.O., § 333, Rdnr. 3, 11; Krey, BT 1, Rdnr. 676; Lackner, a.a.O., § 333, Rdnr. 4 m.w.N.; Maurach/Schroeder/Maiwald, BT 2, § 78 II, Rdnr. 17. Eine Ermessensentscheidung ist schon dann als pflichtwidrige Diensthandlung anzusehen, wenn ihr Zustandekommen auf sachwidrigen Erwägungen beruht, worunter auch die Gewährung eines Vorteils fällt, RGSt 54/251; BGHSt 15/92; Krey, BT 1, Rdnr. 676.

dem der Täter dem Amtsträger zwar einen Vorteil als Gegenleistung für künftige Ermessenshandlungen anbietet, verspricht oder gewährt, jedoch dadurch nicht versucht, ihn zu beeinflussen.[433] Folglich scheidet vorliegend eine Strafbarkeit des Prüflings gem. § 333 I StGB aus.

(3) § 334 I i.V.m. III Nr. 2 StGB

Neben den bereits bejahten Voraussetzungen[434] müßte der Prüfling dem Professor einen Vorteil anbieten, versprechen oder gewähren. Vorteil in diesem Sinne ist jede Zuwendung materieller oder immaterieller Art, die den Amtsträger irgendwie besserstellt und auf die er keinen rechtlich begründeten Anspruch hat.[435] Das Anbieten bedeutet die Offerte, das Versprechen die Zusicherung. Beide Handlungen bedeuten das Inaussichtstellen eines Vorteils.[436] Gewähren eines Vorteils ist die tatsächliche Zuwendung an den Amtsträger, also die Annahme durch diesen.[437]

Diese Tathandlung des Prüfungskandidaten muß sich auf eine pflichtwidrige Diensthandlung des Professors beziehen. Eine solche liegt vor, wenn der Prüfer bei der Korrektur und/oder der Bewertung einer Leistung die Grenzen seines Beurteilungsspielraums überschreitet[438] und wenn seine Ermessensentscheidung zwar an sich in den Grenzen des ihm eingeräumten Ermessensspielraums liegt,

---

433 Vgl. Dornseifer, JZ 1973, S. 270. Desweiteren dient § 333 I StGB als Auffangtatbestand bei Beweisschwierigkeiten hinsichtlich § 334 StGB, so Cramer in: Schönke/Schröder, a.a.O., § 333, Rdnr. 4; Graupe, a.a.O., S. 44; Lackner, a.a.O., § 333, Rdnr. 4; Rudolphi in: SK, § 333, Rdnr. 4.

434 Siehe zuvor A.I.1.d.aa.(2).

435 BGH, NStZ 1985, S. 499; BGH, NStZ 1989, S. 223 f; Cramer in: Schönke/Schröder, a.a.O., § 331, Rdnr. 20 ff; Dreher/Tröndle, a.a.O., § 331, Rdnr. 11; Jescheck in: LK, § 331, Rdnr. 7; Krey, BT 1, Rdnr. 668; Rudolphi in: SK, § 331, Rdnr. 19 ff; Wessels, BT 1, § 25 III 1. Hierunter sind sowohl materielle Geschenke als auch die Gewährung des Geschlechtsverkehrs und die Duldung sexueller Handlungen zu fassen, BGH, NStZ 1989, S. 223 f; Krey, BT 1, Rdnr. 668; Lackner, a.a.O., § 331, Rdnr. 5; Rudolphi in: SK, § 331, Rdnr. 20 f. Da die Möglichkeiten materieller und immaterieller Vorteile unübersehbar sind, kann für die vorliegende Untersuchung keine Beurteilung bestimmter Vorteile erfolgen. Zu den immateriellen Vorteilen vgl. insbesondere, Bauchrowitz, Der immaterielle Vorteilsbegriff der Bestechungsdelikte im StGB. Zur Frage, wann ein angekündigtes Verhalten als Vorteil anzusehen ist, siehe Pelke, Die strafrechtliche Bedeutung der Merkmale "Übel" und "Vorteil", S. 108 ff.

436 Cramer in: Schönke/Schröder, a.a.O., § 333, Rdnr. 8; Dreher/Tröndle, a.a.O., § 333, Rdnr. 4.

437 Cramer in: Schönke/Schröder, a.a.O., § 333, Rdnr. 8; Dreher/Tröndle, a.a.O., § 333, Rdnr. 4; Lackner, a.a.O, § 333, Rdnr. 3.

438 Siehe hierzu vorstehend 2.Teil, A.IV.4. und 5.

sie aber durch den Vorteil beeinflußt wird.[439] Eine manipulierte Korrektur und/oder Bewertung und folglich eine pflichtwidrige Diensthandlung ist deshalb auch darin zu sehen, daß sich die Korrektur und/oder Benotung zwar im Rahmen des Beurteilungsspielraums hält, der Prüfer sich hierbei aber durch das Anbieten, Versprechen oder Gewähren eines Vorteils durch den Prüfungskandidaten beeinflussen läßt, er also wegen des Vorteils eine bestimmte der möglichen Handlungen vornimmt.

Der Prüfling müßte dem Professor den Vorteil als Gegenleistung für die pflichtwidrige Diensthandlung anbieten, versprechen oder gewähren. Dies setzt ein der Tathandlung zugrundeliegendes Beziehungsverhältnis (Äquivalenzverhältnis) in der Form voraus, daß der Vorteil dem Empfänger um einer bestimmten künftigen Diensthandlung willen zugute kommen soll (sog. Unrechtsvereinbarung).[440] Da der Prüfling dem Professor den Vorteil - gleichgültig, ob es sich um einen materiellen oder immateriellen handelt - für eine zukünftige pflichtwidrige Handlung anbietet, verspricht oder gewährt und die Korrektur und/oder Bewertung der erbrachten Leistung eine Handlung darstellt, bei der der Prüfer nach pflichtgemäßem Ermessen zu entscheiden hat, ist bei dieser Variante § 334 III Nr. 2 StGB einschlägig.[441] Danach muß der Prüfling den Professor lediglich zu bestimmen versuchen, dem Vorteil Einfluß auf die Korrektur und/oder die Benotung der Prüfungsleistung einzuräumen. Diese Voraussetzung ist durch das oben beschriebene Vorgehen des Studenten erfüllt, unabhängig davon, ob der Professor eine nicht mehr vertretbare Korrektor und/oder Bewertung vornimmt oder sich lediglich durch die Vorteilsgewährung beeinflußen läßt, ohne den ihm zur Verfügung stehenden Beurteilungsspielraum zu überschreiten.

---

439 RGSt 56/366; BGH, StV 1985, S. 146; Dreher/Tröndle, a.a.O., § 332, Rdnr. 5; Jescheck in: LK, § 332, Rdnr. 8; Lackner, a.a.O., § 332, Rdnr. 4.

440 Cramer in: Schönke/Schröder, a.a.O., § 333, Rdnr. 12; Krey, BT 1, Rdnr. 669; Kuhlen, NStZ 1988, S. 438 f; Lackner, a.a.O., § 331, Rdnr. 10; Letzgus, NStZ 1987, S. 310; Maurach/Schroeder/Maiwald, BT 2, § 78 II, Rdnr. 15. Im Hinblick auf künftige Diensthandlungen, welche die Korrektur und/oder Bewertung einer Prüfungsleistung darstellen, stellt sich hierbei die Frage, wie konkret die betreffenden Handlungen schon abgegrenzt sein müssen. Der BGH (St 32/291; BGH, NStZ 1889, S. 74) führt dazu aus, daß es genüge, wenn die Handlungen nach ihrem sachlichen Gehalt zumindest in groben Umrissen erkennbar und festgelegt seien. Diese Voraussetzung ist erfüllt, wenn der Prüfungskandidat den Professor dazu veranlaßt oder zu veranlassen sucht, die nächste Leistungskontrollklausur zu seinen Gunsten zu manipulieren.

441 Der Vorteil muß gerade dafür angeboten, versprochen oder gewährt werden, daß der Professor pflichtwidrig handeln soll. Hierbei ist unerheblich, welche Erfolgschancen der Prüfling für sein Vorhaben sieht, so Cramer in: Schönke/Schröder, a.a.O., § 334, Rdnr. 5.; Dreher/Tröndle, a.a.O., § 334, Rdnr. 8 ff; Lackner, a.a.O., § 334, Rdnr. 3.

Da der Prüfling auch vorsätzlich, rechtswidrig und schuldhaft handelt, ist er bei dieser Variante gem. § 334 I i.V.m. III Nr. 2 StGB strafbar.

bb. Hochschulrechtliche Beurteilung

Unternimmt es der Prüfling, das Ergebnis seiner Leistungskontrollklausur durch das dargelegte Einwirken auf den Prüfer zu beeinflussen, dann kommt als Anknüpfungspunkt im Sinne des § 8 I (1) OStbglLK nur "der Versuch einer sonstigen Täuschung zu eigenem Vorteil" oder "ein erheblicher Verstoß gegen die Ordnung" in Betracht.

Unter dem Gesichtspunkt "Versuch einer sonstigen Täuschung" können in diesen Zusammenhang jedoch nur Vorgehensweisen des Prüflings verstanden werden, durch die er den Aufsichtsführenden, also gem. § 7 IV OStbglLK den zuständigen Professor als Übungsleiter oder einen von diesem beauftagten Mitarbeiter, zu täuschen versucht. Das ist aber gerade nicht der Fall, wenn der Student die Arbeit in der vorgeschriebenen Weise ordnungsgemäß anfertigt und lediglich den jeweiligen Prüfer durch die Gewährung eines materiellen oder immateriellen Vorteils vor oder nach der eigentlichen Leistungserbringung beeinflußt oder zu beeinflussen sucht, so daß dieser dann aufgrund der Veranlassung die Leistungskontrollklausur bzw. deren Ergebnis bewußt zum Vorteil des Prüfungskandidaten manipuliert.

Möglicherweise kann aber in diesem Verhalten "ein erheblicher Verstoß gegen die Ordnung" im Sinne des § 8 I (1) OStbglLK zu sehen sein. Wie aufgeführt[442], ist unter Ordnung in diesem Sinne die durch die einschlägigen Verfahrensvorschriften und den Verfahrenszweck bestimmte allgemeine Ordnung des Prüfungsverfahrens i.e.S. zu verstehen und stellt auch ein Täuschungsversuch des Studenten einen Verstoß hiergegen dar. Da hier ein solcher Täuschungsversuch aber gerade nicht gegeben ist, scheidet insofern ein Verstoß gegen die Ordnung aus. Ein Ordnungsverstoß liegt aber ebenfalls vor, wenn der Prüfling gegen bestehende und einschlägige Bestimmungen des Prüfungsverfahrens i.e.S. verstößt.[443] Als eine solche Bestimmung ist es anzusehen, daß der Prüfling die maßgebliche Leistung persönlich und unverfälscht erbringen muß. Durch das Einwirken auf den Prüfer verstößt der Prüfling aber gerade nicht gegen diese Bestimmung. Er hat vor, die Leistungskontrollklausur ordnungsgemäß zu erstellen bzw.

---

442 Siehe vorstehend Fußnote 340.

443 Vgl. bereits Fußnote 340; ähnlich auch Wassermann/Kirchner/Kröpil, a.a.O., § 13 NJAO, Rdnr. 4, für den Bereich der juristischen Staatsexamina.

erbringt die Leistung ordnungsgemäß, wirkt aber im Vor- oder Nachfeld der eigentlichen Klausurerstellung mit seinem Begehren auf den Prüfer ein. Hierin ist kein Ordnungsverstoß im Sinne des § 8 I (1) OStbglLK zu sehen.[444] Daraus folgt, daß bei dieser Variante der Prüfungsmanipulation gegen den Prüfungskandidaten weder die hochschulrechlichen Sanktionen im Sinne des § 8 I (1) OStbglLK noch die im Sinne des § 8 I (2) OStbglLK[445] oder des § 8 II OStbglLK verhängt werden können.

In dem Fall, daß sich der Prüfer entsprechend den Vorstellungen des Studenten verhält und die Klausur bzw. deren Ergebnis zu dessen Vorteil manipuliert, ist aber gem. § 11 I (1) OStbglLK die Rücknahme des Kontrollnachweises möglich, wenn der Prüfling die Leistungskontrollklausur nur aufgrund des Vorgehens des Professors bestanden hat, insofern also ein Kausalzusammenhang besteht[446]; in diesem Fall hat der Prüfungskandidat nämlich den für die Erteilung des Kontrollnachweises notwendigen Nachweis, gem. § 3 OStbglLK die bestandene Klausur, durch Bestechung erwirkt.[447] Dementsprechend ist gem. § 11 III OStbglLK unter diesen Voraussetzungen die Versagung des Kontrollnachweises möglich.[448]

---

444 Selbst wenn man hier einen Verstoß gegen die Ordnung des Prüfungsverfahrens i.w.S. (zum Begriff siehe Fußnote 340) - unrichtigerweise - als von § 8 I (1) OStbglLK mitumfaßt ansehen wollte, würde ein solcher nicht durch den Prüfling erfolgen: Als Bestimmung des Prüfungsverfahrens i.w.S. gilt, daß der Prüfer die Korrektur und Benotung ordnungsgemäß und dem geltenden Recht entsprechend vorzunehmen hat. Falls er sich dazu bereit erklärt, die Leistung des Prüflings bzw. deren Ergebnis aufgrund des angebotenen, versprochenen oder gewährten Vorteils zu manipulieren, begeht nicht der Prüfling den Ordnungsverstoß, sondern der Professor und hierfür ist die Regelung des § 8 I (1) OStbglLK nicht einschlägig.

445 Sanktionen im Sinne des § 8 I (2) OStbglLK sind in diesem Fall ebenfalls nicht möglich, da diese Vorschrift auf § 8 I (1) OStbglLK aufbaut und dessen Voraussetzungen nicht erfüllt sind.

446 Hat der Prüfling die Klausur auch ohne das Vorgehen des Professors bestanden, dieses also nur zu einer besseren Note geführt hat, so sind die in § 11 OStbglLK aufgeführten Sanktionen in Form der Rücknahme bzw. Versagung des Kontrollnachweises nicht möglich; hier hat der Prüfling den für den Leistungskontrollnachweis notwendigen Nachweis, die bestandene Aufsichtsarbeit, nicht durch Bestechung erwirkt. Die notwendige Kausalität ist nicht gegeben.

447 Da der eigentliche Leistungskontrollnachweis aufgrund der zwar manipulierten, aber deshalb bestandenen Aufsichtsarbeit erteilt wurde, hat der Prüfling diesen nicht durch Bestechung erwirkt. Die Erteilung des Kontrollnachweises fällt gem. § 13 I, II OStbglLK in den Zuständigkeitsbereich des bestochenen Übungsleiters. Deshalb ist auch weder der Kontrollnachweis noch die dafür erforderliche Klausur durch arglistige Täuschung erworben.

448 Die Entscheidung über das Bestehen der Leistungskontrolle, also die Prüfungsentscheidung als solche, stellt einen Verwaltungsakt im Sinne des § 35 (1) VwVfG dar, vgl. hierzu Kopp, VwVfG, § 35, Rdnr. 54; Obermayer, Kommentar zum VwVfG, § 35, Rdnr. 109, 112. Hat die manipulierte Notengebung lediglich zu einer Notenverbesserung, nicht aber zum formalen Bestehen der Leistungskontrollklausr geführt, so liegt eine den tatsächlichen Leistungen des Studenten nicht entsprechende, unrichtige, rechtswidrige Prüfungsentschei-

2. Die Übungen für Fortgeschrittene

Die sog. großen Scheine werden im Rahmen der Fortgeschrittenenübung erworben. Voraussetzung dafür ist das Bestehen einer Hausarbeit und einer Aufsichtsarbeit.[449]

Gem. § 16 OStbglLK finden auf die Durchführung von Anfänger- und Fortgeschrittenenübungen, d.h. sowohl auf Aufsichts- als auch auf Hausarbeit im Straf-, Bürgerlichen und Öffentlichen Recht, die §§ 7 II - IV OStbglLK und die §§ 8, 10 und 11 OStbglLK entsprechende Anwendung.[450] Demzufolge kann hinsichtlich der anzufertigenden Aufsichtsarbeiten auf die oben zu den Leistungskontrollklausuren gemachten Ausführungen[451], sowohl zur strafrechtlichen[452] als auch zur hochschulrechtlichen Beurteilung, verwiesen werden. Bei den Übungen besteht

---

dung vor. Eine solche ist folglich gem. § 1 I, IV Nr. 2 LVwVfG i.V.m. § 48 I, III VwVfG - insbesondere unter dem Gesichtpunkt des fehlenden Vertrauensschutzes - grundsätzlich rücknehmbar und der Kontrollnachweis gem. § 1 I, IV Nr. 2 LVwVfG i.V.m. § 52 VwVfG zurückzugeben. Eine inhaltsgleiche oder ausdrücklich entgegenstehende Bestimmung ist in der OStbglLK nicht enthalten. Auch ist nicht davon auszugehen, daß § 11 I OStbglLK als zwingende Rücknahmevorschrift hinsichtlich des Kontrollnachweises der Änderung eines objektiv, d.h. nachweisbar unrichtigen Prüfungsergebnisses als abschließende Spezialregelung entgegensteht. Jedoch hat der Student im Falle der Rücknahme einen Anspruch auf Erlaß einer neuen Prüfungsentscheidung und gem. § 3 OStbglLK auf Erteilung eines, die richtige Note enthaltenden, neuen Kontrollnachweises.

449 Siehe hierzu vorstehend 2.Teil, A.I.2.

450 An anderen Universitäten existieren bzw. existierten sowohl für die Leistungskontrollen als auch für Anfänger- und Fortgeschrittenenübungen gesonderte Satzungen. Vgl. hierzu z.B. § 12 V StudienO der Christian-Albrechts-Universität zu Kiel, § 13 StudienO der Universität zu Köln.

451 Vgl. insgesamt oben A.I.1.

452 Eine Strafbarkeit des Prüflings gem. § 123 I StGB unter dem Gesichtspunkt "Verfolgung widerrechtlicher Zwecke" ist auch bei den Fortgeschrittenenübungen nicht erfüllt. Hierbei erfolgt zwar keine ausdrückliche schriftliche Zulassung des Studenten zum Prüfungsverfahren, aber grundsätzlich ist es dem an der Universität Trier immatrikulierten Studierenden, der für das entsprechende Fach den Leistungskontrollnachweis und den kleinen Schein erworben hat, erlaubt, hieran teilzunehmen, vgl. § 15 I OStbglLK. (Diese Möglichkeit wird häufig von Studenten zur Vorbereitung auf das erste juristische Staatsexamen wahrgenommen.) Durch die Absicht des Prüflings, die Aufsichtsarbeit ordnungswidrig zu erstellen, wird das aufgrund dieser generellen Zulassung an sich erlaubte Betreten des Prüfungsraums nicht zu einem "Eindringen". Das Strafrecht ist als ultima ratio anzusehen; es kann deshalb nicht so sein, daß jeder Student, der mit - eventuell nur bedingtem - Manipulationsvorsatz den Prüfungsraum betritt, in diesen im Sinne des § 123 I StGB "eindringt", ihn also gegen den Willen des Präsidenten (der gem. § 74 VII HSchG das Hausrecht ausübt) oder des Übungsleiters (der gem. § 74 VII (2) HSchG mit der Ausübung des Hausrechts betraut wird; vgl. auch § 15 II OStbglLK) betritt. Siehe allgemein hierzu Albrecht, NStZ 1988, S. 222 ff; Dreher/Tröndle, a.a.O., § 123, Rdnr. 11; Krey, BT 1, Rdnr. 448 ff; Lackner, a.a.O., § 123, Rdnr. 6 ff; Lenckner in: Schönke/Schröder, a.a.O., § 123, Rdnr. 26; Schäfer in: LK, § 123, Rdnr. 24 ff; Steinmetz, JuS 1985, S. 94 ff; Wessels, BT 1, § 13 I 3.

im Verhältnis zu den Leistungskontrollen nur insofern ein Unterschied, als hierbei zusätzlich häusliche Arbeiten zu erstellen sind. Bei diesen ist ebenfalls eine Unterteilung nach allgemeinen Täuschungshandlungen, vorherigem Besorgen der Prüfungsaufgabe bzw. der Lösungsskizze[453], Anfertigung der Prüfungsleistung durch einen Dritten und Beeinflussung von Prüfern durch die Gewährung materieller oder immaterieller Vorteile vorzunehmen. Auch insofern sind deshalb die obigen Ausführungen übertragbar.

Eine differenzierte Betrachtungsweise ist bei Hausarbeiten lediglich im Hinblick auf die Verwendung unzulässiger Hilfsmittel, die Verheimlichung benutzter zulässiger Hilfsmittel (z.B. in Form von Büchern, Aufsätzen oder Entscheidungen) und die Nichtkennzeichnung von in die Prüfungsleistung eingearbeiteten Fundstellen [454] notwendig. Die Hausarbeit dient der Feststellung, ob der Student in der Lage ist, die durch ein Thema vorgegebenen Rechtsprobleme zu erfassen und unter Verwendung von Lehrmeinungen und Rechtsprechung einen rechtswissenschaftlichen Lösungsvorschlag zu erarbeiten. Da der Prüfling die einschlägige juristische Fachliteratur und Rechtsprechung bei der Bearbeitung der Aufgabe verwenden soll, kann hierin nicht - wie bei der Anfertigung einer Aufsichtsarbeit - die Verwendung unzulässiger Hilfsmittel gesehen werden. Unzulässige Hilfsmittel bei der häuslichen Arbeit sind z.B. Vorbearbeitungen und Lösungsvermerke. Die wissenschaftliche Arbeitsmethode, die bei einer juristischen Hausarbeit vorgegeben ist, legt fest, daß benutzte - zulässige - Hilfsmittel und verwendete Fundstellen anzugeben sind. Folglich liegt eine vollendete bzw. versuchte Täuschung vor, wenn der Prüfling zugelassene Hilfsmittel in Form von Aufsätzen, Büchern oder Entscheidungen verheimlicht und Fundstellen nicht als solche kennzeichnet, also fremdes Gedankengut als eigenes darstellt.

---

453 Zu einer umfangreichen Manipulationspraxis bei Hausarbeiten im Rahmen der juristischen Staatsexamen in Nordrhein-Westfalen (sog. Bielefelder Kartei) vgl. nur BVerwG, Buchholz, 421.0, Nr. 185 und Nr. 235; OVG NRW, Urt. v. 29.6.1983, 15 A 1696/82; OVG Münster, NJW 1983, S. 2278; OVG Münster, NVwZ 1988, S. 462 ff. Hierbei handelte es sich um eine bei einem Rechtsreferendar in Bielefeld sichergestellte Kartei, in der Namen, Adressen und Telefonnummern von Vorbearbeitern eben dieser häuslichen Arbeiten gespeichert waren. Dort konnten Prüflinge anrufen und unter Angabe der eigenen Daten Informationen über den oder die Vorbearbeiter eines mehrfach nacheinander ausgegebenen Aktenstücks erhalten. Die Kartei diente dazu, Bearbeitern von Examenshausarbeiten Vorbearbeitungen durch andere Rechtsreferendare nachzuweisen. Trotzdem entschied das OVG NRW in seinem Urt. v. 29.6.1983, 15 A 1696/82, daß die Eignung des Hausarbeitsprüfungsverfahrens durch die Aufdeckung einer umfangreichen Täuschungspraxis, mit der das Prüfungsamt nach Lage der Dinge nicht rechnen mußte, nachträglich nicht in Frage gestellt wird.

454 Diese Manipulationsarten sind als allgemeine Täuschungshandlungen zu qualifizieren, siehe 2.Teil, A.III.1.

a. Strafrechtliche Beurteilung

Eine Strafbarkeit des Prüfungskandidaten gem. § 263 I, § 267 I 1. Alt. und § 271 I StGB scheidet aus den o.g. Gründen aus.[455]

b. Hochschulrechtliche Beurteilung

Gem. § 16 i.V.m. § 8 I (1) OStbglLK kann der zuständige Übungsleiter, wenn er während der Erstellung einer Hausarbeit die Verwendung unzulässiger Hilfsmittel, die Nichtangabe benutzter, zulässiger Hilfsmittel und/oder die Nichtkennzeichnung von Fundstellen entdeckt[456], den Prüfungskandidaten nach pflichtgemäßem Ermessen unter Würdigung des Prüfungszwecks und des Grundsatzes der Verhältnismäßigkeit wegen der Verwendung unzulässiger Hilfsmittel und/oder wegen des Versuchs einer sonstigen Täuschung zu eigenem Vorteil von der Teilnahme bzw. der Fortsetzung der Hausarbeit ausschließen. Bei Bewertung des Vorgehens als besonders schwerwiegendem Fall kann der Teilnehmer entsprechend § 8 I (2) OStbglLK von der weiteren Teilnahme an dieser Übung ausgeschlossen werden. Die so erstellte Hausarbeit des Studenten ist gem. § 16 i.V.m. § 8 II OStbglLK als "ungenügend" zu bewerten. Ein dem Prüfling für das Bestehen einer Hausarbeit und einer Klausur bereits ausgeteilter Übungsschein ist, wenn sich bezüglich der für den Übungsschein erforderlichen Hausarbeit ein Fall des § 8 II OStbglLK nachträglich herausstellt, entsprechend § 11 I (1) OStbglLK zurückzunehmen.[457] Ist der Übungsschein noch nicht an den Studenten ausgegeben, so ist er in einem solchen Fall entsprechend § 11 III OStbglLK zu versagen.

Bei der Prüfung in Form der häuslichen Arbeit ist die wörtliche oder nahezu wörtliche Übernahme fremder Texte ohne Kenntlichmachung dieses Vorgehens eine häufig vorkommende Manipulationsvariante. Mit dieser Unterlassung versucht der Prüfling den Eindruck zu erwecken, als habe er die Ausführungen durch eigene geistige Leistung erbracht, um so das Prüfungsergebnis zu seinen Gunsten zu beeinflussen. Bei einer Hausarbeit ist der Student verpflichtet klarzustellen, daß er ein Zitat übernommen hat, es sich hierbei also nicht um seine

---

455 Vgl. vorstehend A.I.1.a.aa.

456 Da die Hausarbeiten nicht unter Aufsicht angefertigt werden, ist diese Form der Manipulationsentdeckung durch den Prüfer nahezu ausgeschlossen.

457 Diese Rücknahme ist gem. § 16 i.V.m. § 11 II OStbglLK nur innerhalb eines Jahres seit dem Zeitpunkt der Kenntnisnahme zulässig.

eigene geistige Leistung handelt.[458] Die Einstufung eines solchen Unterlassens als Täuschungsversuch ändert sich in der Regel auch nicht dadurch, daß die von dem Prüfling verwendete Quelle Aufnahme in das Literaturverzeichnis gefunden hat oder an einer anderen Stelle in der Hausarbeit in einem anderen sachlichen Zusammenhang zitiert wird.[459]

Damit ein Täuschungsversuch angenommen werden kann, muß der Prüfling vorsätzlich handeln.[460] Diese Voraussetzung ist erfüllt, wenn er billigend in Kauf nimmt, daß der oder die Prüfer durch sein Vorgehen über die Urheberschaft der übernommenen Ausführungen getäuscht werden.[461] Das ist grundsätzlich der Fall, wenn der Prüfling die an die Anfertigung einer häuslichen Arbeit gestellten Anforderungen kennt, diese aber trotzdem nicht erfüllt; hierbei nimmt er in Kauf, daß der Übungsleiter die Übernahme des fremden Textes nicht bemerkt und diesen deshalb als eigenständige geistige Leistung des Studenten qualifiziert und bewertet.[462]

3. Die Promotion

Da die juristische Doktorwürde aufgrund einer schriftlichen wissenschaftlichen Arbeit (Dissertation) und einer mündlichen Prüfung (Rigorosum)[463] verliehen

---

458 "Gerade seine Fähigkeit, selbständig Rechtsproblem zu erfassen und einen Lösungsvorschlag zu erarbeiten, soll er unter Beweis stellen. Daraus folgt, daß fremde Meinungen mit Quellenangabe darzulegen und kritisch abzuhandeln sind. Wenn statt dessen fremdes Gedankengut, ohne es als solches kenntlich zu machen - noch dazu wörtlich - wiedergegeben wird, ist dies nicht nur ein Verstoß gegen die gebotene wissenschaftliche Arbeitsmethode, sondern außerdem geeignet, den Prüfer über die Urheberschaft zu täuschen und dadurch dessen Bewertung der Arbeit zu beeinflussen", so VGH Hess., Beschl. v. 20.6.1989 - 6 UE 2779/88, S. 3.

459 VGH Hess., a.a.O., S. 7 ff; Urt. des VG Darmstadt v. 28.4.1988 - III/2 E 2350/86, S. 5 f.

460 Der VGH Hess. stellt in seinem Beschluß (a.a.O., S. 3) klar, daß eine Täuschungsabsicht des Studenten nicht erforderlich ist. Ähnlich auch Urt. des VG Darmstadt, a.a.O., S. 5 und Urt. des OVG NRW v. 15.7.1977 - VA 39/77 10 K 2562/75 - S. 7.

461 VGH Hess., a.a.O., S. 10.

462 Bei dieser Manipulationsart ist zu beachten, daß die dargestellten Fehler auch auf Unkenntnis des Prüflings von der vorgeschriebenen wissenschaftlichen Arbeitsmethode und den dadurch bestehenden Anforderungen an die Erstellung einer Hausarbeit oder auch auf Flüchtigkeit beruhen können. Da in einem solchen Fall kein Vorsatz des Prüflings besteht, ist die entsprechende Anwendung des § 8 I OStbglLK lediglich unter dem Aspekt "der Verwendung unzulässiger Hilfsmittel" oder "einem erheblichen Verstoß gegen die Ordnung" (siehe hierzu bereits oben A.I.1.d.bb.) möglich. Da ein Täuschungsversuch ohne bestehenden Vorsatz des Prüflings nicht denkbar ist, scheidet die entsprechende Anwendung des § 8 I OStbglLK unter dem Gesichtspunkt "Versuch einer sonstigen Täuschung" aus.

463 Wie dargelegt (2.Teil, A.I.5.), existieren bei der Promotion unterschiedliche Formen der mündlichen Prüfung. An der Universität Trier wird die mündliche Prüfung im Rahmen der juristischen Promotion jedoch in Form des Rigorosums abgehalten.

wird und bei beiden Prüfungsformen Manipulation[464] möglich ist, muß bei der Untersuchung insofern eine Unterteilung vorgenommen werden.[465]

---

464 Aufgrund der spezifischen Besonderheiten bei der Anfertigung der Dissertation ist diesbezüglich ein wörtlich zu nehmendes vorheriges Besorgen der Prüfungsaufgabe und/oder der dazu bestehenden Lösungsskizze nicht möglich.

465 Manipulation durch den Doktoranden ist auch im Rahmen des Zulassungsverfahrens möglich. Gem. § 12 II f) PromO (und den entsprechenden Vorschriften der anderen Universitäten) hat der Antragsteller dem Promotionszulassungsgesuch eine Erklärung beizufügen, daß die Dissertation nicht bei einem anderen Fachbereich eingereicht oder abgelehnt worden ist. Entspricht diese abgegebene Erklärung des Prüflings nicht der Wahrheit, so begeht er unzweifelhaft eine Täuschung beim Nachweis der Zulassungsvoraussetzungen im Sinne der §§ 14, 44 PromO. Die möglichen Folgen aus einem solchen Vorgehen für den Prüfling - je nachdem, in welchem Stadium der Promotion er sich befindet (§ 14 PromO vor der Zulassung zur Promotion, § 44 PromO vor Aushändigung der Promotionsurkunde, § 45 PromO nach Aushändigung der Promotionsurkunde) - werden vorliegend nicht erörtert. Von Interesse ist in diesem Zusammenhang jedoch die umstrittene Frage, ob der Inhaber eines Doktortitels, dem das oben geschilderte Verhalten vorgeworfen wird, durch einseitige Erklärung gegenüber der verleihenden Fakultät/dem verleihenden Fachbereich auf seinen Titel verzichten, und so eine Alternative zur Entziehung des akademischen Grades wählen kann (befürwortend z.B. Allgaier, DÖD 1989, S. 231 f und Nebendahl/Rönnau, NVwZ 1988, S. 873 ff; ablehnend z.B. Thieme, DÖV 1988, S. 250 ff und Wilde, Der Verzicht Privater auf subjektive öffentliche Rechte, S. 16). Diese Frage ist zu bejahen. Als Maßstab der Verzichtbarkeit ist die Dispositionsbefugnis über die betreffende Rechtsposition anzusehen. Abgesehen von den Fällen, in denen ein Verzicht explizit zugelassen ist, muß in jedem Einzelfall geprüft werden, ob der Dispositionsbefugnis durch bestehende öffentliche Interessen Schranken gesetzt sind. Dies ist dann zu bejahen, wenn der Rechtsvorteil ausschließlich oder auch im Interesse der Öffentlichkeit gewährt worden ist oder wenn öffentlich rechtliche Pflichten mit dem Rechtsvorteil verbunden sind (ebenso Nebendahl/Rönnau, a.a.O., S. 875 f). Ein bestehendes öffentliches Interesse daran, daß dem Prüfling der Doktorgrad verliehen wird, ist nicht ersichtlich und eine besondere öffentlich rechtliche Pflichtenbindung ist für den Doktoranden mit der Verleihung auch nicht verbunden. In erster Linie wird der Besitz des Doktorgrades als ein besonderer Status, als Einräumung eines bestimmten sozialen Ranges der natürlichen Person, gekennzeichnet, so Thieme, Deutsches Hochschulrecht II, S. 386 f. Dem Doktorgrad entspricht zwar das Titelführungsrecht (vgl. Wichardt, a.a.O., S. 28 und 183), nicht jedoch auch die entsprechende Verpflichtung dazu. Das Führungsrecht besteht grundsätzlich bis zum Lebensende; deshalb ist die Verleihung des Grades ein begünstigender Verwaltungsakt mit Dauerwirkung, siehe Starosta, DÖV 1987, S. 1051 m.w.N. Wenn die natürliche Person sich entschließt, den ihr verliehenen Titel nicht zu tragen und die damit zusammenhängenden beruflichen und privaten Lebenschancen nicht wahrzunehmen, dann steht dem ein öffentliches Interesse nicht entgegen. Daraus folgt, daß es der natürlichen Person selbst überlassen bleiben muß, ob sie sich eines Doktorgrades durch Verzicht auf Dauer entledigt. Im Ergebnis ebenso Nebendahl/Rönnau, a.a.O., S. 875 ff. Vgl. zu dieser Problematik weiter Baldus, Jura 1988, S. 573 ff; Brüggemann, Der Verzicht von Zivilpersonen im Verwaltungsrecht, S. 81 f; Jellinek, Verwaltungsrecht, S. 215 f; Jellinek, System der subjektiven öffentlichen Rechte, S. 342; Karpen in: Handbuch des Wissenschaftsrechts, Bd. 1, S. 859; Peters, Lehrbuch der Verwaltung, S. 150; Quaritsch in: Gedächtnisschrift für Wolfgang Martens, S. 407 ff; Schoenborn, Studien zur Lehre vom Verzicht im öffentlichen Recht, S. 67 ff; Schöner, Das Recht der akademischen Grade in der Bundesrepublik Deutschland, S. 218.

a. Manipulation im Rahmen der Dissertation

aa. Allgemeine Täuschungshandlungen

Hierunter ist im Rahmen der Dissertation nur das Verwenden unerlaubter Hilfsmittel[466], die Übernahme der geistigen Leistung Dritter ohne Kenntlichmachung, also die Verheimlichung benutzter, zulässiger Hilfsmittel und die Nichtkennzeichnung von in die Dissertation eingearbeiteten Fundstellen zu verstehen.[467]

(1) Strafrechtliche Beurteilung

(a) § 263 I StGB

Der Doktorand, der unerlaubte oder erlaubte Hilfsmittel zur Erstellung der Arbeit verwendet, diese aber nicht angibt und derjenige, der in die Dissertation eingearbeitete Fundstellen nicht kennzeichnet, täuscht den zuständigen Prüfer bei der Abgabe der Dissertation konkludent über die ordnungsgemäße und durch eigengeistige Leistung erfolgte Erstellung der Arbeit.[468] In der Abgabe der Versicherung im Sinne des § 12 II e) PromO ist zusätzlich eine ausdrückliche, positive Täuschung zu sehen.[469] Hierdurch wird bei dem Prüfer ein entsprechender Irrtum hervorgerufen; aufgrund abgegebener Dissertation und Versicherung im Sinne des § 12 II e) PromO durch den Doktoranden, geht der Prüfer von der Ordnungsgemäßheit der Leistungserbringung, also von der Angabe aller verwendeten Hilfsmittel und der Kennzeichnung der eingearbeiteten Fundstellen, aus. Jedoch

---

466 Siehe hierzu vorstehend 2.Teil, A.IV.1. und 2.

467 Hierunter fällt auch, daß ein Doktorand mehrere fremde Dissertationen und/oder Seminararbeiten o.ä. zur Erstellung seiner Doktorarbeit zusammenfaßt oder eine fremde Seminararbeit o.ä. zu einer Dissertation aufbereitet, ohne dies anzugeben. Er erstellt in einem solchen, im Rahmen dieser Manipulationsart häufig vorkommenden Fall, zumindest teilweise ein Plagiat. Vgl. hierzu die Rezension der Dissertation Schwerdtners durch Gursky, AcP, Bd. 174, S. 415 ff.

468 Zu den einzelnen Voraussetzungen des § 263 StGB und den hierzu bestehenden Definitionen siehe vorstehend, A.I.1.a.aa.(1).

469 Gem. § 12 II e) PromO hat der Antragsteller dem Zulassungsgesuch die Versicherung beizufügen, daß er die Dissertation selbständig angefertigt und nur die angegebenen Hilfsmittel verwendet hat. Durch Abgabe einer solchen, der Wahrheit widersprechenden Versicherung, täuscht er somit ausdrücklich. Die Promotionsordnungen anderer Universitäten enthalten entsprechende Regelungen, vgl. z.B. § 8 II Nr. 1 PromO der FU Berlin, § 7 II Nr. 5 PromO der Universität Tübingen, § 7 Nr. 6 PromO der Universität Münster, § 8 II e) PromO der Universität Marburg, § 10 III Nr. 3 PromO der Universität Frankfurt a.M.

fehlt es hier am Vorliegen einer Vermögensverfügung[470]: Daß die von dem Doktoranden ordnungswidrig erstellte Dissertation korrigiert, bewertet und aufgrunddessen angenommen und die mündliche Prüfung anberaumt wird[471], ist kein Vorgang, der das Vermögen des Prüfers oder der Universität unmittelbar berührt. Eine Strafbarkeit des Doktoranden nach § 263 I StGB scheidet demnach aus.

(b) <u>§ 267 I 1. Alt. StGB</u>

Der Doktorand könnte eine Urkundenfälschung begehen. Anknüpfungspunkte sind hierbei die Nichtangabe der verwendeten (zulässigen und/oder unzulässigen) Hilfsmittel und/oder die Nichtkennzeichnung von in die Dissertation eingearbeiteten Fundstellen und die der Dissertation beizuheftende - von dem Doktoranden gem. § 12 II e) PromO zu unterzeichnende - Versicherung, daß er die Arbeit selbständig angefertigt und nur die angegebenen Hilfsmittel verwendet hat, dies jedoch nicht der Wahrheit entspricht.

Der vom Doktorand verfaßte Text der Dissertation ist eine verkörperte Gedankenerklärung, die im Rechtsverkehr Beweis erbringt, da sie die Überprüfung der Kenntnisse und Fähigkeiten des Prüflings ermöglicht und deshalb als Voraussetzung für den Vollzug der Promotion rechtserheblich ist. Dadurch, daß der Prüfling die Arbeit mit seinem Namen versieht und ihr zudem die von dem Doktoranden mit seinem Namen zu unterzeichnende Versicherung nach § 12 II e) PromO beigeheftet wird, läßt sie auch den Aussteller erkennen. Folglich liegt eine Urkunde im Sinne des § 267 StGB vor.

Desweiteren müßte diese Urkunde unecht sein.[472] Der Doktorand, der die Dissertation zwar im oben dargestellten Sinn ordnungswidrig anfertigt, sie aber mit seinem eigenen Namen versieht und auch die ihr beigeheftete Versicherung im Sinne des § 12 II e) PromO selbst unterzeichnet, weist damit auf sich als Aussteller der Urkunde hin. Die erforderliche Identitätstäuschung ist hierbei nicht gegeben.[473] Da die Urkunde somit echt ist, scheidet eine Strafbarkeit des Doktoranden gem. § 267 I 1. Alt. StGB aus.

---

470 Hierzu bereits oben A.I.1.a.aa.(1); mit der Begutachtung, Bewertung etc. hinsichtlich einer Dissertation werden nichtbeamtete dritte Personen grundsätzlich nicht betraut, vgl. §§ 15 ff PromO.

471 Vgl. insofern §§ 19-22 PromO.

472 Siehe hierzu oben A.I.1.a.aa.(2).

473 Deshalb kann dahingestellt bleiben, ob es sich bei der Dissertation i.V.m. der Erklärung im Sinne des § 12 II e) PromO um eine sog. zusammengesetzte Urkunde handelt. Eine solche liegt gem. der h.M. vor, wenn eine verkörperte Gedankenerklärung mit einem Au-

(c) § 271 I StGB

Dadurch, daß der Doktorand sich die Promotionsurkunde ausstellen läßt, könnte er sich einer mittelbaren Falschbeurkundung strafbar machen.

Die Promotionsurkunde ist als öffentliche Urkunde anzusehen.[474] Sie wird von den zuständigen Organen[475] (Präsident als Leiter der Hochschule (§ 74 I HSchG) und Dekan als Vorsitzender des Fachbereichsrats (§ 82 I HSchG)), welche hierbei als Amtsträger im Sinne des § 11 I Nr. 2 StGB die Befugnisse der Universität bzw. des Fachbereichs oder der juristischen Fakultät wahrnehmen, in der dafür vorgeschriebenen Form ausgestellt. Durch die Unterzeichnung der Promotionsurkunde wird beurkundet, daß der Doktorand nach Kenntnis der Unterzeichnenden das Promotionsverfahren durchlaufen und die bezeichnete schriftliche Arbeit, welche einen selbständigen Beitrag zur Weiterentwicklung der Rechtswissenschaft enthalten soll, abgeliefert hat. Da der Doktorand die ihm erteilte Promotionsurkunde zur Verwirklichung beruflicher und/oder privater Lebenschancen einsetzen wird, ist sie auch für den Außenverkehr bestimmt.

Desweiteren muß durch das Verhalten des Doktoranden eine Tatsache falsch beurkundet worden sein, auf die sich der öffentliche Glaube der Urkunde bezieht. Wie ausgeführt[476], ist für den Wahrheitsgehalt und den Umfang des öffentlichen Glaubens der Urkunde deren - den geltenden Gesetzen und der tatsächlichen Übung entsprechende - Zweck von Bedeutung, und insofern sind hier zunächst die Bestimmungen der §§ 417, 418 ZPO heranzuziehen.[477]

Die Promotionsurkunde beinhaltet die Entscheidung, daß dem Graduierten der Doktortitel verliehen wurde und stellt somit eine Urkunde im Sinne des § 417 ZPO dar. Da aber nur der Inhalt der Entscheidung und nicht auch die sie be-

---

genscheinsobjekt, auf das sich ihr Erklärungsinhalt bezieht, räumlich fest zu einer Beweiseinheit verbunden ist, vgl. Krey, BT 1, Rdnr. 694; Lackner, a.a.O., § 267, Rdnr. 8; Samson, GA 1969, S. 353; Schröder, JuS 1991, S. 302. Dabei kann als Bezugsgegenstand einer Urkunde nicht nur ein Augenscheinsobjekt, sondern auch eine andere Urkunde dienen, Lackner, a.a.O., § 267, Rdnr. 8; Tröndle in: LK, § 267, Rdnr. 89; Cramer in: Schönke/Schröder, a.a.O., § 267, Rdnr. 36 b. Kritisch zum Begriff der zusammengesetzten Urkunde, Maurach/Schroeder/Maiwald, BT 2, § 65 II, Rdnr. 25.

474 Vgl. zu der gesamten Problematik bereits vorstehend A.I.1.a.aa.(3).

475 Beachte insofern § 66 II HSchG.

476 A.I.1.a.aa.(3).

477 Die Heranziehung des § 415 I ZPO ist entsprechend der dargelegten Gründe (vgl. A.I.1.a.aa.(3)) ausgeschlossen. Die Promotionsurkunde ist nicht über eine vor der Behörde oder der Urkundsperson abgegebenen Erklärung errichtet; folglich scheidet § 415 I ZPO als beweiskraftregelnde Norm aus.

gründenden Tatsachen, also nicht auch die sachliche Richtigkeit der Entscheidung, von der Beweiskraft erfaßt werden[478], beweist die Urkunde lediglich das Titelführungsrecht, nicht jedoch die ordnungsgemäße Erbringung der hierfür erforderlichen wissenschaftlichen Leistung.

Abweichend davon könnte die Promotionsurkunde hinsichtlich der vorliegenden Problematik als Zeugnisurkunde über "sonstige Tatsachen" im Sinne des § 418 I ZPO angesehen werden. Gem. § 418 III ZPO nehmen deshalb nur solche Tatsachen am öffentlichen Glauben der Urkunde teil, deren Zeugnis auf eigener Wahrnehmung der Behörde oder der Urkundsperson beruhen.[479] Demnach kann die Promotionsurkunde nur solche Tatsachen mit öffentlicher Beweiskraft bezeugen, die die zuständigen Organe bzw. Organwalter der Universität zur Kenntnis zu nehmen verpflichtet waren und die sie zur Kenntnis nehmen konnten.[480] Dies sind aber nur das Durchlaufen des Prüfungsverfahrens, die Abgabe der erstellten schriftlichen Arbeit und die Erbringung der mündlichen Leistung, nicht jedoch die Selbständigkeit bei der Erstellung, die Angabe aller verwendeten Hilfsmittel und die Kenntlichmachung aller eingearbeiteten Fundstellen.

Auch bei einer hiervon abweichenden Bestimmung des Urkundenzwecks aufgrund des vorhandenen Urkundentextes bleibt die Reichweite des öffentlichen Glaubens der juristischen Promotionsurkunde gleich: In und mit der Promotionsurkunde wird lediglich die Verleihung des Doktortitels beurkundet. Der in der Urkunde aufgeführte Text[481] reicht nicht aus, um eine selbständige und der vorgegebenen Ordnung entsprechende Leistungserbringung des Doktoranden mit Wirkung für und gegen jedermann zu bezeugen.[482]

Da somit weder gem. § 417 ZPO die sachliche Richtigkeit der Entscheidung von der Beweiskraft erfaßt wird noch gem. § 418 ZPO hinsichtlich dieser Tatsachen

---

478 Vorstehend A.I.1.a.aa.(3).

479 Landesgesetzliche Vorschriften im Sinne des § 418 III ZPO, aus denen sich ergibt, daß die Beweiskraft des Zeugnisses von dieser eigenen Wahrnehmung unabhängig ist, sind nicht ersichtlich.

480 Siehe bereits oben A.I.1.a.aa.(3).

481 Der Text der Promotionsurkunde der Universität Trier lautet: "UNIVERSITÄT TRIER / Der Fachbereich V - Rechtswissenschaft - verleiht unter dem Dekanat des Univ.-Professors ..... / ..... geboren am ..... den akademischen Grad eines Doktors der Rechte (Dr. iur.) aufgrund der Dissertation ..... und der mündlichen Prüfung am ..... / Gesamtnote: ..... / Der Präsident ..... / Der Dekan ..... / Trier, am .....".

482 Siehe hierzu außerdem bereits die ablehnende Argumentation oben A.I.1.a.aa.(3) a.E.

durch die Promotionsurkunde Beweis für und gegen jedermann erbracht wird[483], ist eine Strafbarkeit des Doktoranden nach § 271 I StGB nicht gegeben.

(d) <u>§ 156 StGB</u>

Dadurch, daß der Doktorand die Versicherung im Sinne des § 12 II e) PromO, die Dissertation selbst angefertigt und nur die angegebenen Hilfsmittel verwendet zu haben, abgibt, könnte er sich einer falschen Versicherung an Eides Statt gem. § 156 StGB strafbar machen.

Voraussetzung dafür wäre, daß er vor einer zur Abnahme einer Versicherung an Eides Statt zuständigen Behörde eine solche Versicherung falsch abgegeben hat. Wie ausgeführt, handelt es sich bei den Organen der Universität um öffentliche Behörden.[484] Fraglich ist jedoch, ob es sich bei dem Dekan des juristischen Fachbereichs[485] um eine zuständige Behörde im Sinne des § 156 StGB handelt.[486] Gem. § 1 I, IV Nr. 2 LVwVfG ist vorliegend § 27 VwVfG[487] einschlägig. Hiernach besteht die Zuständigkeit nur, wenn die Abnahme der Versicherung über den betreffenden Gegenstand und in dem betreffenden Verfahren durch Gesetz oder Rechtsverordnung vorgesehen und die Behörde durch Rechtsvorschrift für zuständig erklärt worden ist.[488] Da das HSchG zwar Regelungen hinsichtlich der Promotion[489], nicht aber bzgl. der Ermächtigung zur Abnahme von eidesstattlichen Versicherungen in diesem Zusammenhang beinhaltet und auch keine sonstigen Gesetze[490] oder Rechtsverordnungen, die dazu ermächtigen, vorhanden sind, bleibt festzustellen, daß es sich bei dem Dekan des juristischen Fachbereichs

---

483 Ob § 417 ZPO oder § 418 ZPO als Beweiskraft bestimmende Norm heranzuziehen ist, kann deshalb dahingestellt bleiben.

484 Vgl. nur Fußnoten 318. Siehe hierzu auch RGSt 17/208 ff.

485 Die Versicherung im Sinne des § 12 II e) PromO ist zusammen mit dem Zulassungsgesuch beim Dekan, der gem. § 82 HSchG Vorsitzender des Fachbereichsrats ist, einzureichen.

486 Die Zuständigkeit ist hier Tatbestandsmerkmal und nicht nur objektive Bedingung der Strafbarkeit, Krey, BT 1, Rdnr. 581; Lenckner in: Schönke/Schröder, a.a.O., § 156, Rdnr. 6; Wessels, BT 1, § 17 IV 2.

487 Durch diese Bestimmung wird klargestellt, daß es ungeschriebene Ermächtigungen zur Abnahme eidesstattlicher Versicherungen nicht mehr gibt, vgl. Bonk in: Stelkens/Bonk/Leonhardt, VwVfG, § 27, Rdnr. 7.

488 Ob der Dekan der Universität für die Abnahme der eidesstattlichen Versicherung in Bezug auf die Dissertation zuständig ist, bestimmt sich nach dem jeweiligen Hochschulrecht, siehe RGSt 17/208 ff, 75/112 ff; RG, DR 1941, Bd. 1, S. 987 ff.

489 Siehe nur §§ 24 V, 28 IV HSchG.

490 Satzungen scheiden in diesem Zusammenhang als Ermächtigung aus, vgl. Bonk in: Stelkens/Bonk/Leonhardt, VwVfG, § 27, Rdnr. 6; Kopp, VwVfG, § 27, Rdnr. 3.

nicht um eine zur Abnahme von eidesstattlichen Versicherungen zuständigen Stelle handelt.

Auch mangelt es am Vorliegen einer eidesstattlichen Versicherung. Für die Versicherung an Eides Statt ist wesentlich, daß sie eine den Erklärenden sofort bindende Bekräftigung der Wahrheit darstellt. Zwar muß die Erklärung nicht die Worte "an Eides Statt" beinhalten, aber aus ihr muß sich der Wille erkennen lassen, daß sie an Eides Statt abgegeben wird.[491] Insbesondere besteht auch die Möglichkeit, daß derjenige, der die Versicherung abgeben will, die Erklärung selbst abfaßt, sie von einem Dritten abfassen läßt oder sich eines Formblattes bedient und die Versicherung dann bei der zuständigen Behörde einreicht.[492] Objektiv könnte die Versicherung im Sinne des § 12 II e) PromO zwar demnach als Versicherung an Eides Statt anzusehen sein, aber weder entspricht die Abgabe einer solchen Versicherung dem grundsätzlichen Willen des Doktoranden noch ist ein erkennbarer Wille der Universität in dieser Hinsicht ersichtlich: Der Doktorand reicht die Versicherung lediglich ein, da sie eine zwingende Zulassungsvoraussetzung zur Promotion darstellt. Er möchte jedoch in der Regel - mangels ausdrücklicher entgegenstehender Erklärung und ohne Vorliegen eines sachlichen Grundes - nicht eine ihn sofort bindende Erklärung von so erheblichem Gewicht abgeben. Aus Sicht der Universität soll die Versicherung im Sinne des § 12 II e) PromO nicht eine mögliche Strafbarkeit nach § 156 StGB begründen, sondern lediglich eine eventuelle Täuschung im Sinne der §§ 14, 44 und 45 PromO i.V.m. § 4 I a) 1. Alt. AkadGFG objektiv, erkennbar und faßbar machen. Demnach scheidet eine Strafbarkeit des Doktoranden nach § 156 StGB aus.

(2) Hochschulrechtliche Beurteilung

(a) Versagung vor Verleihung des Doktorgrades

Zur Regelung der Angelegenheiten bei der Verleihung des Doktorgrades besteht an der Universität Trier die Promotionsordnung des Fachbereichs Rechtswissenschaft.[493] In § 44 PromO wird der Fachbereichsrat ermächtigt, die Promotion ganz oder teilweise für ungültig zu erklären, wenn der Doktorand beim Nachweis der Zulassungsvoraussetzungen, wozu auch die Versicherung im Sinne des § 12

491 Lenckner in: Schönke/Schröder, a.a.O., § 156, Rdnr. 4. Hierzu auch Dreher/Tröndle, a.a.O., § 156, Rdnr. 1.

492 Vgl. nur Kopp, VwVfG, § 27, Rdnr. 10 und Lackner, a.a.O., § 156, Rdnr. 5.

493 Diese ist durch den Fachbereichsrat aufgrund des § 80 II Nr. 3 HSchG beschlossen worden. An den anderen promotionsberechtigten Universitäten existieren entsprechende Ordnungen.

II e) PromO gehört, oder bei der Erbringung von Promotionsleistungen[494] eine Täuschung begangen hat.[495] In einem solchen Fall ist der Vollzug der Promotion, also gem. § 40 PromO die Aushändigung der Urkunde, zu versagen. Grundsätzlich hat der Prüfling nach Annahme, Zulassung und Erbringung der Prüfungsleistungen einen Anspruch auf Erteilung der Promotionsurkunde, wenn die Leistungen ausreichend waren. Dieser Anspruch setzt aber voraus, daß der Doktorand die von ihm zu erbringenden Leistungen ordnungsgemäß, d.h. - bei der schriftlichen Prüfungsleistung - auch unter Angabe der tatsächlich verwendeten Hilfsmittel und unter Kenntlichmachung der in die Dissertation eingearbeiteten Fundstellen, erbringt.

Der Doktorand, der unerlaubte oder erlaubte Hilfsmittel zur Erstellung der Arbeit verwendet, diese aber nicht angibt und derjenige, der in die Dissertation eingearbeitete Fundstellen nicht kennzeichnet, täuscht den Prüfer bei der Abgabe der Dissertation konkludent über die ordnungsgemäße, durch eigen-geistige Leistung erfolgte, Erstellung der Arbeit. Die Abgabe der Versicherung gem. § 12 II e) PromO stellt zusätzlich eine ausdrückliche, positive Täuschung in diesem Sinne beim Nachweis der Zulassungsvoraussetzungen dar.[496] In einem solchen Fall stehen dem Fachbereichsrat die oben aufgeführten Rechte gegenüber dem Doktoranden zu. Nach pflichtgemäßem Ermessen unter Würdigung des Prüfungszwecks und des Grundsatzes der Verhältnismäßigkeit hat er zu entscheiden, ob eine Ungültigkeitserklärung erfolgen soll, und wenn ja, ob die Promotion ganz oder nur teilweise für ungültig erklärt wird. Der akademische Grad ist eine Auszeichnung dafür, daß der Doktorand seine Befähigung zur selbständigen, vertieften, wissenschaftlichen Arbeit auf dem Gebiet der Rechtswissenschaft nachgewiesen hat.[497] Durch das oben beschriebene Vorgehen des Doktoranden werden aber genau diese Anforderungen umgangen und ihre Erfüllung lediglich vorgetäuscht. Die durch § 44 PromO eröffneten - abgestuften - Vorgehensvariationen ermöglichen

---

494 Grundsätzlich gehören zu den Promotionsleistungen die Einreichung einer selbständig angefertigten druckreifen Dissertation, die Erbringung einer mündlichen Leistung und die Veröffentlichung und Ablieferung der Pflichtexemplare, beachte Thieme, Deutsches Hochschulrecht II, S. 383. Vorliegend wird nur Manipulation in Bezug auf Dissertation und Rigorosum untersucht.

495 Vergleichbare Regelungen enthalten z.B. § 24 PromO der Universität Bonn, § 22 I PromO der Universität Würzburg, § 20 PromO der Universität Heidelberg, § 21 PromO der Universität Freiburg, § 25 PromO der Universität Augsburg.

496 Siehe bereits vorstehend A.I.3.a.aa.(1)(a).

497 Hierzu ebenfalls Bengeser, a.a.O., S. 50 f; Geck, a.a.O., S. 21; Thieme, Deutsches Hochschulrecht II, S. 389; Wichardt, a.a.O., S. 14 f.

es dem Fachbereichsrat, diese Umgehung und Verfälschung in geeigneter Weise auszugleichen.[498]

(b) Entziehung nach Verleihung des Doktorgrades

In § 45 PromO wird bezüglich der Frage der Entziehung des akademischen Grades nach Verleihung lediglich auf die geltenden gesetzlichen Bestimmungen verwiesen.[499] Hierunter sind mangels Änderungs- oder Aufhebungsvorschriften in Rheinland-Pfalz das AkadGFG[500] und die zu diesem Gesetz erlassene Durchführungsverordnung[501] zu verstehen.[502]

---

498 § 44 PromO dient ebenso wie § 45 PromO zur Aufrechterhaltung des Wesens, der Anerkennung und der Erwerbsvoraussetzungen des Doktorgrades. Das Interesse der übrigen Graduierten an der Integrität des Doktorgrades als auch das Ansehen desgleichen in der Öffentlichkeit soll geschützt werden. Gleichzeitig soll durch ihn eine gewisse Chancengleichheit unter den Doktoranden sichergestellt werden (A.I.1.a.bb.(1)). Ob eine Sanktion im Sinne des § 44 PromO angemessen oder sogar notwendig ist und ob ein leichter oder schwerer Täuschungsversuch vorliegt, kann nicht generell, sondern muß in jedem Einzelfall beurteilt werden.

499 Nach der zeitlichen Grenze der Verleihung der Promotionsurkunde, mit der das Promotionsverfahren abgeschlossen ist, soll eine weitere sachliche Entscheidung in Form einer Ungültigkeitserklärung im Sinne des § 44 PromO nicht mehr erfolgen. Diese Regelung ist nur solange anwendbar, wie das Promotionsverfahren noch offen ist. Dafür spricht der Wortlaut und die systematische Stellung der §§ 44, 45 PromO.

500 Gesetz über die Führung akademischer Grade vom 7. Juni 1939, RGBl. I, S. 985.

501 Verordung zur Durchführung des Gesetzes über die Führung akademischer Grade vom 21. Juli 1939, RGBl. I, S. 1326.

502 Diese Vorschriften stammen zwar aus nationalsozialistischer Zeit, aber es ist davon auszugehen, daß sie gem. Art. 123 I, 70 I GG als Landesrecht weitergelten, so die ganz h.M., vgl. grundlegend BVerwGE 10/195, zuletzt bestätigt durch BVerwG, Beschl. v. 7.9.1990 - 7 B 127.90; Hamburgisches OVG, Urt. v. 15.8.1984 - OVG Bf. III 92/80, S. 16 ff; Thieme, Deutsches Hochschulrecht II, S. 389 f; Karpen/Maas, JZ 1990, S. 629; Menzel, JZ 1960, S. 460; Zimmerling, a.a.O., S. 2. Einige Bundesländer haben diese gesetzlichen Bestimmungen jedoch aufgehoben, so z.B. Schleswig-Holstein durch § 127 Nr. 2 HSchG vom 2.5.1973 (GVBl. S. 152, 182), Niedersachsen durch Art. 29 Nr. 1, 2 des Gesetzes vom 30. 7. 1985 (GVBl. S. 246, 254), Bremen durch §§ 64 a und 124 III HSchG (GBl. der Freien Hansestadt Bremen 1989, S. 25, 49, 71) Nordrhein-Westfalen durch Verordnung vom 6.11.1986 (GVBl. S. 700) und Art. VIII des Änderungsgesetzes zum WissHG vom 20.10.1987 (GVBl. S. 366) und Bayern durch § 3 II (2) Nr. 1 des Gesetzes zur Änderung des Bayerischen HSchG vom 25.7.1988 (GVBl. S. 213). In Rheinland-Pfalz sind die Regelungen im Gegensatz dazu vom Landesgesetzgeber nicht aufgehoben worden (vgl. GVBl. 1972, Sondernummer S. 97 (Neubekanntmachung) - Geändert durch Art. 54 des Dritten Landesgesetzes zur Änderung strafrechtlicher Vorschriften vom 5. November 1974 (GVBl. S. 469)), so auch OVG Koblenz, NVwZ-RR 1992, S. 79. Da auch die Promotionsordnung der Universität Trier insofern keine abweichende oder aufhebende Vorschrift beinhaltet, ist grundsätzlich von einer Fortgeltung des AkadGFG und der hierzu bestehenden Durchführungsverordnung auszugehen. Insofern kann deshalb auch dahin gestellt bleiben, ob in der durch das Landeshochschulgesetz festgelegten Ermächtigung der Universität, Promotionsordnungen zu erlassen, das Recht enthalten ist, die Vorschriften des AkadGFG, soweit sie die Entziehung betreffen, in dieser Form aufzuheben (bejahend Sta-

Als mögliche Entziehungsgründe nennt § 4 I AkadGFG den Erwerb des Grades durch Täuschung, den Irrtum über das Vorliegen wesentlicher Verleihungsvoraussetzungen und die ursprüngliche und nachträgliche Unwürdigkeit des Graduierten[503]. In dem Fall, daß der Doktorand zulässige oder unzulässige Hilfsmittel - ohne diese anzugeben - zur Erstellung seiner Dissertation verwendet oder er eingearbeitete Fundstellen nicht als solche kenntlich macht, täuscht er sowohl konkludent bei Abgabe der Dissertation als auch ausdrücklich bei Erteilung der Versicherung im Sinne des § 12 II e) PromO darüber, die Leistung ordnungsgemäß, durch eigene geistige Leistung, erbracht zu haben.[504] Die so erstellte Dissertation kann nicht als vertiefte, selbständige, der geforderten wissenschaftlichen Arbeitstechnik entsprechende Leistung auf dem Gebiet der Rechtswissenschaft angesehen werden. Deshalb ist ein aufgrund einer solchen Dissertation verliehener Doktortitel durch Täuschung erworben; bei Kenntnis der wahren Sachlage hätten weder die Gutachter eine Bewertung der Dissertation (§ 19 f PromO) noch der Dekan den Vollzug der Promotion vorgenommen (§ 40 PromO). Insofern ist dann die Entziehung des Doktortitels aufgrund vorhandener Kausalität gem. § 4 I a) 1. Alt. AkadGFG nach Ausübung des pflichtgemäßen Ermessens möglich.[505]

---

rosta, a.a.O., S. 1050 und Thieme, Deutsches Hochschulrecht II, S. 390; verneinend OVG Hamburg, Urt. v. 15.8.1984 - OVG Bf. III 92/80 - S. 22 f und Schöner, a.a.O., S. 201).

503 Zur Problematik der "Unwürdigkeit" in Bezug auf den Doktortitel vgl. unten A.I.3.a.cc.(2)(a).

504 Siehe hierzu bereits oben A.I.3.a.aa.(2)(a).

505 Da es sich bei § 4 I AkadGFG um eine Ermessensvorschrift handelt, ist dies natürlich nur der Fall, wenn die oben aufgeführten Verstöße nach Art und Umfang von so erheblichem Gewicht sind, daß die Verleihung des Grades nicht erfolgt wäre, wenn die Täuschung unterblieben wäre. So auch das OVG Hamburg (Urt. v. 15.8.1984 - OVG Bf. III 92/80 - S. 32 f) welches anführt: ".... daß die Ursächlichkeit eines Plagiats kaum bezweifelt werden kann, wenn es sich gleichsam wie ein roter Faden durch eine Dissertation zieht". Es ist in jedem Einzelfall nach pflichtgemäßem Ermessen zu entscheiden, ob die Täuschung von erheblichem Gewicht ist und sie einen bedeutsamen Umfang erreicht hat und ob deshalb die Entziehung des Doktortitels in Betracht zu ziehen ist. Hierbei sind dann auch hinreichend konkrete Nachteile zu berücksichtigen, die für den Graduierten mit dem Titelverlust verbunden wären. Vgl. auch Starosta, (a.a.O., S. 1051) der insbesondere das Grundrecht aus Art. 12 I GG berücksichtigt sehen möchte. Gem. § 4 I (2) AkadGFG entscheidet diejenige Hochschule über die Entziehung, die den akademischen Grad verliehen hat. Innerhalb der Hochschule ist die Zuständigkeit des Fachbereichsrats begründet. Zwar sieht weder die PromO noch Ziffer 3. der DVO diese Zuständigkeit ausdrücklich vor, trotzdem ist davon aufgrund der sonstigen in der PromO festgelegten Zuständigkeitsregelungen zugunsten des Fachbereichsrats und auch aufgrund der Tatsache auszugehen, daß eben dieser gem. § 80 I (1) HSchG die organisatorische Grundeinheit der Universität darstellt und für sein Gebiet die Aufgaben der Hochschule erfüllt. Gem. § 80 II Nr. 4 HSchG führt der Fachbereich die Promotionen durch und gem. § 81 I HSchG berät und entscheidet der Fachbereichsrat in Angelegenheiten des Fachbereichs von grundsätzlicher Bedeutung. Da weder in der Grundordnung der Universität Trier noch im HSchG etwas anderes bestimmt ist, muß diese Anforderung bei der Entscheidung über die Entziehung des Doktortitels bejaht werden. Der Fachbereich Rechtswissenschaft der Universität Trier verleiht den akademischen Grad und ist auch für eine eventuelle Entziehung desselben zuständig. Ziffer 3. der DVO ist als

In dem Fall, daß eine Irrtumserregung objektiv unzweifelhaft vorliegt, wird das subjektive Moment des Doktoranden zur Täuschung[506] nicht dadurch ausgeschlossen, daß die Entdeckungsgefahr wegen bestehender Offensichtlichkeit des Plagiats sehr groß ist.[507]

§ 4 I a) 1. Alt. AkadGFG ist gegenüber § 4 I a) 2. Alt. AkadGFG als lex specialis anzusehen. Ebenso muß § 4 I a) AkadGFG gegenüber § 4 I b) AkadGFG als lex specialis angesehen werden. Es besteht also insofern jeweils ein Vorrangverhältnis durch abschließende Sonderregelung.[508]

bb. Anfertigung der Dissertation durch einen Dritten

Hierunter ist der Fall zu verstehen, daß eine dritte Person die ganze Dissertation für den eigentlichen Doktoranden schreibt (sog. akademisches ghost-writing) und auch der Fall, daß ein Dritter entscheidende, also unerlaubte Hilfe durch Miterstellung der Arbeit leistet.[509]

---

eine obsolete Vorschrift anzusehen; das hinsichtlich der an der Universität bestehenden Organe und Zuständigkeitsregelungen abschließende HSchG sieht einen Ausschuß im Sinne der Ziffer 3. DVO nicht mehr vor. Zu den unterschiedlichen Auffassungen im Rahmen der Zuständigkeitsproblematik vgl. generell BVerwG, Buchholz, Nr. 421.11, § 4 AkadGFG, Nr. 1; Schöner, a.a.O., S. 205 ff; Thieme, Deutsches Hochschulrecht II, S. 390; Waibel, Die Rechtsprechung auf dem Gebiet des Hochschulrechts seit 1945, S. 71; Wichardt, a.a.O., S. 196 ff; Zimmerling, a.a.O., S. 21 ff.

506 Eine Unterscheidung danach, ob die beschriebene Vorgehensweise des Doktoranden auf Vorsatz oder lediglich auf fehlender Kenntnis von der geforderten wissenschaftlichen Arbeitsmethode beruht, ist hierbei insofern von Bedeutung, als eine Täuschung in diesem Sinne ohne Vorsatz nicht denkbar ist. Aber auch wenn die Mängel oder sogar Fehler bei der Erstellung der schriftlichen Arbeit auf Unkenntnis der Anforderungen an die wissenschaftliche Arbeitsweise beruhen, stellt die Dissertation in diesem Fall keine selbständige, vertiefte, der geforderten wissenschaftichen Arbeitsmethode entsprechende Arbeit auf dem Gebiet der Rechtswissenschaft dar. Da es für die an eine Dissertation zu stellenden Anforderungen keinen Unterschied machen kann, ob ihr Fehlen auf Vorsatz oder Unkenntnis beruht, ist in dem Fall, daß der Doktorand die beschriebenen Fehler aus Unkenntnis gemacht hat, bei entsprechender Schwere und bei entsprechendem Umfang derselben, eine Entziehung gem. § 4 I a) 2. Alt. insofern möglich, als daß eine wesentliche Voraussetzung für die Verleihung des Doktorgrades irrigerweise als gegeben angesehen worden ist.

507 OVG Hamburg, Urt. v. 15.8.1984 - OVG Bf. III 92/80 - S. 25 ff. Dort wird auch angemerkt, daß der subjektive Tatbestand einer Täuschung im Sinne von § 4 I a) 1. Alt. AkadGFG nicht voraussetze, daß der Graduierte einen akuten Täuschungsvorsatz gerade im Zeitpunkt der förmlichen Einreichung seiner Dissertation gehabt habe. Vielmehr sei ausreichend, daß er irgendwann im Laufe der Erstellung der Arbeit fremde geistige Leistungen in Täuschungsabsicht in sein Konzept einbezogen habe (a.a.O., S. 29 f).

508 So wohl auch OVG Hamburg, a.a.O., S. 37.

509 In den verschiedensten Zeitschriften und Zeitungen finden sich Werbeanzeigen sog. Promotionsberater oder akademischer ghost-writer, die die Anfertigung oder unzulässige Beihilfe zur Anfertigung von Dissertationen und ähnlichen Schriften anbieten. Diese Angebote werden dann vielfach von Studenten, Referendaren, Berufstätigen oder sonstigen Personen, die mit den nötigen finanziellen Mittel ausgestattet sind, gerne angenommen. (Interessant sind insofern die Mitteilungen des ehemaligen ghost-writers Achim Schwarze; vgl. nur in

(1) Strafrechtliche Beurteilung

(a) § 263 I StGB

Da, wie ausgeführt[510], eine für § 263 StGB erforderliche Vermögensverfügung durch das Vorgehen des Doktoranden nicht veranlaßt wird, scheidet eine Betrugsstrafbarkeit desselben aus.

(b) § 267 I 1. Alt. StGB

Der Doktorand, der sich die Dissertation von einer dritten Person schreiben oder sich zumindest in unzulässigerweise dabei helfen läßt, könnte sich einer Urkundenfälschung strafbar machen.

Fraglich ist, ob die so erstellte Dissertation eine unechte Urkunde im Sinne des § 267 I 1. Alt. StGB darstellt. Der zu befürwortenden Geistigkeitstheorie entsprechend, ist Aussteller einer Urkunde, wer sich im Rechtsverkehr an sie gebunden fühlt, wer also geistig dahintersteht, sie als seine Erklärung gelten läßt.[511] Dadurch, daß der Doktorand die Arbeit mit seinem Namen versieht und die der Dissertation beizuheftende Erklärung im Sinne des § 12 II e) PromO eigenhändig mit seinem Namen unterzeichnet, wird die von dem Dritten hergestellte Arbeit durch ihn gebilligt. Der Doktorand will sich im Rechtsverkehr an sie gebunden fühlen und sich die Ausführungen zu eigen machen. Folglich ist er als alleiniger Aussteller der Urkunde anzusehen.[512] Da es bei der Dissertation zwar nicht auf

---

seinem "Werk": Dünnbrettbohrer in Bonn - Aus den Dissertationen unserer Elite, Eichborn Verlag, S. 5-13.) Auch die Möglichkeit, daß juristische Doktortitel in der heutigen Zeit auf diese Art und Weise erworben werden können, stellt folglich nur noch ein offenes Geheimnis dar. Trotzdem bleibt in diesem Zusammenhang anzumerken, daß hinsichtlich dieses Vorgehens erhebliche Beweisschwierigkeiten existieren. Es ist unmöglich, in jedem Einzelfall nachzuvollziehen, ob der Bewerber die Arbeit tatsächlich eigenständig und nur mit den zugelassenen Hilfen angefertigt hat. Deshalb muß hierbei von einem großen Dunkelfeld ausgegangen werden. Anhaltspunkte dafür, daß der Doktorand die Dissertation nicht eigenständig erstellt hat, können sich z.B. in der mündlichen Prüfung ergeben; falls die mündlichen Leistungen denen der schriftlichen Arbeit nicht entsprechen oder falls der Doktorand auf gestellte Fragen hinsichtlich "seiner" Dissertation eingeschränkte, keine oder falsche Antworten gibt, kann dies auf eine nicht eigenständige Erstellung der Arbeit hindeuten.

510 Siehe vorstehend A.I.3.a.aa.(1)(a).

511 Vgl. zu der gesamten Problematik bereits A.I.1.c.aa.(1)(b).

512 Der Doktorand, der die Dissertation eingereicht hat, möchte die Erklärung im Rechtsverkehr für und gegen sich gelten lassen. Dies bringt er insbesondere dadurch zum Ausdruck, daß er die Erklärung nach § 12 II e) PromO abgibt. Bei alleinigem Abstellen auf diese Erklärung zur Begründung der Ausstellereigenschaft ist es unerheblich, ob diese Erklärung der Dissertation tatsächlich beigeheftet oder sie lediglich in den angelegten Pro-

eine eigenhändige Erstellung des letztlich einzureichenden Textes durch den Doktoranden ankommt[513], aber ebenso wie in den Fällen, in denen es auf die eigenhändige Herstellung eines Schriftstücks ankommt, zur Bestimmung der Echtheit der Urkunde im Sinne des § 267 StGB richtigerweise lediglich auf die Unterschrift abzustellen ist[514], stellt die Dissertation, die mit dem Namen des Doktoranden versehen und der die von diesem unterzeichnete Versicherung im Sinne des § 12 II e) PromO beigeheftet ist, zwar eine unwahre, nicht aber eine unechte Urkunde dar. Folglich scheidet eine Strafbarkeit des unterzeichnenden Doktoranden nach § 267 I 1. Alt. StGB aus.[515]

(c) <u>§ 271 I StGB</u>

Wie dargelegt[516], bezeugt die Promotionsurkunde bei Einstufung derselben als eine solche im Sinne des § 417 ZPO mit öffentlicher Beweiskraft den Inhalt der Entscheidung, nicht jedoch deren sachliche Richtigkeit oder die sie begründenden Tatsachen; bei Qualifizierung derselben als Zeugnisurkunde über sonstige Tatsachen im Sinne des § 418 ZPO bezeugt sie, daß das vorgeschriebene Prüfungsverfahren durchlaufen, die schriftliche Arbeit eingereicht und die mündliche Prüfung abgelegt wurde. Sie beweist nicht mit öffentlichem Glauben, daß die Arbeit von dem Prüfling - wie vorgeschrieben - ordnungsgemäß und völlig selbständig erstellt wurde. Etwas anderes ergibt sich auch nicht daraus, daß der Urkundenzweck aufgrund des vorhandenen Urkundentextes bestimmt wird, denn dieser Text[517] reicht nicht aus, um eine selbständige und der vorgegebenen Ordnung entsprechende Leistungserbringung durch den Doktoranden mit Wirkung für und gegen jedermann zu bezeugen.[518] Da somit die Tatsachen, die Beweis für

---

motionsakten des Doktoranden aufbewahrt wird. Die Erkennbarkeit der Ausstellereigenschaft für Beteiligte und Eingeweihte ist für § 267 StGB ausreichend, vgl. RGSt 52/313; BGH, GA 1963, S. 16; Dreher/Tröndle, a.a.O., § 267, Rdnr. 7; Tröndle in: LK, § 263, Rdnr. 32 f. Folglich genügt es auch, wenn sie für Beteiligte und Eingeweihte ermittelbar ist, was unproblematisch durch Zurhandnahme der Dissertation und der dazu angelegten Promotionsakte auf Dauer möglich ist.

513 Zwar ist es allein Aufgabe des Doktoranden, die schriftliche Leistung zu verfassen, aber die Unterstützungsleistung in Form der mechanischen und elektronischen Texterstellung durch Dritte ist, da sie keinen Einfluß auf die inhaltliche Ausgestaltung der Dissertation nimmt, zulässig; vgl. hierzu bereits oben, 2.Teil, A.IV.2. und auch Theisen, WiSt 1992, S. 478.

514 Siehe A.I.1.c.aa.(1)(b).

515 Da die Urkunde als echte anzusehen ist, liegt in der Einreichung der Dissertation auch kein Gebrauchmachen einer unechten Urkunde gem. § 267 I 3. Alt. StGB.

516 A.I.3.a.aa.(1)(c).

517 Vgl. diesbezüglich Fußnote 481.

518 Beachte hierzu bereits Gliederungspunkt A.I.3.a.aa.(1)(c) a.E.

und gegen jedermann erbringen, richtig beurkundet sind[519], scheidet eine Strafbarkeit des Prüflings nach § 271 I StGB aus.

Hier stellt sich jedoch die Frage, wie die Promotionsurkunde formuliert sein müßte, um - nonkonform zu der aufgeführten Rechtsprechung zur Auslegung des § 418 ZPO[520], allein an den Wortlaut des Urkundentextes anknüpfend - mit öffentlichem Glauben zu bezeugen, daß der Doktorand die Arbeit selbständig und der vorgegebenen Ordnung entsprechend erstellt hat, so daß eine Strafbarkeit desselben nach § 271 I StGB[521] in Betracht zu ziehen wäre. Von einer solchen Bestimmung des Urkundenzwecks aufgrund des reinen Urkundentextes könnte z.B. bei folgendender Formulierung auszugehen sein:

> "**UNIVERSITÄT TRIER**
>
> Der Fachbereich V - Rechtswissenschaft - verleiht unter dem Dekanat des Univ.-Professors *(Name)*
>
> Herrn/Frau *(Name)* geboren am *(Datum)*
>
> den akademischen Grad eines
>
> **Doktors der Rechte (Dr. iur.)**
>
> nachdem er/sie in einem ordnungsgemäß absolvierten Promotiosverfahren unter Mitwirkung der Universitätsprofessoren *(Namen)* aufgrund der in der vorgeschriebenen Art und Weise erstellten und mit *(Note)* beurteilten Dissertation *(Titel)* und der am *(Datum)* mit *(Note)* bestandenen mündlichen Prüfung seine/ihre Fähigkeit zur vertieften selbständigen wissenschaftlichen Arbeit auf dem Gebiet der Rechtswissenschaft erwiesen und dabei die Gesamtnote *(Note)* erhalten hat.
>
> Der Präsident Der Dekan
>
> Trier, am *(Datum)*"

---

519 Da sich dieses Resultat sowohl bei Heranziehung des § 417 ZPO als auch bei Abstellen auf § 418 ZPO ergibt, kann dahingestellt bleiben, welchen Norm als Beweiskraft regelnde Bestimmung zu befürworten ist.

520 Siehe Fußnote 327.

521 Und auch des sog. ghost-writers unter dem Gesichtspunkt der Täterschaft oder der Beihilfe zu diesem Delikt.

Durch eine solche Formulierung könnte die notwendige Befähigung und die selbständige und ordnungsgemäße Leistungserbringung durch den Doktoranden bestätigt und deshalb mit öffentlichem Glauben bewiesen werden.

Gegen eine solche Annahme spricht jedoch bereits der eindeutige Wortlaut des § 418 I, III ZPO. Hiernach nehmen grundsätzlich nur solche Tatsachen am öffentlichen Glauben der Urkunde teil, deren Bezeugung auf eigener Wahrnehmung der Behörde oder der Urkundsperson beruhen; Ausnahmen gelten lediglich bei ausdrücklicher anderweitiger landesgesetzlicher Regelung. Da eine solche gesetzliche Regelung nicht vorhanden und eine Tatsachenfeststellung hinsichtlich der eigenständigen, ordnungsgemäßen Leistungserbringung durch den Prüfling in der Regel nicht möglich ist, wäre eine diesbezügliche Bestimmung des öffentlichen Glaubens allein nach dem reinen Wortlaut der Promotionsurkunde contra legem. Eine Beweiskraftbegründung für und gegen jedermann allein aufgrund des Urkundentextes ist somit richtigerweise zu verneinen. Aufgrund der einschneidenden Wirkung der erhöhten Beweiskraft sollte diese grundsätzlich lediglich dann bejaht werden, wenn eine Tatsachenwahrnehmung oder -überprüfung durch die Behörde oder Urkundsperson vorgeschrieben oder üblich und auch tatsächlich möglich ist.

Im Hinblick auf die vorliegende Problematik wäre die Begründung der erhöhten Beweiswirkung somit nur durch die Schaffung einer landesgesetzlichen Regelung im Sinne des § 418 III ZPO, aus der sich ergibt, daß die Beweiskraft der Urkunde von der eigenen Wahrnehmung der Organwalter der Universität unabhängig ist, möglich. Eine solche könnte beispielsweise mit folgender Formulierung in das Landeshochschulgesetz aufgenommen werden:

> "Die aufgrund von Promotionsleistungen in Form einer Dissertation und einer mündlichen Prüfung erteilte Promotionsurkunde bezeugt - unabhängig von einer diesbezüglichen eigenen Wahrnehmung der Behörde oder der Urkundsperson - mit öffentlichem Glauben den Nachweis der Fähigkeit zur vertieften selbständigen wissenschaftlichen Arbeit auf dem Gebiet der Rechtswissenschaft".

Hierbei ist aber zu beachten, daß diese Vorgabe des § 418 III ZPO lediglich für den Ausnahmefall gedacht ist und das festgeschriebene Regel-Ausnahme-Prinzip nicht umgekehrt werden darf. Auch eine solche gesetzliche Vorschrift sollte aufgrund der bedeutsamen Wirkung der erhöhten Beweiskraft folglich nur geschaffen werden, wenn die Tatsachenfeststellung bzw. -überprüfung zwar nicht auf der eigenen Wahrnehmung der Behörde oder der Urkundsperson beruht bzw. beruhen kann, aber durch eine dritte, damit befaßte vertrauenswürdige Person nachgewiesen wurde bzw. nachgewiesen werden kann. Nur in diesem Fall ist die notwendige Grundlage für eine erhöhte Beweiswirkung sichergestellt.

(2) Hochschulrechtliche Beurteilung

(a) Versagung vor Verleihung des Doktorgrades

Auch in dem Fall, daß der Doktorand die schriftliche Arbeit von einem Dritten (mit-) anfertigen läßt und dann als seine eigene Promotionsleistung einreicht, ist § 44 PromO einschlägig. In der Abgabe der wahrheitswidrigen Versicherung im Sinne des § 12 II e) PromO ist eine ausdrückliche Täuschung beim Nachweis der Zulassungsvoraussetzungen zu sehen, und durch die Abgabe der von einem Dritten (mit-) erstellten schriftlichen Arbeit als eigene, täuscht der Doktorand konkludent über die selbständige Erstellung der Dissertation.[522] Folglich stehen dem Fachbereichsrat auch in diesem Fall die in § 44 PromO aufgeführten Rechte gegenüber dem Doktoranden zu; nach pflichtgemäßem Ermessen unter Würdigung des Prüfungszwecks und des Verhältnismäßigkeitsgrundsatzes entscheidet er in jedem Einzelfall, ob die Promotion ganz oder teilweise für ungültig zu erklären ist.

(b) Entziehung nach Verleihung des Doktorgrades

Wenn der Graduierte die durch einen Dritten (mit-) erstellte Dissertation als seine eigene Promotionsleistung eingereicht hat, ist nach Verleihung des Doktorgrades eine Entziehung desselben gem. § 45 PromO i.V.m. § 4 I a) 1. Alt. AkadGFG möglich. Der Titelinhaber hat in diesem Fall sowohl konkludent bei Abgabe der Dissertation als auch ausdrücklich bei Abgabe der Versicherung im Sinne des § 12 II e) PromO darüber getäuscht, die Arbeit durch eigene geistige Leistung ordnungsgemäß erstellt zu haben.[523] Da die Dissertation gem. § 10 (1) PromO einen selbständigen Beitrag zur Weiterentwicklung der Rechtswissenschaft enthalten muß und sie entsprechend § 12 II e) 1. Alt. PromO durch den Doktoranden selbständig angefertigt sein und der geforderten wissenschaftlichen Arbeitstechnik entsprechen muß, ist der aufgrund einer von einem Dritten (mit-) angefertigten Dissertation verliehene Doktortitel durch Täuschung erworben; die erforderliche Kausalität ist zu bejahen, denn bei Offenlegung der Vorgehensweise

---

522 Vgl. bereits A.I.3.a.aa.(2)(a).

523 Vorstehend A.I.3.a.aa.(2)(a).

wäre dem Graduierten der Titel nicht verliehen worden. Wie ausgeführt[524], entscheidet gem. § 4 I (2) AkadGFG diejenige Hochschule über die Entziehung, die den akademischen Grad verliehen hat, wobei intern von der Zuständigkeit des Fachbereichsrats auszugehen ist.

Da weder das AkadGFG noch die dazu erlassene DVO eine Frist für die Entziehung vorgibt, könnten insofern §§ 48 IV, 49 II (2) VwVfG heranzuziehen sein. Das BVerwG hat diese Frage ausdrücklich offen gelassen.[525] Entsprechend § 1 I, IV Nr. 2 LVwVfG sind die §§ 48 IV, 49 II (2) VwVfG anzuwenden, soweit nicht Rechtsvorschriften inhaltsgleiche oder entgegenstehende Bestimmungen enthalten. Da das AkadGFG und auch die DVO keine inhaltsgleiche oder ausdrücklich entgegenstehende Regelung beinhalten, das Spezialgesetz also insofern unvollständig sein könnte, ist an eine lückenfüllende Heranziehung der §§ 48 IV, 49 II (2) VwVfG zu denken. Andererseits besteht aber auch die Möglichkeit, daß in dem AkadGFG eine Fristbegrenzung bewußt nicht getroffen wurde und es insofern eine abschließende Sonderregelung darstellen könnte.

Hiergegen bleibt jedoch anzuführen, daß die lückenfüllende Heranziehung grundsätzlich in Betracht zu ziehen ist, wenn sie dem Sinn und Zweck des Spezialgesetzes nicht widerspricht.[526] Daß die Anwendung der vorgegebenen Fristbegrenzung dem Sinn und Zweck des § 4 I AkadGFG widerspricht, ist nicht ersichtlich. Insbesondere darf es unter rechtsstaatlichen Gesichtspunkten nicht möglich sein, daß eine Behörde trotz Kenntnis aller relevanten Umstände erst nach mehreren Jahren tätig wird, denn hierdurch würde der Willkür Tür und Tor geöffnet; das gesamte Geschehen läge ausnahmslos in ihren Händen und sie könnte nach Belieben vorgehen. Für ein solches Recht der Behörde sind gewichtige Gründe nicht ersichtlich. Außerdem würde durch ein solches Vorgehen seitens der Behörde bei dem Graduierten der Eindruck erweckt, man werde nicht gegen ihn vorgehen, wodurch dann eine Art Vertrauenstatbestand geschaffen würde.[527] Es sind in diesem Zusammenhang grundsätzlich die Gesichtspunkte des Bestandsschutzes und der Rechtssicherheit zu berücksichtigen.

---

524 Beachte A.I.3.a.aa.(2)(b).

525 Vgl. nur BVerwG, Buchholz, 421.11, § 4 AkadGFG, Nr. 1, S. 5.

526 So auch Bonk in: Stelkens/Bonk/Leonhardt, VwVfG, § 1, Rdnr. 119 ff m.w.N.; Kopp, VwVfG, Vorb. § 1, Rdnr. 6 und § 1, Rdnr. 8.

527 Zum Vertrauensschutz allgemein siehe Maurer, Kontinuitätsgewähr und Vertrauensschutz, in: Isensee/Kirchhof, Handbuch des Staatsrechts, Bd. III, S. 211 ff; Stich, Vertrauensschutz in Verwaltungsrecht; Weber-Dürler, Vertrauensschutz im Öffentlichen Recht.

Da in dem Fall, in dem der Titelinhaber den Doktorgrad durch Täuschung erworben hat, genau diese Argumente nicht einschlägig sind und deshalb entsprechend § 48 IV (2) VwVfG die Jahresfrist nicht gilt[528], muß auch beim Entzug des akademischen Grades nach dem AkadGFG die Heranziehung der §§ 48 IV, 49 II (2) VwVfG befürwortet werden, insbesondere auch unter dem Aspekt, eine einheitliche, moderne und rechtsstaatliche Vorgehensweise zu sichern, die ein größtmögliches Maß an Zumutbarkeit, Vorhersehbarkeit und Meßbarkeit bietet.[529]

cc. Beeinflussung von Prüfern durch die Gewährung materieller oder immaterieller Vorteile

Durch ein solches Vorgehen des Doktoranden werden die im Sinne des § 15 PromO[530] bestellten Berichterstatter[531] dazu veranlaßt oder zu veranlassen versucht, die Gutachten hinsichtlich der Dissertation bzw. deren Ergebnis bewußt zum Vorteil des Doktoranden zu beeinflussen. In dem Fall, daß die Gutachter dem Anliegen des Prüflings entsprechen, führt dies z.B. zu einer besseren Benotung der schriftlichen Arbeit oder auch zur Annahme einer unzureichenden Dissertation im Sinne des § 20 I PromO.[532]

---

528 Zur Geltung der Vorschrift auch im Hinblick auf die Verwaltungsakte des § 48 Abs. 3 VwVfG vgl. Kopp, VwVfG, § 48, Rdnr. 94; Obermayer, VwVfG, § 48, Rdnr. 156; Stelkens/Sachs in: Stelkens/Bonk/Leonhardt, VwVfG, § 48, Rdnr. 153.

529 Die lückenfüllende Heranziehung sieht auch Thieme, Deutsches Hochschulrecht II, S. 391 und befürwortet grundsätzlich Zimmerling, a.a.O., S. 30. Ausdrücklich offen gelassen wird die Frage vom BVerwG, Beschl. v. 25.8.1992 - 6 B 31.91 und vom OVG Berlin, NVwZ 1991, S. 189. Die Geltung der Jahresfrist ablehnend VGH München, Urt. v. 28.2.1991 - 7 B 86.00630. Zur Auslegung des § 48 IV (1) VwVfG vgl. BVerwG, Buchholz, 421.11, § 4 AkadGFG, Nr. 1, S. 5 ff.

530 In den Promotionsordnungen anderer Universitäten bestehen entsprechende Vorschriften, siehe nur § 10 PromO der Universtität Bonn, § 14 PromO der Universität Göttingen, § 9 PromO der Universität Hamburg, § 12 PromO der Universität Heidelberg, § 11 PromO der Universität Würzburg.

531 Da gem. § 15 I PromO zwei Berichterstatter zur Begutachtung bestellt werden, muß der Doktorand - um sein Ziel zu erreichen - in der Regel auch beide Gutachter beeinflussen oder zu beeinflussen versuchen; bei gravierender Abweichung der vorgenommenen Bewertungen bestellt der Dekan gem. § 20 II PromO einen Drittberichterstatter. Die Berichterstatter entscheiden dann mit Mehrheit. Folglich muß der Doktorand zumindest zwei Gutachter für seinen Zweck "begeistern".

532 Der durchschnittliche Doktorand wird hinsichtlich dieser Manipulationsvariante wohl eine erhöhte Hemmschwelle zu überwinden haben. Deshalb kommt die Vorgehensweise in der Praxis eher selten vor.

(1) Strafrechtliche Beurteilung

(a) § 271 I StGB

Wie erörtert[533], stellt die Promotionsurkunde eine öffentliche Urkunde im Sinne des § 271 StGB dar. Gem. § 271 I StGB muß der Doktorand weiterhin eine in tatsächlicher Hinsicht unrichtige Beurkundung bewirken, auf die sich der öffentliche Glaube bezieht.

Als falsch beurkundete Erklärung oder auch Tatsache[534] kommt vorliegend die aufgrund der Beeinflussung vorgenommene bessere Benotung[535] in Betracht.[536] Die getroffene Prüfungsentscheidung samt erfolgter Benotung stellt eine Erklärung über die Qualität der Prüfungsleistung dar. Sie wird als schriftliche Äußerung des Gutachters durch diesen dem Dekan zugeleitet. Unabhängig von der Frage, ob Korrektur und/oder Benotung einer Prüfungsleistung als Tatsache im Sinne des § 271 I StGB anzusehen sind oder ob sie nicht vielmehr Werturteile darstellen[537], ist jedenfalls die getroffene Prüfungsentscheidung samt erteilter Prüfungsnote als solche als Tatsache zu qualifizieren.

Jedoch liegt keine Falschbeurkundung vor. Zwar gehen die durch die Gutachter vorgenommenen manipulierten Bewertungen der Dissertation mit in die Gesamtnote ein, aber genau diese sind auch tatsächlich vorgenommen worden. Die erstellten Gutachten und die erteilten Noten sind tatsächlich in genau der Art und Weise von den Berichterstattern in der ihnen zukommenden Eigenschaft abgegeben worden. Folglich haben Dekan und Präsident insofern in der Promotionsurkunde keine Erklärung oder Tatsache falsch beurkundet; der Urkundeninhalt entspricht der in der Realität tatsächlich vorgenommenen Bewertung der Leistung.

---

533 A.I.3.a.aa.(1)(c).

534 Unter Erklärungen im Sinne des § 271 StGB sind nur die Äußerungen zu verstehen, die von der Urkundsperson entgegengenommen werden. Erklärungen der Urkundsperson selbst sind "Tatsachen" im Sinne des § 271 StGB; RGSt 74/31; Cramer in: Schönke/Schröder, a.a.O., § 271, Rdnr.17; Tröndle in: LK, § 271, Rdnr. 52. Eine Tatsache ist etwas Geschehenes oder Bestehendes, das in die Wirklichkeit getreten und daher dem Beweis zugänglich ist; Lackner, a.a.O., § 186, Rdnr. 3 m.w.N.

535 Diese kann tatsächlich lediglich zu einer Notenverbesserung oder aber auch - aufgrund eben dieser Notenverbesserung - zur Annahme im Sinne des § 20 I PromO führen.

536 Die Benotung der schriftlichen Arbeit ist für die nach § 31 PromO zu bildende Gesamtnote, die auf der Promotionsurkunde festgeschrieben wird, entscheidend. Ebenso z.B. § 22 PromO der Universität Augsburg, § 16 PromO der Universität Bochum, § 15 PromO der Universität Freiburg, § 16 PromO der Universität Heidelberg.

537 Dreher/Tröndle, a.a.O., § 348, Rdnr. 6; Lackner, a.a.O., § 348, Rdnr. 6 m.w.N.; Tröndle in: LK, § 348, Rdnr. 10.

Auf die Richtigkeit der Bewertung erstreckt sich der öffentliche Glaube nicht: Für den Wahrheitsgehalt und das Maß des öffentlichen Glaubens ist der jeweilige Urkundszweck, wie er sich nach den dafür geltenden gesetzlichen Bestimmungen und den tatsächlichen Übungen des Rechtslebens darstellt, von Bedeutung.[538] Hierbei sind die §§ 415 ff ZPO heranzuziehen.[539]

Die Promotionsurkunde kann als Urkunde im Sinne des § 417 ZPO angesehen werden, da sie die Entscheidung beinhaltet, daß dem Graduierten der Doktortitel verliehen wurde. Da nach § 417 ZPO die eine Entscheidung enthaltende Urkunde vollen Beweis ihres Inhalts begründet, könnte sie auch die Richtigkeit der festgestellten Gesamtnote mit erhöhter Beweiswirkung verbürgen. Hiergegen bleibt jedoch anzuführen, daß die Urkunden im Sinne des § 417 ZPO zwar vollen Beweis über die Tatsache begründen, daß sie so, wie es sich aus der Urkunde ergibt, ergangen sind, nicht aber auch die sachliche Richtigkeit der Entscheidung verbürgen.[540]

Etwas anderes ergibt sich auch nicht, wenn die Promotionsurkunde als Zeugnisurkunde über sonstige Tatsachen im Sinne des § 418 angesehen wird. Gem. § 418 III ZPO nehmen nur solche Tatsachen am öffentlichen Glauben der Urkunde teil, deren Zeugnis auf eigener Wahrnehmung der Behörde oder der Urkundsperson beruhen.[541] Die Richtigkeit der Bewertung einer Dissertation kann aufgrund des dabei bestehenden Beurteilungsspielraums nicht als eine solche Tatsache qualifiziert werden. Weder der Dekan noch der Universitätspräsident ist verpflichtet, eine eigene Tatsachenfeststellung hinsichtlich der Richtigkeit der Benotung vorzunehmen, noch ist dies üblich oder möglich.[542]

---

538 Vorstehend A.I.1.a.aa.(3).

539 § 415 I ZPO scheidet als Beweiskraft regelnde Norm aus, da die Urkunde nicht über eine vor der Behörde oder Urkundsperson abgegebenen Erklärung errichtet ist.

540 Hartmann in: Baumbach/Lauterbach/Albers/Hartmann, ZPO, § 417, Anm. 2; Thomas/Putzo, ZPO, § 417, Anm. 2. Vgl auch Puppe, Jura 1979, S. 632.

541 Vgl. bereits oben A.I.1.a.aa.(3).

542 Auch wäre die Verwirklichung des Tatbestandsmerkmals "Bewirken" durch den Doktoranden im Hinblick auf Art. 103 II GG problematisch, siehe Fußnote 416. Der Doktorand ruft in dem Professor lediglich den Entschluß hervor eine unrichtige Note zu erteilen. Dies kann aber wohl nicht als Verursachung einer unrichtigen Beurkundung angesehen werden, denn das eigentliche nachfolgende Geschehen liegt allein in den Händen des eigenverantwortlich handelnden Professors. Ein Bewirken durch Unterlassen wäre wohl mangels Garantenstellung zu verneinen, vgl. Fußnote 416.

Da somit die Tatsachen, auf die sich der öffentliche Glaube erstreckt, richtig beurkundet sind[543], scheidet eine Strafbarkeit des Doktoranden nach § 271 I StGB aus.

(b) § 333 I StGB

Die Berichterstatter sind als beamtete Universitätsprofessoren[544] Amtsträger im Sinne des § 11 I Nr. 2 a StGB und die gem. § 16 und § 19 PromO durchzuführende Begutachtung und Bewertung der Dissertation stellt jeweils eine künftige bestimmte Diensthandlung dar, bei der den Gutachtern ein Entscheidungsspielraum verbleibt.[545] Selbst wenn diese sich aber bei Vornahme ihrer Diensthandlungen innerhalb des Ermessensspieraums halten, scheidet die Anwendung des § 333 I StGB vorliegend aus[546]: Da der Doktorand mit der Möglichkeit rechnet, daß die Gutachter sich durch den Vorteil in der Ausübung ihres Ermessens beeinflussen lassen werden, ist nicht § 333 I StGB, sondern § 334 I StGB einschlägig. Demzufolge scheidet eine Strafbarkeit des Doktoranden nach § 333 I StGB vorliegend aus.

(c) § 334 I i.V.m. III Nr. 2 StGB

Eine manipulierte Begutachtung und/oder Benotung und demnach eine pflichtwidrige Diensthandlung im Sinne des § 334 I StGB liegt vor, wenn die Gutachter die Grenzen ihres Beurteilungsspielraums überschreiten oder wenn sie sich bei ihrer Tätigkeit zwar im Rahmen des ihnen eingeräumten Beurteilungsspielraums halten, sich hierbei aber durch das Anbieten, Versprechen oder Gewähren des Vorteils durch den Doktoranden beeinflussen lassen, sie also gerade im Hinblick auf den Vorteil eine bestimmte der rechtlich möglichen Handlungen vornehmen.[547]

---

543 Folglich kann auch hier dahin gestellt bleiben, ob die Heranziehung des § 417 ZPO oder des § 418 ZPO zu befürworten ist. Ein hiervon abweichendes Ergebnis kann auch nicht durch Argumentation mit dem Wortlaut der Urkunde erzielt werden (hierzu bereits die insofern ablehnende entsprechende Begründung unter A.I.1.a.aa.(3) a.E.). Nur durch die von der Rechtsprechung vorgegebenen Kriterien kann die notwendige Begrenzung der erhöhten Beweiswirkung erzielt werden und diese liegen, wie dargelegt, hier nicht vor.

544 Hierzu bereits oben 2.Teil, A.II.

545 Es handelt sich um Ermessensentscheidungen; den Berichterstattern steht sowohl bei der Begutachtung als auch bei der Bewertung ein sog. Beurteilungsspielraum zu; vorstehend 2.Teil, A.IV.4.5. und 4.Teil, A.I.1.d.aa.(2).

546 Vgl. schon A.I.1.d.aa.(2).

547 Vgl. vorstehend A.I.1.d.aa.(3).

Da der Doktorand den Berichterstattern den materiellen oder immateriellen Vorteil für eine künftige Handlung anbietet, verspricht oder gewährt und die Begutachtung und Bewertung der Dissertation Ermessenshandlungen darstellen[548], ist § 334 III Nr. 2 StGB einschlägig. Durch das oben beschriebene Vorgehen des Doktoranden versucht dieser, die Berichterstatter zu bestimmen, dem Vorteil Einfluß auf die Begutachtung und/oder Benotung einzuräumen.

Da auch von einem vorsätzlichen, rechtswidrigen und schuldhaften Handeln des Doktoranden auszugehen ist, muß eine Strafbarkeit desselben gem § 334 I i.V.m. III Nr. 2 StGB bejaht werden.

(2) Hochschulrechtliche Beurteilung

(a) Versagung vor Verleihung des Doktorgrades

Auch für diese Fallvariante könnte § 44 PromO einschlägig sein. Voraussetzung dafür wäre, daß der Doktorand beim Nachweis der Annahme- oder Zulassungsvoraussetzungen oder bei der Erbringung von Promotionsleistungen eine Täuschung begangen hat. Dies ist jedoch gerade nicht der Fall, wenn der Doktorand die Berichterstatter beeinflußt, die Begutachtung und/oder die Benotung zu manipulieren. Die Annahmevoraussetzungen im Sinne des § 5 PromO[549] und auch die Zulassungsvoraussetzungen entsprechend § 12 PromO liegen vor; folglich hat der Doktorand bei deren Nachweis im Sinne des § 44 (1) PromO nicht getäuscht.

Somit käme nur eine Täuschung bei der Erbringung von Promotionsleistungen in Betracht. Der Doktorand, der die Dissertation in der vorgeschriebenen Weise eigenständig erstellt und die Berichterstatter lediglich beeinflußt oder zu beeinflussen sucht, die Begutachtung und/oder die Bewertung zu manipulieren, täuscht gerade nicht bei der Erbringung einer Promotionsleistung; er wirkt nur vor, während oder nach Erstellung der schriftlichen Leistung mit seinem Begehren auf die Professoren ein. Falls diese das Begehren des Doktoranden zurückweisen, kommt es überhaupt nicht zu einer Täuschung, falls sie dem Wunsch entsprechen, ist es nicht der Doktorand der täuscht, sondern eine Täuschung erfolgt dann allenfalls durch die Berichterstatter, indem sie die Dissertation durch ihre Gutachten und Bewertungen gegenüber den nach § 31 PromO die Gesamtnote bildenden Prüfer

---

548 Beachte schon 2.Teil, A.IV.4., 5. und 4.Teil, A.I.3.a.cc.(1)(b).

549 Die Annahmevoraussetzungen im Sinne der §§ 5, 44 (1) PromO sind von den Annahmevoraussetzungen hinsichtlich der Dissertation gem. § 20 I PromO streng zu unterscheiden.

und gegenüber Dekan und Universitätspräsident[550] der Wahrheit zuwider als der erteilten Note entsprechend darstellen.[551] § 44 PromO ist folglich bei dieser Fallvariante nicht einschlägig. Die Verleihung könnte demnach nicht versagt werden, obwohl der Doktorand eine Manipulation vorgenommen hat.

Dieses "unbefriedigende" Ergebnis läßt sich nur durch eine an Sinn und Zweck der PromO orientierte differenzierte Betrachtungsweise vermeiden: Die Verleihung der Doktorwürde ist als begünstigender Verwaltungsakt mit Dauerwirkung anzusehen.[552] Grundsätzlich hat der Doktorand bei Erfüllung der Promotionsvoraussetzungen einen Anspruch auf Erlaß dieses Verwaltungsakts, d.h. wenn die Einreichung seiner selbständig angefertigten druckreifen Dissertation, die Erbringung einer mündlichen Leistung und die Veröffentlichung und Ablieferung der Pflichtexemplare gegeben sind.[553] In diesem Zusammenhang ist aber auch zu fordern, daß die Dissertation tatsächlich eine mit mindestens ausreichend ("rite") zu bewertende Leistung darstellt, da ansonsten die Annahmevoraussetzung im Sinne des § 20 I oder II PromO nicht erfüllt ist.[554] Folglich liegen die erforderlichen Promotionsleistungen nicht vor, wenn die schriftliche Arbeit mangels ausreichender Leistung ohne die durch die Begutachter vorgenommene Manipulation nicht im Sinne des § 20 PromO angenommen worden wäre. In diesem Fall sind die Promotionsvoraussetzungen nicht erfüllt und demnach besteht auch kein An-

550 Diese beiden Personen unterzeichnen die jeweilige Promotionsurkunde, vgl. Text der Promotionsurkunde der Universität Trier in Fußnote 481.

551 Eine unter mittäterschaftlichen Gesichtspunkten begangene Täuschung, bei der dem einen die Tatbeiträge des anderen zuzurechnen sind, ist mangels Vorliegens der dafür erforderlichen Voraussetzungen (hierzu oben A.I.1.c.bb.(1)(a)) zu verneinen: Hinsichtlich der Täuschung ist ein bewußtes und gewolltes Zusammenwirken des Doktoranden und der Prüfer aufgrund eines gemeinsamen Tatentschlusses nicht gegeben. Der Prüfling erbringt die Arbeit ordnungsgemäß in der vorgeschriebenen Weise und die Prüfer nehmen die für die Täuschung erforderlichen Handlungen völlig eigenständig und eigenverantwortlich vor; sie entscheiden alleine über das "Ob" und "Wie" ihres Vorgehens. Ein arbeitsteiliges Handeln, eine funktionelle Rollenverteilung und eine gemeinschaftliche Verwirklichung durch Doktorand und Prüfer ist diesbezüglich nicht ersichtlich. Auch kann nicht von einer dem Doktoranden zuzurechnenden (mittelbaren) Täuschung ausgegangen werden; die Professoren handeln bei ihrem Vorgehen absolut eigenständig und voll verantwortlich. Der Prüfling weckt zwar bei ihnen den Entschluß, aber an dem nachfolgenden Geschehen ist er in keiner Weise beteiligt und steht auch in keinem Verhältnis dazu; es steht ausschließlich im Belieben der Professoren. Die durch den Doktoranden vorgenommene Beeinflussung der Prüfer ist unter Anwendung der Grundsätze einer Anstiftung im strafrechtlichen Sinne zu beurteilen, so daß die eventuell nachfolgende Manipulation durch die Prüfer als deren eigene "Tat" anzusehen ist, welche dem Doktoranden nicht zuzurechnen ist.

552 Vgl. statt aller Schöner, a.a.O., S. 200.

553 Zu den Promotionsvoraussetzungen siehe Fußnote 494.

554 Ebenfalls muß der Doktorand entsprechend §§ 29, 19 PromO in der mündlichen Prüfung eine tatsächlich mindestens ausreichende Leistung erbringen, da diese ansonsten nicht bestanden und gem. § 33 II PromO zu wiederholen ist.

spruch des Doktoranden auf Verleihung des Doktorgrades. Hier muß die Promotionsleistung nicht erst im Sinne des § 44 (1) PromO für ungültig erklärt werden, sondern stellt ohne diese Ungültigkeitserklärung eine zwar nicht ungültige, aber unzureichende Leistung dar, aufgrund derer die Erteilung des Doktorgrades nicht nur versagt werden kann, sondern versagt werden muß.[555]

Die geforderten Promotionsleistungen liegen jedoch vor, wenn die manipulierte Begutachtung und/oder Bewertung der Dissertation nur zu einer Notenverbesserung, nicht aber zur Annahme im Sinne des § 20 PromO geführt hat. In diesem Fall hätte der Doktorand also grundsätzlich einen Anspruch auf Erteilung der Promotionsurkunde.[556] Etwas anderes könnte sich jedoch aus einer analogen Anwendung des aus § 38 III VwVfG folgenden Rechtsgedankens ergeben.[557] Grundsätzlich besteht bei Erfüllung der Promotionsvoraussetzungen ein Anspruch auf Verleihung des Doktorgrades. Dieser Sachverhalt ist vergleichbar mit der Abgabe der Zusicherung eines Verwaltungsakts. Der Anspruch des Doktoranden könnte demnach entfallen, wenn sich die Sach- oder Rechtslage derart geändert hat, daß die Verpflichtung der Behörde hinsichtlich der Verleihung als nicht mehr bestehend angesehen werden kann oder muß. Die Verpflichtung des Dekans, den Titel zu verleihen, könnte entfallen sein, weil sich der Doktorand durch sein Vorgehen als zur Erlangung "unwürdig" erwiesen hat.

---

555 Gem. § 1 I, IV Nr. 2 LVwVfG finden die dort aufgeführten Bestimmungen des VwVfG grundsätzlich Anwendung, es sei denn, Rechtsvorschriften enthalten inhaltsgleiche oder entgegenstehende Bestimmungen. Insofern könnte jedoch die - hinsichtlich dieser Problematik schweigende - Promotionsordnung als Satzung die Anwendung des VwVfG ausschließen. Dies kann jedoch nicht angenommen werden; vielmehr ist hier von einer unbewußten und ungewollten Regelungslücke auszugehen, die durch die ergänzende Anwendung der Vorschriften des VwVfG geschlossen werden soll. Die Promotionsordnung regelt nur ein Teilgebiet und das allgemeine Verwaltungsrecht bleibt im übrigen anwendbar (vgl. hierzu bereits A.I.3.a.bb.(2)(b)). Folglich wäre vorliegend der Verwaltungsakt bei Erlaß gem. § 44 II Nr. 6 VwVfG oder zumindest nach § 44 I VwVfG nichtig; die Verleihung des Doktorgrades trotz Kenntnis der nicht ausreichenden Leistung würde gegen das Anstandsgefühl aller billig und gerecht Denkenden verstoßen. Außerdem würde der Fehler die Verleihung als gänzlich mit der Rechtsordnung unvereinbar erscheinen lassen und wäre nach der Betrachtung eines aufmerksamen und verständigen Bürgers (auf den abzustellen ist, vgl. nur Maurer, Allgemeines Verwaltungsrecht, § 10, Rdnr. 32) evident.

556 Dieser Anspruch bezieht sich hierbei natürlich nur auf die Erteilung der die tatsächlich erreichte - also insofern berichtigte - Gesamtnote im Sinne des § 31 PromO enthaltende Promotionsurkunde. Der Doktorand hat von vornherein keinen Anspruch auf Aushändigung einer Promotionsurkunde, die das aufgrund der manipulierten Begutachtung und Benotung zustandegekommene unrichtige Gesamtergebnis nach § 31 PromO beinhaltet.

557 Die Analogie setzt eine Regelungslücke und eine so weitreichende Ähnlichkeit zweier Tatbestände voraus, daß es ungerecht wäre, die Rechtsfolgen des einen Tatbestandes nicht auf den anderen anzuwenden, vgl. Bydlinski, Juristische Methodenlehre und Rechtsbegriff, S. 472 ff; Larenz, Methodenlehre der Rechtswissenschaft, S. 365 ff.

Es ist jedoch bereits umstritten, ob die "Würdigkeit" grundsätzlich eine Voraussetzung für die Verleihung des Doktorgrades darstellt.[558] Einer Ansicht nach[559] ist das Erfordernis der "Würdigkeit" mit dem Argument abzulehnen, daß der Doktorgrad in der heutigen Zeit ausschließlich als fachlich-wissenschaftliche Qualifikation bestimmt werde. Eine andere Meinung[560] sieht den Begriff der "Würdigkeit" mangels ausreichender Bestimmtheit und übermäßiger Grundrechtsbeschränkung als verfassungswidrig an. Richtigerweise ist jedoch auch in der heutigen Zeit das Erfordernis der "Würdigkeit" bei der Verleihung des Doktorgrades zu bejahen[561]: Zwar sind die Anforderungen an diese "Würdigkeit" im heutigen Sinn im Verhältnis zu früheren Anforderungen gelockert, so daß beispielsweise nicht jedes einmalige Vergehen zur "Unwürdigkeit" einer Person führt. Dennoch kann nicht davon ausgegangen werden, daß das Merkmal in der heutigen Zeit nicht mehr anerkannt oder zu fordern ist. Der zulässige unbestimmte Rechtsbegriff der "Würdigkeit" unterliegt der vollen richterlichen Nachprüfung[562] und seine Auslegung hat sich an Wesen und Bedeutung des Doktorgrades zu orientieren.[563] Deshalb kann nicht von einem gegen den Bestimmtheitsgrundsatz verstoßenden Begriff ausgegangen werden. Die Bedeutung des Doktor-

---

558 Nach § 4 I Anm. b) und c) AkadGFG kann der akademische Grad bei "Unwürdigkeit" des Graduierten wieder entzogen werden. Diese beiden Vorschriften bringen zu Ausdruck, daß der Doktorgrad nicht nur für die erbrachte wissenschaftliche Leistung verliehen wird, sondern auch eine gewisse "Würdigkeit" der Person voraussetzt. Da es widersprüchlich und nicht nachvollziehbar wäre, wenn der Grad zwar aufgrund bestehender oder eintretender "Unwürdigkeit" entzogen, die "Würdigkeit" aber nicht als Verleihungsvoraussetzung festgelegt werden könnte, muß davon ausgegangen werden, daß - falls die "Würdigkeit" grundsätzlich zu bejahen ist - sie sowohl als Zulassungs- und Verleihungsvoraussetzung als auch im Rahmen des § 4 I b) und c) AkadGFG zu fordern ist. Vgl. auch Maurer in: Handbuch des Wissenschaftsrechts, Bd. 1, S. 843; Schöner, a.a.O., S. 129; Wichardt, a.a.O., S. 210. Darüber, daß der Begriff der "Unwürdigkeit" kein typisch nationalsozialistischer Ausdruck ist, besteht heute weitgehend Einigkeit, siehe Maurer in: Handbuch des Wissenschaftsrechts, Bd. 1., S. 843; Menzel, a.a.O., S. 460 f; Thieme, Deutsches Hochschulrecht II, S. 392, Wichardt, a.a.O., S. 209 ff.

559 Vgl. Maurer in: Handbuch des Wissenschaftsrecht, Bd. 1, S. 843.

560 Guhl, a.a.O., S. 76 ff; Karpen/Maas, JZ 1990, S. 630; Schöner, a.a.O., S. 128 ff; Wichardt, a.a.O., S. 169 ff, 209 ff.

561 Im Ergebnis ebenso BVerfG, Beschl. v. 30.11.1988 - 1 BvR 900/88; BVerwG, Beschl. v. 7.9.1990 - 7 B 127.90; BayVGH, BayVBl. 1969, S. 143 = Entscheidungen des BayVGH, Bd. 22, S. 111 ff; VGH Mannheim, JZ 1981, S. 662 ff; OVG Koblenz, NVwZ-RR 1992, S. 80; OVG Münster, DVBl. 1957, S. 466 = MDR 1955, S. 378; OVG Berlin, NVwZ 1991, S. 188 f = WissR, Bd. 24, 1991, S. 57 ff; Bengeser, a.a.O., S. 50; Starosta, DÖV 1987, S. 1051 f; Thieme, Deutsches Hochschulrecht II, S. 392; Zimmerling, a.a.O., S. 28.

562 BVerwGE 10/195; OVG Berlin, NVwZ 1991, S. 188; OVG Lüneburg, OVGE 21, S. 444; VGH Mannheim, JZ 1981, S. 662.

563 BVerwG, Beschl. v. 25.8.1992 - 6 B 31.91 - S. 8; OVG Münster, OVGE 9, S. 235; VGH Mannheim, JZ 1981, S. 662 f.

grades beschränkt sich auch heute nicht lediglich auf den Nachweis einer fachlichen Qualifikation, sondern er bringt nach wohl herrschender Ansicht in der Öffentlichkeit ebenfalls die Hervorhebung persönlicher Lauterkeit und Ehrenhaftigkeit zum Ausdruck. Da die einmal festgestellte "Unwürdigkeit" auch kein der Person auf Dauer anhaftendes Merkmal darstellt[564], ist die "Würdigkeit" des Betroffenen grundsätzlich sowohl als Zulassungs- und Verleihungsvoraussetzung als auch als Anhaltspunkt für die Aberkennung des Doktorgrades nach § 4 I b) und c) AkadGFG anzuerkennen. Daß auch die heutige Promotionsordnung noch von der Voraussetzung der "Würdigkeit" ausgeht, bringt explizit § 12 II d) zum Ausdruck[565], wonach als Zulassungsvoraussetzung die Vorlage eines polizeilichen Führungszeugnisses verlangt wird.[566]

Fraglich ist jedoch, was unter dem Begriff der "Würdigkeit" zu verstehen ist bzw. unter welchen Voraussetzungen er als verfassungsgemäß anzusehen ist. Einmal[567] wird vertreten, daß "Unwürdigkeit" nur vorliege, wenn der Doktorand eine schwere, gemeingefährliche oder gemeinschädliche oder gegen die höchsten Rechtsgüter einer Person gerichtete Tat vorsätzlich begangen habe, welche von der Allgemeinheit besonders mißbilligt werde, die ein überdurchschnittliches Unwerturteil enthielte und zu einer Abwertung seiner Persönlichkeit führe. Dementgegen will die andere Auffassung[568] den Begriff weit ausgedehnt sehen. Hiernach erscheint der Doktorand als "unwürdig", wenn er "durch ein grob unredliches Verhalten dem mit der Führung des akademischen Grades verbundenen Anspruch wissenschaftlicher Lauterkeit zuwiderhandelt", wobei es sich jedoch nicht notwendig um ein strafbares Verhalten handeln muß. Aber auch dieser An-

---

564 Dem Verhältnismäßigkeitsgrundsatz und dem Grundgedanken der Resozialisierung entsprechend darf die "Würdigkeit" bei Verbüßung einer eventuell verhängten Strafe und ansonsten positiver Beurteilung der Person nicht auch für die Zukunft auf Dauer ausgeschlossen werden; siehe hierzu VGH Mannheim, JZ 1981, S. 664.

565 Ebenso oder ähnlich z.B. § 5 II Nr. 3 PromO der FU Berlin; § 6 I Nr. 2 PromO der Universität Erlangen-Nürnberg, § 5 II Nr. 6 PromO der Universität Konstanz, § 8 II c) PromO der Universität Marburg, § 8 II Nr. 3 PromO der Universität Passau, § 7 II Nr. 2 PromO der Universität Tübingen. Gem. § 6 I Nr. 3 b) und c) PromO der Universität Erlangen-Nürnberg hat der Bewerber zu erklären, ob und gegebenenfalls wie er straf- oder disziplinarrechtlich bestaft ist und ob ein Straf-, Ermittlungs- oder Diziplinarverfahren gegen ihn anhängig ist, und in § 2 PromO der Universität Münster wird die "Würdigkeit" beispielsweise ausdrücklich als Zulassungsvoraussetzung genannt.

566 Rückschlüsse auf Wesen und Bedeutung des Doktorgrades lassen sich auch aus § 46 PromO herleiten, wonach wegen hervorragender Verdienste um die Rechtswissenschaft die Verleihung einer Ehrenpromotion durchgeführt werden kann; vgl. auch OVG Berlin, NVwZ 1991, S. 188.

567 Siehe nur VGH Mannheim, JZ 1981, S. 663 und Starosta, a.a.O., S. 1052.

568 Vgl. nur OVG Berlin, NVwZ 1991, S. 188.

sicht zufolge führt - entsprechend dem Verhältnismäßigkeitsgrundsatz - ein einmaliger Verstoß in der Regel nicht zur "Unwürdigkeit".[569]

Da es sich bei dem Vorgehen des Doktoranden im Rahmen der zu untersuchenden Variante lediglich um ein einmaliges Verhalten handelt und der eigentliche Verstoß gegen die wissenschaftliche Lauterkeit nicht durch den Doktoranden, sondern durch die manipulierenden Professoren hervorgerufen wird, somit also weder nach der ersten noch nach der zweiten Meinung die "Unwürdigkeit" des Doktoranden zu bejahen wäre, kann vorliegend dahingestellt bleiben, welche Ansicht zu befürworten ist. Mangels "Unwürdigkeit" kann die Verpflichtung des Dekans, die Promotionsurkunde an den Doktoranden auszuhändigen, in diesem Fall nicht aufgrund einer Analogie zu § 38 III VwVfG verneint werden.

Festzustellen bleibt somit, daß im Falle der zwar ausreichenden, aber durch die Manipulation zu Unrecht besser benoteten Dissertation die Versagung des Doktorgrades nicht erfolgen kann. Anders jedoch, wenn durch die Manipulation eine unzureichende Leistung als ausreichende dargestellt und bewertet wurde.

(b) Entziehung nach Verleihung des Doktorgrades

In Betracht käme eine Entziehung gem. § 45 PromO i.V.m. § 4 I a) 1. Alt. AkadGFG. Voraussetzung dafür wäre, daß der Grad durch Täuschung erworben worden ist. Wie ausgeführt[570], ist eine Täuschung durch den Doktoranden nicht gegeben; vielmehr haben die Professoren durch ihre manipulierte Begutachtung und/oder Bewertung der schriftlichen Leistung über die Richtigkeit dieser vorgenommenen Handlungen bzw. deren Resultate getäuscht. Fraglich ist jedoch, ob eine solche - nicht durch den Doktoranden vorgenommene - Täuschung von § 4 I a) 1. Alt. AkadGFG erfaßt wird. Der reine Wortlaut dieser Vorschrift spricht für die Erfassung jeglicher Täuschung, gleichgültig durch wen sie vorgenommen wird, sofern der Titelerwerb darauf beruht. Wenn nur die Täuschung durch den Titelinhaber erfaßt werden sollte, dann hätte der Gesetzgeber dies - ebenso wie in § 4 I b) und c) - ausdrücklich klargestellt. Da der Wortlaut des § 4 I a) 1. Alt. AkadGFG zwar weit, aber doch klar formuliert ist, darf eine einschränkende Auslegung der Vorschrift entgegen ihrem Wortlaut ohne triftigen Grund nicht erfolgen, denn ansonsten würde dieser abschließenden Sonderregelung ihre umfassende Funktion genommen.

---

569 OVG Berlin, NVwZ 1991, S. 188; Menzel, a.a.O., S. 461.

570 A.I.3.a.cc.(2)(a).

Der Wortlaut und die systematische Stellung des § 4 I a) 2. Alt. AkadGFG sprechen für die Erfassung solcher Fälle, in denen die Verleihungsvoraussetzungen irrigerweise als gegeben angenommen wurden, ohne daß eine bewußte Irreführung (Täuschung) vorlag.[571] Da davon ausgegangen werden muß, daß § 4 I a) AkadGFG - als Spezialvorschrift gegenüber § 4 I b) und c) AkadGFG - die (bewußt oder unbewußt hervorgerufenen) Irrtumsfälle ganzheitlich erfassen will, ist § 4 I a) 1. Alt. AkadGFG auch anzuwenden, wenn die Täuschung durch einen Dritten - hier die Berichterstatter - vorgenommen wurde.[572] Demnach ist die Entziehung des Doktorgrades gem. § 4 I a) 1. Alt. AkadGFG in diesem Fall aufgrund einer nach pflichtgemäßem Ermessen getroffenen Entscheidung durch den Fachbereichsrat[573] möglich, wenn der Titel durch Täuschung erworben wurde, also wenn die notwendige Kausalität besteht.[574] Falls dem Doktoranden der Titel auch ohne das Vorgehen der Professoren verliehen worden wäre, die Manipulation also lediglich zu einer Notenverbesserung geführt hat, ist diese Voraussetzung nicht erfüllt und eine Entziehung gem. § 4 I a) 1. Alt. AkadGFG ausgeschlossen. Gleichfalls ist dann eine Entziehung gem. § 4 I a) 2. Alt. AkadGFG und gem. § 4 I b) AkadGFG aufgrund des bestehenden Vorrangverhältnisses ausgeschlossen. Wie ausgeführt[575], kann, wenn zwar eine unter § 4 I a) 1. Alt. AkadGFG zu subsumierende Täuschung vorliegt, der Fall gleichwohl nicht von § 4 I a) 1. Alt. AkadGFG erfaßt wird, aufgrund des mit dem Argument einer abschließenden Sonderregelung begründeten Vorrangverhältnisses weder § 4 I a) 2. Alt. AkadGFG noch § 4 I b) AkadGFG zur Lösung der Problematik herangezogen werden.[576]

---

571 So auch Schöner, a.a.O., S. 209 und Wichardt, a.a.O., S. 207.

572 Dem Wortlaut der Vorschrift entsprechend, kann es grundsätzlich keine Rolle spielen, ob der Titelinhaber von der Täuschung wußte oder ob diese unabhängig von seiner Kenntnis vorgenommen wurde.

573 Hierzu bereit vorstehend A.I.3.a.aa.(2)(b).

574 In dem Fall, daß man § 4 I a) 1. Alt. AkadGFG anders auslegt und nur die Täuschung durch den Titelinhaber, nicht aber die durch einen Dritten darunter faßt, ist eine Entziehung gem. § 4 I a) 2. Alt. AkadGFG möglich, da die tatsächlich mindestens ausreichende Leistung in der schriftlichen Arbeit eine wesentliche Voraussetzung für die Verleihung des Doktorgrades darstellt.

575 A.I.3.a.aa.(2)(b).

576 Aber auch unabhängig von diesem bestehenden Vorrangverhältnis wäre die Entzeihung des Doktorgrades nicht gem. § 4 I a) 2. Alt. oder § 4 I b) AkadGFG möglich: Für § 4 I a) 2. Alt. AkadGFG ist Voraussetzung, daß wesentliche Verleihungsvoraussetzungen irrigerweise als gegeben angenommen worden sind. Zwar ist die tatsächlich mindestens ausreichende Leistung in der schriftlichen Arbeit eine wesentliche Voraussetzung in diesem Sinn. Hat die Manipulation jedoch lediglich zu einer Notenverbesserung und nicht zur Annahme der Dissertation im Sinne des § 20 I oder II PromO geführt, wurde diese Verleihungsvoraussetzung nicht nur irrig angenommen, sondern lag wirklich vor. Eine Entziehung des Doktorgrades gem. § 4 I b) PromO ist ebenfalls nicht möglich, denn der Ti-

b. Manipulation im Rahmen des Rigorosums

aa. Allgemeine Täuschungshandlungen und vorheriges Besorgen der Prüfungsaufgabe bzw. der Lösungsskizze

Hierunter ist nur das Mitführen und Verwenden unerlaubter Hilfsmittel während der mündlichen Prüfung[577] und das vorherige Inerfahrungbringen des genauen Prüfungsstoffs zu fassen.

(1) Strafrechtliche Beurteilung

Bei dieser Manipulationsvariante kommt lediglich eine Strafbarkeit des Doktoranden gem. § 263 I, § 271 I und § 123 I StGB in Betracht.

Eine Betrugsstrafbarkeit scheidet mangels Vorliegens einer Vermögensverfügung aus: Die Bewertung der mündlichen Leistung, die Anfertigung eines Protokolls über die mündliche Prüfung und auch die Festlegung und Verkündung des Gesamtergebnisses[578] sind keine Handlungen, durch die das Vermögen der Prüfer oder der Universität unmittelbar berührt wird.[579]

Der Doktorand, der zur Erbringung der mündlichen Leistung unerlaubte Hilfsmittel oder aufgrund vorheriger Kenntnis der Prüfungsfragen die bereits geistig eingeprägten Antworten benutzt, könnte sich dadurch, daß er sich die Promotionsurkunde aushändigen läßt, gem. § 271 I StGB strafbar machen. Die Promotionsurkunde kann zwar als Urkunde im Sinne des § 417 ZPO oder als eine solche des § 418 ZPO angesehen werden, aber nach beiden Vorschriften erstreckt sich die Beweiskraft derselben nicht auf die ordnungsgemäße Erbringung der

---

telinhaber kann, wie ausgeführt (A.I.3.a.cc.(2)(a)), bei dieser Fallvariante weder hinsichtlich der Zulassungs- und Verleihungsvoraussetzungen noch hinsichtlich § 4 I b) als "unwürdig" angesehen werden. Jedoch kommt grundsätzlich eine Berichtigung des unrichtigen Prüfungsergebnisses nach den allgemeinen Vorschriften in Betracht, denn diesbezüglich ist nicht von einem Ausschluß durch die im Hinblick auf die Entziehung des Doktorgrades bestehenden Spezialvorschriften auszugehen.

577 Hierunter sind z.B. eigene Aufzeichnungen des Dokotranden, nicht zugelassene Schriftstücke (die z.B. in Einbände erlaubter Bücher, Gesetzessammlungen etc. gefaßt sind), Prüfungsschemata, Aufbauschemata u.ä. zu verstehen. In der Praxis dürfte diese Manipulationsform aufgrund der Besonderheiten des Rigorosums selten vorkommen.

578 Vgl. hierzu §§ 29 ff PromO und die entsprechenden Regelungen in den Promotionsordnungen anderer Universitäten.

579 Zu den Voraussetzungen des § 263 StGB vgl. vorstehend A.I.1.a.aa.(1).

Promotionsleistungen[580]. Folglich scheidet eine Strafbarkeit des Doktoranden nach § 271 I StGB aus.

Eine Strafbarkeit des Doktoranden wegen Hausfriedensbruchs gem. § 123 I StGB unter dem Aspekt Verfolgung widerrechtlicher Zwecke ist auch hier mit der bereits aufgeführten Begründung[581] zu verneinen.

(2) Hochschulrechtliche Beurteilung

(a) Versagung vor Verleihung des Doktorgrades

Gem. § 44 (1) PromO ist der Fachbereichsrat entsprechend der obigen Ausführungen[582] wegen einer Täuschung des Doktoranden bei Erbringung der Promotionsleistung in Form der mündlichen Prüfung ermächtigt, die Promotion ganz oder teilweise für ungültig zu erklären. Hierüber hat er in jedem Einzelfall nach pflichtgemäßem Ermessen unter Beachtung des Prüfungszwecks und des Verhältnismäßigkeitsgrundsatzes zu entscheiden.

(b) Entziehung nach Verleihung des Doktorgrades

War das Vorgehen des Doktoranden für das Bestehen der mündlichen Prüfung und damit für die Verleihung des Doktorgrades[583] kausal, so ist, entsprechend der vorstehenden Ausführungen[584], die Entziehung des Doktorgrades gem. § 45 PromO i.V.m. § 4 I a) 1. Alt. AkadGFG durch den Fachbereichsrat möglich. Auch hierbei handelt es sich um eine Einzelfallentscheidung die nach pflichtgemäßem Ermessen unter Beachtung des Prüfungszwecks und des Grundsatzes der Verhältnismäßigkeit zu treffen ist.

---

580 Vgl. bereits A.I.1.a.aa.(3) und A.I.3.a.aa.(1)(c).

581 Siehe A.I.1.a.aa.(4).

582 A.I.3.a.aa.(2)(a).

583 Gem. § 33 II PromO kann die mündliche Prüfung im Falle des Nichtbestehens innerhalb einer bestimmten Frist einmal wiederholt werden. Daraus folgt, daß die mindestens ausreichende Leistung im Rigorosum eine Voraussetzung für die Verleihung des Titels darstellt.

584 A.I.3.a.aa.(2)(b).

bb. Ablegung des Rigorosums durch einen Dritten

Hierunter wäre der Fall zu verstehen, daß der eigentliche Doktorand eine andere Person[585] beauftragt, das Rigorosum für ihn abzulegen. Da jedoch gem. § 23 II (2) PromO[586] der Doktorvater stets zum Prüfer bestellt wird und deshalb die beschriebene Fallkonstellation aufgrund der bestehenden persönlichen Bekanntschaft zwischen diesem betreuenden Professor und dem Doktoranden ausgeschlossen ist, wird sie auch im Rahmen der Untersuchung nicht weiter behandelt. Aufgrund der notwendigen persönlichen Bekanntschaft wird der Doktorand die mündliche Prüfung grundsätzlich in eigener Person ablegen.[587]

cc. Beeinflussung von Prüfern durch die Gewährung materieller oder immaterieller Vorteile

Bei dieser Manipulationsvariante sind zwei Alternativen vorstellbar: Das Vorgehen des Doktoranden führt lediglich zu einer besseren Benotung der mündlichen Leistung oder aber zum ungerechtfertigten Bestehen der mündlichen Prüfung.[588]

(1) Strafrechtliche Beurteilung

(a) § 271 I StGB

Der Doktorand beeinflußt die Prüfer, so daß diese daraufhin seine mündliche Leistung mit einer ungerechtfertigten und unangemessenen Note bewerten. Dadurch, daß diese der tatsächlichen Leistung nicht entsprechende Note in das Gesamtergebnis der Promotion mit einfließt[589] und der Doktorand sich daraufhin die

---

585 Dies könnte beispielsweise die Person sein, die bereits seine Dissertation angefertigt hat.

586 Ähnlich auch z.B. § 13 I (2) PromO der Universität Freiburg, § 23 II PromO der Universität Göttingen, § 15 II (2) PromO der Universität Heidelberg, § 13 II (3) PromO der Universität Hamburg, § 20 II PromO der Universität zu Kiel, § 14 Nr. 1 (4) PromO der Universität Münster, § 13 III PromO der Universität Würzburg.

587 Vorstellbar ist in diesem Zusammenhang, daß wenn ein Doktorand sich die Dissertation von einer dritten Person hat schreiben lassen, dieses Vorgehen in der mündlichen Prüfung aufgrund unzureichender Kenntnisse des Prüflings von der schriftlichen Leistung entdeckt wird.

588 Da der durchschnittliche Doktorand auch hinsichtlich dieser Manipulationsvariante wohl eine erhöhte Hemmschwelle zu überwinden hat, kommt die Vorgehensweise in der Praxis eher selten vor.

589 Vgl. insofern §§ 29, 31 PromO. Siehe auch z.B. § 15 I PromO der Universität Frankfurt a.M., § 12 I PromO der Universität Gießen, § 15 PromO der Universität Konstanz, § 14 I PromO der Universität Marburg, § 16 V PromO der Universität Passau, § 10 I PromO der Universität zu Köln.

Promotionsurkunde ausstellen und aushändigen läßt, könnte er sich gem. § 271 I StGB strafbar machen. Dies ist jedoch entsprechend der aufgeführten Argumentation[590] abzulehnen.

(b) § 333 I StGB

Eine Strafbarkeit des Doktoranden nach § 333 I StGB kommt nicht in Betracht.[591]

(c) § 334 I i.V.m. III Nr. 2 StGB

Der Doktorand macht sich durch sein Vorgehen vor oder während der mündlichen Prüfung entsprechend den obigen Ausführungen[592] gem. § 334 I i.V.m. III Nr. 2 StGB strafbar, wenn er dadurch versucht, die Prüfer zu veranlassen, die Grenzen ihres Beurteilungsspielraums bei der Benotung zu überschreiten oder diese zu bestimmen versucht, sich bei ihrer Bewertung der mündlichen Leistung zwar im Rahmen des ihnen eingeräumten Beurteilungsspielraums zu halten, sich hierbei aber durch das Anbieten, Versprechen oder Gewähren des Vorteils beeinflussen zu lassen, also gerade wegen des Vorteils eine der rechtlich möglichen Noten zu erteilen.

(2) Hochschulrechtliche Beurteilung

Hinsichtlich der Versagung vor und der Entziehung nach Verleihung des Doktorgrades bei einem solchen Verhalten des Doktoranden gelten die vorstehenden Untersuchungen bzgl. der schriftlichen Leistung entsprechend.[593]

II. Manipulation bei den juristischen Staatsexamen

Hinsichtlich der Manipulation des Prüflings während der juristischen Staatsexamina erfolgt eine Differenzierung zwischen erster und zweiter Staatsprüfung.[594] Sodann werden die aus den einzelnen Manipulationsarten[595] resultierenden Folgen untersucht.

---

590 A.I.3.a.cc.(1)(a).

591 A.I.3.a.cc.(1)(b).

592 A.I.3.a.cc.(1)(c).

593 Oben A.I.3.a.cc.(2)(a) und (b).

594 Hierzu vorstehend 2. Teil, A.I.3. und 4.

595 Vgl. 2.Teil, A.III.

1. Das erste Staatsexamen

Da sich die beiden juristischen Staatsexamen aus einer mündlichen und einer schriftlichen Prüfung[596] zusammensetzen und bei beiden Prüfungsformen Manipulation möglich ist, muß insofern eine Unterteilung der Untersuchung erfolgen.[597]

a. Manipulation bei der schriftlichen Prüfung

aa. Allgemeine Täuschungshandlungen und vorheriges Besorgen der Prüfungsaufgabe bzw. der Lösungsskizze[598]

---

596 In Rheinland-Pfalz besteht die schriftliche Prüfung sowohl im Rahmen des ersten als auch im Rahmen des zweiten juristischen Staatsexamens aus acht Aufsichtsarbeiten, vgl. § 7 II (2) und § 17 II (1) JAG. Für die Länder, die bei den Staatsexamen die Anfertigung häuslicher Arbeiten verlangen (hierzu 2.Teil, A.I.3. und 4.), sei auf das oben Ausgeführte (A.I.2.) verwiesen.

597 Als eine im Rahmen dieser Arbeit nicht weiter zu untersuchende - der eigentlichen Prüfung nachfolgende - Manipulationsvariante ist der vollständige oder teilweise Verlust von Prüfungsarbeiten zu qualifizieren. Bei nicht genau nachvollziehbarer Unauffindbarkeit zweier Aufsichtsarbeiten nach Einsicht des Prüfungskandidaten in die Unterlagen (vgl. hierzu § 9 III JAG und die entsprechenden Vorschriften der anderen Länder) gesteht der VGH BW (Urt. v. 1.4.1987 - 9 S 1829/86, DVBl. 1987, S. 951 ff = NVwZ 1987, S. 1010 ff) dem Prüfungskandidaten unter dem Gesichtspunkt des effektiven Rechtsschutzes die Stellung entsprechender Ersatzklausuren zu, wenn der Kandidat den Verlust nicht beweisbar zu vertreten hat oder der Verlust nicht beweisbar in dessen Risikospähre eingetreten ist. Wenn nur geringe Teile der Aufsichtsarbeit nach der Einsicht durch den Prüfling nicht mehr auffindbar sind, obliegt dem Prüfling die Beweislast für die Fehlerhaftigkeit der Prüfungsentscheidung; eine Umkehr der Beweislastverteilung sei hierbei auch im Hinblick auf das Rechtsstaatsprinzip und das Gebot der Gewährung effektiven Rechtsschutzes nicht geboten, so OVG NRW, NWVBL 1987, S. 116 ff = DVBl. 1987, S. 1225 f. Ebenso BVerwG, NVwZ 1988, S. 434 ff = DVBl. 1988, S. 404 f = DÖV 1988, S. 972 ff = Buchholz, 421.0, Nr. 248, S. 40 ff. Vgl. zu dieser Problematik auch Wagner, DVBl. 1990, S. 188 m.w.N.

598 Hinsichtlich der Begriffsbestimmungen und -definitionen gilt das vorstehend zu den Leistungskontrollen Ausgeführte entsprechend, siehe A.I.1.a. und b. Aufgrund der bestehenden vielfältigen Möglichkeiten, sich die Prüfungsaufgaben bzw. die dazu angefertigten Lösungsskizzen zu besorgen, wird eine hierdurch begründete Strafbarkeit des Prüflings nicht in die Untersuchung mit einbezogen. Beachte hierzu aber den eindrucksvollen Fall, der durch den seit 27.6.1990 rechtskräftigen Strafbefehl vom AG Mainz - 302 Js 50.062/89 - abgeschlossen wurde. Hierbei hatten sich mehrere Referendare die acht vom Landesprüfungsamt für Juristen in verschlossenen und versiegelten Briefumschlägen befindlichen Klausurtexte, die in einem verschlossenen Schrank aufbewahrt wurden, besorgt. Mittels eines Nachschlüssels öffneten sie nachts einen im Lehrgangsgebäude befindlichen Schreibtisch, in welchem der Schlüssel für den Schrank, in dem sich die Klausurtexte befanden, deponiert war. Nach Öffnung des Schrankes entnahmen sie die verschlossenen und versiegelten Umschläge, öffneten diese, lichteten jeweils ein Exemplar der acht Aufsichtsarbeiten ab, verschlossen die geöffneten Briefumschläge und brachten sie wieder in das Lehrgangsgebäude zurück.

(1) Strafrechtliche Beurteilung

(a) § 263 I StGB

Durch Abgabe der Klausur, die unter Verwendung unzulässiger Hilfsmittel, durch Übernahme der geistigen Leistung änderer Prüflinge infolge Abschreibens bzw. erfolgtem Materialaustausch während der Aufsichtsarbeit oder unter Zurhilfenahme der vorher erstellten/besorgten Lösungsskizze angefertigt wurde, täuscht der Prüfungskandidat die die Arbeit entgegennehmende und die sie korrigierende Person[599] konkludent darüber, es handele sich bei der erstellten Lösung um eine eigene, selbständige und ordnungsgemäß erbrachte Leistung. Durch diese Täuschungshandlung wird ein entsprechender Irrtum hervorgerufen.[600]

Jedoch ist auch hierbei eine Vermögensverfügung, d.h. ein Handeln, Dulden oder Unterlassen das sich unmittelbar[601] vermögensmindernd auswirkt[602], nicht ersichtlich: Die Korrektur der durch den Prüfling ordnungswidrig erstellten Klausur ist kein Vorgang, durch den das Vermögen des Korrektors, des Prüfungsamtes oder des Landes berührt wird.[603] Auch bei der Annahme, die ordnungswidrig erstellte Aufsichtsarbeit habe zum Bestehen des Examens und damit zur Erteilung des Zeugnisses geführt, kann darin keine Vermögensverfügung gesehen werden.[604] Mangels Vorliegens einer Vermögensverfügung scheidet demnach eine Strafbarkeit des Prüflings nach § 263 I StGB aus.[605]

---

599 Gem. § 4 VIV (3) JAPO darf die aufsichtsführende Person nicht zur Bewertung der betreffenden Arbeiten herangezogen werden.

600 Vgl. hierzu A.I.1.a.aa.(1), insbesondere Fußnote 297.

601 Unmittelbarkeit der Vermögensverfügung bedeutet, daß diese zu einer Vermögensminderung führen muß, ohne daß dafür noch zusätzliche, insbesondere deliktische Zwischenhandlungen des Täters erforderlich sind, siehe BGHSt 14/170; Cramer in: Schönke/Schröder, a.a.O., § 263, Rdnr. 61; Krey, BT 2, Rdnr. 386; Lackner, a.a.O., § 263, Rdnr. 22; Wessels, BT 2, § 13 II 3, S. 126.

602 BGHSt 14/170 f; Cramer in: Schönke/Schröder, a.a.O., § 263, Rdnr. 55 ff; Dreher/Tröndle, a.a.O., § 263, Rdnr. 24.

603 Die Korrektur jeder schriftlichen Aufsichtarbeit erfolgt gem. § 8 II (1) 1. HS JAG durch zwei Prüfer. Entsprechend § 4 IVV (2) JAPO soll einer dieser beiden Prüfer Professor sein. Ähnlich beispielsweise § 23 I (1) und (2) JAPO Bay., § 17 I (1) und (2) JAO Nds., § 11 I und II JAG NRW, § 29 I (1) und (3) JAPO Sachs.

604 Zu dieser Problematik bereits oben, A.I.1.a.aa.(1). Zwar könnte eventuell in der Einstellung in den Referendardienst eine solche Vermögensverfügung zu sehen sein, aber diese erfolgt nicht unmittelbar durch das Vorgehen des Prüflings während der Klausuren, sondern aufgrund einer erst nach Erteilung des Zeugnisses vorgenommenen Bewerbung durch ihn.

605 Vorliegend käme nur ein sog. Anstellungsbetrug (der ein Eingehungsbetrug ist, vgl. BGHSt 17/256; Krey, BT 2, Rdnr. 480; Lackner, a.a.O., § 263, Rdnr. 52; Lackner in: LK,

(b) § 267 I 1. Alt. StGB

Bei den Aufsichtsarbeiten, die im Rahmen des Examens anzufertigen sind, handelt es sich um Urkunden im Sinne des § 267 StGB[606]: Der vom Prüfling verfaßte Klausurtext ist eine verkörperte Gedankenerklärung; sie beinhaltet, die Lösung selbständig erstellt zu haben und wie diese nach Ansicht des Prüfungskandidaten ausgestaltet sein muß. Sie ist bestimmt und geeignet für den Rechtsverkehr Beweis zu erbringen, da durch sie die entsprechenden Rechtskenntnisse des Erstellers überprüft werden und sie als Grundlage für die Bildung der Gesamtnote[607] und damit für die Erteilung des Zeugnisses rechtserheblich ist.[608] Da die

---

§ 263, Rdnr. 235) oder ein solcher Versuch dadurch in Betracht, daß der Prüfling sich mit dem ausgestellten Zeugnis über das Bestehen des ersten juristischen Staatsexamens für den juristischen Vorbereitungsdienst bewirbt. Da hierfür also nicht das ordnungswidrige Vorgehen während der Klausurerstellung, sondern erst die Bewerbung mit dem Examenszeugnis entscheidend ist, dies aber keine Prüfungsmanipulation im Sinne der Untersuchung darstellt, hier nur einige Erläuterungen: Mit seiner Bewerbung spiegelt der Prüfling vor, das Examen ordnungsgemäß und persönlich erbracht zu haben (hierzu Urt. des AG München v. 3.10.1988 - 413 Ls 123 Js 3660/87 und v. 27.11.1989 - 413 Ls 123 Js 3514/89). In Betracht kommt eine Täuschung darüber, die vorgeschriebenen Vor- und Ausbildungserfordernisse tatsächlich nachgewiesen zu haben, also über das tatsächliche Vorliegen einer Einstellungsvoraussetzung (vgl. § 14 I (1) Nr. 1 JAG und § 14 I Nr. 2 JAG i.V.m. § 9 I Nr. 4 a LBG (der Vorbereitungsdienst gehört zur Laufbahn, § 19 I 2. HS LBG). War die Prüfungsmanipulation bzw. deren Nichtentdeckung während der Leistungserbringung für das Bestehen des Examens nicht kausal, ist eine Täuschung über die generell notwendigen Einstellungsvoraussetzungen zu verneinen. (Etwas anderes ergibt sich jedoch bei Einstellung in den Referendardienst nach Noten aufgrund nicht ausreichender Ausbildungskapazitäten, vgl. § 14 I (4) JAG i.V.m. § 224 a II LBG). Hier kommt eine Täuschung über die der persönlichen Leistung tatsächlich entsprechenden Benotung, welche für die Ernennung entscheidend ist, in Betracht). Bei vorhandener Kausalität der Manipulation bzw. deren Nichtentdeckung für das Bestehen des Examens liegt eine Täuschung vor. Insofern würde dann durch die Bewerbung auch ein entsprechender Irrtum bei dem Präsidenten des OLG (§ 14 I (2) JAG) hervorgerufen. Vermögensverfügung wäre die Einstellung in den Vorbereitungsdienst, wodurch der Prüfling in das Beamtenverhältnis auf Widerruf ernannt wird (§ 14 I (3) JAG); die Verfügung ist beim Anstellungsbetrug nicht erst in der Auszahlung der Anwärterbezüge oder etwaiger Beihilfebeträge zu sehen (hierzu BGHSt 17/256; Krey, BT 2, Rdnr. 480). Als Vermögensschaden kommt die Erschleichung einer Beamtenposition in Betracht (zu dieser Problematik Cramer in: Schönke/Schröder, a.a.O., § 263, Rdnr. 156; Dreher/Tröndle, a.a.O., § 263, Rdnr. 34; Lackner, a.a.O., § 263, Rdnr. 52; Lackner in: LK, § 263, Rdnr. 239). Ein Schaden wäre hierbei insofern anzunehmen, als daß der Prüfling, der das Examen aufgrund der Manipulation bzw. aufgrund des diesbezüglichen Nichtentdecktwerdens bestanden hat, durch Erlangung des Zeugnisses über das Bestehen des Examens (welches in diesem Fall gem. § 11 II (1) 2. HS JAG einzuziehen ist) zwar formell, nicht aber auch - was für die Annahme eines Schadens entscheidend ist - tatsächlich die notwendigen Einstellungsvoraussetzungen gem. § 14 I (1) Nr. 1 JAG und § 14 I (1) Nr. 2 JAG i.V.m. § 9 I Nr. 4 a LBG erfüllt und trotzdem die Dienstbezüge erhält.

606 Zu Begriff und Definition vgl. vorstehend A.I.1.a.aa.(2).

607 Beachte § 8 IV und V JAG und die entsprechenden Vorschriften anderer Länder, wie beispielsweise § 15 I JAO Berl., § 20 I JAO Nds., § 14 I JAG Saarl., § 24 I JAPrO Sachs.-Anh., § 8 II JAPO Thür.

608 Hierzu auch BayObLG, BayVBl. 1981, S. 217.

jeweiligen Aufsichtsarbeiten gem. § 7 IV JAG (1) nur mit einer vorher ausgelosten Kennziffer zu versehen sind[609] beinhalten sie zwar weder den Namen des Prüflings noch dessen Unterschrift, doch entsprechend dem Verfahren nach § 7 IV (2) JAG lassen sich die Aussteller der Klausuren eindeutig erkennen bzw. ermitteln.[610] Durch die ausgeloste Kennziffer i.V.m. dem durch die Aufsichtsperson vor Beginn des eigentlichen Prüfungsverfahrens angefertigten Kennziffernverzeichnis ist feststellbar, welcher Examenskandidat die erstellte Lösung abgegeben hat und sie aufgrund dessen im Rechtsverkehr für und gegen sich gelten lassen möchte.[611] Eben diese Ermittelbarkeit reicht für die Ausstellereigenschaft im Sinne des § 267 StGB aus.[612] Durch Aufschrift der Kennziffer auf jedes Einzelblatt der Aufsichtsarbeit wird auch der Bezug zum Aussteller dauerhaft fixiert.

Vorliegend kann die Urkunde jedoch nicht als unechte angesehen werden[613]; der Prüfling erstellt die Klausur zwar ordnungswidrig, aber trotzdem eigenhändig. Indem er die einzelnen Blätter mit der für ihn ausgelosten Kennziffer versieht, weist er damit auf sich als Aussteller hin. Folglich ist mangels Identitätstäuschung eine Strafbarkeit des Prüfungskandidaten nach § 267 I 1. Alt. StGB nicht begründet.[614]

(c) <u>§ 271 I StGB</u>

Wie ausgeführt[615], handelt es sich bei Prüfungszeugnissen um öffentliche Urkunden im Sinne des § 271 StGB, für den die Begriffsbestimmung des § 415 I ZPO heranzuziehen ist. Die Zeugnisse über das Bestehen des juristischen Staatsexamens werden von dem Präsidenten des Prüfungsamtes gem. § 9 I JAG[616] in der dafür vorgeschriebenen Form ausgestellt und dem Prüfling erteilt. Der Prä-

---

609 Jedes einzelne Blatt der nachher zusammengehefteten Aufsichtsarbeit ist mit der entsprechenden Kennziffer zu versehen.

610 Dieses verschlüsselte Kennziffernsystem ist eingeführt worden, um die Unbefangenheit der Korrektoren zu gewährleisten.

611 Kienapfel, a.a.O., S. 203; Tröndle in: LK, § 263, Rdnr. 12 ff.

612 Vgl. nur BGH, GA 1963, S. 17; BayObLG, BayVBl. 1981, S. 217 m.w.N; Schroeder, JuS 1981, S. 418; Tröndle in: LK, § 267, Rdnr. 32 f m.w.N.

613 Hierzu bereits oben A.I.1.a.aa.(2).

614 Die durch die Abgabe der Aufsichtsarbeit hervorgerufene Täuschung, die Leistung ordnungsgemäß und völlig eigenständig erbracht zu haben, stellt eine nicht von § 267 StGB erfaßte bloße schriftliche Lüge dar.

615 Siehe nur A.I.1.a.aa.(3).

616 Ebenso beispielsweise § 20 JAPrO BW, § 5 I JAG Hess., § 34 II JAPO Sachs., § 29 I JAPO Thür.

sident nimmt hierbei als Amtsträger im Sinne des § 11 I Nr. 2 a StGB die Befugnisse des Landesjustizprüfungsamts wahr.[617] Er beurkundet innerhalb der Grenzen seiner Amtsbefugnisse, daß der genannte Prüfling seiner Kenntnis nach an dem Staatsexamen teilgenommen und eine bestimmte Gesamtnote erreicht hat. Das Bestehen der Prüfung - somit auch das darüber ausgestellte Zeugnis - ist gem. § 14 I (1) Nr. 1 JAG[618] Voraussetzung für die Einstellung in den juristischen Vorbereitungsdienst und wird durch den Prüfling auch für die spätere Verwirklichung beruflicher Chancen eingesetzt werden. Das Zeugnis ist folglich auch für den Außenverkehr bestimmt und stellt demnach eine öffentliche Urkunde dar.

Der Wahrheitsgehalt und das Maß des öffentlichen Glaubens des Zeugnisses erstrecken sich weder bei Einstufung der Urkunde als eine solche des § 417 ZPO[619] noch bei Beurteilung derselben nach § 418 ZPO[620] auf die ordnungsgemäße und eigenständige Erstellung der Klausuren.[621]

Auch bei einer Argumentation mit dem Wortlaut der Urkunde und dem Sinn und Zweck des ersten juristischen Staatsexamens ergibt sich kein hiervon abweichendes Ergebnis: Aus dem Zeugnis ist lediglich zu entnehmen, daß der jeweilige Prüfungskandidat das Examen mit einer bestimmten Note bestanden hat und daß er berechtigt ist, die Bezeichnung "Ref. jur." zu führen. Hieraus kann jedoch kein Beweis für die ordnungsgemäße Leistungserbringung hinsichtlich der Aufsichtsarbeiten durch den Prüfling hergeleitet werden.[622]

---

617 Das Landesjustizprüfungsamt ist als Behörde im Sinne des § 415 I ZPO anzusehen, denn es stellt ein ständiges, von der Besetzung unabhängiges Organ der inländischen Staatsgewalt dar, das dazu berufen ist, "unter öffentlicher Autorität für die Erreichung der Zwecke des Staates tätig zu sein", vgl. insofern nur Lackner, a.a.O., § 11, Rdnr. 20 m.w.N.

618 In den übrigen Ländern bestehen entsprechende Vorschriften, vgl. nur § 26 II Nr. 1 JAPrO BW, § 6 I JAG Berl., § 23 I JAG Hess., § 26 I JAO Nds., § 20 I JAG NRW, § 30 I JAO Schl.-Hol.

619 Das Zeugnis beinhaltet die Entscheidung im Sinne des § 417 ZPO, daß der Prüfling das erste juristische Staatsexamen bestanden hat.

620 Diesbezüglich bereits oben A.I.1.a.aa.(3). Der Präsident des Landesjustizprüfungsamts kann hierbei selbst lediglich die Abgabe der erstellten schriftlichen Aufsichtsarbeiten unter einer bestimmten Kennziffer und die Vergabe der entsprechenden Noten zur Kenntnis nehmen; nur hierzu ist er verpflichtet und nur dies ist ihm möglich.

621 Deshalb kann vorliegend dahingestellt bleiben, welche der beiden Normen als beweiskraftbestimmende Regelung richtigerweise heranzuziehen ist. Vgl. zu der gesamten Problematik schon A.I.1.a.aa.(3).

622 Siehe hierzu auch bereits die entsprechende, ablehnende Argumentation unter den Gliederungspunkten A.I.1.a.aa.(3) a.E. und A.I.3.a.aa.(1)(c) a.E.

Da die Tatsachen, auf die sich der öffentliche Glaube bezieht, somit richtig beurkundet sind, scheidet eine Strafbarkeit des Prüflings gem. § 271 I StGB aus.

(d) § 123 I StGB

Ein Hausfriedensbruch unter dem Aspekt "Verfolgung widerrechtlicher Zwecke" scheidet entsprechend der vorstehenden Ausführungen[623] aus: Dem Prüfling wird aufgrund seiner Bewerbung gem. § 6 I JAG[624] eine schriftliche Zulassung erteilt, die ihm auch das Betreten des jeweiligen Prüfungsraums erlaubt.[625] Selbst bei bestehender Absicht des Prüfungskandidaten, die Klausur ordnungswidrig zu erstellen, kann deshalb das Betreten nicht als "Eindringen" im Sinne des § 123 I StGB qualifiziert werden.

(2) Außerstrafrechtliche Beurteilung

Hinsichtlich der Manipulation durch den Prüfling im Rahmen des ersten juristischen Staatsexamens ist § 11 JAG einschlägig.[626] Versucht der Prüfling demnach das Ergebnis des schriftlichen Teils des Staatsexamens durch Täuschung[627] oder Benutzung nicht zugelassener Hilfsmittel[628] zu beeinflussen oder verstößt er sonst erheblich gegen die Ordnung[629], so kann die betreffende Prüfungsleistung gem. § 11 I (1) JAG mit null Punkten bewertet werden.[630]

---

623 A.I.1.a.aa.(4).

624 Siehe auch beispielsweise § 10 I JAPrO BW, § 26 II JAPO Sachs., § 9 I und II JAG Saarl., § 7 I JAO Schl.-Hol., § 19 I JAPO Thür.

625 Diese Zulassung ist nicht unter der Bedingung einer ordnungsgemäßen Leistungserbringung erteilt worden.

626 Bezüglich der Ordnungs- bzw. Täuschungsversuche durch den Prüfungskandidaten bestehen in den anderen Ländern entsprechende Regelungen, wie z.B. § 23 JAPrO BW, § 31 JAPO Bay., § 19 JAO Berl., § 27 JAPG Brem., § 23 JAO Ham., § 18 JAG Hess., § 24 JAO Nds., § 17 JAG NRW, § 18 JAG Saarl., § 14 JAPO Sachs., § 30 JAPrO Sachs.-Anh., § 25 JAO Schl.-Hol., § 12 JAPO Thür.

627 Zum Begriff der "Täuschung" vgl. bereits oben 2.Teil, A.III.1.

628 Hierzu vorstehend 2.Teil, A.IV.1.

629 Zur Bedeutung der "Ordnung" im Prüfungsverfahren siehe Fußnote 340.

630 In dem Fall, daß eine Prüfungsleistung mit null Punkten bewertet wird, ist eine Wiederholung derselben nicht möglich; dem ordnungswidrig vorgehenden Prüfungskandidaten dürfen keine Vorteile aus seinem Verhalten erwachsen.

Bei Einstufung des Vorgehens als schwerem Fall kann der Bewerber gem. § 11 I (2) JAG von der gesamten Prüfung ausgeschlossen werden und dieselbe gilt als nicht bestanden.[631]

Entsprechend § 11 I (3) JAG liegt ein Täuschungsversuch auch vor, wenn der Prüfling nach Ausgabe einer Aufgabe nicht zugelassene Hilfsmittel mit sich führt und nicht nachweist, daß deren Besitz weder auf Vorsatz noch auf Fahrlässigkeit beruht. Sowohl die Verwendung unerlaubter Hilfsmittel als auch das bloße Mitsichführen derselben[632] ist gem. § 11 I (1) und (2) JAG als Ordnungsverstoß zu qualifizieren, aufgrund dessen die betroffenen Prüfungsleistung je nach Schwere des Verstoßes mit null Punkten bewertet oder die manipulierende Person von der gesamten Prüfung ausgeschlossen werden kann.

Das Abschreiben von anderen Prüfungskandidaten und auch der schriftliche Materialaustausch mit diesen während des Examens ist als Versuch der Ergebnisbeeinflussung durch Täuschung einzustufen. Auch wegen eines solchen Ordnungsverstoßes kann - je nach Schwere des Verstoßes - die betreffende Prüfungsleistung gem. § 11 I (1) JAG mit null Punkten bewertet oder gem. § 11 I (2) JAG der Prüfling vom Examen ausgeschlossen werden.

Nimmt der Prüfling die aufgrund der vorherigen Kenntniserlangung der Prüfungsaufgabe selbst angefertigte Lösungsskizze oder das von Dritten erstellte Lösungsmuster mit in die Prüfung, um es dort zur Anfertigung einer Klausur zu verwenden, so können die in § 11 JAG aufgeführten Sanktionen wegen der Benutzung nicht zugelassener Hilfsmittel verhängt werden. Hierbei macht es keinen Unterschied, ob das schriftliche Lösungsmuster oder eine in das Gedächtnis eingeprägte Lösungsskizze zur Erstellung der Aufsichtsarbeit benutzt wird.[633]

---

631 Ein schwerer Fall kann z.B. insbesondere dann nicht angenommen werden, wenn der Examenskandidat ein unerlaubtes Hilfsmittel lediglich mitgeführt, aber noch nicht verwendet hat.

632 Den Prüflingen müssen zur Erstellung der Aufsichtsarbeit die gleichen Hilfsmittel zur Verfügung stehen, da ansonsten ungleiche Prüfungsbedingungen bestehen und folglich der Chancengleichheitsgrundsatz verletzt ist, vgl. BVerwGE 41/34 ff; BayVGH, BayVBl. 1976, S. 60 f. Deshalb wertet § 11 I (3) JAG bereits das Mitsichführen unzulässiger Hilfsmittel nach Ausgabe der Aufgabe in der schriftlichen Prüfung als Täuschungsversuch, wenn der Prüfungskandidat nicht nachweist, daß er weder vorsätzlich noch fahrlässig in deren Besitz gelangt ist. Ob das Hilfsmittel für die Erstellung der Klausur förderlich ist, oder ob es überhaupt benutzt werden kann, ist hierfür unerheblich. Siehe hierzu BVerwG, Buchholz, 421.0, Nr. 235; BayVGH, BayVBl. 1980, S. 629 f; BayVGH, BayVBl. 1981, S. 688 f; Niehues, Schul- und Prüfungsrecht, Rdnr. 386 c.

633 Vgl. bereits vorstehend A.I.1.b.bb.

Gleichzeitig ist dieses Vorgehen als Versuch der Ergebnisbeeinflussung durch Täuschung im Sinne des § 11 I (1) JAG zu qualifizieren.

Die in § 11 I und II JAG aufgeführten Entscheidungen trifft gem. § 11 III (1) JAG der Präsident des Prüfungsamtes und gibt sie dem Prüfling schriftlich bekannt, § 11 III (2) JAG. Da es sich entsprechend des Wortlauts des § 11 JAG hierbei um Ermessensentscheidungen handelt[634], trifft der Präsident des Prüfungsamtes diese nach pflichtgemäßem Ermessen unter Beachtung des Prüfungszwecks und des Verhältnismäßigkeitsgrundsatzes.[635] Im Rahmen der Staatsexamen soll § 11 JAG eine Vergleichbarkeit der von den Prüflingen erbrachten Leistungen sicherstellen und durch das darin enthaltene abgestufte Entscheidungssystem ermöglichen, diejenige Sanktion zu wählen, die notwendig und geeignet ist, die durch die Täuschung hervorgerufenen Verschiebung des Chancengleichheitsgrundsatzes wieder auszugleichen.[636]

Fraglich ist jedoch, ob § 11 JAG nur Verstöße zu eigenem oder auch zu fremdem Vorteil erfaßt. Gem. § 11 I (1) JAG ist eine Sanktion zulässig, wenn versucht wird, "das Ergebnis der Prüfung" durch Täuschung oder Benutzung nicht zugelassener Hilfsmittel[637] zu beeinflussen. Da nicht von "seinem" Ergebnis oder von "seiner" Prüfung die Rede ist, spricht der Wortlaut für die Erfassung einer Täuschung zu eigenem und zu fremden Vorteil.[638] Aber dies kann vorliegend auch dahingestellt bleiben, denn bei einer Täuschung zu fremdem Vorteil kann zumindest ein erheblicher Verstoß gegen die Ordnung bejaht werden, so daß auch in diesem Fall die Sanktionen nach § 11 I (1) oder (2) JAG ab einem bestimmten Grad des Verstoßes zulässig sind.[639]

---

634 Die Prüfungsleistung "kann" mit null Punkten bewertet werden, § 11 I (1) JAG; der Bewerber "kann" von der Prüfung ausgeschlossen werden, § 11 I (2) JAG; das Prüfungsergebnis "kann" entsprechen berichtigt oder die Prüfung für nicht bestanden erklärt werden, § 11 II (1) JAG.

635 Beachte schon oben A.I.1.a.bb.(1); A.I.1.b.bb.

636 Siehe bereits die entsprechenden Ausführungen hinsichtlich der studienbegleitenden Leistungskontrollen, A.I.1.a.bb.(1). Insbesondere sind die dort gemachten Darlegungen bzgl. der Verhältnismäßigkeit des § 8 OStbglLK auf die Vorschrift des § 11 JAG zu übertragen.

637 Auch die Verwendung unzulässiger Hilfsmittel stellt eine Täuschung im Sinne des § 11 I (1) JAG dar, doch ist ein solches Vorgehen durch den Prüfling nochmals explizit als Ordnungsverstoß aufgeführt. Ebenso z.B. § 18 I (2) JAG Saarl., § 14 I (2) JAPO Sachs., § 12 I (2) JAPO Thür.

638 Siehe hierzu auch Fußnote 360.

639 Wird die Erfassung eines Täuschungsversuchs zu fremdem Vorteil durch § 11 JAG bejaht, ist im Hinblick auf § 11 II (1) JAG der Verhältnismäßigkeitsgrundsatz von besonderer Bedeutung: Eine nachträgliche Berichtigung des Prüfungsergebnisses oder sogar eine nachträgliche Erklärung des Nichtbestehens der Prüfung desjenigen, der zwar seine eigenen

In dem Fall, daß ein Prüfling wegen eines schweren Ordnungsverstoßes von dem Examen ausgeschlossen (§ 11 I (2) JAG) oder die Prüfung im Nachhinein wegen eines solchen Verstoßes für nicht bestanden erklärt wird (§ 11 II (1) JAG)[640], kann er die gesamte Prüfung gem. § 13 I (1) JAG in der nächsten Prüfungskampagne einmal wiederholen. Entsprechend § 13 I (2) JAG kann die Wiederholung in einer späteren Kampagne zugelassen werden, wenn ein wichtiger Grund vorliegt. Ob bei einem ordnungswidrigen Vorgehen des Prüflings Sanktionen im Sinne des § 11 JAG verhältnismäßig sind und ab wann ein schwerer Ordnungsverstoß[641] vorliegt, ist in jedem Einzelfall gesondert festzustellen. Dadurch wird eine größtmögliche Einzelfallgerechtigkeit erzielt.

bb. Anfertigung der Prüfungsleistung durch einen Dritten

Hierbei fertigt irgendeine dritte Person eine, mehrere oder alle Aufsichtsarbeiten für den eigentlichen Prüfungskandidaten an.

Die Klausuren sind von dem Prüfling unter einer vor Beginn der schriftlichen Prüfung ausgelosten Kennziffer anzufertigen, § 7 IV JAG. Die Kennziffern der einzelnen Bewerber werden gem. § 7 IV (2) JAG in eine Liste aufgenommen. Während der schriftlichen Prüfung nimmt der Prüfungsteilnehmer den seiner

---

Leistungen eigenständig und ordnungsgemäß erbracht, aber eine Täuschungshandlung zugunsten eines Mitprüflings begangen hat, darf nur bei Vorliegen eines besonders schweren Täuschungsfalles in Betracht gezogen werden. Wegen des bestehenden Übermaßverbots muß von einer erheblichen Reduzierung der Sanktionserforderlichkeit ausgegangen werden. Im Hinblick auf den zu fremdem Vorteil manipulierenden Prüfling ist eine Wiederherstellung der Chancengleichheit nicht notwendig; es kommt nur zu einer reinen Sanktion, da seine eigenen Leistungen ordnungsgemäß erbracht wurden.

640 Falls das erste Staatsexamen nach Erbringung der schriftlichen und mündlichen Leistung durch den Prüfling unter dem Vorbehalt für bestanden erklärt wurde, daß sich der Verdacht eines Täuschungsversuchs bei den Aufsichtsarbeiten nicht bestätigt, liegt die Anordnung des sofortigen Vollzugs der Erklärung des "Nichtbestehens" bei nachträglicher Bestätigung des Täuschungsversuchs im besonderen öffentlichen Interesse: ansonsten würde das unter Vorbehalt verkündete Prüfungsergebnis Rechtswirkungen dergestalt entfalten, daß der Kandidat Anspruch auf Aushändigung des Zeugnisses über das Bestehen des Examens hätte und somit - zumindest formal - diese Voraussetzung für die Einstellung in den juristischen Vorbereitungsdienst erfüllen würde; siehe nur Beschl. des VG Frankfurt -V/1 H 1904/83- v. 29.7.1983, S. 3 und 10.

641 Ein schwerer Ordnungsverstoß wird zu bejahen sein, wenn umfangreiche Vorbereitungen unter Einschaltung dritter Personen getroffen wurden, vgl. Beschl. des VG Frankfurt -V/1 H 1904/83- v. 29.7.1983. Hier (S. 8 f) hat das Gericht auch klargestellt, daß eine ganz überwiegende Wahrscheinlichkeit für das Vorliegen einer Täuschungshandlung spricht, wenn die Aufsichtsarbeiten zweier Prüflinge, die die Klausuren zur gleichen Zeit in verschiedenen Räumen angefertigt haben, inhaltlich und zum Teil wörtlich übereinstimmen. Umfang und Gewicht der Täuschungshandlung sind bei der Einstufung des Vorgehens als leichtem oder schwerem Fall zu beachten, so BVerwG, Buchholz 421.0, Nr. 78, S. 56 ff und VGH Mannheim, WissR 1977, S. 259 ff.

Kennziffer entsprechenden Platz ein, § 4 VI (1) JAPO, und fertigt dort die Lösung der ihm gestellten Aufgabe an. Dies wird durch eine oder mehrere Paßkontrollen täglich von den aufsichtsführenden Personen überprüft. Aufgrund dieser streng druchgeführten Kontrollen erfolgt die zu beurteilende Manipulationsvariante im Staatsexamen seltener als im Rahmen der studienbegleitenden Leistungskontrollen oder der großen Scheine. Trotzdem ist sie, wie die Praxis deutlich macht, dadurch nicht ausgeschlossen.

Zu unterscheiden sind auch hierbei zwei Fallvarianten: In dem einen Fall fertigt ein Dritter die Aufsichtsarbeit für den eigentlichen Prüfling an, aber dieser versieht sie nach der Übergabe mit der durch ihn ausgelosten Kennziffer und liefert sie bei der aufsichtsführenden Person ab. In dem anderen Fall fertigt der Dritte die Aufsichtsarbeit für den eigentlichen Prüfling an, unterzeichnet sie aber selbst mit der für den Prüfling ausgelosten Kennziffer und liefert sie dann auch selbst bei der Aufsichtsperson ab.

(1) Unterzeichnung und Ablieferung der Klausur durch den eigentlichen Prüfling

Die Anfertigung der Prüfungsleistung durch einen Dritten kann hierbei auf unterschiedlichem Wege erfolgen.[642] Der Prüfungskandidat erhält auf jeden Fall die von der dritten Person angefertigte Lösung der Klausur, legt ihr das vorgeschriebene Deckblatt bei, versieht es sowie alle Einzelblätter der Arbeit mit der vorher ausgelosten Platznummer und gibt diese Lösung ab.[643]

(a) Strafrechtliche Beurteilung

(aa) § 263 I StGB

Eine Betrugsstrafbarkeit des Prüflings ist mangels Vorliegens einer Vermögensverfügung nicht erfüllt.[644]

---

642 Siehe hierzu bereits vorstehend A.I.1.c.aa. Beachte auch den Fall, über den das BayObLG (Urt. v. 17.12.1980 - RReg. 3 St 250/79, BayVBl. 1981, S. 216 ff = JZ 1981, S. 201 f = NJW 1981, S. 772 ff) zu entscheiden hatte: Dort erstellte ein außerhalb des Prüfungsraumes befindliches Lösungsteam für zwei Examenskandidaten in deren Handschriften Aufsichtsarbeiten und schmuggelte diese in den Prüfungsraum, wo die eigentlichen Prüflinge die fremderstellten Lösungen in das vorgeschriebene Umschlagblatt legten, die Seiten mit der von ihnen gezogenen Platznummer versahen und diese Arbeiten abgaben.

643 Hierbei ist unerheblich, ob der Examenskandidat eine seiner Handschrift gleichende, durch den Dritten erstellte Lösung abliefert oder die fremderstellte Lösung nochmals abschreibt bevor er sie der Aufsichtsperson übergibt.

644 Vgl. schon A.II.1.a.aa.(1)(a).

(bb) § 267 I 1. Alt. StGB

Bei der Examensklausur handelt es sich um ein taugliches Tatobjekt des § 267 StGB.[645] Fraglich ist jedoch, ob bei diesem Vorgehen eine für § 267 I 1. Alt. StGB erforderliche Identitätstäuschung zu bejahen ist. Hinsichtlich dieser Problematik kann auf die obigen Ausführungen verwiesen werden.[646] Der einzige Unterschied hierzu besteht darin, daß der eigentliche Prüfling die Klausur nicht mit seinem Namen unterzeichnet, sondern jedes einzelne Blatt der Aufsichtsarbeit mit der durch ihn ausgelosten Kennziffer versieht. Die so verschlüsselte Erkennbarkeit des Erklärenden ist jedoch für die Bejahung der Urkundseigenschaft ausreichend[647]: Aufgrund des angewandten Verschlüsselungsverfahrens ergibt sich für das Landesjustizprüfungsamt eindeutig, welchem Namen die abgegebene Aufsichtsarbeit zuzuordnen ist und wer sie im Rechtsverkehr für und gegen sich gelten lassen will.

Nach der zu befürwortenden sog. Geistigkeitstheorie[648] kommt es für die Ausstellereigenschaft einer Urkunde nicht auf den Schreiber, sondern auf den Erklärer an, also auf denjenigen, der sich an die Erklärung gebunden fühlt, sie als seine eigene gelten lassen will. Danach kann als wirklicher Aussteller der Urkunde nur der eigentliche Prüfling angesehen werden. Indem er jedes Einzelblatt der fremdangefertigten Lösung mit der durch ihn ausgelosten Kennziffer versieht, ihr das - ebenfalls mit dieser Nummer versehene - Deckblatt beifügt und die so vervollständigte Aufsichtsarbeit abliefert, billigt er die erstellte Lösung; der Examenskandidat bekennt sich dadurch zu den Ausführungen und macht sie sich zu eigen. Er will durch dieses Vorgehen gerade erreichen, daß ihm die Aufsichtsarbeit zugerechnet wird. Da die grundsätzliche Forderung, daß Prüfungsleistungen regelmäßig eigenhändig zu erstellen sind, keine andere Sichtweise zur Bestimmung der Echtheit der Urkunde gebietet[649], der eigentliche Prüfling somit als alleiniger Aussteller der Aufsichtsarbeit anzusehen ist, liegt lediglich eine unwahre, nicht jedoch eine unechte Urkunde vor. Eine Strafbarkeit des Examenskandidaten gem. § 267 I 1. Alt. StGB ist folglich nicht erfüllt.[650]

---

645 Dazu oben A.II.1.a.aa.(2)(b).

646 Beachte A.I.1.c.aa.(1)(b).

647 A.II.1.a.aa.(1)(b).

648 Hierzu A.I.1.c.aa.(1)(b).

649 Oben A.I.1.c.aa.(1)(b).

650 Da schon das Herstellen einer unechten Urkunde vorliegend verneint wird, ist auch in der Abgabe der Aufsichtsarbeit kein Gebrauchmachen im Sinne des § 267 I 3. Alt. StGB zu sehen.

(cc) § 271 I StGB

Eine Strafbarkeit des Prüflings gem. § 271 I StGB scheidet aus den aufgeführten Gründen[651] aus.

(b) Außerstrafrechtliche Beurteilung

Auch hinsichtlich dieser Manipulationsvariante ist § 11 JAG heranzuziehen. Gem. § 11 I (1) JAG[652] kann die Aufsichtsarbeit des Examenskandidaten, der durch das beschriebene Vorgehen versucht das Ergebnis der Klausur, das Gesamtergebnis der schriftlichen Prüfung[653] und somit auch das Ergebnis der gesamten Prüfung[654] durch Täuschung[655] zu beeinflussen, mit null Punkten bewertet werden. Da die Erstellung der Prüfungsleistung durch einen Dritten in der Regel als schwerer Täuschungsversuch zu qualifizieren ist[656], kann der Examenskandidat gem. § 11 I (2) JAG von der Prüfung ausgeschlossen werden; die gesamte Prüfung ist in diesem Fall nicht bestanden.

Diese Entscheidungen trifft der Präsident des Prüfungsamtes[657] nach pflichtgemäßem Ermessen unter Beachtung des Prüfungszwecks und des Verhältnismäßigkeitsgrundsatzes.[658] Wird eine solche Täuschungshandlung erst nach Aushändigung des Zeugnisses über das Bestehen des ersten juristischen Staatsexamens bekannt, so kann aufgrund einer nach pflichtgemäßem Ermessen zu treffenden Entscheidung innerhalb von fünf Jahren seit dem Tag der mündlichen Prüfung das Prüfungsergebnis entsprechend berichtigt oder die Prüfung für nicht be-

---

651 Siehe A.II.1.a.aa.(1)(c) und A.I.1.a.aa.(3).

652 So auch z.B. § 23 I (1) JAPrO BW, § 31 I (1) JAPO Bay., § 19 I (1) JAO Berl., § 18 I (1) JAG Hess., § 24 I (1) JAO Nds.

653 Aus den Einzelnoten der schriftlichen Prüfung errechnet der Präsident des Prüfungsamtes gem. § 8 IV JAG die Gesamtnote der schriftlichen Prüfung. In den übrigen Ländern bestehen entsprechende Regelungen, vgl. nur § 19 JAG Hess., § 12 I JAG Saarl., § 30 I JAPO Sachs.

654 Gem. § 8 IV und V JAG und der entsprechenden Regelungen anderer Länder geht jede einzelne Klausurbewertung in die Gesamtnote der schriftlichen Prüfung und somit auch in die Prüfungsgesamtnote ein.

655 Dadurch, daß ein Dritter die Klausurlösung erstellt hat, der Prüfling diese aber unter Kennzeichnung mit der durch ihn ausgelosten Platznummer abgibt, täuscht er darüber die Arbeit ordnungsgemäß und eigenständig erstellt zu haben; vgl. hierzu bereits A.II.1.a.aa.(1)(a).

656 Hierzu schon oben A.I.1.c.aa.(2), insbesondere Fußnote 403.

657 § 11 III (1) JAG; ähnlich § 24 II JAO Nds., § 17 II JAG NRW, § 18 I (4) JAG Saarl., § 25 II (1) JAO Schl.-Hol.

658 Beachte hierzu bereits vorstehend A.I.1.a.bb.(1) und A.II.1.a.aa.(2).

standen erklärt werden. Das unrichtige Prüfungszeugnis ist in diesem Fall einzuziehen, § 11 II (1) JAG.

(2) Anfertigung, Unterzeichnung und Ablieferung der Klausur durch den Dritten

Hierbei nimmt der Dritte praktisch die Position des eigentlichen Prüflings ein. Er fertigt die Aufsichtsarbeit an, versieht sie mit der unter dem Namen des Examenskandidaten zuvor ausgelosten Kennziffer und gibt diese Lösung nachher bei der Aufsichtsperson ab.[659]

(a) Strafrechtliche Beurteilung

(aa) § 263 I / § 267 I 1. und 3. Alt. / § 123 I StGB

Bei diesem Vorgehen kommt lediglich eine Teilnahme (Anstiftung, § 26 StGB oder Beihilfe, § 27 StGB) des eigentlichen Prüflings an den Straftaten des Dritten in Betracht.[660] Für diese ist jedoch eine tatbestandsmäßig-rechtswidrige Haupttat Voraussetzung.[661]

(bb) § 271 I StGB

Jedoch könnte sich der eigentliche Prüfling bei dieser Manipulationsvariante einer mittelbaren Falschbeurkundung strafbar machen.

Bei dem Zeugnis über das Bestehen des ersten juristischen Staatsexamens handelt es sich um eine öffentliche Urkunde im Sinne des § 271 I StGB.[662] Da es aber bei Einstufung als Urkunde im Sinne des § 417 ZPO nicht die sachliche Richtigkeit der Entscheidung oder die sie begründenden Tatsachen und bei Qualifizierung als Urkunde im Sinne des § 418 ZPO lediglich das, was für eine durchschnittliche, pflichtbewußte Urkundsperson wahrnehmbar und von ihr wahrzunehmen ist, mit öffentlichem Glauben beweist, bezieht sich die erhöhte Beweiswirkung

---

659 Ob der Dritte sich zulässiger- oder unzulässigerweise in dem Prüfungsraum aufhält, bleibt bei dieser Untersuchung außer Betracht. Deshalb findet auch eine im Vorfeld der eigentlichen Prüfungsmanipulation begründete Strafbarkeit, z.B. durch Übergabe, Anfertigung und Vorlage eines gefälschten Personalausweises, hier keine Berücksichtigung. Dazu aber AG München, Urt. v. 19.2.1991 - 412 Ls 123 Js 4878/87 und Urt. v. 27.11.1989 - 413 Ls 123 Js 3514/89; Urt. des AG München v. 3.10.1988 - 413 Ls 123 Js 3660/87; Urt. des AG Frankfurt a.M. v. 9.11.1988 - 75 Js 26801/87 - 920 Ls.

660 A.I.1.c.bb.(1)(a).

661 Vgl. deshalb hierzu die Untersuchung unter Gliederungspunkt E.

662 Siehe die Ausführungen zu A.II.1.a.aa.(1)(c).

vorliegend gerade nicht auf die ordnungsgemäße, eigenständige und eigenhändige Leistungserbringung durch den eigentlichen Prüfling.[663] Der Präsident des Prüfungsamtes, der gem. § 9 I JAG[664] das Zeugnis erstellt und erteilt, kann selbst verläßlich lediglich die Abgabe der Aufsichtsarbeiten unter einer bestimmten Kennziffer und die hierzu erteilten Noten wahrnehmen. Bezüglich der Identität des Erklärenden hinsichtlich der angefertigten Aufsichtsarbeiten obliegt dem erteilten Examenszeugnis somit keine erhöhte Beweiswirkung, wobei dahingestellt bleiben kann, ob § 417 ZPO oder § 418 ZPO einschlägig ist.[665] Eine Strafbarkeit des eigentlichen Prüflings nach § 271 I StGB scheidet demnach aus.[666]

(b) Außerstrafrechtliche Beurteilung

Dem Wortlaut des § 11 I (1) JAG zufolge könnte unter dem Aspekt des "sonstigen Täuschungsversuchs" lediglich der durch den Bewerber selbst verübte Täuschungsversuch zu fassen sein. Aufgrund der Tatsache, daß § 11 JAG als umfassende Sanktionsnorm anzusehen ist und diese Auslegung dem Wortlaut der Vorschrift entspricht, ist jedoch davon auszugehen, daß auch ein Täuschungsversuch, der dem Bewerber zuzurechnen ist, erfaßt wird. Demnach versucht der eigentliche Prüfling durch das Vorgehen das Ergebnis der Prüfung durch Täuschung zu beeinflussen.[667] Falls ein solcher Täuschungsversuch im Sinne des § 11

---

663 A.I.1.a.aa.(3), A.I.1.c.bb.(1)(b) und A.II.1.a.aa.(1)(c).

664 Ebenso beispielsweise § 20 JAPrO BW, § 5 I JAG Hess., § 34 II JAPO Sachs., § 29 I JAPO Thür.

665 Etwas anderes ergibt sich auch nicht bei der theoretischen Annahme, daß dem beurkundenden Präsidenten des Justizprüfungsamtes die Wahrnehmungsverpflichtung und die Wahrnehmungsmöglichkeit der während der schriftlichen Prüfung aufsichtsführenden Personen bei Festlegung der erhöhten Beweiswirkung nach § 418 ZPO zuzurechnen sind: Einem durchschnittlichen, pflichtbewußten Aufsichtsführenden ist lediglich die Wahrnehmung der Teilnahme eines ihm in der Regel nicht bekannten Prüflings an der Aufsichtsarbeit und die Abgabe derselben unter einer bestimmten, vorher ermittelten, Kennziffer möglich, nicht aber auch die tatsächlich eigenständige Leistungserbringung durch den gemeldeten Prüfling. Zwar finden vor und während des Prüfungsverlaufs Kontrollen hinsichtlich der Identität der Examenskandidaten und der Einhaltung der vorher ausgelosten Platznummern statt, aber trotzdem ist die aufsichtsführende Person weder verpflichtet, in jedem Einzelfall festzustellen, ob es sich bei der die Aufsichtsarbeit abliefernden Person tatsächlich um den gemeldeten Prüfling handelt, noch ist ihr dies möglich (vgl. Fußnote 415).

666 Beachte hierzu vorstehend A.I.1.c.bb.(1)(b).

667 Zwar fertigt ein Dritter die Klausur an und gibt sie unter der für den eigentlichen Prüfling ermittelten Kennziffer ab. Trotzdem ist insofern von einem Täuschungsversuch im Sinne des § 11 I (1) JAG auszugehen (vgl. bereits die entsprechenden Ausführungen in Fußnote 418): Die ausschließlich durch den Examenskandidaten veranlaßte eigentliche Täuschungshandlung (Erstellung und Ablieferung der Klausur) erfolgt im Rahmen des Prüfungsverfahrens i.e.S. (vgl. hierzu Fußnote 340).; ein Täuschungsversuch während dieses

I (1) JAG vorliegend - zu Unrecht - verneint wird, weil der Dritte und nicht der Prüfling die eigentliche Täuschungshandlung vornimmt, ist auf jeden Fall ein erheblicher Ordnungsverstoß durch den eigentlichen Examenskandidaten zu bejahen[668]; er veranlaßt den Dritten dazu, seine Position einzunehmen und so die Platznummer unter seinem Namen zu losen, die Arbeit für ihn zu erstellen und diese unter Versehung mit der Platznummer für ihn abzuliefern. Dadurch verstößt er in erheblichem Maße gegen die unter den Begriff der "Ordnung" zu fassenden Bestimmungen, daß der eigentliche Prüfling die beschriebenen Handlungen eigenhändig vorzunehmen hat und die geforderte Prüfungsleistung eigenständig, persönlich und unverfälscht erbringen muß.[669] Die betreffende Aufsichtsarbeit kann gem. § 11 I (1) JAG mit null Punkten bewertet werden und der Examenskandidat bei Einstufung als schwerem Fall - was bei einem solchen Verhalten in der Regel zu bejahen ist - gem. § 11 I (2) JAG von der Prüfung ausgeschlossen werden, so daß die gesamte Prüfung nicht bestanden ist.[670]

cc. Beeinflussung von Prüfern durch die Gewährung materieller oder immaterieller Vorteile[671]

Gem. § 7 IV (1) JAG[672] fertigt der Prüfling die Klausuren unter einer vorher ausgelosten Kennziffer; sein Name oder seine Unterschrift sind auf der erstellten

---

Zeitraums soll jedoch gerade von § 11 JAG erfaßt werden. Nur weil der Prüfling dem Examen fernbleibt und die eigentlich durch ihn anzufertigende Klausur durch einen Dritten erstellen und abliefern läßt, kommt es zu einer Täuschungshandlung und ist eine solche überhaupt erst möglich. Die erforderliche Leistungserbringung erfolgt nicht ordnungsgemäß; sowohl die die Arbeit entgegennehmende Aufsichtsperson, die Korrektoren der Klausuren und der die Gesamtnote der schriftlichen Prüfung festsetzende Präsident des Prüfungsamtes (§ 8 IV JAG) als auch der die Gesamtnote festsetzende Prüfungsausschuß (§§ 8 V, 20 II JAG) sollen über den tatsächlichen Leistungsstand des Examenskandidaten getäuscht werden. Dieser unmittelbare und mittelbare Täuschungsversuch (mittelbar insofern, als daß die die schriftlichen Leistungen bewertenden Prüfer bei ihrer Tätigkeit gutgläubig vorgehen, aber durch ihre Notengebung der Präsident des Prüfungsamtes und der Prüfungsausschuß über das tatsächliche Leistungsniveau des wirklichen Prüflings getäuscht werden) ist dem eigentlichen Examenskandidaten zuzurechnen. Da der Dritte aufgrund des Angebots des Examenskandidaten in dessen Position eintritt, ist das Vorgehen mit einer durch den Prüfling selbst vorgenommenen Täuschung gleichzusetzen. Dadurch daß der eigentliche Kandidat dem Examen fernbleibt und die Klausuren nicht selber anfertigt, täuscht er durch den Dritten darüber, die Leistungen ordnungsgemäß und eigenständig erbracht zu haben.

668 Vgl. diesbezüglich bereits oben Fußnote 340 und 418.

669 Hierzu bereits vorstehend A.I.1.c.bb.(2).

670 Zu sonstigen, auch bei dieser Manipulationsvariante einschlägigen Ausführungen, vgl. bereits A.II.1.a.bb.(1)(b).

671 Zu Begriffsbestimmungen und Erklärungen diesbezüglich vgl. 2.Teil, A.III.4. und 4.Teil, A.I.1.d.

672 Ähnlich z.B. § 17 V (1) JAPG Brem., § 13 II (2) JAO Ham., § 5 JAO NRW, § 28 IV (1) JAPO Sachs., § 17 I JAPrO Sachs.-Anh., § 22 III JAPO Thür.

Lösung nicht vorhanden. Die Kennziffern und die ihnen zuzuordnenden Namen der Prüflinge werden in eine Liste aufgenommen, die den Prüfern gem. § 7 IV (2) JAG[673] erst nach der entgültigen Bewertung aller Aufsichtsarbeiten mitgeteilt werden darf. So soll die Unvoreingenommenheit der Korrektoren und dadurch eine gerechte und neutrale Bewertung sichergestellt werden. Insofern könnte davon ausgegangen werden, die Beeinflussung von Prüfern mit dem Ziel, daß diese dann aufgrund der Veranlassung die Aufsichtsarbeit bzw. deren Ergebnis bewußt zum Vorteil des Prüflings manipulieren, sei hierbei ausgeschlossen. Dagegen ist jedoch einzuwenden, daß dem einzelnen Examenskandidaten die von ihm ausgeloste Kennziffer bekannt ist und er somit "lediglich" in Erfahrung bringen muß, welcher Prüfer die jeweilige schriftliche Arbeit korrigiert und bewertet.[674] Ist dies geschehen, kann der Examenskandidat an den Prüfer herantreten und unter Mitteilung der entsprechenden Kennziffer versuchen, ihn zu dem beabsichtigten Verhalten zu veranlassen.[675]

(1) Strafrechtliche Beurteilung

(a) § 271 I StGB

Zwar ist das erteilte Examenszeugnis als öffentliche Urkunde im Sinne des § 271 StGB anzusehen.[676] Eine Strafbarkeit nach dieser Norm entfällt jedoch entsprechend der dargelegten Gründe.[677]

(b) § 333 I StGB

Eine Strafbarkeit des Examenskandidaten gem. § 333 I StGB wird durch sein Vorgehen nicht begründet[678]: Zwar handelt es sich bei den Prüfern um Amts-

---

673 Vergleichbar beispielsweise § 16 I JAO Ham., § 8 a III JAO NRW, § 28 IV (2) JAPO Sachs., § 21 III JAPrO Sachs.-Anh., § 16 JAO Schl.-Hol.

674 Gem. § 8 II (2) JAG sind alle Bearbeitungen einer Aufgabe demselben Prüferpaar zuzuweisen. Nur wenn mehr als 100 Bearbeitungen zu bewerten sind, können sie auf mehrere Prüferpaare aufgeteilt werden.

675 Als rein praktisches Problem ist hierbei zu beachten, daß gem. § 8 II (1) JAG jede Klausur von zwei Prüfern bewertet wird. Insofern muß der Prüfling - um sein Ziel erreichen zu können - auch beide Prüfer in seinem Sinne beeinflussen oder zu beeinflussen versuchen. Wenn nur ein Prüfer die Aufsichtsarbeit des Examenskandidaten ungerechtfertigt besser bewertet, dann kommt es zu dem - für den Prüfling eventuell ungünstigen - Verfahren nach § 8 III (2) JAG.

676 Beachte A.II.1.a.aa.(1)(c).

677 Vgl. A.I.3.a.cc.(1)(a).

678 Vgl. schon vorstehend A.I.1.d.aa.(2).

träger im Sinne des § 11 I Nr. 2 StGB[679] und die durchzuführende Korrektur und Benotung stellt jeweils eine künftige bestimmte Diensthandlung dar, bei der den Prüfern ein Entscheidungsspielraum verbleibt[680]. Da der Examenskandidat aber mit der Möglichkeit rechnet, daß sich die Prüfer durch den Vorteil in der Ausübung ihres Ermessens beeinflussen lassen werden, ist nicht § 333 I StGB, sondern § 334 I StGB einschlägig.

(c) § 334 I i.V.m. III Nr. 2 StGB

Die Situation der Bestechung eines Professors bei der Korrektur und/oder Bewertung von Examensklausuren entspricht grundsätzlich der bei der Promotion dargestellten.[681] Die Korrektur und Benotung der Klausuren gehört zu den Diensthandlungen des als Prüfer zum Staatsexamen berufenen Hochschullehrers. Zwar ist er hierbei prinzipiell weisungsfrei und unabhängig.[682] Soweit er bei der Korrektur und Bewertung jedoch die Grenzen des ihm zugestandenen Beurteilungsspielraums überschreitet oder zwar im Rahmen des ihm eingeräumten Beurteilungsspielraums bleibt, sich aber durch das Anbieten, Versprechen oder Gewähren eines Vorteils durch den Examenskandidaten beeinflussen läßt, begründet dies eine Pflichtwidrigkeit im Sinne des § 334 I StGB.

Da der Prüfling den Vorteil für eine künftige Diensthandlung anbietet, verspricht oder gewährt und die Korrektur und die Bewertung der Aufsichtsarbeiten Ermessenshandlungen in diesem Sinne darstellen[683], ist vorliegend § 334 III Nr. 2 StGB heranzuziehen. Der Examenskandidat versucht die Prüfer durch sein Vorgehen zu bestimmen, sich bei der Korrektur und/oder Benotung durch den Vorteil beeinflussen zu lassen. Da er diesbezüglich grundsätzlich auch vorsätzlich, rechtswidrig und schuldhaft handelt, ist eine Strafbarkeit des Prüflings gem. § 334 I i.V.m. III Nr. 2 StGB zu bejahen.[684]

---

679 Hierzu bereits 2.Teil, A.II. Der beamtete Universitätsprofessor, auf den diese Untersuchung begrenzt ist, wird als Amtsträger im Sinne des § 11 I Nr. 2 a StGB (Landesbeamter) tätig.

680 Ihnen steht sowohl bei der Korrektur als auch bei der Bewertung ein sog. Beurteilungsspielraum zu, vgl. 2.Teil, A.IV.4.5. und 4. Teil, A.I.1.d.aa.(2).

681 A.I.3.a.cc.(1)(c).

682 Guhl, a.a.O., S. 156 ff; Niehues, Schul- und Prüfungsrecht, S. 287 f, 322 ff.

683 A.I.1.d.aa.(2), insbesondere Fußnote 429.

684 Zu dieser Variante ausführlich A.I.1.d.aa.(3) und A.I.3.a.cc.(1)(c).

(2) Außerstrafrechtliche Beurteilung

Auch für diese Manipulationsvariante könnte § 11 JAG[685] einschlägig sein. Als Anknüpfungspunkte kommen vorliegend der "Versuch einer Ergebnisbeeinflussung durch Täuschung" und ein "erheblicher Verstoß gegen die Ordnung" im Sinne des § 11 I (1) JAG in Betracht.

Eine Täuschung bzw. ein solcher Versuch im Hinblick auf die durch den Examenskandidaten beeinflußten Prüfer liegt nicht vor. Der Prüfling fertigt seine Arbeit in der vorgeschriebenen Weise ordnungsgemäß an und tritt mit seinem Begehren offen an die Prüfer heran. Folglich kommt nur eine Täuschung des die Gesamtnote der schriftlichen Prüfung gem. § 8 IV JAG errechnenden Präsidenten des Prüfungsamtes und des die Gesamtnote festsetzenden Prüfungsausschusses[686] in Betracht. Entsprechend dem Wortlaut des § 11 I (1) JAG muß der Täuschungsversuch durch den Examenskandidaten verübt werden bzw. muß ihm ein solcher zuzurechnen sein; so wie die sonstigen dort aufgeführten Manipulationsalternativen, ist auch der "Täuschungsversuch" auf die Person des Prüflings zu beziehen.[687]

Jedoch liegt ein solcher Täuschungsversuch durch den Prüfling hier gerade nicht vor: Er fertigt die Aufsichtsarbeiten ordnungsgemäß und eigenständig an. Nur vor oder nach der eigentlichen Leistungserbringung[688] wirkt er mit seinem Begehren auf die Prüfer ein. Hierbei ist zwar von einem bei dem Prüfling vorhandenen Tatentschluß hinsichtlich der Prüferbeeinflussung und einer dadurch hervorzurufenden Ergebnisbeeinflussung sowie von einem unmittelbaren Ansetzen hierzu auszugehen. Tatentschluß und unmittelbares Ansetzen in Bezug auf eine Ergebnisbeeinflussung durch Täuschung im Sinne des § 11 I (1) JAG können darin jedoch noch nicht gesehen werden, denn dies würde eine zu weitgehende Vorverlagerung des Versuchsbeginns bedeuten. Das Vorgehen des Prüflings ist diesbezüglich lediglich mit einer Vorbereitungshandlung vergleichbar. Falls die Prüfer das Begehren zurückweisen, kommt es weder zu einer Täuschung noch zu einem

---

685 Vgl. auch die entsprechenden Regelungen der anderen Länder, beispielsweise § 23 JAPrO BW, § 31 JAPO Bay., § 19 JAO Berl., § 27 JAPG Brem., § 23 JAO Ham., § 18 JAG Hess., § 24 JAO Nds., § 17 JAG NRW, § 18 JAG Saarl., § 14 JAPO Sachs., § 30 JAPrO Sachs.-Anh., § 25 JAO Schl.-Hol., § 12 JAPO Thür.

686 Hierzu § 8 V i.V.m. § 20 II JAG und die vergleichbaren Vorschriften der anderen Länder, z.B. § 18 JAPrO BW, § 14 I JAO Berl., § 20 JAG Hess., § 15 JAG NRW.

687 Hierzu bereits oben A.II.1.a.bb.(2)(b).

688 Die Einwirkung während der Anfertigung der schriftlichen Leistung ist gem. § 4 VIV (2) JAPO ausgeschlossen, da derjenige, der bei der schriftlichen Prüfung Aufsicht geführt hat, nicht zur Bewertung der betreffenden Arbeiten herangezogen werden darf.

solchen Versuch; falls sie ihm entsprechen, erfolgt die Täuschung bzw. der Versuch einer solchen nicht durch den Examenskandidaten, sondern durch die Prüfer.[689]

Fraglich ist, ob dem Prüfling dieser Täuschungsversuch dann im Sinne des § 11 I (1) JAG zuzurechnen ist. Eine unter mittäterschaftlichen Gesichtspunkten begangene Täuschung kommt im Verhältnis des Examenskandidaten und der Prüfer mangels Vorliegens der dafür erforderlichen Voraussetzungen[690] nicht in Betracht.[691] Auch kann hier nicht von einer dem Prüfling zuzurechnenden mittelbaren Täuschung oder eines solchen Versuchs ausgegangen werden: Die beeinflußten Prüfer handeln bei ihrem Vorgehen völlig eigenständig und voll verantwortlich. Zwar weckt der Examenskandidat in ihnen den Entschluß, der Leistung nicht entsprechende Noten zu vergeben, aber an der eigentlichen Korrektur, der darauf folgenden Bewertung und der Weiterleitung der Noten ist er in keiner Weise beteiligt. Das Vorgehen steht ausschließlich im Zuständigkeits- und Verantwortungsbereich der Prüfer. In diesen Verfahrensabschnitt, in dem die Täuschung bzw. der Täuschungsversuch erfolgt, ist der Prüfling nicht einbezogen; er hat hierauf keine tatsächliche Einflußmöglichkeit.[692] Die Beeinflussung durch den Examenskandidaten ist unter dem Gesichtspunkt der Anstiftung im strafrechtlichen Sinne zu werten. Die daraufhin durch die Prüfer vorgenommene Täuschung oder ein solcher Versuch ist dem Examenskandidaten nicht im Sinne des § 11 I (1) JAG zuzurechnen.[693] Mangels Vorliegens eines Täuschungsversuchs durch

---

689 Mit ihrer Korrektur und Benotung stellen sie die Aufsichtsarbeit des Examenskandidaten der Wahrheit zuwider als eine der erteilten Note tatsächlich entsprechenden Leistung dar. Durch die Erteilung der unrichtigen Note täuschen sie den für die Bildung der Gesamtnote zuständigen Prüfungsausschuß über den tatsächlichen Leistungsstand des Prüflings in der Klausur. Dadurch wird das zu bildende Gesamtergebnis, welches das wirkliche Leistungsniveau des Examenskandidaten widerspiegeln soll, im Sinne des § 11 I (1) JAG beeinflußt.

690 Hierzu oben A.I.1.c.bb.(1)(a).

691 Beachte schon vorstehend Fußnote 551.

692 Vgl. hierzu bereits Fußnote 551.

693 Für die Verneinung eines Täuschungsversuchs im Sinne des § 11 I (1) JAG - im Gegensatz zu der Bejahung eines solchen bei der Manipulationsvariante "Anfertigung, Unterzeichnung und Ablieferung der Klausur durch den Dritten" (hierzu oben, A.II.1.a.bb.(2)(b)) - spricht, daß es sich bei diesen zwei Manipulationsvarianten um völlig unterschiedliche Sachverhalte handelt: Bei der einen Variante übernimmt der Dritte aufgrund des Angebots des Examenskandidaten dessen Rolle und handelt unter dessen Namen. Der eigentliche Prüfling "bedient" sich des Dritten, um seine Aufgabe zu erfüllen. Deshalb ist ihm das Vorgehen des Dritten zuzurechnen. Es ist dem Fall gleichzustellen, daß der eigentliche Prüfling eine Täuschungshandlung in eigener Person vornimmt. Nur dadurch, daß er der Prüfung fern bleibt und die Klausuren nicht eigenständig erstellt, kommt es zu einer Täuschung über die ordnungsgemäße Leistungserbringung und ist eine solche überhaupt möglich. Bei der anderen Variante beeinflußt der Prüfling den Prüfer seine Aufgaben

den Prüfling[694] ist die in § 11 I (1) JAG aufgeführte Sanktion insofern nicht möglich.[695]

Auch ein Vorgehen nach § 11 II JAG ist bei der hier zu untersuchenden Manipulationsvariante ausgeschlossen: Zwar ist dort explizit nur die Rede von "einer Täuschungshandlung", so daß der Eindruck entstehen könnte, als reiche hierfür irgendeine - nicht notwendig durch den Prüfling verübte bzw. ihm zuzurechnende - Täuschungshandlung aus. Dies ist jedoch richtigerweise zu verneinen, denn § 11 II JAG bezieht sich auf § 11 I JAG, unter den, wie ausgeführt, ausschließlich durch den Examenskandidaten vorgenommene bzw. ihm zuzurechnende Täuschungshandlungen zu fassen sind. Es wäre unsinnig und sogar widersprüchlich, wenn Sanktionen wegen einer erst nach Erteilung des Zeugnisses entdeckten Täuschungshandlung gem. § 11 II JAG möglich wären, entsprechend § 11 I (1) JAG jedoch nicht bei Entdeckung derselben vor Aushändigung des Zeugnisses. Da also sowohl in § 11 I (1) JAG als auch in § 11 II JAG lediglich durch den Prüfling verübte bzw. ihm zuzurechnende Täuschungshandlungen gemeint sind, besteht insofern vorliegend keine Sanktionsmöglichkeit nach § 11 JAG.

Dieses Ergebnis wird auch noch durch einen weiteren Gedanken untermauert: Die sonstigen in § 11 I JAG aufgeführten Tathandlungen in Form des Mitsichführens oder Benutzens nicht zugelassener Hilfsmittel und der Begehung eines erheblichen Ordnungsverstoßes[696] beziehen sich auf das Verfahren der eigentlichen

---

rechtswidrig wahrzunehmen und seine Pflichten zu verletzen, was unabhängig von der Person des Prüflings möglich ist. Falls es dann tatsächlich hierzu kommt, ist dieses Vorgehen nicht dem Prüfling zuzurechnen. Auch ist als Begründung für diese unterschiedliche Bewertung noch ein weiterer Aspekt zu beachten: Examenskandidat und Prüfungsamt stehen sich gegenüber. Der oder die täuschenden Prüfer sind dem Prüfungsamt zuzuordnen; der grundsätzlich eigentlich außerhalb des gesamten Prüfungsgeschehens stehende Dritte gehört aber zum "Bereich oder Lager" des Examenskandidaten. Deshalb ist diesem auch lediglich die Täuschungshandlung des Dritten zuzurechnen. Die besondere Stellung der Prüfer zwingt hier zu einer unterschiedlichen Bewertung; sie gehören zum - dem Examenskandidaten gegenüber stehenden - beurteilenden und notengebenden Bereich und durch ihr Vorgehen täuschen sie ihre eigenen Kollegen. Diesem qualitativen Unterschied muß Rechnung getragen werden, so daß die durch Prüfer vorgenommene Täuschung dem Examenskandidaten nicht im Sinne des § 11 I (1) JAG zuzurechnen ist.

694 Anders insofern Rehborn/Schäfer, Die Juristenausbildung in NRW, § 17 JAG, Anm. 1. Dort wird ohne Begründung auch das Verhalten des Prüflings, einen Prüfer zu einer günstigeren Beurteilung oder eine mit der Feststellung des Prüfungsergebnisses beauftragte Person zu dessen Verfälschung zu verleiten, als Täuschungsversuch qualifiziert.

695 Da schon die in § 11 I (1) JAG aufgeführte Sanktion (Bewertung der betreffenden Prüfungsleistung mit null Punkten) mangels Vorliegens eines Täuschungsversuchs nicht verhängt werden kann, ist erst recht die sich auf § 11 I (1) JAG beziehende schwerere Sanktionsmöglichkeit des § 11 I (2) JAG (Ausschluß von der Prüfung) unzulässig.

696 Hierzu unten im Text.

Leistungserbringung durch den Examenskandidaten, d.h. auf das Prüfungsverfahren i.e.S. Folglich ist auch davon auszugehen, daß sich der "Täuschungsversuch" im Sinne des § 11 I (1) JAG lediglich hierauf und nicht auch auf das Prüfungsverfahren i.w.S., welches gem. § 7 I JAG mit der Zulassung beginnt und mit dem Bestehen, dem Nichtbestehen sowie mit dem Widerruf oder der Zurücknahme der Zulassung endet, bezieht.

In Betracht kommt deshalb lediglich eine Sanktion gem. § 11 I JAG, falls die Beeinflussung der Prüfer durch den Examenskandidat als ein erheblicher Ordnungsverstoß in diesem Sinne anzusehen wäre.[697] Das Vorgehen des Examenskandidaten könnte als Verletzung des in § 7 IV JAG verankerten Anonymitätsgrundsatzes und somit als Ordnungsverstoß zu qualifizieren sein. Wie ausgeführt[698], ist unter der Ordnung im Sinne der prüfungsrechtlichen Sanktionsvorschriften grundsätzlich die Ordnung des Prüfungsverfahrens i.e.S., also des Verfahrens während der eigentlichen Leistungserbringung, zu verstehen. Da in § 11 I (1) JAG lediglich von "Ordnung" die Rede ist, könnte zwar vom Wortlaut her auch die Erfassung der Ordnung des Prüfungsverfahrens i.w.S.[699] darunter zu verstehen sein. Jedoch ist dies abzulehnen, denn bei dem in § 11 I (1) JAG verwendeten generalklauselartigen Begriff der "Ordnung" muß unter dem Gesichtspunkt der Rechtssicherheit, insbesondere des Bestimmtheitsgrundsatzes, insofern eine eindeutige und angemessene Auslegung erfolgen.

Gegen die Erfassung der "Ordnung des Prüfungsverfahrens i.w.S." spricht der zusammenhängende Wortlaut des § 11 I und II JAG: Die sonstigen in § 11 I JAG aufgeführten Tathandlungen (Täuschungsversuch, Mitführen nicht zugelassener Hilfsmittel, Benutzung nicht zugelassener Hilfsmittel) beziehen sich auf das Verfahren während der eigentlichen Leistungserbringung durch den Prüfling. Deshalb ist auch davon auszugehen, daß mit dem Begriff der "Ordnung" ausschließlich die des Prüfungsverfahren i.e.S. gemeint ist. Da gem. § 11 II (1) JAG lediglich eine nach Aushändigung des Zeugnisses bekanntgewordene Täuschungshandlung nachträglich die dort aufgeführen Folgen nach sich ziehen kann, ist auch aus diesem Grund davon auszugehen, daß mit "Ordnungsverstoß" im Sinne des § 11 I (1) JAG nur eine Zuwiderhandlung gegen die an das Verhalten des Examenskandidaten knüpfende allgemeine Ordnung während der eigentlichen Leistungserbringung (Prüfungsverfahren i.e.S.), nicht jedoch während des Prü-

---

697 Sanktionen nach § 11 II JAG sind ausgeschlossen, denn diese beziehen sich - entsprechend dem eindeutigen Wortlaut der Vorschrift - lediglich auf das nachträgliche Bekanntwerden einer Täuschungshandlung, nicht jedoch eines sonstigen erheblichen Ordnungsverstoßes.

698 Vgl. Fußnote 340.

699 Siehe hierzu § 7 I JAG.

fungsverfahrens im Sinne des § 7 I JAG, gemeint ist. Ausschließlich Verstöße gegen den ordnungsgemäßen Ablauf der Prüfung als solcher, wie z.B. Verhaltensweisen, die die übrigen Prüflinge stören[700], sollen erfaßt werden, denn solche werden grundsätzlich während des eigentlichen Prüfungsverlaufs entdeckt, so daß eine nachträgliche Sanktionsmöglichkeit, wie § 11 II JAG sie für Täuschungshandlungen vorsieht, hierfür nicht notwendig ist.

Falls das hier zu untersuchende Vorgehen des Examenskandidaten unter "Ordnungsverstoß" im Sinne des § 11 I (1) JAG zu subsumieren wäre, könnte eine Sanktionierung lediglich bei Bekanntwerden des Verhaltens vor Erteilung des Examenszeugnisses gem. § 11 I JAG, nicht aber auch nach Aushändigung desselben gem. § 11 II JAG erfolgen.[701] Diese Widersprüchlichkeit kann vom Gesetzgeber nicht gewollt sein. Deshalb ist davon auszugehen, daß mit "Ordnung" im Sinne des § 11 I (1) JAG ausschließlich die während des Prüfungsverfahrens i.e.S. gemeint ist.

Während dieses Zeitraums verhält sich der Examenskandidat jedoch völlig ordnungsgemäß und erbringt auch die geforderte Leistung in der vorgeschriebenen Art und Weise; das die Prüfer eventuell beeinflussende - und deshalb durchaus als sanktionsbedürftig einzustufende - Vorgehen des Examenskandidaten erfolgt entweder vor oder nach der eigentlichen Leistungserbringung, d.h. außerhalb des Prüfungsverfahren i.e.S.[702] Da ein Ordnungsverstoß während des Prüfungsverfahrens i.w.S. jedoch nicht von § 11 I (1) JAG erfaßt wird, ist bei dieser Variante der Prüfungsmanipulation weder eine Sanktion nach § 11 I JAG noch nach § 11 II JAG gegen den Examenskandidaten zulässig. Demnach hat der Prüfling hiernach trotz seines Vorgehens (nach Ablegung der mündlichen Prüfung) grundsätzlich einen Anspruch auf Erteilung des seine Leistungen tatsächlich widerspiegelnden Examenszeugnisses.[703]

---

700 In Betracht kommt insofern beispielsweise Lärmen, Unruhe verbreiten, verbotswidriges Rauchen im Prüfungsraum und ähnliche störende Verhaltensweisen. Vgl. auch Eggensperger/Hammel, a.a.O., § 23 JAPrO, Rdnr. 2.; Wassermann/Kirchner/Kröpil, a.a.O, § 13 NJAO, Rdnr. 4.

701 Da ein solches Vorgehen des Prüflings jedoch als schwerwiegende Verfehlung einzustufen ist, muß - auch bei Bekanntwerden derselben erst nach Aushändigung des Zeugnisses - eine diesbezügliche Sanktionsmöglichkeit existieren.

702 Vgl. Fußnote 688.

703 In dem Fall, daß die dem wirklichen Leistungsstand des Examenskandidaten nicht entsprechende Notengebung durch die beeinflußten Prüfer zum formalen Bestehen des Examens geführt hat, ist dieser Anspruch ausgeschlossen: Wenn die tatsächlichen Leistungen des Prüflings für das Bestehen nicht ausreichend waren (vgl. hierzu § 8 IV JAG) und dies entdeckt und nachgewiesen wird, dann besteht kein Rechtsgrund für die Aushändigung des

Problematisch ist jedoch der Fall, daß dem Examenskandidaten das seinen wirklichen Leistungen nicht entsprechende Zeugnis bereits ausgehändigt wurde. Da § 11 II JAG hierbei nicht eingreift, ist eine Einziehung des Zeugnisses insofern nicht möglich. Demzufolge könnte der Examenskandidat das ihm ausgehändigte Zeugnis behalten und es für sein berufliches Weiterkommen einsetzen. Dieses Ergebnis widerspricht dem grundsätzlichen Rechtsempfinden. Deshalb ist die Anwendung der §§ 48, 52 VwVfG als Lückenfüllung in Betracht zu ziehen.[704] Wie ausgeführt[705], finden gem. § 1 I, IV Nr. 2 LVwVfG die dort aufgeführten Bestimmungen, zu denen auch §§ 48, 52 VwVfG zählen, grundsätzlich Anwendung, soweit nicht Rechtsvorschriften inhaltsgleiche oder entgegenstehende Regelungen enthalten. Eine inhaltsgleiche oder ausdrücklich entgegenstehende Bestimmung ist im JAG nicht enthalten. Die Anwendbarkeit der §§ 48, 52 VwVfG wäre jedoch ausgeschlossen, wenn es sich bei § 11 II JAG um eine abschließende Sonderregelung hinsichtlich der Berichtigung der Examensnote, der Erklärung hinsichtlich des Nichtbestehens der Prüfung und der Einziehung des Zeugnisses handelt.

Grundsätzlich hat das spezielle Gesetz Vorrang vor dem allgemeineren. Nur soweit das Spezialgesetz keine Regelung beinhaltet, tritt das VwVfG in diese Lücke ein, jedoch nur, soweit dies nicht dem Wesen der Spezialvorschrift widerspricht.[706] Bezüglich der Folgen von Prüfungsmanipulation während des er-

---

Zeugnisses über das Bestehen des ersten Examens, da die Prüfung in diesem Fall tatsächlich nicht bestanden ist.

704 Die Entscheidung über das Bestehen der Staatsprüfung, also die Prüfungsentscheidung als solche, stellt einen Verwaltungsakt im Sinne des § 35 (1) VwVfG dar; vgl. hierzu OVG Münster, OVGE 30/23; OVG Lüneburg, NJW 1973, S. 2317; OVG Lüneburg, DÖV 1974, S. 67; Kopp, VwVfG, § 35, Rdnr. 54; Schwarze in: Knack, VwVfG, § 35, Rdnr. 4.5.1.2.2 und 4.5.1.2.3; Stelkens in: Stelkens/Bonk/Leonhardt, § 35, Rdnr. 120. Ob auch der Gesamtnote des Examens eine selbständige Rechtswirkung beizumessen ist - was aufgrund ihrer in der Regel erheblichen Bedeutung für die weitere Berufsausbildung und der späteren Berufswahl naheliegend erscheint - (so auch OVG Münster, OVGE 30/23; VG Frankfurt, NJW 1972, S. 1294; Hilg, Beamtenrecht, § 16 X 2, S. 202 f; Kopp, a.a.O., § 35, Rdnr. 54 m.w.N.; Obermayer, a.a.O., § 35, Rdnr. 109 m.w.N.; Schwarze, a.a.O., § 35, Rdnr. 4.5.1.2.2) oder ob die Gesamtnote lediglich als Bestandteil des Verwaltungsakts (Prüfungsentscheidung) anzusehen ist (so Büchner, NJW 1972, S. 1831; Jakobs, VBlBW 1981, S. 177) kann vorliegend dahingestellt bleiben: Falls die Rücknehmbarkeit nach § 48 I VwVfG zu bejahen sein sollte, ist der ersten Ansicht zufolge der Verwaltungsakt (Festsetzung der Gesamtnote) ganz und nach der zweiten Meinung teilweise (Gesamtnote als Bestandteil des Verwaltungsakts) zurückzunehmen. Da nach beiden Ansichten demnach die Rücknahme möglich ist, kann dahingestellt bleiben, welche Meinung zu befürworten ist.

705 Siehe nur A.I.3.a.bb.(2)(b) und Fußnote 555.

706 Beachte hierzu Erichsen, VerwArch. 1978, S. 306; Kopp, a.a.O., § 1, Rdnr. 8; Ley, Staats- und Verwaltungsrecht für Rhl.-Pf., S. 147, Rdnr. 14; Möllgaard in: Knack, a.a.O, § 1, Rdnr. 2.1; Ule/Laubinger, Verwaltungsverfahrensrecht, S. 37, 43.

sten Staatsexamens beinhaltet das JAG lediglich die Vorschrift des § 11. Hinsichtlich der nach Erteilung des Zeugnisses möglichen Folgen besteht ausschließlich die Regelung des § 11 II JAG. Bei dieser Vorschrift könnte es sich um eine unter Beachtung aller möglichen Vorgehensweisen des Examenskandidaten bewußt so formulierten, abschließenden Sonderregelung handeln, die die Anwendbarkeit der §§ 48, 52 VwVfG ausschließt. Dies kann jedoch nicht angenommen werden, denn das hier zu untersuchende Verhalten des Prüflings und der Prüfer widerspricht dem Wesen einer Prüfung; der Prüfling darf nur diejenige Note erhalten, die seiner erbrachten Leistung tatsächlich entspricht.[707] Von einem bewußten und gewollten Ausschluß der Berichtigung der Examensnote, der Erklärung des Nichtbestehens der Prüfung und der Einziehung des Zeugnisses durch § 11 II JAG trotz Unrichtigkeit der Gesamtnote, ist deshalb nicht auszugehen. § 11 JAG regelt die sanktionsrechtlichen Folgen eines durch den Prüfling verübten Ordnungsverstoßes. Da es sich bei der nachträglichen Berichtigung der Examensnote oder der Erklärung des Nichtbestehens der Prüfung wegen der unrichtigen Benotung durch die Prüfer nicht um eine Sanktion wegen eines Ordnungsverstoßes im Sinne des § 11 I, II JAG handelt, sondern die Entscheidung getroffen wird, weil die Gesamtnote nicht den tatsächlich erbrachten Leistungen des Examenskandidaten entspricht, kann nicht von einer insofern gewollten abschließenden Regelung des § 11 II JAG ausgegangen werden. Daraus folgt, daß die §§ 48, 52 VwVfG bezüglich der vorliegenden Problematik nicht durch § 11 I, II JAG ausgeschlossen sind.

Gem. § 48 I VwVfG kann der Verwaltungsakt grundsätzlich ganz oder teilweise nicht nur mit Wirkung für die Zukunft, sondern auch für die Vergangenheit zurückgenommen werden, wenn er rechtswidrig ist. Dies ist der Fall, wenn die sich aus den Einzelnoten zusammensetzende Gesamtnote[708] objektiv nicht den tatsächlich durch den Examenskandidaten erbrachten Prüfungsleistungen entspricht, d.h. wenn die Einzelnoten unter Verstoß gegen die in der geltenden Verordnung des Bundesministers für Justiz über eine Noten- und Punkteskala für die erste und

---

707 Zwar steht die verfälschte Notengebung nicht in der Macht des Examenskandidaten. Jedoch erweckt er bei den Prüfern den Entschluß zu dieser Vorgehensweise, durch welche der dem Prüfungswesen immanente Chancengleichheits- und Gerechtigkeitsgedanke in nicht hinnehmbarem Maße und in nicht zu duldender Weise verletzt wird. Es muß davon ausgegangen werden, daß der Gesetzgeber den beeinflussenden Prüfling ebenfalls mit den in § 11 I, II JAG aufgeführten Sanktionen belegen wollte, insofern also eine unbeabsichtigte Regelungslücke besteht.

708 Gem. § 8 V (2) JAG werden zur Ermittlung der Gesamtnote die Punkte der Einzelnoten in der schriftlichen und mündlichen Prüfung zusammengezählt und die Summe durch die Zahl der Einzelnoten geteilt.

zweite juristische Prüfung[709] festgelegten Grundsätze zustandekommen und die schriftlichen Arbeiten nicht, wie in § 4 VIV (1) JAPO vorgesehen[710], der tatsächlichen Leistung entsprechend mit den in § 6 JAPO vorgesehenen Noten bewertet worden sind. Da das Bestehen des Examens gem. § 9 II JAG zur Führung der Bezeichnung "Referendar jur." befugt, es sich also insofern bei der Prüfungsentscheidung um einen begünstigenden Verwaltungsakt handelt, ist § 48 I (2) i.V.m. III VwVfG einschlägig, wobei jedoch aufgrund der Manipulation der Vertrauensschutzgedanke nicht eingreift. Nach Rücknahme des Verwaltungsakts[711] ist die Zeugnisurkunde gem. § 52 VwVfG zurückzugeben.

Hat die manipulierte Notengebung durch die Prüfer lediglich zu einer Notenverbesserung, nicht aber zum formalen Bestehen des Examens geführt, so kann zwar nach § 48 I VwVfG der insofern unrichtige und damit rechtswidrige Verwaltungsakt grundsätzlich ganz oder teilweise[712] zurückgenommen und die Zeugnisurkunde gem. § 52 VwVfG zurückgefordert werden; mangels Eingreifens des § 11 JAG hat der Examenskandidat jedoch in diesem Fall einen Anspruch auf Festsetzung einer neuen Gesamtnote und auf Erteilung eines neuen - die richtige Gesamtnote enthaltenden - Zeugnisses, denn er hat die für das Bestehen erforderlichen Leistungen tatsächlich erbracht.

War die unrichtige Notengebung jedoch für das formale Bestehen kausal, so kann der gesamte Verwaltungsakt grundsätzlich nach § 48 I VwVfG zurückgenommen und das Zeugnis gem. § 52 VwVfG zurückgefordert werden, ohne daß dem Examenskandidaten in diesem Fall ein Anspruch auf Erteilung eines neuen Zeugnisses zusteht: Da er die für das Bestehen notwendigen Leistungen nicht erbracht hat, ist die Prüfung gem. § 8 IV (3) JAG nicht bestanden[713]; entsprechend § 9 I JAG hat aber lediglich derjenige, der das Examen bestanden hat, Anspruch auf Zeugniserteilung.

---

709 Vgl. insofern § 8 I JAG; die Verordnung vom 3.12.1981 ist abgedruckt im BGBl. I, S. 1243.

710 Für die mündlichen Prüfungsleistungen gelten gem. § 5 VI (1) JAPO ebenfalls die in § 6 JAPO vorgesehenen Noten.

711 Vgl. hierzu Fußnote 704; bei Befürwortung der Annahme, daß es sich bei der Festsetzung der Gesamtnote um einen selbständigen Verwaltungsakt handelt, ist dieser ganz zurückzunehmen; bei Betrachtung der Gesamtnote als Bestandteil des Verwaltungsakts Prüfungsentscheidung, ist dieser teilweise zurückzunehmen.

712 Beachte Fußnote 704 und 711.

713 Für die mündliche und die gesamte Prüfung folgt dies aus § 8 V (4) JAG.

dd. Exkurs

Im Rahmen dieser Arbeit werden grundsätzlich nur die sich aus der Prüfungsmanipulation ergebenden unmittelbaren Folgen dargelegt und untersucht. Da aber der Prüfling, der das Zeugnis über das Bestehen des ersten Staatsexamens erhalten hat, in der Regel in den juristischen Vorbereitungsdienst eintreten möchte und einen darauf gerichteten Antrag stellen wird[714], erfolgt hier auch eine Darstellung der mit der Bewerbung und Einstellung in den Referendardienst zusammenhängenden - insofern mittelbaren - Folgen[715] der Prüfungsmanipulation.[716] Als solche sind zu nennen: die Versagung der Einstellung in den Vorbereitungsdienst, § 14 I (1) und (2) JAG; die Nichtigkeit der Ernennung zum Beamten auf Widerruf, § 8 BRRG, § 14 LBG; die Rücknahme der Ernennung, § 9 BRRG, § 15 LBG und die Entlassung des Widerrufsbeamten, § 14 II JAG und § 14 II JAG i.V.m. § 23 III (2) BRRG, § 42 II LBG.

(1) Versagung der Einstellung in den juristischen Vorbereitungsdienst

Gem. § 14 I (1) JAG kann der Bewerber auf seinen Antrag in den juristischen Vorbereitungsdienst eingestellt werden, wenn er die dort genannten Voraussetzungen erfüllt. Über den Antrag entscheidet der Präsident des Oberlandesgerichts, § 14 I (2) JAG.[717]

Entsprechend § 14 I (1) Nr. 1 JAG ist das Bestehen der ersten juristischen Staatsprüfung Voraussetzung für die Einstellung in den Vorbereitungsdienst. Wird die Prüfungsmanipulation während des Examens nicht entdeckt, dem Kandidaten deshalb das Zeugnis über das Bestehen der Staatsprüfung erteilt und ist auch noch keine Rücknahme der ursprünglichen Prüfungsentscheidung erfolgt, so liegt diese Voraussetzung zumindest formell vor.

---

714 Siehe hierzu § 14 I JAG und § 10 II JAPO; die Vorschriften der anderen Länder, wie z.B. § 31 I JAPG Brem., § 23 I JAG Hess. und §§ 13 I, 14 JAO Hess., § 7 II JAG Sachs. und § 38 I JAPO Sachs., § 30 I, II JAO Schl.-Hol., § 5 I JAG Thür. und § 34 JAPO Thür., enthalten entsprechende Regelungen.

715 Die Folgen ergeben sich nicht unmittelbar aus der Prüfungsmanipulation, sondern sind erst bei Vorliegen eines Antrags auf Einstellung in den juristischen Vorbereitungsdienst oder nach der Ernennung zum Beamten auf Widerruf möglich.

716 Diese Darstellung der insofern mittelbaren Folgen der Prüfungsmanipulation ist hier, da ansonsten der Rahmen der Arbeit erheblich überschritten würde, nur in begrenztem Umfang möglich. Eine allumfassende Bearbeitung dieser Problematik ist Gegenstand einer eigenständigen Untersuchung und kann hier nicht erfolgen.

717 Beachte ebenso § 28 JAO Ham., § 20 JAG NRW, § 21 I, II JAG Saarl., § 30 I, II JAO Schl.-Hol. und die Vorschriften der übrigen Länder.

Gem. § 14 I (1) Nr. 2 JAG müssen auch die gesetzlichen Voraussetzungen für die Berufung in das Beamtenverhältnis, mit Ausnahme der Bestimmungen über das Höchstalter, erfüllt sein. Insofern ist hier § 4 BRRG, § 9 LBG heranzuziehen. Bei während des ersten Staatsexamens vorgenommener Prüfungsmanipulation ist die nach § 4 I Nr. 3 BRRG, § 9 I Nr. 4 a LBG geforderte Voraussetzung problematisch. Hiernach muß der Bewerber die für seine Laufbahn vorgeschriebene oder - mangels solcher Vorschriften - die übliche Vorbildung besitzen.[718] Diese könnte durch das zumindest formelle Bestehen des ersten Staatsexamens - solange die unrichtige Prüfungsentscheidung nicht zurückgenommen ist - zwar als vorhanden anzusehen sein, jedoch muß hierbei richtigerweise auf das tatsächliche Besitzen der vorgeschriebenen Vorbildung abgestellt werden. Zu der vorgeschriebenen Vorbildung für den juristischen Referendardienst gehört nach § 5 JAG[719] die Erreichung des rechtswissenschaftlichen Studienziels und die fachliche Eignung für den Vorbereitungsdienst. Der Bewerber muß das Recht mit Verständnis erfassen und anwenden können und über die dazu erforderlichen Kenntnisse in den Prüfungsfächern mit ihren geschichtlichen, gesellschaftlichen, wirtschaftlichen, politischen und rechtsphilosophischen Bezügen verfügen. Hat eine Manipulation während der Leistungserbringung oder bei der nachfolgenden Notengebung stattgefunden, so besitzt der Bewerber die vorgeschriebene Vorbildung nur, wenn die Prüfungsmanipulation bzw. deren Nichtentdeckung für das formelle Bestehen des Examens nicht kausal war, sie also lediglich zu einer Notenverbesserung geführt hat.

Besitzt der Bewerber folglich entsprechend der Ausführungen die für die Einstellung in den Referendardienst vorgeschriebene Vorbildung tatsächliche nicht, ist sein Antrag abzulehnen und die Einstellung in den Vorbereitungsdienst gem. § 14 I (1) Nr. 2 JAG i.V.m. § 4 I Nr. 3 BRRG, § 9 I Nr. 4 a LBG zu versagen.[720]

---

718 Nach § 19 I LBG gehört auch der Vorbereitungsdienst zur Laufbahn.

719 Entsprechendes beinhalten auch die Regelungen der anderen Länder, vgl. z.B. § 1 II i.v.m. § 4 I JAPrO BW, § 4 JAPO Bay., § 2 JAG Berl., § 2 JAO Ham., § 6 JAG Hess., § 6 JAO Nds., § 2 JAG NRW, § 1 II JAG Saarl., § 16 JAPO Sachs.

720 Dieses Ergebnis entspricht auch dem in Art. 33 II GG, Art. 19 LVerf., § 7 BRRG, § 10 I (1) LBG festgelegten Grundsatz, wonach im Hinblick auf die Erteilung eines öffentlichen Amtes eine Auslese nach Eignung, Befähigung und fachlicher Leistung erfolgt. Hat die Prüfungsmanipulation bzw. deren Nichtentdeckung zum Bestehen des Examens geführt, besitzt der Bewerber nicht die notwendige Befähigung (womit das allgemeine und fachliche Wissen gemeint ist, daß der Bewerber durch Ausbildung und Prüfung erworben und nachgewiesen hat, vgl. nur Harms, Die Personalvertretung 1990, S. 511) zur Einstellung in den juristischen Vorbereitungsdienst. Zur Rechtfertigung des o.g. Ergebnisses ließe sich auch der ebenfalls im öffentlichen Recht geltende Grundsatz "dolo agit, qui petit, quot statim redditurus est" heranziehen, wonach jemandem das schutzwürdige Interesse fehlt, wenn er eine Leistung fordert, die er alsbald zurückzugewähren hat. In der Praxis wird das vorge-

Darüber hinaus ist zu beachten, daß die in § 9 I LBG aufgeführten Voraussetzungen nicht abschließend sind[721], d.h. daß auch unter anderen Gesichtspunkten eine Versagung der Einstellung in den juristischen Vorbereitungsdienst möglich ist. Der Beamtenbewerber darf grundsätzlich keine Straftat begangen haben, die ihn der Berufung in das Beamtenverhältnis unwürdig erscheinen läßt.[722]

Fraglich ist jedoch, ob in den Fällen, in denen die Manipulation eine Strafbarkeit des Prüflings begründet[723], diese Taten den Bewerber der Berufung in das Beamtenverhältnis unwürdig[724] erscheinen lassen.[725] Als Straftaten des Examenskandidaten kommen grundsätzlich Anstiftung zum Herstellen und Gebrauchmachen einer unechten Urkunde (§§ 267 I 1. und 3. Alt., 26 StGB)[726] und Bestechung (§ 334 I i.V.m. III Nr. 2 StGB)[727] in Betracht. Eine abschließende Beurteilung dieser Problematik ist im Rahmen der vorliegenden Untersuchung

---

schilderte Problem in der Regel nicht zum Tragen kommen, da die zuständige Behörde unmittelbar nach Kenntniserlangung von der Manipulation die Prüfungsentscheidung aufheben wird.

721 Weitere Voraussetzungen sind: Dienstfähigkeit, die durch amtsärztliches Zeugnis nachzuweisen ist; menschliche Achtbarkeit; geordnete wirtschaftliche Verhältnisse; das Nichtvorhandensein von Sachverhalten, die nach §§ 14, 15 LBG die Nichtigkeit bzw. die Rücknahme der Ernennung zur Folge haben (hierzu unten, A.II.1.a.dd.(2) und (3)) und das Nichtvorhandensein sonstiger Sachverhalte, die mit dem Bestehen eines Beamtenverhältnisses unvereinbar wären; so Grabendorff/Arend, LBG Rhl.-Pf., Bd. I, § 9, Anm. 3. Vgl. auch Fürst/Finger/Mühl/Niedermaier, GKÖD, Bd. 1, Teil 2 a, Allgemeines Beamtenrecht I, K § 7, Rdnr. 26 ff und Schütz, Beamtenrecht des Bundes und der Länder, Ordner 1, § 6, Anm. 3.

722 Vgl. Fürst/Finger/Mühl/Niedermaier, a.a.O., Teil 2 a, K § 7, Rdnr. 28 f; Scheerbarth/Höffken/Bauschke/Schmidt, Beamtenrecht, § 12 III, S. 277, 281; Wagner, Beamtenrecht, S. 46, Rdnr. 68; Wiese, Beamtenrecht, S. 79.

723 Siehe hierzu oben A.II.1.a.bb.(2)(a) und A.II.1.a.cc.(1).

724 Dieses auf die charakterliche Eignung des Bewerbers abstellende Würdigkeitserfordernis stellt eine subjektive Zulassungsvoraussetzung dar, die laut BVerfG (Beschl. v. 17.8.1979 - 2 BvR 374/79) und BVerwG (Beschl. v. 13.2.1979 - 2 B 38/78) mit Art. 12 GG vereinbar ist.

725 Eine hiervon zu differenzierende Frage ist, ob der Bewerber eine begangene Straftat vor Berufung in das Beamtenverhältnis offenbaren muß. Da bei lebensnaher Einschätzung davon auszugehen ist, daß der im Rahmen des ersten Staatsexamens manipulierende Prüfling weder dieses Vorgehen noch eine dabei begründete Strafbarkeit freiwillig bei der Beamtenbewerbung offenbaren wird, bleibt diese Problematik hier außer Betracht (hierzu unten, A.II.1.a.dd.(3)). Bezüglich der Erklärungspflicht des Bewerbers hinsichtlich anhängiger Verfahren und erfolgter Verurteilungen, die nicht im Führungszeugnis enthalten sind, und bezüglich der Pflicht zur Vorlage des polizeilichen Führungszeugnisses siehe die Verwaltungsvorschrift vom 18.12.1991 über die Vorlage von Führungszeugnissen und Einholung von unbeschränkten Auskünften aus dem Zentralregister bei der Einstellung in den Landesdienst, abgedruckt bei Grabendorff/Arend, LBG Rhl.-Pf., Bd. II, S. D 9/9.

726 Vgl. A.II.1.a.bb.(2)(a)(aa) und unten Gliederungspunkt E.

727 Hierzu vorstehend, A.II.1.a.cc.(1)(c).

nicht möglich. Regelmäßig werden jedoch folgende Gesichtspunkte relevant werden: Von der Unwürdigkeit des Bewerbers aufgrund einer Straftat ist grundsätzlich auszugehen, wenn er die persönlichkeitsbezogenen Grundvoraussetzungen einer Beamtenernennung nicht erfüllt.

Der Bewerber muß gem. § 7 BRRG, § 10 I (1) LBG für die Ernennung in das Beamtenverhältnis geeignet sein.[728] Hierzu gehört auch die die "Würdigkeit" umfassende charakterliche Eignung[729], welche im Hinblick auf die Stellung und Aufgabenerfüllung des Berufsbeamtentums und die dem einzelnen Beamten obliegenden Pflichten zu fordern und auch zu bestimmen ist. Er ist dem republikanischen, demokratischen und sozialen Rechtsstaat zur Treue und Achtung verpflichtet und in diesem Zusammenhang hat er auch das Ansehen und das Vertrauen der Bevölkerung in denselben zu schützen. Gem. § 35 I BRRG, § 63 I LBG dient der Beamte dem ganzen Volke, hat seine Aufgabe unparteiisch und gerecht zu erfüllen und bei seiner Amtsführung hat er auf das Wohl der Allgemeinheit Bedacht zu nehmen. Entsprechend § 36 BRRG, § 64 I LBG hat er sich mit voller Hingabe seinem Beruf zu widmen und sein Amt uneigennützig nach bestem Gewissen zu verwalten; innerhalb und außerhalb des Dienstes muß sein Verhalten der Achtung und dem Vertrauen gerecht werden, die sein Beruf erfordert.[730] Mit seinem Diensteid schwört der Beamte Gehorsam den Gesetzen und gewissenhafte Erfüllung seiner Amtspflichten, § 40 I BRRG, § 67 I LBG.

Die "Unwürdigkeit" des Beamtenbewerbers ist ein unbestimmter Rechtsbegriff bei dem kein Beurteilungsspielraum besteht, sondern der von den Verwaltungsgerichten voll nachprüfbar ist.[731] Sie ist objektiv unter Beachtung der Umstände des Einzelfalls zu bestimmen.[732] Von Bedeutung hierfür sind die Art der Straftat, die Person des Täters, seine Motive und sonstige Umstände des Einzelfalls, wie

---

728 Diese Grundvoraussetzung ist z.B. auch in Art. 33 II GG festgeschrieben.

729 Siehe nur Fürst/Finger/Mühl/Niedermaier, a.a.O., Teil 2 a, K § 7, Rdnr. 29; Hilg, a.a.O., § 15 I, S. 159; Scheerbarth/Höffken/Bauschke/Schmidt, a.a.O., § 12 I, S. 253, § 12 III, S. 277; Wagner, Beamtenrecht, S. 46, Rdnr. 71.

730 Hierzu ist sowohl die Achtung und das Vertrauen in der Öffentlichkeit als auch die Achtung und das Vertrauen des Dienstherren zu zählen, vgl. nur Günther, DÖD 1990, S. 294 m.w.N.

731 BVerwG, DÖD 1960, S. 840; BVerwG, DÖD 1963, S. 225; Grabendorff/Arend, a.a.O., Bd. I, § 15 Anm. 3 b; Günther, DÖD 1990, S. 294; Plog/Wiedow/Beck/Lemhöfer, Kommentar zum BBG, § 12, Rdnr. 9.

732 Plog/Wiedow/Beck/Lemhöfer, a.a.O., § 12, Rdnr. 9. Anhaltspunkte für das Vorliegen der Unwürdigkeit ergeben sich zwar auch aus dem Gesetz (vgl. §§ 23 II Nr. 1, 24 BRRG, §§ 41 I Nr. 1 und 2, § 45 LBG Rhl.-Pf), aber es ist nicht davon auszugehen, daß sie auch nur in diesen Fällen zu bejahen ist, vgl. Günther, DÖD 1990, S. 294 f.

die Art seiner Verwendung[733] und ob die Tat eine unehrenhafte Gesinnung[734] und erhebliche charakterliche Mängel[735] erkennen läßt.[736]

Bei den hier in Betracht kommenden Straftaten in Form der Anstiftung zur Urkundenfälschung[737] und der Bestechung[738] handelt es sich zwar nicht um Verbrechen, sondern nur um Vergehen[739]. Trotzdem sind diese vorsätzlich begangenen Taten nicht unterzubewerten; sie stellen verwerfliche und gravierende Verstöße gegen die vorgegebene Ordnung, also Vergehen von erheblichem Gewicht, dar. Zu beachten ist hierbei auch, daß die Art der Straftaten mit der potentiellen Beamtentätigkeit in einem engen Zusammenhang steht. Der Examenskandidat war zwar bei Begehung der Tat noch kein Beamter, so daß aus diesem Grund geringere Anforderungen zu stellen und niedrigere Maßstäbe anzulegen sind, doch ist auch bei ihm - als Inhaber einer höheren Bildung - davon auszugehen, daß er die vorgegebene Ordnung kennt, sie einzuhalten hat und sie auch einhalten kann. Bei seinem rechtswidrigen und strafrechtlich relevanten Vorgehen befand er sich nicht in einer "Notsituation", sondern wollte ausschließlich einen ihm nicht zustehenden Vorteil erlangen. Seine egoistische Motivation bestand darin, unter Verwirklichung der Straftat die vorgegebenen Prüfungsziele[740] und das allgemeine Leistungsprinzip vorsätzlich zu umgehen, um dadurch eine seinem tatsächlichen Leistungsstand nicht entsprechende Note zu erhalten[741]; er wollte ungerechtfertigterweise - durch Begehung einer Straftat - eine unter Verletzung des Chancengleichheitsgrundsatzes und im Verhältnis zu den anderen Mitprüflingen erheblich verbesserte Position einnehmen. Hieraus läßt sich eine unehrenhafte Gesinnung und damit ein erheblicher charakterlicher Mangel erkennen.[742]

---

733 So Wagner, Beamtenrecht, S. 46, Rdnr. 71.

734 Plog/Wiedow/Beck/Lemhöfer, a.a.O., § 12, Rdnr. 9.

735 Grabendorff/Arend, a.a.O., Bd. I, § 15, Anm. 3 b.

736 Grabendorff/Arend, a.a.O., Bd. I, § 15, Anm. 3 b; Günther, DÖD 1990, S. 295; Plog/Wiedow/Beck/Lemhöfer, a.a.O., § 12, Rdnr. 9; Wagner, Beamtenrecht, S. 46, Rdnr. 71. Als grobe Regel gilt, daß Verbrechen und vorsätzlich begangene, schwere Vergehen grundsätzlich unwürdig erscheinen lassen, Fahrlässigkeitstaten hingegen in der Regel nicht, vgl. nur Günther, DÖD 1990, S. 295 m.w.N.

737 Vgl. A.II.1.a.bb.(2)(a)(aa) und unten Gliederungspunkt E.

738 Hierzu vorstehend A.II.1.a.cc.(1)(c).

739 Beachte §§ 267 I, 334 I StGB i.V.m. § 12 StGB.

740 Siehe hierzu 2. Teil, C.II. und III.

741 Das insofern unrichtige Prüfungsergebnis wollte er für seine weiteren privaten und beruflichen Interessen einsetzen.

742 Die Bestimmung der "Unwürdigkeit" des Bewerbers hat zwar grundsätzlich für alle beamtenrechtlichen Laufbahnen und Dienststellen einheitlich zu erfolgen, doch ist im Hin-

Daraus folgt, daß der Bewerber, der bei Vornahme der Prüfungsmanipulation die oben aufgeführten Straftaten begangen hat, grundsätzlich als zur Berufung in das Beamtenverhältnis unwürdig erscheinen dürfte. Im Hinblick auf die tatsächliche Versagung der Beamtenernennung[743] muß auf den jeweiligen Einzelfall und die dabei objektiv vorliegenden unterschiedlichen Umstände und Besonderheiten abgestellt werden.[744]

---

blick auf die gehobene, qualifizierte Tätigkeit und der damit in der Regel zusammenhängenden größeren Befugnis und Verantwortung bei Bewerbern für höhere Laufbahngruppen und Dienststellen in gewissem Rahmen ein strengerer Maßstab anzulegen; so wohl auch BVerwG, Buchholz, 232, § 12 BBG, Nr. 6; Fürst/Finger/Mühl/Niedermaier, a.a.O., Teil 2 a, K § 7, Rdnr. 29; Günther, DÖD 1990, S. 294; a.A. Schütz, a.a.O., § 12, Rdnr. 8. Der Rechtsreferendar leistet seinen Vorbereitungsdienst, welcher gem. § 19 I LBG zur Laufbahn gehört, in der Laufbahn des höheren Dienstes ab, vgl. Hilg, a.a.O., § 16 IV, S. 180; Scheerbarth/Höffken/Bauschke/Schmidt, a.a.O., § 13 IV, S. 336 f; Wiese, a.a.O., S. 69. Demzufolge ist an die Feststellung der "Würdigkeit" eines potentiellen Rechtsreferendars ein strengerer Maßstab anzulegen.

743 Bei §§ 267 I, 334 I StGB handelt es sich zwar um Vergehen, aber auch hierbei ist die Verhängung einer Freiheitsstrafe von mehr als einem Jahr (bei Vorliegen erschwerender Umstände) möglich. Gem. §§ 24 (1) I Nr. 1 BRRG, 45 (1) Nr. 1 LBG führt die wegen einer vorsätzlichen Tat erfolgte Verurteilung zu einer Freiheitsstrafe von mindestens einem Jahr zur Beendigung des Beamtenverhältnisses. Laut BVerfG (Beschl. v. 17.8.1979 - 2 BvR 374/79) schließt eine Verurteilung, die nach den beamtenrechtlichen Vorschriften zwingend zur Beendigung des Beamtenverhältnisses führt, grundsätzlich von vornherein die Einstellung eines Beamtenbewerbers wegen fehlender Eignung aus.

744 Nur hingewiesen werden kann hier auf eine besondere Problematik, die sich aus der Versagung der Beamtenernennung ergeben kann: Der juristische Vorbereitungsdienst ist eine sog. Monopolausbildung; er ist sowohl Voraussetzung für die Beamtentätigkeit als auch für die Ergreifung eines freien Berufes. Siehe hierzu nur Eggensperger/Hammel, a.a.O., § 26 JAPrO, Rdnr. 5, 7; Scheerbarth/Höffken/Bauschke/Schmidt, a.a.O., § 13 IV, S. 337. Aus der Versagung der beamtenrechtlichen Einstellung in den Vorbereitungsdienst könnte somit ein im Hinblick auf Art. 12 I GG bedenkliches faktisches "Berufsverbot" resultieren. Zur Lösung dieses Konflikts böte sich eine entsprechende Anwendung der Vorschrift des § 22 I JAG über die Zulassung von Ausländern zum Vorbereitungsdienst und der vom BVerfG (E 38/334, 371 ff) aufgestellten Forderung nach einer Ausbildungsmöglichkeit außerhalb des Beamtenverhältnisses für den Fall, daß der Bewerber nicht die Gewähr für ein jederzeitiges Eintreten für die freiheitlich demokratische Grundordnung bietet und deshalb nicht als Beamter eingestellt werden kann, an. Zwar weist das BVerwG (Beschl. v. 13.2.1979 - 2 B 38/78) zutreffend darauf hin, daß die dem Gemeinschaftsgut einer geordneten Rechtspflege zukommende überragende Bedeutung dazu zwinge, zu der dafür erforderlichen Ausbildung ausschließlich Personen zuzulassen, denen nicht ein schwerer Verstoß gegen das Recht, das sie pflegen sollen, vorgeworfen werden kann. Unter Berücksichtigung von Art. 12 I GG darf der durch den Examenskandidaten verübte zwar schwerwiegende, aber nur einmalige Verstoß jedoch nicht zu einer endgültigen Versagung des gesamten juristischen Berufsbildes führen. Lediglich der Staatsdienst mit seinem besonderen Anforderungsprofil muß für ungeeignete Personen auch zukünftig verschlossen bleiben, was durch die oben geschilderte Verfahrensweise gewährleistet würde. Vgl. hierzu auch z.B. § 20 II JAG NRW, wonach derjenige, der die Voraussetzungen für die Berufung in das Beamtenverhältnis nicht erfüllt, zum Vorbereitungsdienst zugelassen und in ein öffentlich-rechtliches Ausbildungsverhältnis berufen werden kann.

(2) Nichtigkeit der Ernennung

Gem. § 14 II (3) JAG bleiben die Bestimmungen des LBG über die Beendigung des Beamtenverhältnisses unberührt.[745] Aufgrund der Prüfungsmanipulation könnte die Ernennung in das Beamtenverhältnis auf Widerruf gem. § 8 BRRG, § 14 LBG nichtig sein.[746] Vorliegend käme nur eine Nichtigkeit nach § 8 II Nr. 2 BRRG, § 14 II Nr. 3 LBG in Betracht. Voraussetzung dafür ist, daß der Referendar zum Zeitpunkt seiner Ernennung nicht amtsfähig war.[747] Hier ist eine Amtsunfähigkeit nach § 45 I StGB möglich. Dies ist der Fall, wenn der Beamte wegen eines Verbrechens zu Freiheitsstrafe von mindestens einem Jahr verurteilt wird. Da jedoch bei Vornahme der beschriebenen Manipulationsvarianten eine Strafbarkeit des Prüflings entweder nicht begründet wird[748] oder nur Vergehen des Prüflings[749] in Betracht kommen[750], scheidet eine Nichtigkeit der Ernennung nach § 8 II Nr. 2 BRRG, § 14 II Nr. 3 LBG aus.

(3) Rücknahme der Ernennung

Möglich wäre eventuell die Rücknahme der Ernennung gem. § 9 BRRG, § 15 LBG.[751] In Betracht kommt insofern die Rücknahme nach § 9 I Nr. 1 BRRG,

745 Ebenso die Vorschriften anderer Länder, vgl. beispielsweise § 9 I JAG Berl., § 25 II JAG Saarl., § 42 IV JAPO Thür.

746 Eine "Nichternennung" des Beamten aufgrund der Prüfungsmanipulation kommt nicht in Betracht; vgl. allgemein zur Nichternennung Grabendorff/Arend, a.a.O., Bd. I, § 14, S. B 52 m.w.N.; Günther, DÖD 1990, S. 286 ff; Hilg, a.a.O., § 14 II, S. 138 ff; Plog/Wiedow/Beck/Lemhöfer, a.a.O., § 6, Rdnr. 9, 24 a f und § 11, Rdnr. 3.

747 Hinsichtlich der Unfähigkeit zur Bekleidung öffentlicher Ämter, die nicht infolge strafgerichtlicher Verurteilung eintritt, siehe Grabendorff/Arend, a.a.O., Bd. I, § 14, S. B 51. Verliert der Beamte auf Widerruf die Amtsfähigkeit nach seiner Ernennung, so ist § 45 LBG anwendbar (vgl. auch § 45 III StGB).

748 Vgl. A.II.1.a.aa.(1) und A.II.1.a.bb.(1)(a).

749 Abgesehen von einer hier nicht zu untersuchenden, von Fall zu Fall unterschiedlichen, "Vor- oder Nachfeldstrafbarkeit" der eigentlichen Prüfungsmanipulation.

750 Siehe oben A.II.1.a.bb.(2)(a) und A.II.1.a.cc.(1). Bei den dort aufgeführten, möglicherweise einschlägigen Delikten handelt es sich ausschließlich um Vergehen, vgl. §§ 263 I, 267 I, 271 I, 123 I, § 333 I, 334 I StGB i.V.m. § 12 StGB.

751 Die beamtenrechtlichen Fehlertatbestände sind erschöpfend, vgl. nur Hilg, a.a.O., § 14 I, S. 137; Scheerbarth/Höffken/Bauschke/Schmidt, a.a.O., § 12 V, S. 308; Wiese, a.a.O., S. 85. A.A. v. Münch (in: v. Münch, Besonderes Verwaltungsrecht, S. 34), der nur eine zugunsten des Beamten abschließende Regelung annimmt. Dieser unterschiedliche Meinungsstand kann vorliegend dahingestellt bleiben, denn nach beiden Ansichten sind die Regelungen abschließend, soweit es um die hier zu untersuchenden Maßnahmen, die gegen den Widerrufsbeamten getroffen werden sollen, geht. Bei der Nichtigkeit der Ernennung gem. § 8 BRRG, § 14 LBG und auch bei der Rücknehmbarkeit der Ernennung gem. § 9 BRRG, § 15 LBG handelt es sich im Interesse der Rechtssicherheit und der Ämterstabilität

§ 15 I Nr. 1 LBG, falls die Ernennung durch arglistige Täuschung herbeigeführt wurde. Dadurch, daß der Prüfungskandidat durch Einreichung der Bewerbungsunterlagen für den juristischen Vorbereitungsdienst auch das darin enthaltene - durch die Manipulation mit einer unrichtigen Note versehene - Examenszeugnis zur Kenntnis der für die Einstellung zuständigen Person gebracht hat, könnte die Einstellung durch arglistige Täuschung herbeigeführt worden sein.

Arglistige Täuschung ist das vorsätzliche Hervorrufen oder Aufrechterhalten eines Irrtums bei einer an der Ernennung beteiligten Stelle um diese durch die Täuschung zu einer günstigen Entschließung zu bestimmen, wobei die Täuschung sowohl im Vorspiegeln falscher als auch im Verschweigen wahrer Tatsachen bestehen kann.[752] Derjenige, der eine mit dem ersten Staatsexamen zusammenhängende Prüfungsmanipulation begangen hat, weiß oder hält es jedenfalls für möglich, daß das ihm verliehene Zeugnis über das Bestehen der Prüfung nicht den tatsächlichen Leistungsstand widerspiegelt und es deshalb unrichtig ist. Dies gilt unabhängig davon, ob die Manipulation bzw. deren ursprüngliche Nichtentdeckung lediglich zu einer Notenverbesserung geführt hat oder für das formale Bestehen des Examens kausal war. Das Zeugnis ist für die Ernennung entscheidend und dies weiß der Antragsteller. Folglich spiegelt er bei der Einreichung des Zeugnisses dem Präsidenten des OLG (vgl. § 14 I (2) JAG) konkludent vor, die erforderliche und vorgeschriebene Vorbildung[753] (siehe § 14 I (1) Nr. 1 JAG und § 14 I (1) Nr. 2 JAG i.V.m. § 9 I Nr. 4 a LBG) zu besitzen und sie ordnungsgemäß nachgewiesen zu haben.[754] Eine vorsätzliche Täuschung durch den das Examenszeugnis einreichende Prüfling ist demzufolge zu bejahen.

---

um abschließende, erschöpfende Regelungen dieser Thematik; sie gehen als Sondervorschriften den Bestimmungen der Verwaltungsverfahrensgesetze vor, so die ganz h.M., vgl. BVerwGE 81/282 ff; BVerwG, DVBl. 1983, S. 1108 ff; Grabendorff/Arend, a.a.O., Bd. I, § 14, S. B 51 und § 15, S. B 54. Vgl. auch Günther, DÖD 1990, S. 285 f; Hilg, a.a.O., § 14 I, S. 137; Scheerbarth/Höffken/Bauschke/Schmidt, a.a.O., § 12 V, S. 308; Wagner, DVP 1987, S. 211; Wagner, Beamtenrecht, S. 54, Rdnr. 88; Wiese, a.a.O., S. 85. Nach Scheerbarth/Höffken/Bauschke/Schmidt (a.a.O., § 12 IV, S. 309) und Schnellenbach (Beamtenrecht in der Praxis, Rdnr. 2, Fn. 12) soll jedoch § 52 VwVfG anwendbar sein.

752 Vgl. Grabendorff/Arend, a.a.O., Bd. I § 15, S. B 54; Hilg, a.a.O., § 14 V 1, S. 148; Plog/Wiedow/Beck/Lemhöfer, a.a.O., § 12, Rdnr. 4. Zur entsprechenden Vorschrift in § 12 I Nr. 1 BBG siehe BVerwG, ZBR 1970, S. 87.

753 Hierzu bereits oben A.II.1.a.dd.(1).

754 Dem könnte zwar entgegen gehalten werden, daß dem Prüfling das Examenszeugnis in der vorgeschriebenen Form ordnungsgemäß erteilt wurde, so daß formell nicht von einer Täuschung ausgegangen werden könne. Aber in diesem Zusammenhang kann nicht auf das Vorliegen der formellen Voraussetzungen, sondern muß auf das Vorhandensein der tatsächlichen materiellen Voraussetzungen abgestellt werden. Das Zeugnis ist bei entdeckter Prüfungsmanipulation nachweisbar unrichtig und ist deshalb nach erfolgter Rücknahme oder Berichtigung der Prüfungsentscheidung gem. § 11 II (1) 2. HS JAG oder gem.

Der Präsident des OLG, der gem. § 14 I (2) über den Antrag entscheidet, hat das Vorliegen der zur Einstellung in den Vorbereitungsdienst erforderlichen Voraussetzungen zu prüfen. Dazu gehört auch die Zurkenntnisnahme des Examenszeugnisses. Hierbei bildet sich bei ihm die Vorstellung, der Bewerber habe die notwendigen Vor- und Ausbildungserfordernisse durch das tatsächliche und ordnungsgemäße Ablegen des Examens nachgewiesen. Sich hierüber Gedanken zu machen, ist seine Pflicht.[755] Folglich kommt es durch die Einreichung des ur-

---

§ 1 I, IV Nr. 2 LVwVfG i.V.m. § 52 VwVfG (hierzu A.II.1.a.cc.(2)) einzuziehen. Insofern darf es für die Beurteilung einer Täuschung keinen Unterschied machen, ob das Zeugnis bewußt gefälscht wurde oder ob der Prüfling durch seine Manipulation die Ausstellung und Aushändigung eines unwahren Zeugnisses veranlaßt hat. Der Täuschungsbegriff ist also insofern nicht eng, sondern weit zu fassen.

755 Zwar wird er sich - mangels entgegenstehender Anhaltspunkte - keine konkreten Gedanken über Tatsachen und Geschehnisse während des Verlaufs des Prüfungsverfahrens, wohl aber solche hinsichtlich des Vorliegens und des Nachweises der tatsächlichen Vorbildungserfordernisse bei seiner Entscheidung machen. Er geht davon aus, daß das ihm vorliegende Zeugnis richtig ist, den wirklichen Leistungsstand des Prüflings widerspiegelt, und somit die zwingend vorgeschriebenen Einstellungsvoraussetzungen (§ 14 I (1) Nr. 1 JAG und § 14 I (1) Nr. 2 JAG i.V.m. § 9 I Nr. 4 a LBG) nicht nur formell, sondern auch tatsächlich vorliegen. Wie ausgeführt (vgl. A.I.1.a.aa.(1)), ist für die Annahme eines Irrtums nicht nur das aktuelle Bewußtsein des Vorstellungsinhalts, bei dem der Getäuschte in jedem Moment der Entscheidung über alle ihn motivierenden Tatsachen nachdenkt, erforderlich, sondern es genügt auch ein unreflektierter Bewußtseinsinhalt wie z.B. das "sachgedankliche Mitbewußtsein ", das "Bewußtsein am Rande" und das "ständige Begleitwissen", siehe Cramer in: Schönke/Schröder, a.a.O., § 263, Rdnr. 39, Lackner in: LK, § 263, Rdnr. 77 m.w.N. Der Prüfling hat formell die fachlichen Eignungsvoraussetzungen durch Vorlage des Zeugnisses nachgewiesen. Trotzdem ist nicht davon auszugehen, daß es der für die Ernennung zuständigen Person lediglich auf den Inhalt und die zu diesem Zeitpunkt noch bestehende Wirksamkeit des Zeugnisses ankommt, ohne daß in ihrem Mitbewußtsein die Vorstellung über das tatsächliche Vorliegen des notwendigen Leistungsstandes des Bewerbers besteht. Das Zeugnis ist zwar als öffentliche Urkunde im Sinne der §§ 417, 418 ZPO einzustufen, aber die Beweiskraft desselben erstreckt sich gerade nicht auf die sachliche Richtigkeit der Entscheidung, also auf die ordnungsgemäße und eigenständige Leistungserbringung durch den Prüfling (hierzu bereits oben, A.II.1.a.aa.(1)(c)) und die Richtigkeit der im Zeugnis enthaltenen Note (siehe A.II.1.a.cc.(1)(a)). Da ein aufgrund von Prüfungsmanipulation unrichtiges Zeugnis gem. § 11 II (1) 2. HS JAG oder gem. § 1 I, IV Nr. 2 LVwVfG i.V.m. § 52 VwVfG (vgl. A.II.1.a.cc.(2)) einzuziehen ist, wenn die Prüfung nachträglich (ex tunc) für nicht bestanden erklärt wird, ist davon auszugehen, daß der Präsident des OLG bei seiner Entscheidung nach § 14 I (2) JAG zumindest ein ständiges Begleitwissen diesbezüglich hat, er sich eventuell sogar aktuell Vorstellungen hinsichtlich dieser maßgeblichen Tatsache macht. Das tatsächliche und nicht nur das formelle Vorliegen der Vorbildungserfordernisse ist für die Ernennung in den juristischen Vorbereitungsdienst von ausschlaggebender Bedeutung. Deshalb wird sich der Präsident des OLG bei der Entscheidung über den Antrag des Prüflings zumindest im Unterbewußtsein auch hierüber Gedanken machen, wobei, entsprechend der obigen Ausführungen (Fußnote 296 f), das Gefühl, "es sei alles in Ordnung" als ausreichend anzusehen ist. Von einer sog. ignorantia facti, die nach h.M. (vgl. nur RGSt 42/40; Bockelmann in: FS für Schmidt, S. 437 ff; Dreher/Tröndle, a.a.O., § 263, Rdnr. 18 a; Kühne, a.a.O., S. 48 ff; Lackner in: LK, § 263, Rdnr. 75; Lackner, a.a.O., § 263 Rdnr. 18) einen solchen Irrtum ausschließt, kann diesbezüglich nicht ausgegangen werden.

sprünglich zwar gültigen, aber trotzdem unrichtigen Examszeugnis durch den Bewerber zu einem Irrtum bei der zur Ernennung zuständigen Person.[756]

Desweiteren muß der gesetzlich vorgeschriebene Kausalzusammenhang zwischen der Täuschung und der erfolgten Ernennung bestehen. Dieser ist zu bejahen, wenn ohne die arglistige Täuschung die Ernennung nicht oder nicht zu dem bestimmten Zeitpunkt ausgesprochen worden wäre.[757] Insofern muß vorliegend eine differenzierte Betrachtung erfolgen: Hat die Prüfungsmanipulation bzw. deren ursprüngliche Nichtentdeckung lediglich zu einer Notenverbesserung, nicht aber zum Bestehen des Examens geführt, so beruht die Ernennung nicht auf der Täuschung. In diesem Fall besaß der Bewerber die notwendige vorgeschriebene Vorbildung und hat diese auch tatsächlich nachgewiesen. Die Einstellung wäre demnach auch ohne Täuschung ausgesprochen worden. Etwas anderes gilt, wenn die Einstellung in den Referendardienst wegen nicht ausreichender Ausbildungskapazitäten nach Leistung, also nach Noten vorgenommen wird.[758] In diesem Fall liegt zwar keine Täuschung des Bewerbers über das tatsächliche Vorhandensein bzw. den tatsächlichen Nachweis der generell vorgeschriebenen Vorbildungserfordernisse vor, aber hierbei ist eine Täuschung über die für die konkrete Einstellungskampagne existierende Einstellungsvoraussetzung in Form eines Qualifikationsmaßstabes zu bejahen. Die Ernennung wäre hierbei eventuell nicht zu dem bestimmten Zeitpunkt erfolgt. Insofern wäre die Ernennung dann durch die arglistige Täuschung herbeigeführt worden. Hat die Prüfungsmanipulation bzw. deren ursprüngliches Nichtentdecktwerden jedoch zum formalen Bestehen des Examens geführt, dann wäre die Ernennung ohne die arglistige Täuschung nicht ausgesprochen worden. In diesem Fall ist die Kausalität ebenfalls zu bejahen.

---

756 Eine hiervon abweichende Beurteilung des Geschehens, d.h. die Verneinung einer Täuschung oder eines dadurch hervorgerufenen Irrtums, würde dem allgemeinen Rechtsempfinden widersprechen und dem Wortlaut des § 15 I Nr. 1 LBG nicht ausreichend Rechnung tragen. Die beamtenrechtlichen Vorschriften stellen abschließende Sonderregelungen dar und ermöglichen bereits aus diesem Grund nur eine begrenzte Erfassung von Problemfällen. Gerade deshalb muß aber ein vom Wortlaut der Regelung gedecktes Vorgehen unter die Norm gefaßt und hieran gemessen werden. Ablehnend insoweit VHG BW, Urt. v. 23.11.1982 - 4 S 829/82. Bei diesem etwas anders gelagerten Fall verneinte der VGH das Vorliegen einer arglistigen Täuschung. Diese Entscheidung beruht wohl auch auf der Außerachtlassung einer eventuell möglichen sachlichen oder zeitlichen Heilung des Mangels eines Prüfungsverfahrens (vgl. VGH BW, a.a.O., S. 19).

757 BVerwGE 16/342, 31/1; Plog/Wiedow/Beck/Lemhöfer, a.a.O., § 12 Rdnr. 5; Scheerbarth/Höffken/Bauschke/Schmidt, a.a.O., § 12 V, S. 314.

758 Vgl. § 14 I (4) JAG i.V.m. § 224 a II LBG und die einschlägigen Vorschriften der anderen Länder.

Der Prüfling ruft durch bewußte Vorlage des unrichtigen Zeugnisses vorsätzlich[759] einen Irrtum bei dem Präsidenten des OLG hervor, um diesen dadurch zu der Ernennung gem. § 14 I (3) JAG zu veranlassen. Wurde die Ernennung zum Beamten auf Widerruf durch diese arglistige Täuschung herbeigeführt, besteht also die notwendige Kausalität, ist die Ernennung gem. § 9 I Nr. 1 BRRG, § 15 I Nr. 1 LBG zurückzunehmen. Gem. § 16 I (1) LBG muß die Rücknahme innerhalb einer Frist von sechs Monaten erfolgen, nachdem der Präsident des OLG[760] von dem Grund der Rücknahme Kenntnis erlangt hat. Die Rücknahme wirkt ex tunc, vgl. § 16 II LBG.[761]

Eine arglistige Täuschung im Sinne des § 9 I Nr. 1 BRRG, 15 I Nr. 1 LBG ist grundsätzlich auch im Hinblick auf das Verschweigen einer begangenen Straftat möglich.[762] Problematisch ist hierbei, ob dem Beamten eine Offenbarungspflicht hinsichtlich solcher Straftaten obliegt, die zwar verfolgbar, aber noch nicht entdeckt worden sind. Die für den Bewerber bestehenden grundsätzlichen Erklärungs- und Offenbarungspflichten hinsichtlich anhängiger Verfahren und erfolgter Verurteilungen ergeben sich aus der Verwaltungsvorschrift vom 18.12.1991 über die Vorlage von Führungszeugnissen und Einholung von unbeschränkten Aus-

---

759 Bedingter Vorsatz ist insofern ausreichend, siehe nur BVerwGE 13/158; Günther, DÖD 1990, S. 293; Wagner, DVP 1987, S. 212.

760 Er ist gem. § 14 I (3) JAG für die Ernennung zuständig.

761 § 17 (1) LBG bestätigt jedoch die Wirksamkeit der bis zur Erklärung der Rücknahme vorgenommenen Amtshandlungen. Für das Innenverhältnis bestimmt § 17 (2) LBG, daß dem Ernannten die gezahlten Dienstbezüge belassen werden können (Ermessensentscheidung). Dies dürfte jedoch in der Regel zu verneinen sein, da das Verhalten des Ernannten nicht noch sanktioniert und belohnt werden darf. Der Rückforderungsanspruch beruht auf einem öffentlich-rechtlichen Erstattungsanspruch, vgl. Battis, a.a.O., § 14, Anm. 2; Wagner, DVP 1987, S. 213. Die hierbei in Literatur und Rechtsprechung umstrittene Frage, ob eine Berufung auf den Wegfall der Bereicherung möglich ist, kann dahinstehen: Bei Bejahung dieser Frage, also bei einer analogen Anwendung der § 812 ff BGB, greift die verschärfte Haftung nach §§ 819 I, 818 IV BGB ein und bei Ablehnung der analogen Anwendbarkeit ergibt sich aus der Heranziehung des Vertrauensschutzgedankens ebenfalls kein hiervon abweichendes Ergebnis. Vgl. allgemein zu dieser Problematik BVerwGE 71/85; Maurer, Allgemeines Verwaltungsrecht, § 28, Rdnr. 25 ff.

762 Vgl. Günther, DÖD 1990, S. 291. Das BVerwG (Urt. v. 14.11.1969 - BVerwG VI C 10.66 - S. 6) führt explizit an, daß "auch das Verschweigen von Tatschen als Täuschung zu werten ist, wenn entweder die Ernennungsbehörde nach diesen Tatsachen gefragt hat oder wenn der Ernannte auch ohne Befragung weiß und mindestens in Kauf nimmt, daß die verschwiegenen Tatsachen für die Entscheidung der Ernennungsbehörde erheblich sind oder sein können". Dieser Rücknahmegrund kommt aber lediglich bei den Manipulationsvarianten "Anfertigung, Unterzeichnung und Ablieferung der Klausur durch den Dritten" (vgl. A.II.1.a.bb.(2)(a)) und "Beeinflussung von Prüfern durch die Gewährung materieller oder immaterieller Vorteile" (siehe A.II.1.a.cc.(1)) in Betracht, denn nur hierbei wird durch die Prüfungsmanipulation eine Strafbarkeit des Prüflings begründet.

künften aus dem Zentralregister bei der Einstellung in den Landesdienst.[763] Da eine Offenbarungspflicht hinsichtlich nicht entdeckter Straftaten hiervon nicht erfaßt wird, könnte eine solche im Hinblick auf die in den §§ 55 I, 60 Nr. 2 StPO normierten Grundsätze zu verneinen sein.[764]

Unter Berücksichtigung der besonderen Stellung des Beamten in Staat und insbesondere Rechtspflege ist er jedoch zur Offenbarung aller für die Willensbildung der Ernennungsbehörde erkennbar relevanten Umstände verpflichtet. Hierzu gehören auch solche Umstände, die eine strafbare Handlung im Sinne des § 15 I Nr. 2 LBG ergeben oder den Verdacht einer solchen begründen.[765] Dies folgt bereits daraus, daß der Bewerber, obwohl es sich bei dem juristischen Vorbereitungsdienst um eine Monopolausbildung handelt[766], die "Offenbarungsgefahr" dadurch abwenden kann, daß er sich - analog § 22 I JAG und der Grundsätze über die Gewähr für ein jederzeitiges Eintreten für die freiheitliche demokratische Grundordnung - um eine Ausbildung außerhalb des Beamtenverhältnisses bemüht.[767]

Die Offenbarungspflicht hinsichtlich noch nicht bekanntgewordener Straftaten ist auch im Hinblick auf die Vermeidung der Notwendigkeit einer späteren Ernennungsrücknahme nach § 9 I Nr. 2 BRRG, § 15 I Nr. 2 LBG zu befürworten. Ebenfalls würde es dem Zweck der Rücknahmevorschriften (die Entschließungsfreiheit der Ernennungsbehörde soll gewahrt und das gesamte Beamtentum von nicht geeigneten Personen freigehalten werden)[768] zuwiderlaufen, wenn die Ernennungsrücknahme wegen arglistiger Täuschung bei Verschweigen leichterer Fehlverhalten möglich wäre, nicht jedoch bei Verschweigen von schweren Ver-

---

763 Abgedruckt bei Grabendorff/Arend, a.a.O., Bd. II, S. D 9/9.

764 Vgl. hierzu schon Fußnote 416. So wohl grundsätzlich Havers/Schnupp, Beamten- und Disziplinarrecht, S. 62.

765 Vgl. im einzelnen BVerwG, E. v. 23.9.1966, II B 20/66; BVerwG, DÖD 1970, S. 76; Grabendorff/Arend, a.a.O., Bd. I, § 15, S. B 56 und Günther, DÖD 1990, S. 293.

766 Beachte Fußnote 744.

767 Das BVerfG (E 39/334, 374) hat ausdrücklich klargestellt, daß wenn der Vorbereitungsdienst als Ausbildungsstätte im Sinne des Art. 12 I GG sowohl Voraussetzung für eine spätere Tätigkeit als Beamter als auch für einen freien Beruf ist, den Bewerbern, die die beamtenrechtlichen Voraussetzungen nicht erfüllen, grundsätzlich eine Ausbildung außerhalb des Beamtenverhältnisses zu eröffnen ist. Im einzelnen zu dieser Problematik, Eggensperger/ Hammel, a.a.O., § 26 JAPrO, Rdnr. 5, 7; Scheerbarth/Höffken/Bauschke/Schmidt, a.a.O., § 13 IV, S. 337 f; Wiese, a.a.O., S. 70 f.

768 BVerwGE vom 23.9.1966, II B 20/66, S. 3; VGH BW, Urt. v. 23.11.1982, 4 S 829/82, S. 18 f; Günther, DÖD 1990, S. 292; Wagner, DVP 1987, S. 212.

fehlungen, wie z.B. Straftaten.[769] Die Relevanz dieser Angaben und die damit zusammenhängende Offenbarungspflicht ist dem Bewerber aufgrund der Pflicht zur Vorlage eines polizeilichen Führungszeugnisses und der mit dem Einstellungsantrag verbundenen Erklärungspflicht auch erkennbar.[770] Er weiß oder nimmt zumindest in Kauf, daß die verschwiegenen Tatsachen für die Ernennungsbehörde erheblich sind oder sein können. Demzufolge verschweigt er die zu offenbarende Tat arglistig.

Eine Rücknahme der Ernennung wegen arglistiger Täuschung gem. § 9 I Nr. 1 BRRG, § 15 I Nr. 1 LBG[771] ist demnach bei nachträglicher Kenntniserlangung der Behörde unter den dargestellten Voraussetzungen möglich.[772]

Daneben[773] kommt eine Rücknahme der Ernennung gem. § 9 I Nr. 2 BRRG, § 15 I Nr. 2 LBG in Betracht. Hinsichtlich der dort aufgeführten Voraussetzung der Unwürdigkeit aufgrund eines Vergehens kann auf die obigen Ausführungen[774] verwiesen werden. Als weiteres Erfordernis muß der Widerrufsbeamte wegen der Tat vor oder nach seiner Ernennung rechtskräftig bestraft worden sein.[775]

---

769 Entsprechend argumentiert das BVerwG (Beschl. v. 23.9.1966, II B 20/66, S. 3) im Hinblick auf § 12 I Nr. 1 und Nr. 2 BBG und stellt fest, daß die aufgeführten Klarstellungen auch für die entsprechenden Vorschriften des Landesrechts gelten.

770 Zum Erfordernis der Erkennbarkeit vgl. allgemein VGH BW, Urt. v. 23.11.1982 - 4 S 829/82, S. 16; Günther, DÖD 1990, S. 292 f; Hilg, a.a.O., § 14 V 1, S. 148; Wagner, Beamtenrecht, Rdnr. 98, S. 57.

771 Diese Vorschriften dienen dem Schutz der Entschließungsfreiheit der Ernennungsbehörde und der Reinhaltung des Berufsbeamtentums von Personen, die durch unlauteres Verhalten diese Entschließungsfreiheit eingeschränkt haben, so BVerwGE 16/342 und 31/4.

772 Eine Rücknahme der Ernennung gem. § 15 I Nr. 1 LBG in der Tatbestandsalternative der Bestechung ist in der hier vorliegenden Fallkonstellation nicht möglich: Nach dem eindeutigen Wortlaut der Vorschrift ist Voraussetzung, daß die Bestechung unmittelbar zur Ernennung führt; bloße "Vorfeldkausalität" ist nicht ausreichend.

773 Die verschiedenen Varianten der Rücknahmegründe stehen selbständig nebeneinander, Grabendorff/Arend, a.a.O., Bd. I, § 15, Anm. 3 b; Plog/Wiedow/Beck/Lemhöfer, a.a.O., § 12, Rdnr. 8.

774 Vgl. A.II.1.a.dd.(1). Die Untersuchung weiterreichender Folgen wie z.B. der Frage, ob dieser Unwürdigkeitsmakel dem Bewerber auf Dauer anhaftet, ob bei Wegfall desselben ein Wiedereinstellungsanspruch entsteht, ob bereits abgeleistete Ausbildungszeiten in diesem Fall angerechnet werden etc., ist im Rahmen dieser Arbeit nicht möglich.

775 Scheerbarth/Höffken/Bauschke/Schmidt, a.a.O., § 12 V, S. 315; Wiese, a.a.O., S. 87. Unterbleibt die Bestrafung z.B. wegen Verjährung oder Einstellung des Strafverfahrens, so ist die Ernennungsrücknahme nach § 15 I Nr. 2 LBG ausgeschlossen; Plog/Wiedow/Beck/Lemhöfer, a.a.O., § 12, Rdnr. 10.

(4) Entlassung aus dem Beamtenverhältnis

Die Beendigung des Beamtenverhältnisses durch Entlassung tritt entweder kraft Gesetzes oder durch Verwaltungsakt ein.[776] Voraussetzung ist jedoch, daß ein wirksam begründetes Beamtenverhältnis entstanden ist, d.h. weder eine Nichternennung oder nichtige Ernennung vorlag noch eine Ernennungsrücknahme erfolgt ist.[777]

Die Entlassung des Beamten ist von der Rücknahme der Ernennung streng zu unterscheiden.[778] Während Entlassungsgründe grundsätzlich erst nach der Beamtenernennung eintreten[779], stehen die Gründe für eine Ernennungsrücknahme in engem Zusammenhang mit der Begründung des Beamtenverhältnisses.[780] Es handelt sich hierbei um solche, die bereits vor bzw. bei der Ernennung vorlagen. Desweiteren läßt die Entlassung das Beamtenverhältnis für die Vergangenheit bestehen, entfaltet also lediglich eine Wirkung ex nunc, wohingegen die Rücknahme der Beamtenernennung die Beseitigung des Beamtenverhältnisses ex tunc bezweckt und bewirkt.[781] Auch ist zu beachten, daß einer Entlassung aus dem Beamtenverhältnis mit einer Rücknahmeerklärung die Grundlage entzogen wird, eine Erklärung der Ernennungsrücknahme jedoch aufgrund ihrer Rückwirkung auch noch möglich ist, wenn das Beamtenverhältnis inzwischen durch Entlassung beendet worden ist.[782]

Vorliegend könnte § 14 II (2) JAG[783] einschlägig sein. Gem. § 14 II (2) JAG kann der Rechtsreferendar entlassen werden, wenn ein wichtiger Grund vorliegt. Da zwar weder § 14 II (2) Nr. 1 oder Nr. 2 noch Nr. 3 JAG eingreifen, es sich

---

776 Siehe nur §§ 18 II, 14 II JAG. Hierzu auch Fürst/Finger/Mühl/Niedermaier, a.a.O., Teil 2 a, K vor § 28, Rdnr. 5; Scheerbarth/Höffken/Bauschke/Schmidt, a.a.O., § 21 I, S. 508.

777 Plog/Wiedow/Beck/Lemhöfer, a.a.O., vor § 28, Rdnr. 2; Weißhaar, a.a.O., S. 227.

778 Aufgrund der wesentlichen Verschiedenheit beider Rechtsinstitute in ihren Voraussetzungen und Wirkungen ist die Umdeutung einer Entlassung durch Verwaltungsakt in eine Rücknahmeerklärung (oder umgekehrt) nicht möglich, vgl. hierzu VGH BW, DVBl. 1951, S. 416; VGH Hess., DVBl. 1953, S. 281 f; OVG Hamb., ZBR 1955, S. 126.

779 So auch Fürst/Finger/Mühl/Niedermaier, a.a.O., Teil 2 a, K § 32, Rdnr. 7; Schütz, a.a.O., § 35, Rdnr. 5.

780 Scheerbarth/Höffken/Bauschke/Schmidt, a.a.O., § 21 I, S. 508; Weißhaar, a.a.O., S. 228.

781 Günther, DÖD 1990, S. 281 ff; Plog/Wiedow/Beck/Lemhöfer, a.a.O., vor § 28, Rdnr. 17 und § 12, Rdnr. 13; Wagner, DVP 1987, S. 213.

782 Siehe nur Plog/Wiedow/Beck/Lemhöfer, a.a.O., § 12, Rdnr. 13.

783 Vgl. auch die bestehenden Regelungen in den anderen Ländern, wie z.B. § 36 I JAPrO BW, § 9 I JAG Berl., § 25 I (2) JAG Saarl., § 43 II JAPO Sachs., § 42 II (2) JAPO Thür.

insoweit jedoch nicht um eine abschließende Aufzählung handelt[784], könnte als Entlassungsgrund das ordnungswidrige Vorgehen des Prüflings während des ersten juristischen Staatsexamens in Betracht kommen.[785]

Gem. § 23 III (1) BRRG, § 42 I (1) LBG kann der Beamte auf Widerruf jederzeit entlassen werden.[786] Die Entlassung eines Beamten auf Widerruf im Vorbereitungsdienst ist aber entsprechend § 23 III (2) BRRG, § 42 II LBG[787] eingeschränkt.[788] Sie darf nur aus Gründen ausgesprochen werden, die in der Person des Referendars liegen und mit Sinn und Zweck des Vorbereitungsdienstes in engem Zusammenhang und in Einklang stehen.[789] Folglich ist die Entlassung grundsätzlich nur zulässig, wenn der Referendar während des Vorbereitungsdienstes den an ihn zu stellenden Anforderungen in körperlicher, geistiger, fachlicher[790] oder charakterlicher Hinsicht in erheblichem Maße nicht genügt und es deshalb dem Dienstherren nicht zugemutet werden kann, den Widerrufsbeamten

784 Durch die in § 14 II (2) JAG verwendete Formulierung "insbesondere" wird deutlich, daß es sich bei Nr. 1 - Nr. 3 lediglich um eine nichtabschließende Aufzählung von Regelbeispielen handelt.

785 § 14 II JAG stellt im Hinblick auf den juristischen Vorbereitungsdienst eine den § 42 LBG konkretisierende Regelung dar.

786 Um ein willkürliches Vorgehen zu verhindern, darf der Widerruf grundsätzlich nur nach pflichtgemäßem Ermessen ausgesprochen werden; vgl. Fürst/Finger/Mühl/Niedermaier, a.a.O., Teil 2 a, K § 32, Rdnr. 3 m.w.N.; Plog/Wiedow/Beck/Lemhöfer, a.a.O., § 32, Rdnr. 5.

787 Ebenso die Vorschriften der anderen Länder, vgl. nur. § 44 (2) LBG BW; Art. 43 II BG Bay.; § 68 II LBG Berl.; § 39 II BG Brem.; § 43 II BG Hess.; § 40 II BG Nds.; § 35 II LBG NRW; § 44 II LBG Schl.-Hol.

788 Dem Widerrufsbeamten im Vorbereitungsdienst soll Gelegenheit gegeben werden, den Vorbereitungsdienst abzuleisten und die Prüfung abzulegen, so § 23 III (2) BRRG, § 42 II (2) LBG.

789 BVerwG, Buchholz, 237.0, Nr. 3; Günther, ZRB 1987, S. 137 ff; Hilg, a.a.O., S. 286 f; Scheerbarth/Höffken/Bauschke/ Schmidt, a.a.O., S. 520; Wagner, Beamtenrecht, S. 95, Rdnr. 182.

790 Es könnte angeführt werden, daß der ernannte Referendar in erheblichem Maße nicht mehr den an ihn zu stellenden Anforderungen in fachlicher Hinsicht genügt, wenn die Prüfung im Nachhinein für nicht bestanden erklärt, das unrichtige Zeugnis dementsprechend eingezogen wird und er deshalb die Voraussetzungen gem. § 14 I (1) Nr. 1 JAG und § 14 I (1) Nr. 2 JAG i.V.m. § 9 I Nr. 4 a LBG nicht mehr erfüllt. Dem ist jedoch zu widersprechen: Es muß hierbei eindeutig auf die fachlichen Anforderungen während des Referendardienstes abgestellt werden. Sinn und Zweck des juristischen Vorbereitungsdienstes ist es, den Beamten auf das zweite Staatsexamen vorzubereiten; er soll die für das Bestehen der Prüfung erforderlichen Kenntnisse und Fähigkeiten erwerben. Die §§ 23 III (2) BRRG, 42 II LBG betreffen nur Mängel, die damit in Zusammenhang stehen, nicht jedoch solche, die die Voraussetzungen für die Einstellung in den Vorbereitungsdienst betreffen.

weiter zu beschäftigen.[791] Für den Widerruf kommen grundsätzlich nur während des Vorbereitungsdienstes zutage getretene Eignungsmängel in Betracht.[792]

Da die hier zu beurteilenden Verhaltensweisen des Widerrufsbeamten vor seiner Ernennung in den Beamtendienst lagen, ist § 14 II (2) JAG vorliegend nicht einschlägig[793]; wie ausgeführt[794], ist in einem solchen Fall regelmäßig die Rücknahme der Ernennung möglich.[795]

b. Manipulation bei der mündlichen Prüfung

Hat der Examenskandidat mit den schriftlichen Leistungen die erforderlichen Einzelnoten und die notwendige Gesamtnote erreicht[796], so wird er zur mündlichen Prüfung geladen.[797]

---

791 BVerwGE 47/368; Battis, a.a.O., § 32, Anm. 3; Grabendorff/Arend, a.a.O., Bd. I, § 42, S. B 105; Hilg, a.a.O., S. 287; Martin, ZBR 1976, S. 177 ff; Scheerbarth/Höffken/Bauschke/Schmidt, a.a.O., S. 520 f. Einschränkend ist aber zu beachten, daß dem Dienstherren lediglich die Beschäftigung des Beamten im Vorbereitungsdienst, nicht aber darüber hinaus, zugemutet wird; Fürst/Finger/Mühl/Niedermaier, a.a.O., Teil 2 a, K § 32, Rdnr. 7.

792 Battis, a.a.O., § 32, Anm. 3; Grabendorff/Arend, a.a.O., Bd. I, § 42, Anm. 6 a; Günther, ZBR 1987, S. 137 ff; Hilg, a.a.O., § 21 III 3, S. 287; Plog/Wiedow/Beck/Lemhöfer, a.a.O., § 32, Rdnr. 8.

793 Den Anwendungsbereich der Entlassungsvorschrift für Widerrufsbeamte ähnlich fassend z.B. Schütz (a.a.O., § 35, Rdnr. 5) der vor der Ernennung liegende Verhaltensweisen nur insofern für relevant hält, "als sie auch - fortwirkend - Rückschlüsse auf die persönliche Eignung des Beamten während des Beamtenverhältnisses auf Widerruf zulassen und die Vorgänge während des Vorbereitungsdienstes in einem anderen Licht erscheinen lassen". Für die Ablehnung der Entlassungsmöglichkeit des Widerrufsbeamten sprechen auch die in § 14 II (2) JAG aufgeführten Regelbeispiele. Bei Nichtvorliegen der notwendigen Einstellungsvoraussetzungen muß eine Entfernung des Referendars aus dem Vorbereitungsdienst zwingend vorgeschrieben sein. Die Erfassung dieses Falles durch eine "Kann-Vorschrift", wie sie § 14 II (2) JAG darstellt (bei der die Entscheidung zwar nach pflichtgemäßem Ermessen zu treffen ist und eine Ermessensreduzierung auf Null vorliegen kann), erscheint nicht sachgerecht. Wenn dieser Fall von § 14 II (2) JAG erfaßt, also eine solch weitgehende Auslegung erfolgen würde, dann wäre auch die Verweisung auf die Bestimmungen des Landesbeamtengesetzes über die Beendigung des Beamtenverhältnisses gem. § 14 II (3) JAG unverständlich. Als weiteres Argument gegen die Anwendbarkeit des § 14 II (2) JAG ist anzuführen, daß die Entlassung des Referendars nur für die Zukunft, nicht aber rückwirkend gilt. Die Folge davon wäre, daß der Widerrufsbeamte die an ihn ausgezahlten Bezüge behalten dürfte, obwohl der Vertrauensschutzgedanke nicht eingreift. Der Referendar würde insofern für sein ordnungswidriges Vorgehen noch belohnt werden.

794 Siehe A.II.1.a.dd.(3).

795 Beachte auch Schütz (a.a.O., § 35, Rdnr. 5), der anführt: "Für einen Irrtum der Behörde über die persönliche Eignung im Zeitspunkt der Ernennung kommen lediglich die Vorschriften über die Nichtigkeit oder Rücknahme der Ernennung in Frage".

796 Vgl. § 8 IV (3) JAG; ebenso beispielsweise § 20 I JAPG Brem., § 12 II (1) JAG Saarl., § 24 JAPO Thür.

797 Zur Frage, ob von dem Examenskandidaten die Erbringung weiterer Prüfungsleistungen verlangt werden darf, bevor über einen geäußerten Verdacht eines Täuschungsversuchs ab-

aa. Allgemeine Täuschungshandlungen und vorheriges Besorgen der Prüfungsaufgabe bzw. der Lösungsskizze

Als Manipulationsarten sind anzusehen: das Mitführen und Verwenden unzulässiger Hilfsmittel während der mündlichen Prüfung[798], der Informationsaustausch mit den Mitprüflingen in der Prüfung[799] und das vorherige Inerfahrungbringen des genauen Prüfungsstoffs[800].

(1) Strafrechtliche Beurteilung

Als strafrechtliche Vorschriften kommen bei dieser Manipulationsvariante lediglich die §§ 263 I, 271 I und 123 I StGB in Betracht.[801] Diesbezüglich kann auf die entsprechenden Ausführungen hinsichtlich der Manipulation bei der schriftlichen Prüfung verwiesen werden[802]: Eine Betrugsstrafbarkeit des Examenskandidaten scheidet mangels Vorliegens einer Vermögensverfügung aus. Eine Strafbarkeit gem. § 271 I StGB ist zu verneinen, da sich der öffentliche Glaube des Prüfungszeugnisses nicht auf die ordnungsgemäße und eigenständige Leistungserbringung bezieht. Da der Prüfling bei Erreichung der erforderlichen Einzel-

---

schließend entschieden wurde, vgl. OVG Münster (NVwZ 1988, S. 455 f = NWVBL 1988, S. 149 ff = DÖV 1988, S. 743 f): Wird dem Prüfling vor Ablegung der mündlichen Prüfung der Verdacht eines im Rahmen der schriftlichen Leistungserbringung vorgenommenen Täuschungsversuchs offenbart, ohne daß darüber abschließend entschieden wird, so kann die anschließende mündliche Prüfung nur unter Verletzung des im Prüfungswesen vorherrschenden Chancengleichheitsgrundsatz erfolgen, denn der Prüfling steht in diesem Fall vor anderen Prüfungsbedingungen als die Mitkandidaten; die psychische Beeinträchtigung infolge der Unsicherheit über die zu erwartenden Konsequenzen verhindert eine erfolgreiche Nutzung der bis zum anstehenden Termin der mündlichen Prüfung verbleibenden Zeit zur Auffrischung des Kurzzeitgedächtnisses und sogar während der mündlichen Prüfung besteht diese unsichere - den Prüfling in unzumutbarer Weise belastenden - Situation fort. Da ein bestehender Verdacht eines Täuschungsversuchs auch auf milderem Wege zu klären ist, sind diese Vorgehensweisen zu wählen: Es besteht die Möglichkeit, dem betreffenden Examenskandidaten den Verdacht erst nach Erbringung der mündlichen Prüfungsleistungen mitzuteilen (vgl. nur OVG NRW, NWVBL 1989, S. 413 f) oder aber, wenn die Prüfungsbehörde den Täuschungsverdacht vorher klären will, daß eine abschließende Entscheidung hierüber bis zum Beginn einer angemessenen Frist vor Beginn der mündlichen Prüfung erfolgt (siehe OVG Münster, NVwZ 1988, S. 455).

798 Siehe bereits oben A.I.3.b.aa.

799 Vgl. A.I.1.a. und 2.Teil, A.III.1.

800 So schon bei A.I.3.b.aa.; eine bei der Inerfahrungbringung des Prüfungsstoffs begründete Strafbarkeit des Examenskandidaten bleibt im Rahmen dieser Untersuchung unberücksichtigt.

801 Für die Begehung einer Urkundsstraftat während der Leistungserbringung sind bei der mündlichen Prüfung keine Anhaltspunkte ersichtlich.

802 A.II.1.a.aa.(1)(a), (c) und (d).

noten und Gesamtpunktzahl[803] eine ausdrückliche schriftliche Ladung für die mündliche Prüfung - welche nicht unter der Bedingung einer ordnungsgemäßen Leistungserbringung erteilt wird - erhält[804], ist die Begehung eines Hausfriedensbruchs gem. § 123 I StGB ausgeschlossen.

(2) Außerstrafrechtliche Beurteilung

Auch hinsichtlich der Manipulation des Examenskandidaten während der mündlichen Prüfung ist § 11 JAG einschlägig. Deshalb gelten die obigen Ausführungen[805] hier entsprechend. Über die Folgen von Ordnungsverstößen in der mündlichen Prüfung entscheidet gem. § 11 III (3) JAG der Prüfungsausschuß.[806]

bb. Erbringung der mündlichen Prüfungsleistung durch einen Dritten

Hierunter ist der Fall zu verstehen, daß der eigentliche Examenskandidat eine andere Person[807] beauftragt, die gesamte mündliche Prüfung für ihn abzulegen.[808]

(1) Strafrechtliche Beurteilung

Entsprechend der obigen Begründung[809], kommt hinsichtlich der durch den Dritten eventuell begangenen Straftaten in Form der §§ 263 I, 123 I StGB lediglich

---

803 Vgl. § 8 IV (3) JAG und die Vorschriften der anderen Länder, wie z.B. § 15 I JAPrO BW, § 24 III JAPO Bay., § 15 III JAG NRW, § 30 II JAPO Sachs.

804 Vgl. § 8 IV (4) JAG, § 5 III (2) JAPO.

805 Siehe A.II.1.a.aa.(2).

806 Dieser wird gem. § 20 I JAG durch den Präsident des Prüfungsamtes gebildet und besteht gem. § 20 II (1) JAG aus vier Prüfern, einschließlich des Vorsitzenden. Dem Prüfungsausschuß sollen in der Regel zwei Professoren angehören, § 5 II JAPO. Gem. § 20 II (2) JAG führt den Vorsitz im Prüfungsausschuß der Präsident des Prüfungsamtes, sein ständiger Vertreter oder ein von dem Präsidenten bestimmtes Mitglied der betreffenden Prüfungsabteilung.

807 Dies wird in der Regel die Person sein, die bereits die schriftlichen Examensleistungen für den eigentlichen Prüfling erbracht hat. Durch welche Vorgehensweise der Dritte in den Prüfungsraum gelangt ist und ob er hierbei Straftaten begangen hat, bleibt bei dieser Untersuchung außer Betracht.

808 Im Gegensatz zur mündlichen Prüfung im Rahmen der Promotion (diesbezüglich oben A.I.3.b.bb.) besteht hierbei eine größere Anonymität. Es ist durchaus - insbesondere an größeren Universitäten - denkbar, daß Prüfer und Prüfling sich persönlich überhaupt nicht kennen. In einem solchen Fall besteht dann die Möglichkeit, daß ein Dritter die mündliche Prüfung für den eigentlichen Examenskandidaten ablegt.

809 A.I.1.c.bb.(1)(a).

eine Teilnahme des eigentlichen Examenskandidaten in Betracht. Diesbezüglich ist jedoch eine tatbestandsmäßig-rechtswidrige Haupttat Voraussetzung.[810]

Eine Strafbarkeit des eigentlichen Examenskandidaten gem. § 271 I StGB scheidet aus: Hinsichtlich der Identität der die mündliche Prüfung ablegenden Person obliegt dem Examenszeugnis weder bei Abstellen auf § 417 ZPO noch bei Heranziehung des § 418 ZPO eine erhöhte Beweiswirkung[811]; bei Einstufung als Urkunde im Sinne des § 417 ZPO beweist das Examenszeugnis nicht mit öffentlichem Glauben, daß die Entscheidung sachlich richtig ist und bei Qualifizierung als Urkunde im Sinne des § 418 ZPO beweist es lediglich das, was für eine durchschnittliche, pflichtbewußte Urkundsperson wahrnehmbar und von ihr wahrzunehmen ist, mit öffentlichem Glauben. Der Präsident des Prüfungsamtes, der gem. § 9 I JAG[812] das Examenszeugnis erstellt und erteilt, kann verläßlich lediglich die Ablegung der mündlichen Prüfung einer Person unter einem bestimmten Namen und die diesbezüglich erteilten Noten wahrnehmen.[813] Die erhöhte Beweiswirkung bezieht sich demnach nicht auf die ordnungsgemäße und eigenständige Leistungserbringung durch den eigentlichen Examenskandidaten.[814]

(2) Außerstrafrechtliche Beurteilung

Auch über die Folgen dieses Ordnungsverstoßes in der mündlichen Prüfung entscheidet gem. § 11 III (3) JAG der Prüfungsausschuß. Das hier zu untersuchende Vorgehen ist richtigerweise als Täuschungsversuch des Examenskandidaten im Sinne des § 11 I (1) JAG zu qualifizieren.[815] Bei Verneinung eines solchen Täuschungsversuchs[816] ist auf jeden Fall ein durch den eigentlichen Prüfling vorgenommener erheblicher Ordnungsverstoß im Sinne des § 11 I (1) JAG[817] zu beja-

---

810 Vgl. insofern unten Gliederungspunkt E.

811 Deshalb kann auch hier dahingestellt bleiben, welche Vorschrift richtigerweise als Beweiskraft regelnde Norm heranzuziehen ist.

812 Ebenso z.B. § 20 JAPrO BW, § 5 I JAG Hess., § 34 II JAPO Sachs., § 29 I JAPO Thür.

813 Dies gilt auch für den Fall, daß er gem. § 20 II (2) JAG den Vorsitz im Prüfungsausschuß geführt hat, denn in der Regel ist dem Präsidenten der jeweilige Prüfling nicht persönlich bekannt.

814 Vgl. zu der gesamten Problematik bereits vorstehend A.I.1.a.aa.(3), A.I.1.c.bb.(1)(b), A.II.1.a.aa.(1)(c) und A.II.1.a.bb.(2)(a)(bb).

815 Siehe hierzu bereits die entsprechenden Ausführungen vorstehend A.I.1.c.bb.(2), A.II.1.a.bb.(2)(b), insbesondere Fußnote 418, 667, 693.

816 Dieses Ergebnis könnte aufgrund der Tatsache, daß der Dritte die eigentliche Täuschungshandlung vornimmt, vertreten werden.

817 Hierzu bereits oben A.II.1.a.bb.(2)(b), insbesondere Fußnote 340, 418.

hen: Durch sein Vorgehen verstößt er gegen die unter den Begriff der "Ordnung" zu fassende und dem Prüfungswesen immanente Forderung, daß er die notwendigen Leistungen eigenständig, in eigener Person zu erbringen hat. Hinsichtlich der möglichen Folgen dieses Vorgehens für den eigentlichen Prüfling kann auf die vorstehenden Ausführungen[818] verwiesen werden.

cc. Beeinflussung von Prüfern durch die Gewährung materieller oder immaterieller Vorteile

Diese durch den Examenskandidaten vorgenommene Beeinflussung[819] kann lediglich zu einer Notenverbesserung oder aber zum Bestehen der gesamten Prüfung[820] führen.

(1) Strafrechtliche Beurteilung

In Betracht kommt hier eine Strafbarkeit des Prüflings gem. §§ 271 I, 333 I, 334 I i.V.m III Nr. 2 StGB. Hinsichtlich der Prüfung dieser Delikte kann auf die obige Untersuchung[821] verwiesen werden: Eine Strafbarkeit des Examenskandidaten gem. § 271 I StGB und § 333 I StGB ist entsprechend der dargelegten Gründen[822] zu verneinen. Eine Strafbarkeit des Kandidaten gem. § 334 I i.V.m III Nr. 2 StGB aufgrund seines beeinflussenden Vorgehens vor Beginn der mündlichen Prüfung[823] ist entsprechend den obigen Ausführungen[824] zu bejahen, wenn er dadurch versucht, den oder die Prüfer zu veranlassen, die Grenzen ihres Beurteilungsspielraums bei der vorzunehmenden Benotung zu überschreiten und so eine Entscheidung zu treffen, die insoweit nicht mehr in ihrem Ermessen steht oder sich bei der Korrektur und/oder Bewertung zwar im Rahmen des ihnen eingeräumten Beurteilungsspielraums zu halten, sich hierbei aber durch das Anbie-

---

818 A.II.1.a.bb.(2)(b).

819 Hinsichtlich Begriffsbestimmungen und Erklärungen diesbezüglich vgl. 2.Teil, A.III.4. und 4.Teil, A.I.1.d.

820 Im einzelnen hierzu § 8 V JAG i.V.m. § 5 VI JAPO und die entsprechenden Vorschriften der anderen Länder, z.B. § 27 JAPO Bay., § 14 I JAO Berl., § 20 JAG Hess., § 27 JAPO Thür.

821 A.II.1.a.cc.(1).

822 Vgl. A.II.1.a.cc.(1)(a) und A.II.1.a.cc.(1)(b).

823 Die Beeinflussung von Prüfern ist hierbei in der Praxis lediglich in dem Zeitraum zwischen Kenntniserlangung von der Prüfungskommission und Beginn der mündlichen Prüfung möglich.

824 Beachte A.II.1.a.cc.(1)(c).

ten, Versprechen oder Gewähren des Vorteils beeinflussen zu lassen, also gerade wegen des Vorteils eine der noch möglichen Noten zu vergeben.

(2) Außerstrafrechtliche Beurteilung

Bezüglich der außerstrafrechtlichen Folgen gelten die vorstehenden Untersuchungen[825] hinsichtlich der schriftlichen Leistungserbringung entsprechend.

2. Das zweite Staatsexamen

Im Rahmen des zweiten Staatsexamens ist Prüfungsmanipulation im gleichen Umfang und in der selben Art und Weise möglich, wie im Rahmen des ersten Examens. Da gem. § 17 I JAG die §§ 11 I, II (1), III und 13 I, III JAG hinsichtlich des zweiten Examens entsprechende Anwendung finden[826], kann somit grundsätzlich auf die obige Untersuchung bezüglich des ersten Staatsexamens[827] verwiesen werden; die dortigen Ausführungen gelten in Bezug auf das zweite Examen entsprechend.[828]

---

825 Hierzu oben A.II.1.a.cc.(2).

826 Vgl. hierzu auch die Vorschriften der übrigen Länder, z.B. § 45 I JAPrO BW, § 43 JAO Berl., § 43 II JAG Hess., § 28 JAG NRW, § 32 I JAG Saarl., § 14 JAPO Sachs., § 12 JAPO Thür., § 21 der Übereinkunft der Länder Freie Hansestadt Brem., Freie und Hansestadt Ham. und Schl.-Hol. über ein gemeinsames Prüfungsamt und die Prüfungsordnung für die Große Juristische Staatsprüfung.

827 Siehe vorstehend A.II.1.

828 Beachte in diesem Zusammenhang die zu einem Täuschungsversuch im Rahmen des zweiten Staatsexamens ergangene Entscheidung des VG Köln (Beschl. v. 4.12.1987 - 6 L 2972/87, NJW 1988, S. 2634 ff), deren Feststellungen wohl auch auf andere vergleichbare Prüfungen (z.B. juristische Übungen, erstes Staatsexamen) übertragbar sind: In einem Toilettenraum, den Examenskandidaten während der Prüfung betreten hatten, wurde nach Beendigung der Klausurbearbeitung eine Sammlung von kleinformatig fotokopierten Aufbau- bzw. Bearbeitungsschemata gefunden, auf der die Kennziffer eines klausurbearbeitenden Referendars vermerkt war. Einige Schemata, die für die an dem Tag anzufertigende Klausur relevant waren, fehlten. Der betreffende Referendar führte aus, er habe die Sammlung vor Beginn der eigentlichen Prüfung in einem anderen Toilettenraum lediglich nochmals durchgelesen und sie dort vergessen. Er habe sie nicht zu Täuschungszwecken verwenden wollen und wisse auch nicht, wie sie in den Toilettenraum gelangt sei, in dem sie nachher gefunden wurde. Daraufhin wurde angeordnet, daß alle Kandidaten, die während der Bearbeitungszeit die bestimmte Toilette aufgesucht hatten, die betreffende Aufsichtsarbeit erneut anzufertigen hätten. Hiergegen entschied das VG Köln: Zwar könne die Prüfungsbehörde in Einzelfällen die Ansprüche der Prüflinge auf Bewertung bereits erbrachter Prüfungsleistungen zur Aufrechterhaltung der Chancengleichheit einschränken, jedoch seien die Voraussetzungen dafür vorliegend nicht erfüllt. Das Prüfungsverfahren sei so auszugestalten, daß es seinem Auslesezweck gerecht werden könne. Zur Erfüllung dieser Verpflichtung stünden der Prüfungsbehörde grundsätzlich verschiedene Handlungsmöglichkeiten zu Verfügung. Die hier getroffene Ermessensentscheidung leide jedoch an einem Rechtsfehler, da lediglich von einem Täuschungsversuch des betreffenden Referendars auszugehen sei und die von der Prüfungsbehörde getroffene Anordnung einen

Als Besonderheit ist hinsichtlich der zweiten Staatsprüfung aber zu beachten, daß sich der Examenskandidat bei Vornahme der Prüfungsmanipulation noch als Beamter auf Widerruf im Vorbereitungsdienst befindet.[829] Aus dieser Tatsache könnten weitere Folgen einer Prüfungsmanipulation resultieren.

a. Vornahme einer "nicht schweren" Prüfungsmanipulation[830]

Nimmt der Prüfling die Manipulation in Form eines nicht schweren Ordnungsverstoßes vor, kann gem. § 17 I i.V.m. § 11 I (1) JAG[831] die betreffende Prüfungsleistung mit null Punkten bewertet werden.

aa. Dienstordnungsmaßnahmen[832]

Die Ahndung schuldhafter Verletzungen beamtenrechtlicher Pflichten erfolgt durch das sog. Disziplinarrecht[833], das in den Disziplinarordnungen des Bundes und der Länder normiert ist.

Gem. § 1 I (1) DOG finden die Dienstordnungsvorschriften auf den Widerrufsbeamten grundsätzlich Anwendung. Voraussetzung ist aber das Vorliegen eines Dienstvergehens oder einer als Dienstvergehen geltenden Handlung, § 2 I Nr. 1 DOG. Entsprechend § 45 I BRRG, § 85 I LBG begeht der Beamte ein Dienst-

schwerwiegenden Eingriff in ein laufendes Prüfungsverfahren darstelle, bei dem ein eher vorsichtiges Verhalten angemessen sei.

829 Gem. § 14 I (3) JAG wird der Bewerber unter Berufung in das Beamtenverhältnis auf Widerruf zum Rechtsreferendar ernannt. Nach § 18 II (1) JAG enden Beamtenverhältnis und Vorbereitungsdienst des Referendars, der die zweite Staatsprüfung bestanden oder bei der ersten Wiederholung nicht bestanden hat, erst mit Ablauf des Monats, in dem ihm das Ergebnis der Prüfung eröffnet wird. Der Ausnahmefall einer zweiten Wiederholungsmöglichkeit (vgl. § 17 VIII JAG), bei der der Prüfling gem. § 18 II (2) JAG nicht erneut in den Vorbereitungsdienst eingestellt wird, bleibt vorliegend außer Betracht.

830 § 11 I JAG differenziert zwischen schweren Ordnungsverstößen und solchen, die diesen Grad nicht erreichen. Letztere werden im Rahmen dieser Untersuchung als "nicht schwere Ordnungsverstöße" bezeichnet. Zur Frage, wann ein schwerer Ordnungsverstoß vorliegt, vgl. z.B. vorstehend Fußnote 354; A.I.1.b.bb., insbesondere Fußnote 379; A.I.1.c.aa.(2), insbesondere Fußnote 403; A.I.1.c.bb.(2); Fußnote 631; A.II.1.a.bb.(1)(b); A.II.1.a.bb.(2)(b). Im übrigen ist zur Qualifizierung eines Vorgehens als leichtem oder schwerem Fall auf den jeweiligen Einzelfall abzustellen.

831 Vergleichbare Regelungen bestehen in den anderen Ländern, siehe nur §§ 45 I, 23 I JAPrO BW; §§ 41, 19 I JAO Berl.; §§ 43 II, 18 I JAG Hess.; §§ 52, 24 I JAO Nds.

832 Zur geschichtlichen Entwicklung und zum Wesen und Zweck des Disziplinarrechts siehe Behl, Verändertes Strafrecht - verändertes Disziplinarrecht, S. 168 ff und S. 207 ff.

833 Vgl. Kunig in: v. Münch/Schmidt-Aßmann, Besonderes Verwaltungsrecht, S. 578, Rdnr. 140.

vergehen, wenn er schuldhaft die ihm obliegenden Pflichten verletzt[834]; ein Verhalten des Beamten außerhalb des Dienstes ist ein Dienstvergehen, wenn es nach den Umständen des Einzelfalls im besonderen Maße geeignet ist, Achtung und Vertrauen in einer für sein Amt oder das Ansehen des Beamtentums bedeutsamen Weise zu beeinträchtigen.

Die Vorschrift des § 49 I JAPO, nach der der Rechtsreferendar während des Prüfungsverfahrens der Dienstaufsicht des Präsidenten des Oberlandesgerichts, der den Vorbereitungsdienst geleitet hat, untersteht, deutet darauf hin, daß das Prüfungsverfahren zum Beamtendienst zu zählen ist.[835] Dies kann aber vorliegend dahingestellt bleiben, denn zu den allgemeinen Pflichten des Referendars gehört, daß sein Verhalten innerhalb und außerhalb des Dienstes der Achtung und dem Vertrauen gerecht werden muß, die sein Amt erfordert.[836] Dazu zählt auch die Pflicht, die von ihm geforderte Prüfung in der vorgeschriebenen Art und Weise ordnungsgemäß abzulegen und diesbezüglich keine Manipulation vorzunehmen.[837]

---

834 Zu den einzelnen Pflichten des Beamten vgl. bereits oben A.II.1.a.dd.(1).

835 Die Abgrenzung zwischen innerdienstlichem und außerdienstlichem Verhalten erfolgt danach, ob der Beamte während der Ausübung seiner dienstlichen Tätigkeit gehandelt hat oder nicht. Außerdienstlich ist das Verhalten, wenn es sich als dasjenige eines Privatmannes ansehen läßt, d.h. nicht mit den beamtenrechtlichen Dienstverrichtungen oder dem Verhältnis zum Dienstherren zusammenhängt, vgl. Hilg, a.a.O., § 28 I 2, S. 343; Strunk, a.a.O., Rdnr. 136; Wagner, Beamtenrecht, Rdnr. 203.

836 Siehe §§ 36 (3) BRRG, 64 I (3) LBG: Hierzu auch Scheerbarth/Höffken/Bauschke/Schmidt, a.a.O., § 15 I, S. 408; Strunk, a.a.O., Rdnr. 113; Wassermann/Kirchner/Kröpil, a.a.O., § 26 NJAO, Rdnr. 10. Speziell im Hinblick auf den Rechtsreferendaren ist einer Beeinträchtigung der Achtung und des Vertrauens vorzubeugen, die die juristischen Berufe erfordern.

837 Die beamtenrechtlichen Pflichten sind in den Beamtengesetzen nicht tatbestandlich enumerativ abschließend aufgeführt, siehe Behl, a.a.O., S. 220; Strunk, a.a.O., Rdnr. 114; Hilg, a.a.O., S. 318; Wagner, Beamtenrecht, Rdnr. 195. Spezieller gefaßte Dienstpflichten ergeben sich z.B. aus anderen Gesetzen, Rechtsverordnungen, Verwaltungsvorschriften, den Dienstaufgaben, Dienstanweisungen sowie aus der Übung einer geordneten Verwaltung, so Scheerbarth/Höffken/Bauschke/Schmidt, a.a.O., § 15 I, S. 405; Strunk, a.a.O., Rdnr. 114; Wagner, Beamtenrecht, Rdnr. 195. Gerade aus dem Ausbildungsverhältnis in Form des Referendardienstes ergeben sich gegenseitige Rechte und Pflichten, welche in erster Linie durch den Ausbildungszweck geprägt sind, vgl. nur Eggensperger/Hammel, a.a.O., § 26 JAPrO, Rdnr. 10. Die besonderen Pflichten des Referendars hinsichtlich des Examens ergeben sich somit beispielsweise aus dem JAG, der JAPO, den Beamtengesetzen, aus der Verordnung über die während der Prüfung zugelassenen Hilfsmittel, der vor Beginn des Examens erteilten Anweisung zur Anfertigung der Klausuren und dem im Prüfungsrecht besonders bedeutsamen Chancengleichheitsgrundsatz. Hieraus folgt, daß der Widerrufsbeamte die Leistungen eigenständig, in der vorgeschriebenen Art und Weise zu erbringen hat, und keine Prüfungsmanipulation begehen darf.

Eine Prüfungsmanipulation im Rahmen des Examens beeinträchtigt die Achtung und das Vertrauen in den Widerrufsbeamten, in sein Amt und in das gesamte Beamtentum im besonderen Maße, unabhängig davon, ob die Leistungserbringung als solche zum inner- oder außerdienstlichen Bereich zu zählen ist. Durch ein solches Vorgehen bringt der Widerrufsbeamte zum Ausdruck, daß er in erster Linie auf seinen eigenen Vorteil bedacht ist - auch wenn er hierfür eine Gesetzwidrigkeit begehen muß[838] - und nicht die Interessen und das Wohl der Allgemeinheit in den Vordergrund stellt. Genau dies aber widerspricht den grundsätzlich an einen Beamten zu stellenden Anforderungen.[839] Folglich ist eine im Rahmen des zweiten Staatsexamens vorgenommene Manipulation grundsätzlich als Dienstvergehen im Sinne des § 45 I BRRG, § 85 I LBG zu qualifizieren.

Werden Tatsachen bekannt, die den Verdacht eines Dienstvergehens rechtfertigen, veranlaßt der zuständige OLG-Präsident als Dienstvorgesetzter[840] gem. § 26 I DOG die zur Aufklärung des Sachverhalts erforderlichen Ermittlungen (Vorermittlungen). Dieses Vorgehen dient der Feststellung, ob ein Dienstvergehen tatsächlich vorliegt und ob Dienstordnungsmaßnahmen zulässig und angezeigt sind.[841] Gegen Beamte auf Widerruf findet kein förmliches Disziplinarverfahren statt[842] und gem. § 5 II (2) DOG sind insofern nur Verweis und Geldbuße als Dienstordnungsmaßnahmen zulässig. Entsprechend § 27 I DOG stellt der Dienstvorgesetze das Verfahren ein, wenn durch die Vorermittlungen ein Dienstverge-

---

838 Der Beamte ist sowohl inner- als auch außerdienstlich im besonderen Maße zu gesetzmäßigem Verhalten verpflichtet, vgl. hierzu nur Hilg, a.a.O., § 27 III 1, S. 338 und Wagner, Beamtenrecht, Rdnr. 203. Dies wird insbesondere durch den gem. §§ 40 I BRRG, 67 I LBG zu leistenden Diensteid, wonach der Beamte "Gehorsam den Gesetzen" schwört, zum Ausdruck gebracht.

839 Eine andere Beurteilung folgt auch nicht aus der besonderen Situation des Referendars. Zwar befindet er sich lediglich in einem Ausbildungsverhältnis und nicht in einer dauerhaften Beamtenposition, aber trotzdem können die an ihn zu stellenden Anforderungen nicht geringer sein.

840 Dienstvorgesetzter ist, wer für die beamtenrechtlichen Angelegenheiten der ihm nachgeordneten Beamten zuständig ist, vgl. § 4 I (1) LBG. Hierzu Claussen/Janzen, BDO, § 26, Rdnr. 8 a; Havers/Schnupp, a.a.O., S. 41; Köhler/Ratz, BDO, § 26, Rdnr. 6; Wassermann, JuS 1964, S. 418. Bei Referendaren ist dies regelmäßig der zuständige OLG-Präsident. Gem. § 15 I (1) JAG, § 11 I JAPO leitet er den Vorbereitungsdienst, und speziell für das Prüfungsverfahren bestimmt § 49 JAPO, daß der Rechtsreferendar während dieses Zeitraums der Dienstaufsicht des OLG-Präsidenten, der den Vorbereitungsdienst geleitet hat, untersteht.

841 Es handelt sich diesbezüglich um eine gesetzliche Verpflichtung, tätig zu werden (Legalitätsprinzip), so Wattler, ZBR 1989, S. 327. Vgl. hierzu im einzelnen Claussen/Benneke, Das nichtförmliche Disziplinarverfahren, Rdnr. 37 ff; Claussen/Janzen, a.a.O., § 26, Rdnr. 1 ff; Köhler/Ratz, a.a.O., § 26, Rdnr. 1 ff.

842 Siehe explizit § 112 (1) DOG. Beachte auch Gramlich, Recht im Amt 1991, S. 266; Scheerbarth/Höffken/Bauschke/Schmidt, a.a.O., § 18 II, S. 478.

hen nicht festgestellt wird oder er eine Dienstordnungsmaßnahme nicht für zulässig oder nicht für angezeigt hält. Wie ausgeführt, stellt eine durch den Referendar vorgenommene Manipulation im Rahmen des Staatsexamens in der Regel ein Dienstvergehen dar.[843]

Jedoch könnte eine Dienstordnungsmaßnahme gem. § 13 DOG unzulässig sein. In § 11 JAG, der gem. § 17 I JAG für das zweite Examen entsprechend gilt, werden Manipulationshandlungen im Rahmen des Examens als Ordnungsverstöße deklariert. Folglich könnten die dort aufgeführten Maßnahmen (Bewertung der betreffenden Prüfungsleistung mit null Punkten, Ausschluß von der Prüfung etc.) als verhängte Ordnungsmaßnahmen einer Behörde im Sinne des § 13 DOG anzusehen sein, die einen zusätzlichen Verweis oder eine zusätzliche Geldbuße ausschließen. Die ist jedoch abzulehnen: Die sich aus § 11 I JAG ergebenden Folgen können nicht als Ordnungsmaßnahmen in diesem Sinne angesehen werden. Zu den behördlichen Strafen oder Ordnungsmaßnahmen nach § 13 DOG gehören alle Behördenstrafen nach gesetzlich geordneten Verfahren wie dem OWiG oder etwa Steuerstrafbescheide der Finanz- oder Zollbehörde.[844] Sinn und Zweck der Vorschrift ist es, unter Beachtung des Verhältnismäßigkeitsgrundsatzes eine Doppelmaßregelung zu verhindern.[845] Die in § 11 I JAG aufgeführten Maßnahmen dienen nicht in erster Linie einer Bestrafung oder Maßregelung des Prüflings, sondern vorrangig soll durch sie die durch die Manipulation hervorgerufene Verschiebung der Chancengleichheit unter den Prüfungskandidaten wiederhergestellt werden.[846] Aus diesem Grunde ergibt sich die Unzulässigkeit einer Dienstordnungsmaßnahme nicht unmittelbar aus § 13 DOG.

Da es sich bei den Maßnahmen nach § 11 I JAG jedoch auch um Ordnungsmaßnahmen i.w.S. handelt, könnte eine analoge Anwendung des § 13 DOG in Betracht kommen. Eine Ansicht[847] lehnt eine analoge Anwendung ab, eine andere

---

843 Grundsätzlich weiß der Widerrufsbeamte, daß er als Beamter tätig wird (zum Bewußtsein der Beamteneigenschaft, Wassermann, JuS 1964, S. 420) und er durch sein Vorgehen eine ihm obliegende Pflicht verletzt (zum Bewußtsein der Pflichtwidrigkeit Havers/Schnupp, a.a.O., S. 277).

844 Siehe Claussen/Janzen, a.a.O., § 14, Rdnr. 3 b; Fleig, VBLBW 1989, S. 89; Köhler/Ratz, a.a.O., § 14, Rdnr. 9; Stiller, Disziplinarrecht des Bundes unter der Länder, § 14, S. 18; Weiß, GKÖD, Bd. II, Teil 3, K § 14, Rdnr. 23.

845 Ähnlich Claussen/Janzen, a.a.O., § 14, Rdnr. 1 a f; Köhler/Ratz, a.a.O., § 14, Rdnr. 1.

846 Hierzu bereits oben A.I.1.a.bb.(1). Lediglich als "Nebenfolge" hat eine nach § 11 JAG getroffene Sanktion eine Straf- und Abschreckungswirkung.

847 Vgl. ständige Rechtsprechung des BVerwGE 53/211; BVerwG, NJW 1991, S. 2583; BVerwG, Urt. v. 6.5.1992 - 1 D. 7.91; Claussen/Janzen, a.a.O., § 14, Rdnr. 3 b; Weiß, GKÖD, a.a.O., K § 14, Rdnr. 25.

Meinung[848] befürwortet für dem Gesetzestext entsprechende Fälle eine Analogie. Im Hinblick auf die vorliegende Problematik ist eine analoge Anwendung zu verneinen: Zweck des Dienstordnungsrechts ist es, die Ordnungsgemäßheit des Dienstbetriebes und die Leistungsfähigkeit des Beamtentums sicherzustellen. Das entgegengebrachte Vertrauen und Ansehen in der Öffentlichkeit soll mit dessen Hilfe gewahrt und sichergestellt werden. Die Dienstordnungsmaßnahmen sollen den Beamten ermahnen und zur künftigen korrekten Erfüllung der ihm obliegenden Pflichten anhalten; wenn er untragbar geworden ist, muß seine Entfernung aus dem Dienst erfolgen.[849] Insbesondere hinsichtlich des Rechtsreferendars besteht die Funktion des Disziplinarrechts darin, diesen zur Erfüllung seiner Dienstpflichten anzuhalten, die geordnete Durchführung des Dienstes zu sichern und einer Beeinträchtigung der Achtung und des Vertrauens vorzubeugen, die die juristischen Berufe erfordern.[850] Vorrangiger Zweck der nach § 17 I i.V.m. § 11 I JAG getroffenen Maßnahmen ist es, die durch die Manipulation verursachten Verschiebungen des Chancengleichheitsgrundsatzes wieder auszugleichen; es handelt sich folglich nicht um Sanktionen, die mit den möglichen Disziplinarmaßnahmen vergleichbar sind.[851] Nur in dem Fall, in dem die Sanktionierung gerade zur Besserung und Einwirkung auf den Beamten erfolgt, soll § 13 DOG eingreifen. Der Sinn der genannten Vorschriften spricht somit eindeutig gegen eine analoge Anwendung hinsichtlich der vorliegenden Problematik[852], und im Hinblick auf § 3 DOG ist eine solche Analogie auch nicht erforderlich. Daraus folgt, daß eine Disziplinarmaßnahme nicht von vornherein unzulässig ist.

Eine Dienstordnungsmaßnahme könnte aber gem. § 3 DOG als nicht angezeigt erscheinen.[853] Nach pflichtgemäßem Ermessen[854] bestimmt der Dienstvorgesetzte

---

848 Einige Kammern des BDiG, siehe nur DÖV 1988, S. 388, und Köhler/Ratz, a.a.O., § 14, Rdnr. 10 m.w.N.

849 Zum Zweck des Disziplinarrechts und der Dienstordnungsmaßnahmen siehe Fürst/Finger/Mühl/Niedermaier, GKÖD, Bd. I, Teil 2 b, Allgemeines Beamtenrecht II, K § 77, Rdnr. 6; Geltinger in: Festgabe für Hans Rudolf Claussen, S. 129; Wagner, Beamtenrecht, Rdnr. 224 f; Wattler, a.a.O., S. 325; Wiese, a.a.O., S. 133 ff; Wurth in: Festgabe für Hans Rudolf Claussen, S. 157 f.

850 So schon Wassermann, JuS 1964, S. 418.

851 Es kommt nicht zu einem Verweis oder einer Gelbuße, sondern die Maßnahme hat nur prüfungsrechtliche Folgen.

852 Insofern kann deshalb hier auch dahingestellt bleiben, ob es sich allgemein um eine eng auszulegende, nicht analogiefähige Ausnahmevorschrift handelt (Weiß, GKÖD, a.a.O., K § 14, Rdnr. 25) oder ob § 13 DOG eine analogiefähige eigenständige Regelung darstellt (Köhler/Ratz, a.a.O., § 14, Rdnr. 10).

853 In dieser Vorschrift ist das Opportunitätsprinzip verankert. Siehe diesbezüglich Havers/Schnupp, a.a.O., S. 279; Köhler/Ratz, a.a.O., § 3, Rdnr. 1; Stiller, a.a.O., § 3, S. 8 f; Wattler, a.a.O., S. 327 f; Weiß, GKÖD, a.a.O., K § 3, Rdnr. 1.

hiernach, ob wegen eines Dienstvergehens nach dem Gesetz einzuschreiten ist. Hierbei hat er das gesamte dienstliche und außerdienstliche Verhalten des Beamten zu berücksichtigen, § 3 (2) DOG. Wie ausgeführt, dient das Disziplinarrecht der Sicherung des Ansehens, des Vertrauens und der Funktionsfähigkeit des öffentlichen Dienstes und hat vorrangig die Aufgabe der Pflichtenmahnung. Nur diese Zielsetzung ist bei der Entscheidung über die Verhängung von Dienstordnungsmaßnahmen von Bedeutung. Im Hinblick auf die Persönlichkeitseinschätzung und -prognose hat der Dienstvorgesetze gem. § 3 (2) DOG erkennbare Charaktereigenschaften, Neigung zur Wiederholung pflichtwidrigen Verhaltens, Empfindlichkeitsmaß auf bereits erfolgte Maßnahmen und Folgen u.ä. zu berücksichtigen.[855] Bei einer einmaligen Verfehlung in Form der Prüfungsmanipulation kann weder pauschal von einer negativen Charaktereigenschaft des Referendars ausgegangen werden noch von einer bestehenden Wiederholungsgefahr. Außerdem ist hierbei zu beachten, daß bereits die nach § 17 I i.V.m. § 11 I JAG getroffenen möglichen Maßnahmen mit dem ihnen zwangsläufig beihaftenden Straf- und Sanktionscharakter eine den Disziplinarmaßnahmen vergleichbare Wirkung haben; wenn die betreffende Prüfungsleistung gem. § 17 I i.V.m. § 11 I (1) JAG mit null Punkten bewertet wird, dann wird dem Referendar dadurch im ausreichenden Maße zum Bewußtsein gebracht, daß ein solches Verhalten nicht geduldet werden kann und es deshalb negative Folgen nach sich ziehen muß.[856] Hierdurch wird eine hinreichende Warnung, Erziehung und Ansehenswiederherstellung erzielt, so daß auch im Hinblick auf den Verhältnismäßigkeitsgrundsatz die Verhängung einer zusätzlichen Maßnahme, die die gleiche Funktion erfüllt, im Normalfall[857] als nicht mehr notwendig erscheint.[858] Daraus folgt, daß bei Vornahme der hier zu untersuchenden Prüfungsmanipulation in der Regel eine zusätzliche Dienstordnungsmaßnahme

---

854 Hierzu insbesondere Weiß, GKÖD, a.a.O., K § 3, Rdnr. 2 ff.

855 Siehe Claussen/Benneke, Das nichtförmliche Disziplinarverfahren, Rdnr. 167 ff; Claussen/Janzen, a.a.O., § 3, Rdnr. 3 a; Köhler/Ratz, a.a.O., § 3, Rdnr. 4; Wattler, a.a.O., S. 327 f.

856 Eine Disziplinarmaßnahme in Form eines Verweises (§ 6 I DOG) oder einer Geldbuße (§ 7 DOG) hätte im Vergleich zu den für den Prüfling wohl wichtigeren und schwereren Folgen nach § 11 JAG eine nur nachrangige, untergeordnete Bedeutung. Die gewünschte erzieherische Wirkung wird vorrangig durch die Maßnahmen nach § 11 JAG erzielt.

857 Als Normalfall wird hierbei angesehen, daß der Referendar seine Pflichten bisher ordnungsgemäß erfüllt hat und vorher noch nicht wegen eines Dienstvergehens in Erscheinung getreten ist.

858 Auch ist davon auszugehen, daß durch die nach § 17 I i.V.m. § 11 JAG verhängte Maßnahme das oben beschriebenen Vertrauen und Ansehen der Beamtenschaft in der Öffentlichkeit in ausreichender Weise wiederhergestellt und auch ein möglicher Abschreckungseffekt in genügendem Maße erreicht wird.

nicht angezeigt ist, so daß der Dienstvorgesetzte das Verfahren gem. § 27 I DOG einstellen[859] wird.[860]

bb. Entlassung aus dem Beamtenverhältnis

Bei dem Widerrufsbeamten ist als Disziplinarmaßnahme lediglich der Verweis und die Geldbuße, nicht aber auch die Entlassung zulässig, § 5 II (2) DOG. Gleichwohl ist eine solche nicht ausgeschlossen. Dies ergibt sich bereits aus § 113 III DOG. Hiernach kann ein Widerrufsbeamter wegen eines Dienstvergehens entlassen werden. Voraussetzung ist aber entprechend § 113 I, III DOG, daß der Präsident des OLG, der für die Ernennung der Widerrufsbeamten zuständig ist (§ 35 I Nr. 2 DOG), die erforderliche Untersuchung durchgeführt hat. Wie erörtert, stellt die Prüfungsmanipualtion ein Dienstvergehen dar. Demnach kann der Widerrufsbeamte gem. § 23 III (1) BRRG, § 42 I (1) LBG grundsätzlich entlassen werden. Da es sich jedoch bei dem Rechtsreferendar um einen Widerrufsbeamten im Vorbereitungsdienst handelt, ist die Entlassungsmöglichkeit entsprechend § 23 III (2) BRRG, § 42 II LBG eingeschränkt.[861]

Gem. § 14 II (2) JAG[862] kann der Referendar entlassen werden, wenn ein wichtiger Grund vorliegt, insbesondere wenn eines der dort aufgeführten Regelbeispiele einschlägig ist. Vorliegend könnte § 14 II (2) Nr. 1 und/oder Nr. 3 JAG eingreifen. Ausschließlich aufgrund der Vornahme einer einmaligen, nicht schweren Prüfungsmanipulation, wegen der die betreffende Prüfungsleistung gem. § 17 I

---

859 Dies bedeutet jedoch keinen Verzicht auf die Ausübung der Disziplinargewalt; eine Ahndung bleibt im gewissen Rahmen auch weiterhin möglich. Vgl. hierzu Claussen/Janzen, a.a.O., § 3, Rdnr. 5; Weiß, GKÖD, a.a.O., K § 3, Rdnr. 11).

860 Um eine größtmögliche Gerechtigkeit zu erzielen, müssen im Einzelfall die besonderen Umstände/Gegebenheiten berücksichtigt und gewertet werden, so daß durchaus eine hiervon abweichende Entscheidung gerechtfertigt sein kann. Außerdem ist zu beachten, daß gem. § 6 II DOG mißbilligende Äußerungen des Dienstvorgesetzten (Zurechtweisungen, Ermahnungen, Rügen und dergleichen), sofern sie nicht ausdrücklich als Verweis bezeichnet werden, keine Dienstordnungsmaßnahmen darstellen und deshalb als mildere Maßnahmen neben den Folgen des § 11 JAG zulässig sind. Eine in mündlicher Form ergangene mißbilligende Äußerung des Dienstvorgesetzten im Hinblick auf die Prüfungsmanipulation ist zwar - wie ausgeführt - neben den Folgen nach § 11 JAG zur Erziehung und Ermahnung grundsätzlich nicht notwendig, aber um dem Prüfling seine Verfehlung nochmals eindringlich vor Auge zu führen, wünschenswert.

861 Hierzu bereits A.II.1.a.dd.(4). Da es sich beim juristischen Vorbereitungsdienst um eine sog. Monopolausbildung handelt, wird hierdurch den Anforderungen des Art. 12 I GG Rechnung getragen, vgl. nur Scheerbarth/Höffken/Bauschke/Schmidt, a.a.O., § 21 I, S. 520 m.w.N.

862 Vergleichbar auch die Vorschriften der anderen Länder, siehe nur § 36 I JAPrO BW, § 9 I JAG Berl., § 43 II JAPO Sachs., § 42 II (2) JAPO Thür.

i.V.m. § 11 I (1) JAG mit null Punkten bewertet wird, kann die Führung[863] des Referendars jedoch nicht als eine solche eingestuft werden, die zu erheblichen Beanstandungen Anlaß gibt; der ausdrückliche Wortlaut verlangt die Veranlassung zu mehreren erheblichen Beanstandungen. Diese Voraussetzung ist hier nicht erfüllt, so daß die Entlassungsmöglichkeit nach § 14 II (2) Nr. 1 JAG ausscheidet.

Da bei der zu untersuchenden Manipulationsvariante nur die betreffende Prüfungsleistung gem. § 17 I i.V.m. § 11 I (1) JAG mit null Punkten bewertet, nicht aber der Bewerber von der weiteren Prüfung ausgeschlossen oder diese insgesamt für nicht bestanden erklärt wird, greift auch § 14 II (2) Nr. 3 JAG nicht ein.

Die Entlassung des Widerrufsbeamten aufgrund der beamtenrechtlichen Vorschriften, die gem. § 14 II (3) JAG anwendbar sind, ist grundsätzlich zulässig, wenn der Referendar während des Vorbereitungsdienstes den an ihn zu stellenden Anforderungen in körperlicher, geistiger, fachlicher oder charakterlicher Hinsicht im erheblichen Maß nicht genügt und es deshalb dem Dienstherren nicht zugemutet werden kann, den Widerrufsbeamten weiter zu beschäftigen.[864] Hiervon kann jedoch ebenfalls nicht pauschal aufgrund der während der Leistungserbringung im zweiten juristischen Staatsexamen durch den Referendar vorgenommenen Prüfungsmanipulation ausgegangen werden. Trotz dieses Vorgehens kann er den an ihn gestellten Anforderungen während des Vorbereitungsdienstes durchaus genügen; nur wegen der Prüfungsmanipulation kann eine geistige oder fachliche Nichteignung nicht angenommen und auch nicht pauschal eine charakterliche Ungeeignetheit des Referendars hinsichtlich des Vorbereitungsdienstes und/oder einer eventuell späteren Berufsausübung bejaht werden.

Bei Vornahme einer nicht schweren Prüfungsmanipulation ist demnach die Entlassung des Widerrufsbeamten, die ausschließlich auf dieses Verhalten gestützt wird, unzulässig.

b. <u>Vornahme einer schweren Prüfungsmanipulation</u>

Beim Vorliegen eines schweren Falles von Manipulation kann der Referendar gem. § 17 I i.V.m. § 11 I (2) JAG[865] von der Prüfung ausgeschlossen werden; die Prüfung ist in diesem Fall nicht bestanden.

---

863 Wobei hiermit die Führung während des gesamten Vorbereitungsdienstes gemeint ist.

864 Diesbezüglich schon vorstehend A.II.1.a.dd.(4).

865 Vgl. auch die Vorschriften der übrigen Länder, z.B. §§ 28, 17 III JAG NRW; §§ 32 I, 18 I JAG Saarl.; § 14 II JAPO Sachs.; § 12 I JAPO Thür.

aa. Dienstordnungsmaßnahmen

Wie dargelegt[866], ist eine Prüfungsmanipulation im Rahmen des zweiten Staatsexamens grundsätzlich als Dienstvergehen im Sinne des § 45 I BRRG, § 85 I LBG anzusehen. Die gegen den Widerrufsbeamten in der Regel zulässigen Dienstordnungsmaßnahmen sind auch hinsichtlich dieser Manipulationsvariante entsprechend der obigen Ausführungen[867] weder direkt noch analog § 13 DOG ausgeschlossen. Jedoch erscheint die Verhängung einer Dienstordnungsmaßnahme auch hierbei gem. § 3 DOG nicht angezeigt, da aufgrund einer solchen einmaligen Verfehlung weder pauschal von einer negativen Charaktereigenschaft des Referendars noch von einer bestehenden Wiederholungsgefahr ausgegangen werden kann. Die nach § 17 I i.V.m. § 11 I (2) JAG getroffene Maßnahme hat eine den Dienstordnungsmaßnahmen vergleichbare Wirkung auf den Widerrufsbeamten: Dadurch, daß der Referendar von der Prüfung ausgeschlossen wird und diese somit nicht bestanden ist, wird eine ausreichende Warnung und Erziehung des Widerrrufsbeamten sowie eine Wiederherstellung des Vertrauens in die Beamtenschaft erzielt. Im Hinblick auf den Verhältnismäßigkeitsgrundsatz ist deshalb eine zusätzliche Dienstordnungsmaßnahme weder notwendig noch angemessen, so daß der Dienstvorgesetzte das Verfahren gem. § 27 I DOG einstellen wird.

bb. Entlassung aus dem Beamtenverhältnis

Als Entlassungsgründe kommen auch vorliegend § 14 II (2) Nr. 1 und/oder Nr. 3 JAG in Betracht: Die Vornahme einer einmaligen Prüfungsmanipulation - auch wenn es sich hierbei um einen schweren Fall handelt - gibt keinen Anlaß zu erheblichen Beanstandungen, wie sie § 14 II (2) Nr. 1 JAG voraussetzt.[868] Folglich ist eine Entlassung des Referendars unter diesem Aspekt zu verneinen. Da aber die gesamte Prüfung in einem solchen Fall als nicht bestanden gilt, könnte § 14 II (2) Nr. 3 JAG einschlägig sein. Aber auch dies ist zu verneinen: Zwar kann der Referendar das zweite Staatsexamen und somit auch den Vorbereitungsdienst in diesem Fall nicht in der vorgegebenen normalen Frist beenden, aber die durch die Prüfungsmanipulation und den darauf beruhenden Folgen hervorgerufene Verzögerung[869] ist noch - da gesetzlich ausdrücklich geregelt - als angemessener

866 A.II.2.a.aa.

867 A.II.2.a.aa.

868 Vgl. schon die entsprechenden Ausführungen A.II.2.a.bb.

869 Entsprechend § 17 I i.V.m. § 13 I (1) JAG hat der Widerrufsbeamte das zweite Staatsexamen in der nächsten Prüfungskampagne vollständig zu wiederholen.

Zeitraum für die Beendigung des Prüfungsverfahrens und des Vorbereitungsdienstes einzustufen.[870]

Ebenfalls ist eine Entlassung nach den beamtenrechtlichen Vorschriften abzulehnen[871]: Ausschließlich aufgrund der Prüfungsmanipulation kann nicht davon ausgegangen werden, daß der Referendar den an ihn zu stellenden Anforderungen in körperlicher, geistiger, fachlicher oder charakterlicher Hinsicht im erheblichen Maße nicht genügt. Zwar hat der Widerrufsbeamte die Manipulation aus eigener Veranlassung vorgenommen und damit eine im gewissen Rahmen unehrenhafte Gesinnung zum Ausdruck gebracht, jedoch ist hierin kein Verhalten zu sehen, das den Widerrufsbeamten hinsichtlich des Vorbereitungsdienstes oder im Hinblick auf eine spätere berufliche Tätigkeit von vornherein als ungeeignet und/oder unwürdig erscheinen läßt. Auch ist wegen der Besonderheit des Ausbildungsverhältnisses von einer Entlassung abzusehen. Dem Widerrufsbeamten soll die Gelegenheit gegeben werden, seine Ausbildung ordnungsgemäß zu beenden. Deshalb ist ihm ohne Entlassung aus dem Vorbereitungsdienst die Wiederholung des gesamten Examens in der nächsten Prüfungskampagne gem. § 17 I i.V.m. § 13 I (1) JAG zu ermöglichen.[872]

Auch bei Vornahme einer schweren Prüfungsmanipulation ist demnach von einer Entlassung des Widerrufsbeamten abzusehen.

c. Vornahme einer schweren Prüfungsmanipulation mit Verwirklichung eines Straftatbestandes

Hierunter ist die Varinante zu fassen, daß ein Dritter die Position des Referendars einnimmt und die Prüfungsleistungen für diesen erbringt[873] oder der Referendar

---

870 Durch § 14 II (2) Nr. 3 JAG sollen hiervon abweichende, nicht durch eine gesetzlich vorgegebene Frist geregelte Sachverhalte erfaßt werden; z.B. der, daß der Referendar aus persönlichen Gründen über einen längeren, unbestimmbaren Zeitraum daran gehindert ist, daß Prüfungsverfahren zu beenden.

871 Vgl. bereits A.II.2.a.bb.

872 Eine Verlängerung des Vorbereitungsdienstes kommt nicht in Betracht; eine solche ist, da die Prüfung nicht wegen mangelnder Leistungen, sondern wegen des Manipulationsversuchs nicht bestanden ist, weder notwendig noch, da dadurch auch weitere Anwärterbezüge erforderlich würden, gerechtfertigt. Beachte die strenge Sollvorschrift des § 36 I Nr. 5 JAPrO BW: Hiernach soll der Rechtsreferendar aus dem Vorbereitungsdienst entlassen werden, wenn die zweite juristischen Staatsprüfung als nicht bestanden gilt, weil der Rechtsreferendar wegen eines Täuschungsversuchs oder Ordnungsverstoßes von der Prüfung ausgeschlossen worden ist. Gem. § 36 II JAPrO BW ist dieser jedoch nach Fertigung der Pflichtklausuren zur Ableistung der Wahlstation wieder in den Vorbereitungsdienst einzustellen, wenn die Entlassung vor vollständiger Ableistung des Vorbereitungsdienstes erfolgt ist.

873 Vgl. oben A.II.1.a.bb.(2) und unten Gliederungspunkt E.

den Prüfer durch die Gewährung materieller oder immaterieller Vorteile beeinflußt bzw. zu beeinflussen versucht.[874]. Im ersten Fall begeht der Referendar eine Anstiftung zur Urkundenfälschung (§§ 267 I 1. und 3. Alt., 26 StGB)[875], im zweiten Fall eine Bestechung (§ 334 I i.V.m. III Nr. 2 StGB)[876].

aa. Dienstordnungsmaßnahmen

Die Prüfungsmanipulation im Rahmen des zweiten Staatsexamens ist grundsätzlich als Dienstvergehen zu qualifizieren.[877] Dies gilt erst recht, wenn durch das Vorgehen zusätzlich ein Straftatbestand verwirklicht wird. Entsprechend § 27 I DOG stellt der Dienstvorgesetzte das Verfahren jedoch ein, wenn er aufgrund der nach § 26 I DOG durchgeführten Vorermittlungen eine Dienstordnungsmaßnahme nicht für zulässig oder nicht für angezeigt hält.

Eine Dienstordnungsmaßnahme könnte vorliegend gem. § 13 DOG unzulässig sein. Falls es aufgrund der verübten Delikte gem. § 267 I 1. und 3. Alt., § 26 StGB oder gem. § 334 I i.V.m. III Nr. 2 StGB zu einer gerichtlichen Bestrafung kommt[878], ist § 13 DOG einschlägig. Gem. § 5 II (2) DOG sind gegen den Widerrufsbeamten als Disziplinar- bzw. Dienstordnungsmaßnahmen nur der Verweis und die Geldbuße zulässig. Die Verhängung dieser Maßnahmen ist jedoch gem. § 13 1. HS DOG ausgeschlossen, da wegen desselben Sachverhalts bereits eine gerichtliche Bestrafung erfolgt ist.[879] In diesem Fall stellt der Dienstvorgesetzte das Verfahren nach § 27 I DOG ein.

Unterbleibt eine gerichtliche Bestrafung[880], so ist § 13 DOG nicht einschlägig.[881] Eine analoge Anwendung der Vorschriften unter dem Gesichtspunkt der bereits

---

874 Beachte vorstehend A.II.1.a.cc.

875 A.II.1.a.bb.(2)(a)(aa) und unten Gliederungspunkt E.

876 Diesbezüglich oben A.II.1.a.cc.(1)(c), A.II.1.b.cc.(1).

877 Siehe schon A.II.2.a.aa. und A.II.2.b.aa.

878 Hierzu ist auch die Beendigung des Verfahrens durch Strafbefehl, §§ 407 ff StPO, und die Verwarnung mit Strafvorbehalt nach § 59 StGB zu zählen. Zu letzterem ebenso Claussen/Janzen, a.a.O., § 14, Rdnr. 3 b und Weiß, GKÖD, a.a.O., § 14, Rdnr. 19; a.A. Köhler/Ratz, a.a.O., § 14, Rdnr. 9.

879 Zum Zusammentreffen von Dienstordnungsverfahren mit anderen Verfahren vgl. § 16 DOG.

880 Auf die einzelnen Gründe hierfür kann im Rahmen dieser Untersuchung nicht näher eingegangen werden. In Betracht kommt aber im Einzelfall beispielsweise eine fehlende Klageerhebung und das Absehen von der Verfolgung nach § 153 StPO. Auch die Einstellung des Verfahrens bei Erfüllung von Auflagen und Weisungen, § 153 a StPO, fällt nicht direkt unter den Anwendungsbereich des § 13 DOG, vgl. Claussen/Janzen, a.a.O., § 14,

verhängten Maßnahme nach § 17 I i.V.m. § 11 I (2) JAG[882] ist abzulehnen.[883] Folglich ist eine Dienstordnungsmaßnahme in diesem Fall nicht von vornherein unzulässig.

Eine solche könnte aber gem. § 3 DOG als nicht angezeigt erscheinen. Wird eine Maßnahme nach § 17 I i.V.m. § 11 I (2) JAG getroffen[884], könnte wegen bestehender Nichterforderlichkeit von der Verhängung einer zusätzlichen Dienstordnungsmaßnahme zur Warnung, Erziehung und Wiederherstellung des Ansehens mit der bereits aufgeführten Begründung[885], daß die verhängten Maßnahmen nach § 17 I i.V.m. § 11 I (2) JAG diese Funktionen in ausreichendem Maße erfüllen, abzusehen sein. Hiergegen bleibt jedoch anzuführen, daß eine durch den Referendar vorsätzlich begangene Anstiftung zur Urkundenfälschung zwar in der Regel nicht pauschal zu einem endgültigen Vertrauensverlust und/oder einer absoluten Ungeeignetheit hinsichtlich des juristischen Berufsbildes führt. Jedoch ist zu beachten, daß es sich bei Urkundenfälschung um ein sehr "dienstbezogenes Delikt" handelt; Beamte - insbesondere die in der Rechtspflege tätigen - haben häufig Bezug zur Urkundenherstellung und -verwendung. Die Begehung einer Urkundenfälschung und auch die Anstiftung dazu ist folglich im besonderen Maß geeignet, das Vertrauen in den Beamten und in dessen Integrität zu beeinträchtigen.[886] Durch sein Vorgehen bringt der Referendar zum Ausdruck, daß er seine unberechtigten Interessen ohne Rücksicht auf andere Personen in den Vordergrund stellt, daß er zur Wahrnehmung derselben sogar bereit ist, eine Straftat zu

---

Rdnr. 3 b; Köhler/Ratz, a.a.O., § 14, Rdnr. 9; Weiß, GKÖD, a.a.O., § 14, Rdnr. 24. Da es sich jedoch bei den hier zu untersuchenden Straftaten nicht um Bagatellvergehen handelt, dürfte in der Regel eine Bestrafung des Referendars erfolgen.

881 Hinsichtlich einer gerichtlichen Ahndung nach Abschluß des Dienstordnungsverfahrens ist § 111 DOG von Bedeutung.

882 Die Verhängung dieser Maßnahme ist bei der Variante "Beeinflussung von Prüfern durch die Gewährung von Vorteilen", wie ausgeführt (A.II.1.a.cc.(2)), nicht möglich.

883 Beachte schon vorstehend, A.II.2.a.aa. Auch eine analoge Anwendung im Fall des § 153 a StPO ist aufgrund des Ausnahmecharakters der Vorschrift und mangels bestehender Erforderlichkeit im Hinblick auf § 3 DOG abzulehnen; so auch BVerwG in ständiger Rechtsprechung, BVerwGE 53/211, 86/379; Claussen/Janzen, a.a.O., § 14, Rdnr. 3 b; Weiß, GKÖD, a.a.O., § 14, Rdnr. 25. A.A. z.B. einige Kammern des BDiG, DÖD 1988, S. 217; Köhler/Ratz, a.a.O., § 14, Rdnr. 10; Havers/Schnupp, a.a.O., S. 289 ff.

884 Diese Möglichkeit besteht hinsichtlich der Variante, bei der ein Dritter die Position des Referendars einnimmt und die Prüfungsleistungen für diesen erbringt (vgl. A.II.1.a.bb.(2)(b)). Hierbei begeht der Referendar eine Anstiftung zur Urkundenfälschung, §§ 267 I 1. und 3. Alt, 26 StGB (A.II.1.a.bb.(2)(a)(aa) und Gliederungspunkt E). Hinsichtlich der Manipulationsvariante "Beeinflussung von Prüfern durch die Gewährung von Vorteilen" ist die Verhängung dieser Maßnahme ausgeschlossen (siehe A.II.1.a.cc.(2)).

885 Siehe schon oben A.II.2.a.aa.

886 Beachte nur Köhler/Ratz, a.a.O., B.II.12, S. 316, Rdnr. 31.

begehen, und daß er nicht willig ist, die gravierende Bedeutung der Urkunden im Rechtsverkehr zu achten. Auch wenn der Referendar vorher nicht negativ in Erscheinung getreten ist und es sich um ein einmaliges Verhalten handelt, wiegt die Verwirklichung dieser Straftat so schwer, daß die Verhängung einer zusätzlichen Disziplinar- bzw. Dienstordnungsmaßnahme nach pflichtgemäßem Ermessen im Sinne des § 3 DOG angezeigt erscheint.

Gem. § 5 II (2) DOG sind gegen den Widerrufsbeamten nur Verweis (§ 6 I DOG) und Geldbuße (§ 7 DOG) zulässig. Welche der beiden grundsätzlich zulässigen Maßnahmen tatsächlich zu verhängen ist[887], muß einer Einzelfallentscheidung vorbehalten bleiben.[888] Der Erlaß einer Dienstordnungsverfügung erfolglt durch den zuständigen OLG-Präsident als Dienstvorgesetzten[889] gem. §§ 28 ff DOG.[890]

Kann die Maßnahme nach § 17 I i.V.m § 11 I (2) JAG nicht getroffen werden[891], ist erst recht davon auszugehen, daß die Verhängung einer Dienstordnungsmaßnahme zur Mahnung, Erziehung und Wiederherstellung des Ansehens im Sinne des § 3 DOG angezeigt erscheint. Gem. § 5 II (2) DOG kommt auch diesbezüglich lediglich ein Verweis oder eine Geldbuße in Betracht.[892]

---

887 § 5 III DOG stellt ausdrücklich klar, daß mehrere Dienstordnungsmaßnahmen nicht nebeneinander verhängt werden können. Vgl. hierzu auch Claussen/Janzen, a.a.O., § 5, Rdnr. 5; Köhler/Ratz, a.a.O., § 5, Rdnr. 2 f.

888 Zwar ist eine Entscheidung im Einzelfall erforderlich, jedoch wird in der Regel unter Beachtung des Verhältnismäßigkeitsgrundsatzes davon auszugehen sein, daß ein Verweis zur Mahnung, Erziehung und Wiederherstellung des Ansehens als ausreichend erscheint. Dies insbesondere unter dem Gesichtspunkt der Fürsorgepflicht des Dienstherren, da die Referendarbezüge nur gering sind und der Widerrufsbeamte diese vollständig für seinen Lebensunterhalt benötigt.

889 Hierzu bereits vorstehend A.II.2.a.aa.

890 Gem. §§ 29 III, 35 I Nr. 2 DOG i.V.m. § 14 I (3) JAG ist der zuständige OLG-Präsident befugt, Geldbußen bis zum zulässigen Höchstbetrag (§ 7 DOG) zu verhängen.

891 Hinsichtlich der Manipulationsvariante "Beeinflussung von Prüfern durch die Gewährung materieller oder immaterieller Vorteile" ist die Verhängung dieser Maßnahme ausgeschlossen (A.II.1.a.cc.(2)). Hierbei begeht der Referendar eine Bestechung nach § 334 I i.V.m. III Nr. 2 StGB (vgl. A.II.1.a.cc.(1)(c); A.II.1.b.cc.(1)).

892 Durch eine Entscheidung im Einzelfall ist nach Würdigung aller relevanten Umstände nach pflichtgemäßem Ermessen unter Beachtung des Verhältnismäßigkeitsgrundsatzes festzulegen, welche Dienstordnungsmaßnahme zu verhängen ist. Zwar könnte entsprechend der aufgeführten Begründung (vgl. Fußnote 888) auch hier ein Verweis als ausreichend angesehen werden, jedoch ist zu beachten, daß die Verwirklichung der Bestechungstatbestände zu einer noch größeren Ansehens- und Vertrauenseinbuße führt als die Anstiftung zur Urkundenfälschung: Hierbei liegt die Annahme nahe, daß jemand, der besticht, auch selber bestechlich ist. Die unehrenhafte und unredliche Gesinnung, die durch die Verwirklichung dieser Straftat - auch wenn es sich hierbei um ein einmaliges Vorgehen handelt - zum Aus-

Sowohl die Anstiftung zur Urkundenfälschung als auch die Bestechung sind generell in besonderem Maße geeignet, vertrauens- und ansehensbeeinträchtigend zu wirken. Dies gilt insbesondere deshalb, weil sie ausschließlich unter dem Gesichtspunkt des Eigennutzes verwirklicht werden. Aus diesem Grunde rechtfertigen sie die Verhängung einer Dienstordnungsmaßnahme.

bb. Entlassung aus dem Beamtenverhältnis

Als speziellere und konkretere Norm ist auch hier vorrangig § 14 II (2) JAG heranzuziehen. Bei den vorliegend zu untersuchenden Manipulationsvarianten könnte als Entlassungsgrund ebenfalls § 14 II (2) Nr. 1 und/oder Nr. 3 JAG eingreifen. Da jedoch nur der Normalfall einer einmaligen Prüfungsmanipulation berücksichtigt wird, greift § 14 II (2) Nr. 1 JAG entsprechend der aufgeführten Begründung[893] nicht ein; durch sein Vorgehen gibt der Referendar nur Anlaß zu einer einmaligen erheblichen Beanstandung, nicht jedoch zu Beanstandungen, wie in § 14 II (2) Nr. 1 JAG gefordert.

Hinsichtlich § 14 II (2) Nr. 3 JAG ist eine Unterteilung erforderlich: Wird die Maßnahme in Form des Ausschlusses von der Prüfung und des Fürnichtbestandenerklärens derselben nach § 17 I i.V.m. § 11 I (2) JAG nicht verhängt, da die Manipulationsvariante der "Beeinflussung von Prüfern durch die Gewährung materieller oder immaterieller Vorteile" nicht von der Norm erfaßt wird[894], ist § 14 II (2) Nr. 3 JAG von vornherein nicht einschlägig. Wird die Maßnahme nach § 17 I i.V.m. § 11 I (2) JAG wegen der "Erbringung der Prüfungsleistung durch Dritte" verhängt[895], bleibt festzustellen, daß dieser Sachverhalt in § 14 II (2) Nr. 3 JAG nicht gemeint und deshalb auch nicht von der Vorschrift erfaßt wird.[896]

Jedoch kommt eine Entlassung nach den beamtenrechtlichen Vorschriften, die gem. § 14 II (3) JAG anwendbar sind, in Betracht.[897] Der Referendar könnte - da er die Prüfungsmanipulation und die dabei verwirklichte Straftat aufgrund eigener, freier Entscheidung, ohne Bestehen einer Notsituation vorgenommen hat -

---

druck kommt, könnte die Verhängung der schwereren Dienstordnungsmaßnahme in Form der Geldbuße als angezeigt erscheinen lassen.

893 Siehe A.II.2.b.bb.

894 Vgl. A.II.1.a.cc.(2).

895 Oben A.II.1.a.bb.(2)(b).

896 Beachte hierzu die Ausführungen A.II.2.b.bb.

897 Zu den einzelnen Voraussetzungen einer solchen Entlassung siehe bereits vorstehend A.II.1.a.dd.(4).

eventuell nicht die charakterlichen Voraussetzungen erfüllen, die im Vorbereitungsdienst - wobei auch eine potentielle spätere Berufsausübung zu berücksichtigen ist - an ihn zu stellen sind. Die Vornahme einer Prüfungsmanipulation als solcher läßt den Rechtsreferendaren in der Regel nicht als charakterlich ungeeignet, also als unwürdig erscheinen.[898] Die Verwirklichung der hier relevanten Straftatbestände (Anstiftung zur Urkundenfälschung, §§ 267 I 1. und 3. Alt., 26 StGB und Bestechung, § 334 I i.V.m. III Nr. 2 StGB)[899] zur Wahrnehmung seiner eigenen unberechtigten Interessen führt aber wohl zu einer anderen Bewertung.[900]

Zwar kommt es auf die besonderen Umstände des Einzelfalls an, jedoch bleibt festzustellen, daß Straftaten in Form der Anstiftung zur Urkundenfälschung und der Bestechung vorsätzlich begangene, gravierende Vergehen darstellen, die einen engen Bezug zur Beamten- und insbesondere Rechtspflegetätigkeit aufweisen. Im Gegensatz zu einer Straftatenverwirklichung durch Prüfungsmanipulation im ersten Staatsexamen ist hier erschwerend zu berücksichtigen, daß der Referendar bei Begehung der Tat bereits Beamter auf Widerruf ist, so daß insofern höhere Anforderungen zu stellen sind und strengere Maßstäbe gelten[901]; eine bereits beamtete Person kennt bzw. muß die an sie gestellten Anforderungen in erhöhtem Maß kennen und erfüllen. Durch sein Vorgehen läßt der Referendar eine egoistische, eigennützige Einstellung und eine unehrenhafte Gesinnung erkennen; zur Erreichung persönlicher, unberechtigter Vorteile schreckt er sogar nicht vor der Begehung der aufgeführten gravierenden Straftaten zurück. Dies deutet auf einen erheblichen charakterlichen Mangel hin und das um so mehr, als daß der Referendar in der Regel auch später in der Rechtspflege beruflich tätig sein wird und deshalb noch strengere Anforderungen zu stellen sind. Da bei einem Widerrufsbeamten, der das zweite Staatsexamen ablegt, bereits eine besondere Nähe zur späteren Berufsausübung besteht, wiegt das zu beurteilende Vorgehen hier noch schwerer als im ersten Examen. Das gesamte strafrechtlich relevante Vorgehen kann dazu führen, daß unfähige Juristen rechtsprechend oder rechtsberatend tätig sind, und daß unqualifizierte Personen Positionen einnehmen, deren Voraussetzungen sie eigentlich nicht erfüllen und die ihnen deshalb nicht angemessen sind.

---

898 A.II.2.a.bb. und A.II.2.b.bb.

899 Vgl. A.II.1.a.bb.(2)(a)(aa), Gliederungspunkt E und A.II.1.a.cc.(1)(c).

900 Zur charakterlichen Eignung, dem damit zusammenhängenden Würdigkeitserfordernis und der Zerstörung/Beeinträchtigung dieser Voraussetzung durch die Begehung der Straftaten siehe bereits oben A.II.1.a.dd.(1).

901 Beachte zur selben Problematik hinsichtlich des ersten Examens vorstehend A.II.1.a.dd.(1).

Daraus folgt, daß die Entlassung eines Referendars, der die beschriebenen Straftaten begangen hat, als möglich und angemessen erscheinen dürfte: sie wird aus einem schwerwiegenden Grund ausgesprochen, der in der Person des Widerrufsbeamten liegt und mit Sinn und Zweck des juristischen Vorbereitungsdienstes in engem Zusammenhang steht. Im Hinblick auf eine tatsächliche Entlassung des Rechtsreferendaren aus dem beamtenrechtlich organisierten Vorbereitungsdienst muß jedoch auf den jeweiligen Einzelfall und die dabei vorliegenden besonderen Umstände abgestellt werden.[902]

Falls eine Entlassung aus dem Beamtenverhältnis erfolgt, ist dem Betroffenen - aufgrund der sog. Monopolausbildung - eine Beendigung der Ausbildung außerhalb des Beamtenverhältnisses analog der Vorschrift des § 22 I JAG über die Zulassung von Ausländern zum Vorbereitungsdienst und der vom BVerfG aufgestellten Forderung nach einer Ausbildungsmöglichkeit außerhalb des Beamtenverhältnisses für den Fall, daß der Bewerber nicht die Gewähr für ein jederzeitiges Eintreten für die freiheitlich demokratische Grundordnung bietet und deshalb nicht in das Beamtenverhältnis berufen werden kann, zu ermöglichen.[903] Dadurch wird Art. 12 I GG insofern Rechnung getragen, als daß die Ausbildung bzw. deren Beendigung auch für Berufe außerhalb des öffentlichen Dienstes notwendig ist und dieser zwar schwerwiegende, aber nur einmalige Verstoß des Referendars für diesen nicht zu einer endgültigen Versagung des gesamten juristischen Berufsbildes führen darf. Sichergestellt werden sollte, daß der Staatsdienst und insbesondere das rechtsprechende Berufsbild für den Betroffenen verschlossen bleibt; genau dies wäre durch die dargestellte Verfahrensweise möglich.

---

902 Bei §§ 267 I, 334 I StGB handelt es sich zwar um Vergehen, aber auch hierbei ist die Verhängung einer Freiheitsstrafe von mehr als einem Jahr im Einzelfall möglich. Gem. §§ 24 I (1) Nr. 1 BRRG, 45 I (1) Nr. 1 LBG führt die wegen einer vorsätzlich begangenen Tat erfolgte Verurteilung zu einer Freiheitsstrafe von mindestens einem Jahr zur Beendigung des Beamtenverhältnisses.

903 Hierzu bereits oben Fußnoten 744, 767, 861. Im einzelnen zum Erfordernis einer Ausbildungsmöglichkeit außerhalb des Beamtenverhältnisses Eggensperger/Hammel, a.a.O., § 26 JAPrO, Rdnr. 5, 7; Scheerbarth/Höffken/Bauschke/Schmidt, a.a.O., § 13 IV, S. 337; Wiese, a.a.O., S. 70 f.

B. Manipulation durch den Prüfer

Bei dem die Manipulation vornehmenden Prüfer erfolgt eine Begrenzung der Untersuchung auf die Person des beamteten[904] Universitätsprofessors im Sinne des § 46 HRG und des § 48 I HSchG.[905]

Mindestvoraussetzung für die Tätigkeit der Bewertung von Prüfungsleistungen ist, daß die betreffende Person die durch die Prüfung festzustellende oder eine gleichwertige Qualifikation besitzt.[906] Deshalb sind als Prüfer i.w.S. auch die Korrekturassistenten, die zur Korrektur von Prüfungsleistungen im Hochschulbereich (z.B. Anfänger- und Fortgeschrittenenübungen) eingesetzt werden, anzusehen. Als solche können Studenten, Referendare, Hochschulassistenten, Assessoren, Rechtsanwälte etc. fungieren, soweit sie die in § 15 IV (2) HRG, § 24 IV HSchG geforderte Voraussetzung erfüllen. Gerade bei diesen Personen ist die Gefahr einer Prüfungsmanipulation im Hinblick darauf, daß sich oftmals Freunde oder Bekannte unter den Prüflingen befinden oder finanzielle Engpässe (speziell bei Studenten und Referendaren) nicht selten sind, groß. Die Manipulationsmöglichkeiten bestehen hierbei insbesondere darin, eine Klausur und/oder eine Hausarbeit besser zu bewerten oder einem Studenten zu ermöglichen, die Prüfungsleistung unter Verwendung der Lösungsskizze im privaten Bereich erneut anzufertigen. Diese Prüfungsmanipulation kann aus Freundschaft, also unentgeltlich, oder gegen Bezahlung erfolgen. Im Rahmen dieser Arbeit findet ein solches Vorgehen jedoch keine weitere Berücksichtigung; die Darlegung der mit den verschiedenen Stellungen verbundenen Besonderheiten, die sich aus dem jeweils anzuwendenden "Berufsrecht" ergeben, muß einer eigenständigen Untersuchung vorbehalten bleiben.

---

904 "Die große Mehrheit der Hochschulen sind Einrichtungen der Länder, und die an ihnen tätigen Professoren sind Landesbeamte", so Laubinger in: Handbuch des Wissenschaftsrechts, Bd. 1, S. 406. Die Universität Trier ist gem. § 1 I Nr. 2 HSchG wissenschaftliche Hochschule des Landes. Vgl. auch die entsprechenden Regelungen der anderen Länder hinsichtlich der Universitäten, bei denen rechtswissenschaftliche Fakultäten oder Fachbereiche existieren, so z.B. § 1 UG BW, Art. 1 I, II Nr. 1 HSchG Bay., § 1 I, II (1) HSchG Brem., §§ 1, 2 I Nr. 1 HSchG Hess., §§ 1 I, II, 2 I (1), III (1) UG NRW, § 1 I HSchG Nds., § 4 II (1) UG Saarl., § 1 I, II HSchG Schl.-Hol.

905 Zur Person des Prüfers siehe bereits vorstehend 2.Teil, A.II.

906 So § 15 IV (2) HRG und die entsprechenden landesrechtlichen Vorschriften wie beispielsweise § 24 IV HSchG, § 50 VI (2) UG BW, Art. 80 VI (4) HSchG Bay., § 32 II HSchG Berl., § 62 III (2) HSchG Brem., § 55 IV (3) HSchG Hess., § 25 IV (2) HSchErnG Meckl.-Vorp., § 20 VI (3) HSchG Nds., § 92 I (2) UG NRW, § 92 IV (3) UG Saarl., § 86 IV (3) HSchG Schl.-Hol.

Professoren sind zur Abnahme von Hochschulprüfungen grundsätzlich befugt.[907] Gem. § 43 I (2) HRG, § 45 I (2) HSchG[908] gehört die Abnahme von Hochschulprüfungen und die Beteiligung an Staatsprüfungen sogar zu den hauptberuflichen Aufgaben der Professoren. Hinsichtlich ihrer Prüfertätigkeit, d.h. bzgl. Auswahl der Aufgaben- und Fragestellung, Korrektur und Bewertung der Prüfungsleistungen und der Beratung in Prüfungsausschüssen, sind die Professoren unabhängig und weisungsfrei.[909] Dies rechtfertigt sich daraus, daß der Prüfer die ihm höchstpersönlich übertragene pädagogisch-wissenschaftliche Entscheidung nach bestem Wissen und Gewissen zu treffen hat, aus dem - den besonders qualifizierten, fach- und sachkundigen Prüfern eingeräumten - Beurteilungsspielraum und aus dem aus Art. 3 I GG folgenden Chancengleichheitsgrundsatz, da ein Eingriff in die Unabhängigkeit bewirkt, daß den Prüflingen nicht die gleiche Chance geboten wird.[910] Die Unabhängigkeit und Weisungsfreiheit endet aber dort, wo der Prüfer gegen geltendes Recht verstößt und die Grenzen des ihm eingeräumten Beurteilungsspielraum überschreitet.[911]

Das gesamte Prüfungswesen und insbesondere die Notengebung ist vielfältiger Kritik ausgesetzt.[912] Besonders ist hierbei zu bemängeln, daß die Bewertung von Prüfungsleistungen vielfach von subjektiven Einflüssen und Eindrücken abhängt sowie durch die Zufälligkeit fachlicher Prägungen der Prüfer beeinflußt wird.[913]

---

907 Vgl. § 15 IV (1) HRG, § 24 III (1) HSchG und die einschlägigen Bestimmungen der anderen Länder, wie z.B. § 32 III (1) HSchG Berl., § 92 I (1) UG NRW, § 21 IV HSchG Thür.

908 Ähnliche Regelungen sind in den anderen Länder vorhanden, siehe nur § 64 I (2) UG BW, § 52 II Nr. 3 HSchErnG Meckl.-Vorp.

909 Zum Erfordernis der Unabhängigkeit der Prüfer siehe Guhl, a.a.O., S. 156 ff; Niehues, Schul- und Prüfungsrecht, S. 287 f und 322 ff; Pietzcker, a.a.O., S. 105 ff; Störle, a.a.O., S. 54 m.w.N.; Thieme, Deutsches Hochschulrecht II, Rdnr. 328, S. 362.

910 BVerwGE 12/359 ff; Becker, Prüfungsrecht, S. 54; Guhl, a.a.O., S. 156 ff m.w.N.; Kröpil, JuS 1989, S. 243; Pietzcker, a.a.O., S. 105 ff; Rapp in: Numerus Clausus Handbuch, S. 219 f; Rozek, JA 1989, S. 234; Seebass, NVwZ 1985, S. 526 f; Störle, a.a.O., S. 54 m.w.N.

911 Vgl. hierzu bereits 2.Teil, IV.4. und 5. Siehe ebenfalls Rozek, a.a.O., S. 234 und Wassermann/Kirchner/Kröpil, a.a.O., § 56 NJAO, Rdnr. 3 ff. Zu den Folgen der Unabhängigkeit beachte Guhl, a.a.O., S. 160 ff.

912 Vgl. nur Becker, Zensuren; Becker/Hentig, Zensuren; Ingenkamp, Die Fragwürdigkeit der Zensurengebung; Krope, Zensur, Ausbildung und Gesellschaft; Kutscher in: Fachhochschule im Wandel, S. 79 ff; Nhili, Pädagogische und psychologische Untersuchungen zur Objektivität mündlicher Prüfungen im Hochschulbereich; Pietzcker, a.a.O., S. 34 ff, 179 ff; Prahl, Hochschulprüfungen - Sinn oder Unsinn?

913 Genau dieses Problem ist bei den juristischen Staatsexamen und der Promotion erkannt worden, so daß in Form der §§ 8 III, V (1), 17 I JAG und der §§ 20 II, 29, 31 PromO versucht wurde, in gewissem Rahmen Abhilfe zu schaffen. Da für die Durchführung der Leistungskontrollen und Übungen und auch für deren Bewertung lediglich der Übungsleiter,

Eine absolute Objektivierung der Notengebung mag zwar wünschenswert sein, ist aber zumindest im juristischen Bereich nicht erreichbar. Deshalb fällt eine durch diese Faktoren hervorgerufene, unbewußte Notenbeeinträchtigung nicht unter den Begriff der Prüfungsmanipulation im Sinne der vorliegenden Untersuchung.

I. Manipulation im hochschulinternen Bereich

1. Die Leistungskontrollen und Fortgeschrittenenübungen

a. Vorherige Herausgabe der Prüfungsaufgabe und/oder der Lösungsskizze

Hierunter ist der Fall zu verstehen, daß der Professor die Prüfungsaufgabe bzw. die dazu bestehende Lösungsskizze der nächsten Aufsichtsarbeit, bei den Übungen für Fortgeschrittene auch der nächsten Hausarbeit, an einen oder mehrere Prüflinge herausgibt und auch, daß er in der nächsten Klausur oder Hausarbeit eine Aufgabe stellt, auf deren Lösung er einen oder mehrere Prüflinge speziell vorbereitet hat.[914]

aa. Strafrechtliche Beurteilung

(1) § 203 II Nr. 1 StGB

Der die o.g. Manipulationen ausführende Professor könnte sich als Amtsträger gem. § 203 II Nr. 1 StGB strafbar machen.

Voraussetzung dafür wäre, daß es sich bei der zusammengestellten bzw. ausgewählten Prüfungsaufgabe um ein fremdes Geheimnis im Sinne des § 203 II StGB handelt. Fremd ist ein solches Geheimnis, wenn es der Sphäre eines anderen als

---

also nur ein Professor zuständig ist (vgl. nur §§ 7 I, 10 I, 16 OStbglLK), besteht gerade in diesem Bereich eine große Manipulationsmöglichkeit. Jedoch ist zu beachten, daß aufgrund der hohen Zahl an Übungsteilnehmern eine Bewertung durch mindestens zwei Professoren in diesem Bereich aufgrund der zeitlichen und organisatorischen Belastung einen zu großen Arbeitsaufwand bedeuten würde, insbesondere unter dem Aspekt, daß die Leistungskontrollen und die Übungen häufiger wiederholt werden können. Auch entspricht es wohl der Regel, daß zumindest die nicht ausreichenden Arbeiten sowohl durch einen Korrekturassistenten als auch durch den zuständigen Professor bewertet werden. Zwar gibt es keinen ungeschriebenen allgemeinen bundesrechtlichen Rechtsgrundsatz, der besagt, daß Prüfungsleistungen mindestens von zwei Prüfern zu bewerten sind (BVerwG, Buchholz, 421.0, Nr. 173; BVerwG, NVwZ-RR 1989, S. 80 f), jedoch ist § 15 V HRG i.V.m. § 25 II Nr. 7 HSchG zu beachten, wonach Prüfungsleistungen in Hochschulabschlußprüfungen und in Prüfungen, deren Bestehen Voraussetzung für die Fortsetzung des Studiums ist, in der Regel von mindestens zwei Prüfern zu bewerten sind.

914 Zur Begriffsbestimmung bereits oben 2.Teil, A.III.2. und 5.

des Schweigepflichtigen entstammt.[915] Hierzu bleibt anzumerken, daß der Prüfer die Leistungskontrolle und auch die Übung in eigener Verantwortung abhält und die Auswahl der Aufgabe und auch die Korrektur und Benotung der Prüfungsarbeiten in seiner Verantwortung liegt.[916] Die für ihn gem. §§ 43 I (1) und (2) HRG, 45 I (1) und (2) HSchG[917] hauptberufliche Aufgabe in Form der Abnahme von Hochschulprüfungen nimmt er selbständig wahr und ist hierbei unabhängig und weisungsfrei, wobei sich dies auch auf die Auswahl der Prüfungsaufgaben bezieht. Daraus folgt, daß ihm die Prüfungsaufgabe und/oder die dazu bestehende Lösungsskizze nicht von dritter Seite vorgegeben wird, sondern er sie selber auswählt bzw. erstellt. Deshalb offenbart er bei Herausgabe derselben oder bei der speziellen Vorbereitung darauf kein fremdes Geheimnis, so daß eine Strafbarkeit gem. § 203 II Nr. 1 StGB bereits aus diesem Grunde zu verneinen ist.

(2) <u>§ 331 I StGB</u>

In dem Fall, daß der oder die Prüflinge dem Professor als Gegenleistung einen Vorteil versprechen oder gewähren oder er einen solchen fordert, könnte er sich durch sein Vorgehen jedoch gem. § 331 I StGB strafbar machen.

Bei der Herausgabe der Prüfungsaufgabe bzw. der Lösungsskizze und/oder dem vorherigen speziellen Vorbereiten auf die konkrete Prüfungsaufgabe durch den Professor müßte es sich zunächst um eine Diensthandlung im Sinne des § 331 I StGB handeln. Unter dem Begriff "Diensthandlung" ist generell die Tätigkeit zu verstehen, die ein Amtsträger zur Wahrnehmung der ihm übertragenen Aufgaben entfaltet.[918] Nicht als Diensthandlung sind Tätigkeiten anzusehen, die der Amtsträger als Privatperson völlig außerhalb seines Aufgabenbereiches vornimmt.[919] Eine dieser beiden Extrempositionen liegt hier nicht vor. Vielmehr ist das zu beurteilende Vorgehen des Professors als Grenzfall einzustufen.

---

915 Dreher/Tröndle, a.a.O., § 203, Rdnr. 2; Jähnke in: LK, § 203, Rdnr. 30; Lenckner in: Schönke/Schröder, a.a.O., § 203, Rdnr. 8.

916 Vgl. nur §§ 7 I; 10; 13 I, II; 15 II; 16 OStbglLK.

917 Entsprechende Regelungen existieren in den anderen Ländern, siehe nur § 64 I (2) und (3) UG BW, Art. 9 I (1) i.V.m. III Nr. 3 HSchG Bay., § 48 I (1) und (2) UG NRW.

918 Vgl. hierzu Dreher/Tröndle, a.a.O., § 331, Rdnr. 5; Jescheck in: LK, § 331, Rdnr. 11; Rudolphi in: SK, § 331, Rdnr. 10; Wessels, BT 1, § 25 II 1, 2, S. 237.

919 Beachte Jescheck in: LK, § 331, Rdnr. 12; Lackner, a.a.O., § 331, Rdnr. 9; Maurach/Schroeder/Maiwald, BT 2, § 78 II, S. 268, Rdnr. 20 m.w.N.

Die frühere Rechtsprechung[920] bestimmte das Vorliegen einer Diensthandlung nach den konkreten, dem Beamten durch Gesetz oder Dienstvorschriften übertragenen dienstlichen Aufgaben, während sie später jede Handlung ausreichen ließ, die ihrer Natur nach mit dem Amt in einer nicht nur äußerlich losen Beziehung steht und nicht völlig außerhalb des dienstlichen Aufgabenbereichs liegt[921].

Von der heute wohl h.M.[922] wird jedoch angeführt, daß der Begriff der Diensthandlung im Sinne des § 331 I StGB erfordere, daß noch eine funktionelle Verbindung mit den dem Amtsträger unmittelbar obliegenden amtlichen Aufgaben bestehe.

Diese letztgenannte Ansicht ist zu befürworten, da sie mit dem Erfordernis eines funktionalen Zusammenhangs zwischen der ausgeübten Tätigkeit und dem übertragenen Amt eine notwendige Begrenzung hinsichtlich der Qualifizierung einer Handlung als Diensthandlung im Sinne des § 331 I StGB ermöglicht. Die von der Rechtsprechung zur negativen Abgrenzung aufgestellten Kriterien führen zu einer unter rechtsstaatlichen Gesichtspunkten bedenklichen Ausweitung des Tatbestandes und sind als zu weitgehend abzulehnen.

Die zu fordernde funktionale Beziehung liegt vor, wenn die Tätigkeit des Amtsträgers in den Bereich seiner amtlichen Funktionen fällt und sie von ihm nur aufgrund seines Amtes vorgenommen werden kann.[923] Wie ausgeführt[924], obliegt dem Professor die gesamte Prüfertätigkeit. Er ist grundsätzlich für die Auswahl und die Ausgabe der Prüfungsaufgaben zu Beginn der Prüfung und auch für die darauf folgende Korrektur und Bewertung der Leistungen zuständig. Diese Handlungen obliegen dem Professor somit unzweifelhaft als Diensthandlungen im Sinne des § 331 I StGB. Da jedoch auch die vorzeitige Herausgabe der Prüfungsaufgabe bzw. der dazu bestehenden Lösungsskizze und die spezielle Vorbereitung eines oder mehrerer Prüfungskandidaten auf die zu stellende Aufgabe mit der gesamten Prüfungstätigkeit und -abnahme in einem untrennbaren Zusammenhang

---

920 Siehe nur RGSt 39/197, 56/402.

921 RGSt 68/255, 70/172; BGHSt 3/145, 11/127, 14/123, 16/37.

922 OLG Hamm, NJW 1973, S. 716; Cramer in: Schönke/Schröder, a.a.O., § 331, Rdnr. 11; Jescheck in: LK, § 331, Rdnr. 11; Lackner, a.a.O., § 331, Rdnr. 8; Rudolphi in: SK, § 331, Rdnr. 10, 11.

923 Vgl. BGHSt 11/127, 14/123, 16/37; Cramer in: Schönke/Schröder, a.a.O., § 331, Rdnr. 10; Dreher/Tröndle, a.a.O., § 331, Rdnr. 5; Lackner, a.a.O., § 331, Rdnr. 8; Rudolphi in: SK, § 331, Rdnr. 10; alle m.w.N. Zur Problematik der Vornahme einer verbotenen Handlung, die gerade durch Innehaben der amtlichen Stellung ermöglicht wird, beachte auch Ebert, GA 1979, S. 361 ff, 379 ff und Wagner, JZ 1987, S. 598.

924 Vorstehend Gliederungspunkt B.

steht und nicht losgelöst davon betrachtet werden kann, sind auch diese Tätigkeiten als Diensthandlungen in diesem Sinne einzustufen. Dafür spricht auch, daß nur der Professor aufgrund seines Amtes und der darauf beruhenden Tatsache, daß er die Prüfungsaufgaben selber erstellt bzw. auswählt, (stets) in der Lage ist, die hier zu beurteilenden Handlungen vorzunehmen.[925] Folglich ermöglicht ihm gerade seine Amtsstellung und die ihm aufgrund dessen obliegende Aufgabe der Prüfertätigkeit sowohl die vorzeitige Herausgabe der Aufgabe und/oder der dazu bestehenden Lösungsskizze als auch das spezielle Vorbereiten eines oder mehrere Prüflinge darauf.

Diese Tätigkeit des Professors als Amtsträger fällt somit in den Bereich seiner amtlichen Funktionen und kann von ihm nur aufgrund seines Amtes vorgenommen werden[926], so daß der geforderte funktionale Zusammenhang hinsichtlich der entfalteten Tätigkeit und dem ihm übertragenen Amt vorliegend zu bejahen ist. Deshalb können diese Handlungen auch nicht aufgrund der Tatsache, daß der Prüfer sie außerhalb der Diensträume und/oder außerhalb seiner Diensttätigkeit[927] vornimmt, als von § 331 I StGB nicht erfaßte Privathandlungen eingestuft werden.[928] Es steht nicht der räumlich-zeitliche, sondern der funktionale Aspekt in Vordergrund.

---

925 In diesem Zusammenhang ist unerheblich, daß auch sonstige Personen - in Ausnahmefällen - die Möglichkeit haben, die vom Professor ausgewählte Prüfungsaufgabe zur Kenntnis zu nehmen und etwaigen Prüflingen mitzuteilen, denn dies ändert nichts an der Feststellung, daß dieses Vorgehen gerade dem Prüfer immer uneingeschränkt möglich ist.

926 Anzumerken bleibt hierbei, daß es sich bei der Herausgabe der Prüfungsaufgabe/Lösungsskizze und der vorherigen speziellen Vorbereitung auf die zu stellende Aufgabe nicht nur um Handlungen handelt, die bei Gelegenheit der dienstlichen Stellung vorgenommen werden und welche deshalb aus dem Bereich der Diensthandlungen herausfallen (hierzu Arzt/Weber, BT, LH 5, S. 141, Rdnr. 450; Cramer in: Schönke/Schröder, a.a.O., § 331, Rdnr. 12; Lackner, a.a.O., § 331, Rdnr. 9), sondern um solche, die in Ausübung der dienstlichen Tätigkeit erfolgen bzw. - da das Vorgehen als Grenzfall einzustufen ist - die damit in einem untrennbaren Zusammenhang stehen.

927 Als Besonderheit ist hierbei zu beachten, daß die beamtenrechtlichen Arbeitszeitvorschriften auf Professoren grundsätzlich nicht anwendbar sind (§§ 50 I (3) HRG, 49 I (2) HSchG). Dadurch wird der zeitlichen Gestaltung der wissenschaftlichen Tätigkeit Rechnung getragen. Dem einzelnen Professor obliegt eine weitgehende Freiheit hinsichtlich seiner Anwesenheit und Tätigkeit an der Hochschule, die lediglich durch die Verpflichtung zur Wahrnehmung der von ihm zu erfüllenden Aufgaben (§§ 43 HRG, 45 HSchG) beschränkt wird. Deshalb ist die Festlegung einer Tätigkeit als Diensthandlung allein im Hinblick auf die zeitlich-räumliche Anwesenheit des Professors in den Diensträumen bzw. im universitären Bereich bereits aus diesem Grund abzulehnen.

928 Hierzu allgemein BGHSt 15/352; Cramer in: Schönke/Schröder, a.a.O., § 331, Rdnr. 11; Dreher/Tröndle, a.a.O., § 331, Rdnr. 5; Jescheck in: LK, § 331, Rdnr. 12, Lackner, a.a.O., § 331, Rdnr. 9.

Im hypothetisch zu betrachtenden Falle ihres Erlaubtseins fielen die zu beurteilenden Tätigkeiten eindeutig in den amtlichen Aufgabenbereich des Professors als Prüfer und nur ihm obläge die Befugnis zur Vornahme dieser Handlungen, mit deren Wahrnehmung er natürlich Mitarbeiter und ähnliche Personen beauftragen könnte. Ebenso ist für die betroffenen Prüflinge objektiv ersichtlich, daß die gesamte Prüfertätigkeit dem Professor als Diensthandlung obliegt, und deshalb auch die Herausgabe der Aufgabe/Lösungsskizze und das spezielle Vorbereiten auf die Prüfungsaufgabe hiermit untrennbar zusammenhängt, so daß es sich insofern um ein äußerlich erkennbares, nur unter Mißbrauch des Amtes mögliches, Auftreten als Amtsträger bei Vornahme dieser zu untersuchenden Tätigkeit handelt.[929] Aus all dem folgt, daß die beschriebenen Manipulationsarten als Diensthandlungen im Sinne des § 331 I StGB zu qualifizieren sind.[930]

Von ihrem Wortlaut her erfaßt die Vorschrift des § 331 I StGB pflichtgemäße und pflichtwidrige Diensthandlungen. Jedoch ist aufgrund der systematischen Stellung und des Verhältnisses zu den §§ 333, 334 StGB davon auszugehen, daß § 331 grundsätzlich nur nichtpflichtwidrige Diensthandlungen betrifft.[931] Im Hinblick auf pflichtwidrige Diensthandlungen greift § 332 StGB ein, so daß eine Anwendung des § 331 StGB lediglich in Betracht kommt, wenn die Pflichtwidrigkeit der Handlung zweifelhaft ist oder § 332 StGB nicht einschlägig ist, weil der Vorsatz bezüglich der Pflichtwidrigkeit fehlt (§ 16 StGB).[932]

---

929 Deshalb kann selbst ein als Privatunterricht deklarierter Nachhilfeunterricht, bei dem einem oder mehreren Prüflingen die in der nächsten Prüfung zu bearbeitende Aufgabe bekanntgegeben und mit diesen bearbeitet wird, hinsichtlich der hier zu beurteilenden Problematik nicht als reine Privathandlung, die von § 331 I StGB nicht erfaßt wird, angesehen werden. Beachte insofern die abweichende Sachverhalte betreffenden Entscheidungen RGSt 28/427 und BGH, GA 1962, S. 214 f, wonach in der Erteilung von Privatunterricht keine Diensthandlung zu sehen ist.

930 Der von Amelung/Weidemann (JuS 1984, S. 596 f) angeführten Argumentation, daß absolut verbotene Handlungen, d.h. solche, die im Dienstbereich des Amtsträgers kein pflichtgemäßes Korrelat haben, von dem Begriff der Diensthandlung nicht mehr erfaßt würden, kann nicht gefolgt werden: Eine Handlung, die wie bei der hier zu beurteilenden Problematik dem Amtsträger alleine seine amtliche Stellung ermöglicht und die mit dem Amt in einem funktionalen Zusammenhang steht, entspricht durchaus dem natürlichen - folglich auch dem umgangssprachlichen - Wortsinn des Begriffs "Diensthandlung" im Sinne des § 331 I StGB und wird deshalb auch hiervon erfaßt; ein Verstoß gegen Art. 103 II GG ist nicht ersichtlich. Ebenso Rudolphi (in: SK, § 331, Rdnr. 10) mit weiteren Argumenten gegen diese Ansicht.

931 Arzt/Weber, BT, LH 5, Rdnr. 436; Cramer in: Schönke/Schröder, a.a.O., § 331, Rdnr. 17; Dreher/Tröndle, a.a.O., § 331, Rdnr. 8; Jescheck in: LK, § 331, Rdnr. 11; Krey, BT 1, Rdnr. 657; Maurach/Schroeder/Maiwald, BT 2, § 78 I, Rdnr. 3 f; Wessels, BT 1, § 25 II 1, S. 237.

932 Dreher/Tröndle, a.a.O., § 331, Rdnr. 8; Jescheck in: LK, § 331, Rdnr. 11; Krey, BT 1, Rdnr. 658; Rudolphi in: SK, § 331, Rdnr. 18.

Der Professor, der Prüfungsaufgaben und/oder dazu bestehende Lösungsskizzen vorzeitig an einen oder mehrere Prüflinge herausgibt oder der einen oder einzelne Studenten vorher speziell und gezielt auf die zu stellende Aufgabe vorbereitet, verstößt unzweifelhaft gegen die ihm obliegende Pflicht der Geheimhaltung zur Wahrung der Chancengleichheit der Prüfungskandidaten[933].

Im Hinblick auf die Vorbereitung auf eine Prüfungsaufgabe ist grundsätzlich zwischen rechtmäßiger oder rechtswidriger Vorbereitung zu differenzieren. Zwar läßt sich nicht generell festlegen, wann und ab welchem Maß eine Vorbereitung auf eine Prüfungsaufgabe durch den Professor als rechtmäßig oder rechtswidrig zu qualifizieren ist. Jedoch sind als Kriterien für die Rechtswidrigkeit die Umgehung der Funktionen von Prüfungen und die gezielte und qualifizierte Vorbereitung lediglich eines oder einzelner Studenten auf die spezielle Prüfungsaufgabe zu nennen.[934] Eine rechtswidrige Vorbereitung ist grundsätzlich insbesondere dadurch gekennzeichnet, daß durch sie ein eigenständiger, individueller Leistungsnachweis durch den Prüfling ausgeschlossen wird. In diesem Zusammenhang ist jedoch zu beachten, daß das allgemeine Fachgespräch und der fachliche Diskurs zwischen Professor und Student als wünschenswert und zulässig zu erachten sind, auch wenn es dabei um bestimmte, abgegrenzte und für die Prüfung relevante Themenbereiche geht. Aufgrund der Vielfältigkeit denkbarer Vorbereitungsmöglichkeiten und einer dabei bestehenden unterschiedlichen Intensität des Vorgehens muß die Abgrenzung zwischen rechtmäßiger und rechtswidriger Vorbereitung durch den Professor, um eine größtmögliche Gerechtigkeit erzielen zu können, grundsätzlich einer Einzelfallentscheidung vorbehalten bleiben.

Durch die vorherige Herausgabe von Prüfungsaufgaben und/oder dazu bestehenden Lösungsskizzen an einen oder einzelne Studenten und durch eine gezielte, rechtswidrige Vorbereitung eines oder einiger Prüfungskandidaten darauf, verletzt der Professor die ihm nach dem Beamtengesetz obliegenden Pflichten[935], verhindert die Erreichung der mit der Prüfung verfolgten Ziele[936] und verstößt

---

933 Zum Chancengleichheitsgrundsatz im Prüfungsverfahren schon oben 2.Teil, C.IV.2.c.

934 Im Hinblick auf die Abgrenzung der rechtmäßigen von der rechtswidrigen Vorbereitung vgl. auch 2.Teil, A.IV.3. Zu den Funktionen von Prüfungen siehe 2.Teil, C.II. und III.

935 Beachte hierzu insbesondere §§ 35 I (2), 36 BRRG und §§ 63 I (2), 64 I LBG. Für den hier zu beurteilenden Fall folgt daraus, daß der Professor hinsichtlich seiner Prüfertätigkeit insgesamt unparteiisch und gerecht zu verfahren und auf das Wohl der Allgemeinheit Bedacht zu nehmen hat, daß er seine Prüfertätigkeit uneigennützig nach bestem Gewissen vorzunehmen hat und hierbei der Achtung und dem Vertrauen gerecht werden muß, die sein Amt erfordert.

936 Hierzu bereits vorstehend 2.Teil, C.II. und III.

somit gegen das Rechtsstaatsprinzip[937]. Folglich ist das als Diensthandlung einzustufende Vorgehen des Professors als pflichtwidrig anzusehen. Da diese Pflichtwidrigkeit bei den beschriebenen Vorgehensweisen in der Regel nicht zweifelhaft sein und dem Prüfer grundsätzlich auch der Vorsatz hinsichtlich dieser Pflichtwidrigkeit nicht fehlen wird, ist § 332 I StGB einschlägig; die Anwendung des § 331 I StGB kommt bei dem hier zu untersuchenden Geschehen nicht in Betracht.

(3) § 332 I i.V.m III Nr. 1 StGB

Die hier zu beurteilenden Handlungen sind als pflichtwidrig einzustufen.[938] Die Geheimhaltungspflicht in Bezug auf die Prüfungsaufgaben und Lösungsskizzen ergibt sich bereits aus der Natur der Sache.[939]

Entsprechend dem Gesetzeswortlaut kann die pflichtwidrige dienstliche Handlung bereits vorgenommen sein, gleichzeitig vorgenommen werden oder noch bevorstehen.[940] Bei lebensnaher Einschätzung ist davon auszugehen, daß der Prüfer die hier zu beurteilende Diensthandlung gleichzeitig oder künftig, nicht jedoch vor einer Übereinkunft hinsichtlich des Vorteils vornehmen wird.

Als Gegenleistung für die pflichtwidrige Diensthandlung muß der Professor einen Vorteil fordern, sich versprechen lassen oder annehmen.[941] Fordern ist das einseitige Verlangen eines Vorteils für seine Handlung, wobei dieses Verlangen auch in versteckter Form erfolgen kann.[942] Sichversprechenlassen bedeutet, das entsprechende Angebot einer künftigen Leistung ausdrücklich oder schlüssig anzu-

937 Beachte auch die Ausführungen zum Rechtsstaatsprinzip oben 2.Teil, C.IV.2.d.

938 Vgl. oben B.I.1.a.aa.(2).

939 Die Geheimhaltungspflicht ergibt sich sowohl aus den Maßnahmen, die zur Geheimhaltung getroffen werden, als auch aus der Natur der Prüfungsaufgabe als solcher, die ohne besondere Vorbereitung, eventuell unter Aufsicht und nur mit bestimmten zugelassenen Hilfsmitteln zu bearbeiten ist; so RGSt 74/112.

940 Vgl. insofern nur Jescheck in: LK, § 332, Rdnr. 4 und Rudolphi in: SK, § 332, Rdnr. 10.

941 Zum Begriff des Vorteils im Sinne der Bestechungstatbestände bereits A.I.1.d.aa.(3), insbesondere Fußnote 435.

942 Cramer in: Schönke/Schröder, a.a.O., § 331, Rdnr. 24; Dreher/Tröndle, a.a.O., § 331, Rdnr. 12; Lackner, a.a.O., § 331, Rdnr. 7.

nehmen.[943] Annahme ist die tatsächliche Inempfangnahme des geforderten oder angebotenen Vorteils mit dem Ziel der Ausnutzung im eigenen Interesse.[944]

Der Vorteil muß aufgrund der sog. Unrechtsvereinbarung in einem Beziehungsverhältnis (Äquivalenzverhältnis) zu der Diensthandlung stehen[945], d.h. der Täter muß den Vorteil als Gegenleistung für eine Diensthandlung fordern, sich versprechen lassen oder annehmen[946], wobei das Sichversprechenlassen und das Annehmen Teil der Unrechtsvereinbarung sind und das Fordern auf eine solche gerichtet ist.[947] Die Unrechtsvereinbarung muß sich auf eine bestimmte Diensthandlung beziehen.[948] Diese Voraussetzung ist in der Regel erfüllt, denn die Unrechtsvereinbarung bezieht sich entweder auf die vorherige Herausgabe der zu stellenden Aufgabe bzw. der dazu bestehenden Lösungsskizze oder auf das spezielle Vorbereiten eines oder mehrerer Prüflinge auf die konkrete Aufgabe.

Falls der Vorteil das Äquivalent für eine künftige pflichtwidrige Diensthandlung - was hinsichtlich der vorliegenden Problematik in der Praxis als Regel anzusehen sein dürfte - darstellt, so ist entsprechend § 332 III Nr. 1 StGB ausreichend, daß der Professor sich gegenüber dem Prüfling dazu bereit gezeigt hat, eine der oben aufgeführten Diensthandlungen vorzunehmen.

---

943 Siehe nur Jescheck in: LK, § 331, Rdnr. 5; Rudolphi in: SK, § 331, Rdnr. 25.

944 RGSt 58/266; Cramer in: Schönke/Schröder, a.a.O., § 331, Rdnr. 26; Lackner, a.a.O., § 331, Rdnr. 7. Zu den weiteren Einzel- und Besonderheiten des Begriffs "Annahme" siehe nur Dreher/Tröndle, a.a.O., § 331, Rdnr. 14; Jescheck in: LK, § 331, Rdnr. 6; Rudolphi in: SK, § 331, Rdnr. 26; jeweils m.w.N.

945 Arzt/Weber, BT, LH 5, Rdnr. 443 ff; Krey, BT 1, Rdnr. 669; Kuhlen, NStZ 1988, S. 438 f; Maurach/Schroeder/Maiwald, BT 2, § 78 II, Rdnr. 15.

946 Ein Austauschverhältnis im Sinne eines "do ut des" ist hierbei jedoch nicht zu fordern; die Annahme eines Vorteils kann auch für eine bereits vorgenommene Diensthandlung erfolgen und in diesem Fall wird der Vorteil gerade nicht geleistet, damit der Amtsträger eine Diensthandlung vornimmt, so bereits Rudolphi in: SK, § 331, Rdnr. 27 m.w.N.

947 BGHSt 15/97; Krey, BT 1, Rdnr. 669; Kuhlen, NStZ 1988, S. 433 ff; Lackner, a.a.O., § 331, Rdnr. 10. Beim "Fordern" muß der Täter die Diensthandlung als Äquivalent anbieten, beim "Sichversprechenlassen und der Annahme" reicht irgendeine Übereinkunft über das Äqivalenzverhältnis aus, vgl. Dreher/Tröndle, a.a.O., § 331, Rdnr. 15 und § 332, Rdnr. 6; Rudolphi in: SK, §331, Rdnr. 28 und § 332, Rdnr. 12.

948 Diese muß zwar noch nicht in allen Einzelheiten festgelegt, aber deren sachlicher Gehalt in groben Umrissen bestimmt sein; vgl. BGH, NStZ 1989, S. 74; Cramer in: Schönke/Schröder, a.a.O., § 331, Rdnr. 31; Jescheck in: LK, § 331, Rdnr. 13; Rudolphi in: SK, § 331, Rdnr. 29.

Da der Prüfer grundsätzlich auch vorsätzlich[949], rechtswidrig und schuldhaft handelt, macht er sich gem. § 332 I i.V.m. III Nr. 1 StGB strafbar.[950]

(4) <u>§ 353 b I Nr. 1 StGB</u>

Der Professor, der die Prüfungsaufgabe bzw. die dazu bestehende Lösungsskizze vorzeitig offenbart, könnte sich als Amtsträger gem. § 353 b I Nr. 1 StGB strafbar machen.

Voraussetzung dafür wäre, daß ihm die Prüfungsaufgabe und/oder die dazu bestehende Lösungsskizze als Geheimnis anvertraut oder sonst bekanntgeworden ist. Anvertraut ist ein Geheimnis, wenn ein anderer dem Täter dieses - im Vertrauen auf seine Verschwiegenheitspflicht - mitteilt.[951] Sonst bekanntgeworden ist dem Täter das Geheimnis, wenn er die Kenntnis durch seine berufsmäßige Tätigkeit selbst erlangt hat.[952]

Wie ausgeführt[953], nimmt der Professor die ihm obliegende Prüfertätigkeit eigenständig und in eigener Verantwortung wahr, wozu auch die Erstellung bzw. die Auswahl der Prüfungsaufgaben gehört. Folglich wird ihm das Geheimnis[954] in Form der Aufgabe bzw. der Lösungsskizze nicht anvertraut. Auch kann hinsichtlich der vorliegenden Problematik kein sonstiges Bekanntwerden im oben aufgeführten Sinne bejaht werden: Zwar führt die Schaffung und Erstellung der ge-

949 Im Hinblick auf den subjektiven Tatbestand reicht bedingter Vorsatz aus, wobei er sich insbesondere auf die Pflichtwidrigkeit der Diensthandlung beziehen muß, Dreher/Tröndle, a.a.O., § 331, Rdnr. 25, § 332, Rdnr. 10; Maurach/Schroeder/Maiwald, BT 2, § 78 II, Rdnr. 27; Rudolphi in: SK, § 332, Rdnr. 17.

950 Bei Strafbarkeit nach § 331 oder § 332 StGB kann das Gericht zusätzlich den Verfall des rechtswidrig erlangten Vermögensvorteils nach § 73 StGB anordnen. Beachte hierzu auch insbesondere § 358 StGB, wonach das Gericht neben einer Freiheitsstrafe von mindestens sechs Monaten wegen einer Straftat nach § 332 StGB die Fähigkeit, öffentliche Ämter zu bekleiden, aberkennen kann.

951 Vgl. Dreher/Tröndle, a.a.O., § 353 b, Rdnr. 8, § 203, Rdnr. 7; Lenckner in: Schönke/Schröder, a.a.O., § 353 b, Rdnr. 7; Samson in: SK, § 353 b, Rdnr. 9, § 203, Rdnr. 29; Träger in: LK, § 353 b, Rdnr. 13.

952 Lenckner in: Schönke/Schröder, a.a.O., § 353 b, Rdnr. 7; Samson in: SK, § 353 b, Rdnr. 9, § 203, Rdnr. 30; Träger in: LK, § 353 b, Rdnr. 14.

953 B.I.1.a.aa.(1).

954 Geheimnis ist eine Sache, Erkenntnis oder Tatsache, deren Kenntnis nicht über einen begrenzten Personenkreis hinausgeht und ihrer Natur nach oder aufgrund einer Rechtsvorschrift oder besonderen Anordnung der Geheimhaltung bedarf, vgl. Dreher/Tröndle, a.a.O., § 353 b, Rdnr. 7; Lackner, a.a.O., § 353 b, Rdnr. 6. Diese Voraussetzungen sind bei den hier in Betracht kommenden Prüfungsaufgaben erfüllt. Siehe auch RGSt 74/112 und BGHSt 11/402 f speziell im Hinblick auf die vorzeitige Offenbarung von Prüfungsthemen.

nauen Prüfungsaufgabe zwangsläufig auch zu deren Bekanntwerden bei dem Professor, jedoch ist die Selbstschaffung des Geheimnisses nicht mehr vom natürlichen Wortsinn des Begriffs "sonst bekanntgeworden ist" im Sinne des § 353 b I StGB erfaßt. Das Bekanntwerden und die Schaffung eines Geheimnisses sind von ihrer Bedeutung her von einander zu unterscheidende Vorgänge. Der Wortlaut des § 353 b I StGB fordert explizit zwar kein fremdes Geheimnis, aber ein allein durch den Offenbarenden selbst geschaffenes Geheimnis fällt - dem natürlichen Wortsinn entsprechend - nicht unter den Schutzbereich der Vorschrift.[955] Eine Strafbarkeit gem. § 353 b I Nr. 1 StGB entfällt.

bb. Außerstrafrechtliche Beurteilung

(1) Dienstordnungsmaßnahmen

Der beamtete Universitätsprofessor steht in einem doppelten Rechtsverhältnis.[956] Im Verhältnis zur Hochschule spricht man von einer korporativen Mitgliedschaft, gleichzeitig besteht zum beamtenrechtlichen Dienstherrn ein öffentlich-rechtliches Dienst- und Treueverhältnis.[957] Zwar verleiht Art. 5 III (1) GG den Professoren eine über die allgemeine beamtenrechtliche Stellung hinausgehende Unabhängigkeit bei der Ausübung ihres Berufes; grundsätzlich unterliegen aber auch sie den Bestimmungen des allgemeinen Beamtenrechts (§ 49 HRG, § 43 II HSchG, § 105 BRRG, § 190 LBG).[958]

Die außerstrafrechtliche Beurteilung der hier zu untersuchenden Sachverhalte richtet sich dementsprechend nach den einschlägigen beamtenrechtlichen Regelungen, insbesondere dem Disziplinarrecht, da das für die Mitglieder der Hochschule[959] geltende allgemeine Ordnungsrecht (§ 36 V HRG, § 32 IV HSchG[960]) hierfür keine Sanktionen enthält.[961]

---

955 Dies insbesondere unter dem Gesichtspunkt des Art. 103 II GG.

956 Lerche/Lorenz, WissR 1968, S. 193; Thieme, Deutsches Hochschulrecht II, S. 482, Rdnr. 434, S. 526, Rdnr. 473; Thieme, Grundprobleme des Hochschulrechts, S. 67.

957 Zur Entwicklung des Hochschullehrers- bzw. Professorenbegriffs vgl. Dorff in: Hochschulpolitik und Hochschulrecht, S. 113 ff. Allgemein zur Stellung des Hochschullehrers siehe Weber in: FS Hans Joachim Faller, S. 287 ff und Weber, Die Rechtsstellung des deutschen Hochschullehrers. Vgl. hierzu auch Blümel in: FS für Carl Hermann Ule, S. 287 ff.

958 BVerwG, Beschl. v. 4.11.1977, Buchholz, 237.0, Nr. 1 und 2; Fahse, Kommentar zum HSchG, Rdnr. 197, S. 199; Dorff, a.a.O., S. 118 f.

959 Professoren gelten gem. § 36 I HRG, § 32 I HSchG als Mitglieder der Hochschule. Siehe auch beispielsweise § 72 I HSchErnG Meckl.-Vorp., § 6 I UG BW, Art. 17 I HSchG Bay.

Die grundsätzliche Anwendbarkeit der Dienstordnungsvorschriften ergibt sich aus § 45 III BRRG, § 85 III LBG, § 1 (1) DOG. Diese wird auch nicht durch Art. 5 III (1) GG ausgeschlossen; eine hieraus resultierende disziplinare Unverfolgbarkeit ist nur in dem Umfang gewährleistet, im dem die Freiheit von Forschung und Lehre die Rechtsstellung des einzelnen Hochschullehrers ausmacht. Als Wissenschaftler in der Lehre hat der Professor zwar kein weisungsabhängiges Staatsamt inne. Als Hochschullehrer und damit als Teil des staatlichen Erziehungssystems kann jedoch eine Pflichtverletzung seinerseits eine Dienstverfehlung im disziplinarrechtlichen Sinne darstellen.[962]

Voraussetzung ist das Vorliegen eines Dienstvergehens oder einer als Dienstvergehen geltenden Handlung, § 2 I Nr. 1 DOG.[963] Gem. § 43 I (2) HRG, § 45 I (2) HSchG gehört die Abnahme von Prüfungen zu den hauptberuflichen Aufgaben der Professoren. Durch die vorherige Herausgabe der Prüfungsaufgabe und/oder der Lösungsskizze an einen oder einzelne Kandidaten und durch die gezielte Vorbereitung eines oder einiger Studenten darauf, verletzt der Professor schuldhaft seine beamtenrechtlichen Pflichten, insbesondere die Pflicht, seine Aufgaben unparteiisch und gerecht zu erfüllen und bei der Amtsführung auf das Wohl der Allgemeinheit Bedacht zu nehmen (§ 35 I (2) BRRG, § 63 I (2) LBG), sein Amt uneigennützig nach bestem Gewissen zu verwalten (§ 36 (2) BRRG, § 64 I (2) LBG) und innerhalb und außerhalb des Dienstes durch sein Verhalten der Achtung und dem Vertrauen gerecht zu werden, die sein Beruf erfordert (§ 36 (3) BRRG, § 64 I (3) LBG); er begeht ein Dienstvergehen im Sinne des § 45 I BRRG, § 85 I LBG.[964] Die Veranlassung der Vorermittlungen[965] zur Feststellung, ob ein Dienstvergehen tatsächlich vorliegt, erfolgt durch den Dienstvorgesetzten des Professors.[966]

---

960 Vgl. ebenfalls die Regelungen anderer Länder, wie z.B. Art. 18 I HSchG Bay., § 10 III HSchG Hess., § 72 IV HSchErnG Meckl.-Vorp. Siehe beispielsweise auch § 98 I UG BW und Art. 93 I HSchG Bay., wonach gegen die Mitglieder der Universität ordnungsrechtliche Maßnahmen getroffen werden können, soweit auf sie keine beamtenrechtlichen Vorschriften anzuwenden sind.

961 Statt aller Thieme, Deutsches Hochschulrecht II, S. 662, Rdnr. 597.

962 VG Ansbach, Beschl. v. 20.7.1979, KMK-HSchR 1980, S. 170 ff.

963 Zur Definition des Begriffs "Dienstvergehen" vgl. bereits oben A.II.2.a.aa.

964 Bzgl. der Frage, wann ein Verhalten des Professors als "außerhalb des Dienstes" zu qualifizieren ist, vgl. auch Fußnote 927, 929. Im übrigen erfüllt die hier zu beurteilende Verhaltensweise die Voraussetzungen des § 45 I (2) BRRG, § 85 I (2) LBG.

965 Vgl. hierzu generell Claussen/Benneke, Vorermittlungen im Disziplinarverfahren.

966 Dienstvorgesetzter der Professoren ist grundsätzlich der Kultusminister; er kann einzelne Befugnisse den Präsidenten der Universitäten übertragen, § 41 I HSchG. Dies ist durch die Landesverordnung über dienstrechtliche Zuständigkeiten im Hochschulbereich des Kultus-

Als Dienstordnungsmaßnahmen kommen gem. § 5 I DOG grundsätzlich Verweis, Geldbuße, Gehaltskürzung, Entfernung aus dem Dienst[967] und Aberkennung des Ruhegehalts in Betracht.[968] Hierbei ist jedoch zu beachten, daß gem. § 13 DOG ein Verweis, eine Geldbuße oder eine Gehaltskürzung nicht verhängt werden dürfen, wenn durch ein Gericht oder eine Behörde eine Strafe oder eine Ordnungsmaßnahme wegen desselben Sachverhalts verhängt worden ist.[969] Die Entscheidung, ob überhaupt wegen eines Dienstvergehens disziplinar eingeschritten werden soll, steht gem. § 3 DOG im pflichtgemäßen Ermessen der zuständigen Behörde.[970]

Die Dienstordnungsmaßnahmen in Form des Verweises und der Geldbuße können gem. § 29 I DOG im Wege der Dienstordnungsverfügung verhängt werden. Bei schwereren Dienstvergehen ist ein förmliches Disziplinarverfahren einzuleiten.[971]

Welche Dienstordnungsmaßnahme im Einzelfall zu verhängen ist, bestimmt sich grundsätzlich nach der Art und Erheblichkeit der Pflichtverletzung sowie nach der sich hieraus ergebenden Ansehensschädigung unter Beachtung weiterer (erschwerender bzw. mildernder) Kriterien, wie beispielsweise: Folgen der

---

ministeriums vom 14.5.1987 (GVBl. Rhl.-Pf. S. 155) geschehen. Vgl. hierzu die Vorschriften anderer Länder, wie beispielsweise Art. 4 I HSchLG Bay., § 63 UG NRW. Siehe auch Weiß, GKÖD, a.a.O., K § 15, Rdnr. 36 c.

967 Eine Entlassung des Professors gem. § 22 f BRRG, § 38 f LBG kommt daneben mangels Vorliegens der dort genannten Voraussetzungen nicht in Betracht. Bei Verurteilung wegen einer vorsätzlichen Tat zu Freiheitsstrafe von mindestens einem Jahr endet das Beamtenverhältnis jedoch bereits von Gesetzes wegen, §§ 24 BRRG, 45 LBG. In Mecklenburg-Vorpommern z.B. ist gem. § 55 II f), VI HSchErnG eine fristlose Abberufung, d.h. eine Beendigung des Arbeitsverhältnisses des Hochschullehrers mit der Hochschule, wegen schwerwiegender Pflichtverletzung möglich.

968 Die Versetzung in ein Amt derselben Laufbahn mit geringerem Endgrundgehalt als Disziplinarmaßnahme dürfte für Professoren nicht in Betracht kommen, da § 50 I, II HRG, § 49 I, II HSchG die Bestimmungen über Laufbahnen für nicht anwendbar erklären und die Versetzung unter die dort genannten Voraussetzungen stellen; vgl. hierzu Thieme, Deutsches Hochschulrecht II, S. 514, Rdnr. 463.

969 § 16 DOG regelt das Verhältnis von Dienstordnungs- und anderen Verfahren. Gem. § 17 DOG sind tatsächliche Feststellungen eines rechtskräftigen Urteils im Strafverfahren oder Bußgeldverfahren für das Dienstordnungsverfahren bindend.

970 Vgl. hierzu bereits vorstehend A.II.2.a.aa. und A.II.2.c.aa.

971 So kann die Entfernung aus dem Dienst nur im förmlichen Disziplinarverfahren durch Urteil des Disziplinargerichts verhängt werden, Fürst/Finger/Mühl/Niedermaier, GKÖD, a.a.O., Teil 2 a, K vor § 28, Rdnr. 4. Sie wird gem. § 106 VI DOG mit der Rechtskraft des Urteils wirksam. Zum förmlichen Disziplinarverfahren allgemein vgl. Claussen, Das förmliche Disziplinarverfahren; Weißhaar, Beamtenrecht, S. 188 ff; Wiese, a.a.O., S. 155 ff; Wind/Schimana/Wallerius, Öffentliches Dienstrecht, S. 262 ff. Gem. § 33 (1) DOG gliedert sich das förmliche Disziplinarverfahren in die Untersuchung und das gerichtliche Verfahren vor den Disziplinargerichten.

Pflichtverletzung, Grad des Verschuldens, Wiederholung, Verletzung einer besonderen Vertrauensstellung, Entgeltlichkeit, wirtschaftliche Notlage, besondere persönliche Situation, bisheriger persönlicher und dienstlicher Lebensweg usw.[972]

Auch im Hinblick auf die hier zu beurteilende Manipulationsvariante muß die Auswahl der angemessenen Dienstordnungsmaßnahme einer Einzelfallentscheidung, bei der die o.g. Kriterien gerecht zu würdigen sind, vorbehalten bleiben. Da die Unbestechlichkeit des Professors jedoch zu den unabdingbaren Voraussetzungen seiner Tätigkeit gehört, wird man wohl im Falle der Bestechlichkeit im Sinne des § 332 StGB aufgrund mangelnder Eignung im Hinblick auf die mit seiner Stellung verbundenen Prüfertätigkeit seine Entfernung aus dem Dienst in Betracht zu ziehen haben.[973] Dies insbesondere unter den Gesichtspunkten der Innehabung einer besonderen Vertrauensstellung, des Schutzes der Prüfungskandidaten und der Allgemeinheit, der Wiederherstellung des Ansehens der Professorenschaft und der Hochschule in der Öffentlichkeit und letztlich der Wiederherstellung der Achtung und des Vertrauens in dieselben. Bezüglich der hier zu beurteilenden Vorgehensweisen führt die Bestechlichkeit des Professors - abgesehen von den besonderen Umständen des Einzelfalls - in der Öffentlichkeit in besonderem Maße zu relevanten, negativen Rückschlüssen auf fehlendens Verantwortungs- und Pflichtbewußtsein der Professorenschaft gegenüber ihrer Umwelt. Sie wird wohl in allen Teilen der Bevölkerung als verwerflich angesehen und kann nicht als dem Bereich des üblichen menschlichen Versagens zugeordnet werden. Darüber hinaus ist zu beachten, daß bei einem Professor der Rechte das Bewußtsein der Rechts- und Pflichtwidrigkeit in Bezug auf das beschriebene Vorgehen als besonders ausgeprägt anzusehen ist, und daß aufgrund seiner unabhängigen und relativ unkontrollierten Prüfertätigkeit eine erhebliche Wiederholungsgefahr besteht.

(2) Sonstige Maßnahmen

Soweit nach den obigen Ausführungen eine Entfernung des Professors aus dem Dienst erfolgt[974], stellt sich die Frage, ob zusätzlich - quasi als "Nebenfolge" -

---

972 BVerwG Nr. 5/1986, Dokumentarische Berichte aus dem BVerwG, Ausgabe B: Öffentlicher Dienst - Disziplinarrecht, S. 65; BVerwGE 83/49 ff; Claussen/Janzen, BDO, Einl. D, Rdnr. 3 a ff; Hilg, a.a.O., § 29 V, S. 354; Weißhaar, a.a.O., S. 178.

973 BVerwG, DVBl. 1990, S. 259 ff = Recht im Amt 1990, S. 88 ff; Claussen/Janzen, a.a.O., S. 91, Rdnr. 6. Auch für den Fall, daß die vorherige Herausgabe der Prüfungsaufgabe und/oder Lösungsskizze unentgeltlich erfolgt, wird, angesichts der besonderen Vertrauensstellung und des Ansehens der Professorenschaft, regelmäßig ein förmliches Disziplinarverfahren gerechtfertigt sein.

974 Die grundsätzlich mögliche Berufung des aus dem Beamtenverhältnis entfernten Professors in ein Angestelltenverhältnis (§ 48 V HSchG) kommt hier nicht in Betracht. Derartige Ver-

erworbene Grade, Titel und/oder akademische Bezeichnungen entzogen werden können.

Entsprechend dem vorstehend dargestellten Doppelstatus stellt der Professorentitel sowohl beamtenrechtliche Amtsbezeichnung als auch Ausdruck akademischer Würde dar.[975] Darüber hinaus wird er als akademisch-korporationsrechtliche Mitgliedschaftsbezeichnung angesehen.[976] Gem. § 49 V HSchG[977] ist für Professoren ihre Amtsbezeichnung zugleich akademische Bezeichnung. Sie darf auch nach dem Ausscheiden aus der Hochschule ohne den Zusatz "außer Dienst (a.D.)" geführt werden. Auf Vorschlag der Hochschule kann jedoch der Kultusminister die Weiterführung gem. § 49 V (2) 2. HS HSchG wegen Unwürdigkeit untersagen.[978]

Die Entfernung aus dem Dienst bewirkt den Verlust der Befugnis, die Amtsbezeichnung und die im Zusammenhang mit dem Amt verliehenen Titel zu führen, § 10 I DOG. Dies hat zur Folge, daß nach der Entfernung aus dem Dienst das Recht, die Amtsbezeichnung zu führen, zwar verlustig ginge, das Recht, die akademische Bezeichnung zu führen, aber bestehen bliebe. Bei der gebotenen engen Auslegung des § 10 I DOG läßt sich dieses paradoxe Ergebnis nur vermeiden, wenn eine Untersagung der Weiterführung der Bezeichnung wegen Unwürdigkeit durch den Kultusminister gem. § 49 V (2) 2. HS HSchG erfolgt. Hierbei ist im Interesse des Ansehens der Hochschulen ein strenger Maßstab anzulegen.[979]

Fraglich ist, ob als weitere "Nebenfolge" gleichzeitig der Entzug des Doktorgrades[980] möglich ist. Wie dargestellt[981], richtet sich die Entziehung akademi-

---

haltensweisen, insbesondere der Machtmißbrauch, dem der Prüfling häufig wehrlos gegenübersteht, kennzeichnen ihn als ungeeignet, den hohen Anforderungen des Professorenamtes gerecht zu werden. Im Unterschied zum Prüfling, dem im Hinblick auf Art. 12 I GG eine Ausbildung außerhalb des Beamtenverhältnisses ermöglicht werden soll (vgl. nur A.II.2.c.bb.), besitzt der Professor bereits eine abgeschlossene Berufsausbildung; ihm stehen sonstige juristische Berufsmöglichkeiten offen.

975 Laubinger, a.a.O., S. 402; Thieme, Deutsches Hochschulrecht II, S. 526, Rdnr. 473.

976 Lerche/Lorenz, a.a.O., S. 204 m.w.N.

977 Vgl. hierzu auch die Vorschriften anderer Länder, wie beispielsweise § 103 I HSchG Berl., § 17 a HSchG Brem., § 59 VI HSchG Nds., § 98 II HSchG Schl.-Hol.

978 In anderen Ländern bestehen vergleichbare Regelungen. Siehe beispielsweise § 103 II HSchG Berl., § 17 a II HSchG Brem., § 56 III HSchErnG Meckl.-Vorp., § 60 II UG Saarl.

979 Für eine solche Auslegung spricht auch, daß mit der Entfernung aus dem Dienst gleichzeitig die akademisch-korporationsrechtliche Mitgliedschaft verloren geht.

980 Der Professorentitel ist kein akademischer Grad, der nach dem AkadGFG entzogen werden könnte, vgl. Zimmerling, a.a.O., S. 2, Rdnr. 2.

scher Grade nach dem AkadGFG. Gem. § 4 I c) AkadGFG kommt ein Entzug in Betracht, wenn sich der Inhaber durch sein späteres Verhalten der Führung eines akademischen Grades unwürdig erwiesen hat.[982] Hierbei ist zunächst zu beachten, daß der Würdigkeitsbegriff des AkadGFG ein von dem des § 49 V (2) HSchG differierender ist. Während § 49 V (2) HSchG mit seinem strengen Würdigkeitserfordernis an die spezifische Professorentätigkeit und dem besonderen Ansehen der Hochschulen anknüpft, erfassen die Entziehungsmöglichkeiten nach § 4 I b) und c) AkadGFG den Begriff der Würdigkeit in einem allgemeineren Sinn. So mag die mit der Professorentätigkeit zusammenhängende entgeltliche vorherige Herausgabe einer Prüfungsaufgabe und/oder Lösungsskizze geeignet sein, den Handelnden besonders im Hinblick auf die Führung des Professorentitels als unwürdig erscheinen zu lassen. Eine Unwürdigkeit in Bezug auf die Führung des Doktorgrades wird dadurch entsprechend der dargestellten Voraussetzungen[983] jedoch nicht statuiert. Eine Entziehung des Doktorgrades gem. § 4 I c) AkadGFG kommt demnach für den vorliegenden Sachverhalt grundsätzlich nicht in Betracht.[984]

b. Manipulation im Rahmen der Korrektur und/oder der Gesamtbenotung der Prüfungsleistung

Der zuständige Professor kann sowohl die Korrektur[985] als auch die Benotung der jeweiligen Prüfungsleistung manipulieren, wobei dieses Vorgehen aufgrund Be-

---

981 Allgemein hierzu bereits Gliederungspunkt A.I.3.a.aa.(2)(b).

982 Zur Geltung und Verfassungsmäßigkeit des AkadGFG vgl. oben A.I.3.a.aa.(2)(b), insbesondere Fußnote 502, und A.I.3.a.cc.(2)(a). Sowohl die ursprünglich vorliegende (§ 4 I b) AkadGFG) als auch die nachträglich eintretende Unwürdigkeit (§ 4 I c) AkadGFG) sind als der Verfassung entsprechende Entziehungsgründe anzuerkennen.

983 A.I.3.a.cc.(2)(a).

984 Gem. § 28 IV (2) HSchG ist der Habilitierte berechtigt, seinem Doktorgrad die Bezeichnung "habilitatus" ("habil.") hinzuzufügen. Auch der akademische Grad (so explizit § 1 II HabilO) eines habilitierten Doktors der Rechte (Dr. iur. habil.) unterfällt gem. § 15 HabilO dem Anwendungsbereich des AkadGFG. Der Entzug des Doktorgrades führt somit automatisch zum Verlust des "Dr. iur. habil."; so zutreffend auch Evers in: Handbuch des Wissenschaftsrechts, Bd. 1, S. 465. Zur Einordnung der Habilitation als bloße Qualifikation eigener Art und den sich daraus ergebenden Rechtsfolgen vgl. Karpen in: Handbuch des Wissenschaftsrechts, Bd. 1, S. 861 m.w.N.

985 Zum Fairneßgebot bei der Korrektur schriftlicher Hausarbeiten im Rahmen juristischer Übungen führt der VGH BW (VBlBW 1981, S. 164) aus, daß bei der Bewertung schriflicher Übungsarbeiten zu beachten sei, daß herabsetzende Korrekturbemerkungen im Unterschied zu vergleichbaren Verstößen während der mündlichen Prüfung die Bedingungen für die Erbringung der zu beurteilenden Leistungen nicht beeinflussen könnten; eine leistungsverfälschende psychische Belastung des Prüflings, die sich auf dessen Leistungen negativ auswirken könne, sei dadurch nicht möglich (BVerwGE 70/145). Jedoch könne durch die unfairen schriftlichen Bemerkungen ein Verstoß gegen das Sachlichkeitsgebot begrün-

einflussung durch den Prüfling oder aber auch aus eigenem Entschluß des Prüfers heraus möglich ist.[986] Eine solche Manipulation kann sich zum Vorteil oder zum Nachteil des betroffenen Prüflings auswirken.[987]

aa. Strafrechtliche Beurteilung

(1) § 332 I i.V.m. III Nr. 2 StGB

Da die Pflichtwidrigkeit der Diensthandlung bei der hier zu beurteilenden Manipulationsweise grundsätzlich nicht zweifelhaft ist und dem Professor auch der Vorsatz hinsichtlich dieser Pflichtwidrigkeit in der Regel nicht fehlt, scheidet eine Strafbarkeit gem. § 331 I StGB entsprechend der o.g. Gründe aus.[988] Jedoch kommt eine Strafbarkeit des Professors wegen Bestechlichkeit in Betracht, falls er als Gegenleistung für die manipulierte Korrektur und/oder Benotung der Prüfungsleistung einen Vorteil fordert, sich versprechen läßt oder annimmt.

Der Professor müßte eine Diensthandlung vorgenommen haben oder künftig vornehmen, durch die er seine Dienstpflichten verletzt hat oder verletzen würde. Da bei praxisnaher Beurteilung lediglich ein Tätigwerden des Professors erfolgen wird, nachdem eine Absprache über die Gewährung eines Vorteils getroffen wurde, ist vorliegend nur auf die letztgenannte Alternative, also die künftige Vornahme der Handlung, abzustellen.

Eine manipulierte Korrektur und/oder Benotung der Prüfungsleistung und somit eine pflichtwidrige Diensthandlung ist darin zu sehen, daß der Professor die Grenzen der oben aufgestellten Korrektur- und Bewertungsgrundsätze über-

---

det werden. ("Das Fairneßgebot will das ungestörte Zustandekommen der Prüfungsleistung sichern, das Sachlichkeitsgebot die Lauterkeit des Bewertungsprozesses garantieren", so Klenke, NWVBL 1988, S. 205). Nachteilige Korrekturbemerkungen auf schriftlichen Arbeiten führten dann zu einer rechtswidrigen Leistungsbewertung, wenn sie den Schluß zuließen, daß es dem Prüfer nicht (nur) um eine gerechte Bewertung ging, sondern darum, den Prüfling persönlich zu treffen oder ihn zu entmutigen und damit zur vorzeitigen Aufgabe des Studienziels zu bewegen. Eine sachfremde Motivation des Prüfers könne auch in dem Bestreben liegen, schwächere und unsichere Studenten zu Auslesezwecken durch übermäßig harte Leistungsbeurteilungen und demütigenden Bewertungsbegründungen aus dem Studiengang zu drängen. Hiervon abzugrenzen sei jedoch ein warnender und rechtzeitiger Hinweis auf so erhebliche Leistungsschwächen, welche die Eignung des Studenten für das gewählte Fach in Frage stellten und den erfolgreichen Abschluß des Studiums schon jetzt zweifelhaft erscheinen ließen.

986 Bezüglich der Abgrenzung einer manipulierten von einer wohlwollenden Korrektur und/oder Benotung beachte 2.Teil, A.IV.4. und 5.

987 Zur näheren Begriffsbestimmung oben 2.Teil, A.III.4. und 5.

988 Vgl. B.I.1.a.aa.(2).

schreitet und die ihm obliegenden Prüferpflichten[989] mißachtet bzw. sich zwar im Rahmen des ihm eingeräumten Beurteilungsspielraums hält, aber die Entscheidung mit Rücksicht auf den ihm angebotenen, versprochenen oder gewährten Vorteil, also (auch) aus sachfremden Erwägungen, trifft. Da der Prüfer den Vorteil[990] - gleichgültig, ob es sich um einen materiellen oder immateriellen handelt - im Hinblick auf eine künftige Diensthandlung fordert, sich versprechen läßt oder annimmt und die Korrektur und/oder Bewertung der erbrachten Prüfungsleistung eine Handlung darstellt, bei der der Prüfer nach pflichtgemäßem Ermessen zu entscheiden hat, ist § 332 III Nr. 2 StGB einschlägig. Danach ist es ausreichend, daß sich der Professor - wenn auch nur zum Schein[991] - gegenüber dem Prüfling bereit gezeigt hat, sich bei der Korrektur und/oder Benotung der betreffenden Leistung von dem Vorteil beeinflussen zu lassen.

Da der Professor in der Regel auch vorsätzlich, rechtswidrig und schuldhaft handelt, macht er sich bei dieser Variante gem. § 332 I i.V.m III Nr. 2 StGB strafbar.

(2) <u>§ 348 I StGB</u>

Der Professor könnte sich dadurch, daß er die Korrektur und/oder Benotung der erbrachten Prüfungsleistung manipuliert und den Leistungskontrollnachweis bzw. Übungsschein mit der zu Unrecht erteilten Note ausstellt, einer Falschbeurkundung im Amt strafbar machen.

Als zuständiger Übungsleiter nimmt der Professor bei der Anfertigung der Leistungskontrollnachweise bzw. Übungsscheine die Amtsbefugnisse der Universität, der juristischen Fakultät bzw. des juristischen Fachbereichs wahr. Er ist diesbezüglich befugt, d.h. sachlich und örtlich zuständig.[992] Aufnehmen ist

989 Siehe hierzu bereits vorstehend 2.Teil, A.IV.4. und 5.

990 Zu den Tathandlungen, dem Vorteil, der Gegenleistung und der sog. Unrechtsvereinbarung siehe schon B.I.1.a.aa.(3).

991 Vgl. Cramer in: Schönke/Schröder, a.a.O., § 332, Rdnr. 18; Krey, BT 1, Rdnr. 676, insbesondere Fußnote 68; Rudolphi in: SK, § 332, Rdnr. 16.

992 Vgl. BGHSt 12/86; Cramer in: Schönke/Schröder, a.a.O., § 348, Rdnr. 5; Samson in: SK, § 348, Rdnr. 5; Tröndle in: LK, § 348, Rdnr. 6. Die Zuständigkeit des Professors zur Erstellung der Leistungskontrollnachweise und Übungsscheine folgt aus der Tatsache, daß die gesamte Durchführung der Übungen in seiner Verantwortung liegt. Speziell für die Leistungskontrollnachweise ergibt sich die Zuständigkeit des Übungsleiters zur Erstellung und Aushändigung derselben aus § 13 I Nr. 4, II OStbglLK. Danach ist der Dekan lediglich für die Rücknahme und Versagung des Leistungskontrollnachweises zuständig, im übrigen jedoch der Hochschullehrer, der die Übung abhält. Zu beachten ist, daß an einigen anderen Universitäten der Professor ausdrücklich nicht für die Erteilung des Leistungskontroll-

grundsätzlich der Vorgang, durch den der Amtsträger eine vor ihm von einem anderen abgegebene Erklärung oder von ihm bzw. durch ihn vollzogene Tatsache oder von ihm als Amtsträger gemachte Wahrnehmung zu Beweiszwecken feststellt.[993] Ob darüber hinaus auch das bloße Ausstellen einer solchen Urkunde von § 348 StGB erfaßt wird[994], kann vorliegend dahingestellt bleiben. Der Übungsleiter stellt den Leistungskontrollnachweis bzw. Übungsschein nicht lediglich aus, sondern stellt durch Anfertigung des Nachweises die Prüfungsentscheidung samt erteilter Note als von ihm vollzogene Tatsache zu Beweiszwecken fest.

Es mangelt jedoch an der Falschbeurkundung einer Tatsache. Die getroffene Prüfungsentscheidung als solche, einschließlich der Notenerteilung, ist als Tatsache zu qualifizieren.[995] Eine Tatsache ist falsch beurkundet, also unwahr, wenn sie überhaupt nicht oder in anderer Art und Weise geschehen ist, das Beurkundete also mit der Wirklichkeit nicht übereinstimmt.[996] Zwar entspricht die durch den Prüfer manipulierte und deshalb materiell zu Unrecht vorgenommene Bewertung nicht dem wirklichen Leistungsstand des Prüfungskandidaten, aber genau diese Prüfungsentscheidung mit der darin enthaltenen Benotung ist tatsächlich vorgenommen worden. Die in dem Leistungskontrollnachweis bzw. Übungsschein festgeschriebene Bewertung ist vorher in der Realität durch den Professor in eigener Zuständigkeit wirksam und verbindlich vorgenommen worden; sie ist so wie beurkundet tatsächlich erfolgt. Deshalb liegt insofern keine Falschbeurkundung vor; der Urkundeninhalt entspricht der in der Realität wirklich und wirksam erteilten Note. Eine Strafbarkeit des Professors gem. § 348 I StGB scheidet demnach aus.

bb. Außerstrafrechtliche Beurteilung

Hinsichtlich der außerstrafrechtlichen Folgen dieser Manipulationsvariante gelten die obigen Ausführungen[997] entsprechend.

---

nachweises zuständig ist bzw. war, vgl. nur § 10 III (1) LKO der Ruhr-Universität Bochum, § 13 I Nr. 1 LKO der Universität Erlangen-Nürnberg, § 8 II e) LKO der Universität Giessen, § 14 I Nr. 1 LKO der Universität Hamburg. Hier kommt dann § 348 StGB unter dem hier zu untersuchenden Aspekt von vornherein nicht in Betracht.

993 Dreher/Tröndle, a.a.O., § 348, Rdnr. 2; Lackner, a.a.O., § 348, Rdnr. 2; Tröndle in: LK, § 348, Rdnr. 4.

994 So Cramer in: Schönke/Schröder, a.a.O., § 348, Rdnr. 4; Samson in: SK, § 348, Rdnr. 4.

995 Vgl. schon A.I.3.a.cc.(1)(a).

996 BGH, NJW 1991, S. 576; Cramer in: Schönke/Schröder, a.a.O., § 348, Rdnr. 9; Lackner, a.a.O., § 348, Rdnr. 8; Samson in: SK, § 348, Rdnr. 8. Das Merkmal "falsch" ist auf den Inhalt, nicht auf Wirksamkeit oder Form der Feststellung zu beziehen, so ausdrücklich Tröndle in: LK, § 348, Rdnr. 14.

997 Beachte Gliederungspunkt B.I.1.a.bb.

Im Falle einer manipulierten und daher rechtswidrigen, für den Prüfling negativen Prüfungsentscheidung, kommt hierbei jedoch zusätzlich die Geltendmachung eines amtshaftungsrechtlichen Schadensersatzanspruchs gem. § 839 BGB i.V.m. Art. 34 GG in Betracht. Mit der manipulierten Prüfungsentscheidung verletzt der Professor - in Ausübung eines öffentlichen Amtes handelnd[998] - eine gegenüber dem Prüfungskandidaten bestehende Amtspflicht.[999] Für den Fall, daß die Prüfung bei ordnungsgemäßer Bewertung bestanden worden wäre, hat der Prüfling Anspruch auf Ersatz eines ihm aufgrund der Manipulation entstandenen Vermögensschadens.[1000] Der Anspruch richtet sich gem. Art. 34 (1) GG gegen die Anstellungskörperschaft[1001], d.h. in der Regel gegen das Land.[1002] Gem. § 34 (2) GG bleibt der in Anspruch genommenen Körperschaft jedoch der Rückgriff gegen den vorsätzlich manipulierenden Professor vorbehalten.[1003]

2. Die Promotion

Mangels divergierender Rechtsfolgen kann hier eine Unterscheidung zwischen schriftlichem und mündlichem Prüfungsteil unterbleiben.

a. Vorherige Herausgabe der Prüfungsaufgabe und/oder der Lösungsskizze

Diese Manipulationsvariante ist im Rahmen der Promotion sowohl in Bezug auf die schriftliche als auch auf die mündliche Prüfung denkbar.[1004]

Im Hinblick auf die Dissertation besteht die Manipulationsmöglichkeit darin, daß die Betreuung des Doktorvaters bei der Arbeit über das zulässige, übliche

---

998 Rozek, JA 1989, S. 241 m.w.N.

999 Zu den Grenzen des Beurteilungsspielraums, dem Gebot der Sachlichkeit, dem Willkürverbot, dem Chancengleichheitsgrundsatz etc. im Hinblick auf Korrektur und Bewertung vgl. vorstehend 2.Teil, A.IV.4. und 5.

1000 Dieser Vermögensschaden kann z.B. in einem Verdienstausfall liegen. Im Hinblick auf Leistungskontrollen und Übungen wird dies in der Regel noch nicht der Fall sein. Bedeutsamer wird ein solcher jedoch insbesondere hinsichtlich des ersten und zweiten Staatsexamens.

1001 Rozek, JA 1989, S. 242 und Schöner, a.a.O., S. 199, jeweils m.w.N.

1002 Z.B. in Berlin besitzen die FU, TU und die Hochschule der Künste gem. § 2 IV HSchG Berl. die Dienstherrenfähigkeit.

1003 Vgl. hierzu auch BVerwG, Buchholz 421.0, Nr. 172; BGH, KMK-HSchR/NF 21C.1 Nr. 6, S. 1 ff; OLG Koblenz, JuS 1990, S. 241 f = NVwZ 1989, S. 899; OLG Düsseldorf, NVwZ 1992, S. 94.

1004 Zur näheren Begriffsbestimmung siehe schon B.I.1.a.

Maß[1005] hinausgeht. Dies ist z.B. dadurch möglich, daß der Professor dem Doktoranden ein Dissertationsthema nennt und diesem eine hierzu bestehende, ausgearbeitete Gliederung oder bereits dazu vorhandene eigene schriftliche Ausführungen zur Verfügung stellt, die, um den Erfordernissen einer Doktorarbeit zu genügen, lediglich noch zu überarbeiten und/oder zu vervollständigen sind. Auch ist denkbar, daß der Professor dem Doktoranden nicht nur erlaubte Anregungen zu dem Dissertationsthema gibt, sondern diesem sein qualifiziertes Wissen hinsichtlich einzelner Problembereiche bzw. hinsichtlich des gesamten Themenbereichs detailliert in mündlicher oder schriftlicher Form zukommen läßt.

Bezüglich des Rigorosums ist unter der beschriebenen Manipulationsvariante die vorherige schriftliche oder mündliche Mitteilung der einzelnen Prüfungsfragen und/oder -antworten und des genauen Prüfungsstoffs in seinen Einzelheiten zu verstehen. Diese verbotenen Handlungen in Form der vorherigen Herausgabe der Prüfungsaufgaben und/oder der Lösungsskizze und der speziellen, gezielten und konkreten Vorbereitung eines Prüflings auf den genauen Prüfungsstoff ist von der in der Praxis wohl üblichen und zulässigen Absprache über das Prüfungsthema zwischen Professor und Doktorand zu unterscheiden. Die entscheidende Divergenz besteht darin, daß Letztere lediglich als abstrakte Eingrenzung des Themenbereichs zu qualifizieren ist, bei der sichergestellt bleibt, daß der Doktorand die Antworten auf die ihm in der mündlichen Prüfung gestellten Fragen im vorgesehenen Sinne eigenständig bildet und ausführt. Trotz der vorherigen Themenabsprache bringt er seine eigengeistigen Überlegungen zum Ausdruck und zeigt, daß er über die notwendigen Kenntnisse und wissenschaftliche Leistungsfähigkeit verfügt.

aa. Strafrechtliche Beurteilung

Hinsichtlich der hier in Betracht kommenden Strafbarkeit des Prüfers gem. §§ 203 II Nr. 1, 331 I, 332 I i.V.m. III Nr. 1 und 353 b I Nr. 1 StGB kann auf die obige Untersuchung[1006] entsprechend verwiesen werden: Da der Professor auch hinsichtlich seiner Prüfertätigkeit im Rahmen der Promotiom unabhängig und weisungsfrei ist und sich dies auch hierbei auf die Auswahl bzw. Erstellung der Prüfungsaufgabe und der dazu bestehenden Lösung erstreckt[1007], offenbart er bei vorheriger Herausgabe derselben oder bei spezieller Vorbereitung des Dokto-

1005 Siehe hierzu bereits Fußnote 72.

1006 B.I.1.a.aa.

1007 Vgl. bereits vorstehend Gliederungspunkt B.

randen darauf kein fremdes Geheimnis, so daß eine Strafbarkeit gem. § 203 II Nr. 1 StGB ausscheidet.

Da das zu untersuchende Vorgehen des Professors als pflichtwidrig anzusehen ist und er diesbezüglich auch vorsätzlich handelt, kommt nicht § 331 I StGB, sondern § 332 I StGB zur Anwendung. Der Vorteil stellt in der Regel das Äquivalent für die künftige pflichtwidrige Diensthandlung in Form der vorherigen Herausgabe bzw. des speziellen Vorbereitens auf die Prüfungsaufgabe dar. Speziell im Hinblick auf die Dissertation ist die diesbezügliche Betreuung durch den Doktorvater als Diensthandlung einzustufen, da er diese Tätigkeit zur Wahrnehmung der ihm insofern übertragenen Aufgaben in dienstlicher Eigenschaft entfaltet. Als pflichtwidrige Diensthandlung ist hierbei diejenige Betreuung bei der Arbeit zu qualifizieren, die über das übliche und zulässige Maß hinausgeht, denn auch diese steht mit der Betreuungstätigkeit konkret in einem funktionalen Zusammenhang. Da die Handlungen des Professors hierbei nicht für sich alleine, sondern in Zusammenhang mit dem Betreuungsverhältnis zu betrachten sind, ist es unerheblich, daß diese grundsätzlich auch von sonstigen Personen vorgenommen werden können. Der Professor ist folglich gem. § 332 I i.V.m. III Nr. 1 StGB strafbar, wenn er sich gegenüber dem Doktoranden bereit gezeigt hat, eine der aufgeführten Handlungen vorzunehmen und er vorsätzlich, rechtswidrig und schuldhaft handelt.

Da der zuständige Professor die Prüfungsaufgabe, -frage und -lösung selber auswählt bzw. erstellt, er das Geheimnis also selber schafft, wird ihm dieses weder im Sinne des § 353 b I Nr. 1 StGB anvertraut noch sonst bekannt, so daß eine Strafbarkeit des Professors gem. § 353 b I Nr. 1 StGB nicht erfüllt ist.

bb. Außerstrafrechtliche Beurteilung

Diesbezüglich ergeben sich keine Abweichungen gegenüber den vorstehenden Ausführungen[1008]; sie gelten entsprechend.

b. Manipulation im Rahmen der Korrektur und/oder der Gesamtbenotung der Prüfungsleistung

Im Rahmen der Promotion ist eine für den Doktoranden vor- oder nachteilhafte, also manipulierte Korrektur[1009] und/oder Benotung sowohl im Hinblick auf die

1008 Siehe Gliederungspunkt B.I.1.a.bb.

1009 Diese ist bei der Dissertation darin zu sehen, daß die bestellten Berichterstatter eine der tatsächlich erbrachten Leistung nicht entsprechende, (auch) aus sachfremden Erwägungen folgende, Begutachtung vornehmen.

schriftliche als auch auf die mündliche Prüfungsleistung durch den oder die Professoren[1010] als Prüfer möglich. Diese kann aufgrund Beeinflussung durch den Doktoranden oder aber aus eigenem Entschluß des Prüfers heraus erfolgen.[1011]

aa. Strafrechtliche Beurteilung

(1) § 263 I StGB

Eine Strafbarkeit des insofern manipulierenden Professors scheitert am Vorliegen einer Vermögensverfügung[1012]: Weder die durch den Dekan erfolgte Ablehnungsmitteilung nach § 20 IV (2) PromO, die durch die Prüfer erfolgte Bewertung der mündlichen Prüfung nach § 29 PromO oder die Festsetzung der Gesamtnote durch die zuständigen Prüfer[1013] noch die Unterzeichnung der Promotionsurkunde durch Dekan und Universitätspräsident oder die Aushändigung der Promotionsurkunde durch den Dekan sind Vorgänge, durch die das Vermögen der Prüfer, des Dekans, des Universitätspräsidenten oder der Universität berührt wird.

(2) § 271 I StGB

Zwar stellt die Promotionsurkunde eine öffentliche Urkunde im Sinne des § 271 StGB dar.[1014] Jedoch mangelt es an einer Falschbeurkundung: Der Urkundeninhalt entspricht der in der Realität tatsächlich vorgenommenen Bewertung[1015].

1010 Die Begutachtung der Dissertation erfolgt grundsätzlich durch zwei (vgl. § 15 I (1) PromO), die Abnahme der mündlichen Prüfung durch drei Prüfer (so § 23 I PromO). In den Promotionsordnungen anderer Universitäten existieren vielfach entsprechende Regelungen, siehe nur § 12 I (1) und § 15 II (1) PromO der Universität Heidelberg, § 11 I (1) und § 13 II (1) PromO der Universität Würzburg. In einigen promotionsberechtigten Hochschulen besteht ein sog. Promotionsausschuß, dem generell der Dekan, Professoren, wissenschaftliche Mitarbeiter und ein Student angehören, hierzu beispielsweise § 3 I PromO der Universität Frankfurt a.M, § 3 I PromO der Universität Giessen.

1011 Siehe schon B.I.1.b. Zur näheren Begriffsbestimmung und zur Abgrenzung der manipulierten von der wohlwollenden Korrektur und/oder Benotung beachte 2.Teil, A.III.4., 5. und 2.Teil, A.IV.4., 5.

1012 Hinsichtlich des Begriffs der Vermögensverfügung im Sinne des § 263 StGB beachte A.I.1.a.aa.(1).

1013 Die nach § 23 I PromO bestellten Prüfer beschließen gem. § 31 PromO unter Einbeziehung der Gutachten und des Ergebnisses der mündlichen Prüfung mehrheitlich über die Gesamtnote. Vgl. hierzu z.B. auch § 19 I PromO der FU Berlin, § 9 I, II PromO der Universität Hannover, § 15 PromO der Universität Konstanz, § 16 I PromO der Universität Tübingen.

1014 A.I.3.a.aa.(1)(c).

1015 Die Benotungen der schriftlichen und der mündlichen Leistung sind für die nach § 31 PromO zu bildende Gesamtnote, die auch auf der Promotionsurkunde festgeschrieben wird,

Ebenfalls erstreckt sich der öffentliche Glaube nicht auf die Richtigkeit der in der Promotionsurkunde festgeschriebenen Note[1016]. Eine Strafbarkeit gem. § 271 I StGB scheidet aus.

(3) § 331 I, § 332 I i.V.m. III Nr. 2 StGB

Bezüglich der vorliegend in Betracht kommenden Strafbarkeit des Professors gem. §§ 331 I, 332 I i.V.m. III Nr. 2 StGB gilt die obige Untersuchung[1017] entsprechend: Eine Strafbarkeit des Professors gem. § 332 I i.V.m. III Nr. 2 StGB ist demnach zu bejahen, wenn er sich gegenüber dem Doktoranden bereit gezeigt hat, dem Vorteil Einfluß auf die Korrektur und/oder Benotung der Promotionsleistung einzuräumen.

bb. Außerstrafrechtliche Beurteilung

Auch diesbezüglich kann auf die obigen Ausführungen[1018] verwiesen werden.

II. Manipulation bei den juristischen Staatsexamen

Sowohl das erste als auch das zweite Staatsexamen besteht aus einem schriftlichen und einem mündlichen Prüfungsteil.[1019] Da die sich aus der Prüfungsmanipulation für den oder die Professoren ergebenden Folgen jedoch im Hinblick auf schriftliche und mündliche Prüfung identisch sind, erfolgt insofern keine getrennte Untersuchung.[1020]

1. Vorherige Herausgabe der Prüfungsaufgabe und/oder der Lösungsskizze[1021]

Das unter diese Variante zu fassende Verhalten des Professors[1022] ist ihm hinsichtlich des schriftlichen Prüfungsteils der Staatsexamen grundsätzlich nur mög-

---

entscheidend, welche die Prüfer unter Einbeziehung der Gutachten und des Ergebnisses der mündlichen Prüfung mehrheitlich festlegen.

1016 A.I.3.a.cc.(1)(a).

1017 B.I.1.b.aa.(1).

1018 B.I.1.b.bb.

1019 Ausführlich hierzu vorstehend 2.Teil, A.I.3. und 4.

1020 Die Berufung von Professoren zu Prüfern für das erste und zweite Staatsexamen erfolgt gem. § 19 f JAG.

1021 Zur näheren Begriffsbestimmung vgl. oben B.I.1.a.

1022 Der VGH BW (VBLBW 1987, S. 71 f = NVwZ 1987, S. 1013 f) hatte sich mit der Zusage eines bestimmten Prüfungsstoffs durch den Prüfer bezüglich der mündlichen Prüfung

lich, wenn er als Mitglied der Prüfungsabteilung[1023] Vorschläge für die Aufgaben in der schriftlichen Prüfung macht[1024]; anderenfalls sind ihm die Prüfungsaufgaben in der Regel nicht bekannt.[1025]

a. Strafrechtliche Beurteilung

Bei dieser Manipulationsvariante kommt ebenfalls eine Strafbarkeit des Professors gem. §§ 203 II Nr. 1, 331 I, 332 I i.V.m. III Nr. 1 und 353 b I Nr. 1 StGB in Betracht. Diesbezüglich gilt die obige Untersuchung[1026] entsprechend:

Auch bei seiner Prüfertätigkeit im Rahmen der juristischen Staatsexamen, d.h. sowohl in Bezug auf seine Beteiligung an der schriftlichen als auch an der mündlichen Prüfung, ist der Professor unabhängig und weisungsfrei. Dies folgt explizit aus § 21 JAG.[1027] Diese Unabhängigkeit bezieht sich insbesondere auch auf die eigene Erstellung der Aufgabe, die er als Vorschlag für die schriftliche Prüfung

---

im Rahmen des ersten Staatsexamens zu befassen. Grundsätzlich ist die Zusage eines bestimmten Prüfungsstoffs als Verstoß gegen die Chancengleichheit rechtswidrig und führt zur Aufhebung der Prüfungsentscheidung. In dem speziellen Fall machte eine durchgefallene Prüfungskandidatin geltend, der Prüfer habe sich an die (von ihr initiierte) - prüfungsordnungswidrige - Absprache nur unvollständig gehalten. Hierzu führte der VGH (a.a.O., S. 72 bzw. S. 1013) aus: ".... ein Rechtsanspruch auf eine rechtswidrige Prüfungschance ist ein Widerspruch in sich. Rechtsschutzbefürftig und rechtsschutzwürdig erscheinen dem Senat lediglich Fälle, in denen der Kandidat vom Prüfer seinerseits dadurch irregeführt wird, daß er die Vorbereitung der Kandidaten auf die Prüfung durch Ankündigung bestimmter Prüfungsgebiete gewissermaßen ins Leere laufen läßt. Es liegt auf der Hand, daß die Klägerin sich keine erneute zusätzliche Prüfungschance allein durch einen Verstoß gegen Prüfungsrecht verschaffen kann, den sie selbst durch ihre Rücksprache beim Prüfer herbeigeführt hat. Ein solches Begehren verstößt gegen den Grundsatz von Treu und Glauben, der auch das Prüfungsrechtsverhältnis prägt. Es steht der Klägerin nicht an, Vorteile aus einer von ihr selbst geschaffenen Lage zu ziehen; eine solche Bevorteilung wäre ein weiterer klarer Verstoß gegen den Grundsatz der Chancengleichheit". Zu einer durch den Prüfer vorgegebenen Abgrenzung des Prüfungsstoffs vgl. VGH BW, DVBl. 1989, S. 1264.

1023 Vgl. § 19 I, III, IV JAG und die entsprechenden Regelungen anderer Länder, wie beispielsweise §§ 2 II, 4 I, II JAG Hess., § 9 JAG Meckl.-Vorp., §§ 4, 26 JAG NRW, § 3 III JAG Saarl., § 5 IV JAPO Sachs., § 2 II JAPO Thür.

1024 Gem. §§ 4 II, 50 III JAPO können die Mitglieder der Prüfungsabteilung (I oder II) Vorschläge für die Aufgaben in der schriftlichen Prüfung machen. Die Aufgaben werden dann entsprechend §§ 4 III (1), 50 IV JAPO vom Präsidenten des Prüfungsamtes ausgewählt.

1025 Etwas anderes ergibt sich auch nicht daraus, daß der Professor als Prüfer für die Korrektur und Bewertung der schriftlichen Arbeiten gem. §§ 8 II (1), 17 I i.V.m. 8 II (1) JAG fungiert, denn in diesem Fall wird ihm die Prüfungsaufgabe erst nach Erbringung der Leistung durch die Examenskandidaten bekannt. Sie wird ihm zusammen mit den erstellten Klausuren zur Korrektur und Bewertung zugesandt.

1026 Vgl. B.I.1.a.aa.

1027 Entsprechende Regelungen bestehen in den anderen Ländern, beachte z.B. § 3 JAPO Bay., § 4 IV JAG Hess., § 12 JAG Meckl.-Vorp., § 56 JAO Nds., §§ 6, 28 JAG NRW.

beim Prüfungsamt einreicht, und auch auf die Auswahl des Prüfungsstoffs für die mündliche Prüfung. Aufgrund dieser Eigenerstellung und Eigenauswahl offenbart er bei vorheriger Herausgabe der Prüfungsaufgabe bzw. Lösungsskizze oder bei spezieller Vorbereitung eines oder mehrerer Examenskandidaten darauf kein fremdes Geheimnis das ihm im Sinne des § 203 II (1) StGB anvertraut oder sonst bekannt geworden ist. Daran ändert sich im Hinblick auf die schriftliche Prüfung auch nichts dadurch, daß der zuständige Präsident des Prüfungsamtes den Klausurtext durch Akzeptanz und Auswahl gem. § 4 III (1), § 50 IV JAPO auch zu seinem eigenen Geheimnis macht. Entscheidend ist, daß der Professor das Geheimnis in Form der Prüfungsaufgabe und/oder der dazu bestehenden Lösungsskizze durch Eigenauswahl und -erstellung selbst geschaffen hat. Dieses Geheimnis entstammt ausschließlich seiner Sphäre und wird auch durch Akzeptanz durch den Präsidenten des Prüfungsamtes nicht zu einem für den Professor fremden Geheimnis.[1028] Auf jeden Fall aber ist ihm dieses nicht im Sinne des § 203 II (1) StGB anvertraut oder sonst bekannt geworden.[1029] Eine Strafbarkeit gem. § 203 II Nr. 1 StGB ist folglich nicht erfüllt.

Da die vorherige Herausgabe einer Prüfungsaufgabe und die spezielle Vorbereitung eines oder einiger Prüfungskandidaten darauf als pflichtwidrige Diensthandlungen des Professors anzusehen sind und er diesbezüglich in der Regel auch vorsätzlich handelt, kommt nicht eine Strafbarkeit nach § 331 I StGB, sondern nach § 332 I i.V.m. III Nr. 1 StGB in Betracht.

Der Professor erstellt die Aufgabe, die er als Vorschlag für die schriftliche Examensprüfung beim Prüfungsamt einreicht, und die dazu bestehende Lösungsskizze selber und ihm obliegt auch die Auswahl des Prüfungsstoffs für die mündliche Prüfung. Da er das Geheimnis also in eigener Person schafft, wird ihm dieses weder im Sinne des § 353 b I Nr. 1 StGB anvertraut noch sonst bekannt; eine Strafbarkeit gem. 353 b I Nr. 1 StGB ist demnach nicht erfüllt.

b. Außerstrafrechtliche Beurteilung

Neben den o.g. außerstrafrechtlichen Sanktionsmöglichkeiten[1030] kommt für den im Rahmen von Staatsexamen manipulierenden Professor eine Entpflichtung von

---

1028 Als ein für den Professor fremdes Geheimnis, das ihm als Amtsträger anvertraut oder sonst bekanntgeworden ist, könnte lediglich die Akzeptanz und Auswahl des eingereichten Klausurvorschlags durch den Präsidenten des Prüfungsamtes gem. § 4 III (1), § 50 IV JAPO anzusehen sein. Dies ist jedoch im Hinblick auf die hier ausschließlich relevante vorherige Herausgabe der Prüfungsaufgabe und/oder der Lösungsskizze ohne Bedeutung.

1029 Siehe hierzu entsprechend B.I.1.a.aa.(4).

1030 B.I.1.a.bb.

seiner diesbezüglichen Prüfertätigkeit bzw. ein Widerruf seiner diesbezüglichen Berufung zum Prüfer in Betracht.

Gem. §§ 43 I (2) HRG, 45 I (2) HSchG gehört es zu den hauptberuflichen Aufgaben von Professoren, sich an Staatsprüfungen zu beteiligen. Dienstrechtlich sind die Professoren zwar gehalten, sich als Prüfer für die Staatsexamen zur Verfügung zu stellen. Gem. § 19 V JAG ist jedoch zusätzlich eine ausdrückliche Berufung notwendig, da diese Prüfertätigkeit nicht Teil des Dienstverhältnisses der Professoren zur Hochschule ist.[1031]

Soweit eine Entfernung des Professors aus dem Dienst erfolgt, endet die Mitgliedschaft im Prüfungsamt mit dem Ausscheiden aus dem Hauptamt, § 19 VI (1) JAG. Zudem enthält § 19 VI (1) JAG die Möglichkeit der Entpflichtung. Gem. § 19 VI (2) JAG endet die Mitgliedschaft im Prüfungsamt in diesem Fall jedoch erst mit Ablauf der gesamten Prüfungskampagne. Dies erscheint im Hinblick auf ein weiteres Tätigwerden des manipulierenden Professors und einer damit zusammenhängenden Wiederholungsgefahr als problematisch. Auch ist es im Interesse eines ordnungsgemäßen Ablaufs der jeweiligen Prüfungskampagne und wegen eines (eventuell) eingetretenen Vertrauensverlustes der Prüflinge zwingend erforderlich, den Professor mit sofortiger Wirkung von seiner Prüfungstätigkeit zu entbinden. Dementsprechend muß "neben" der Entpflichtung gem. § 19 VI JAG ein Widerruf unter den in § 1 I, IV Nr. 2 LVwVfG, § 49 II Nr. 3 VwVfG[1032] genannten Voraussetzungen möglich sein.[1033]

2. Manipulation im Rahmen der Korrektur und/oder der Gesamtbenotung der Prüfungsleistung[1034]

Der Professor kann sowohl mit der Korrektur und Bewertung der schriftlichen Arbeit[1035] betraut werden als auch dem Prüfungsausschuß für die mündliche Prü-

---

1031 Vgl. hierzu auch Eggensperger/Hammel, a.a.O., § 2 JAG, Rdnr. 2; Wassermann/Kirchner/Kröpil, a.a.O., § 55 NJAO, Rdnr. 3.

1032 Das allgemeine Verwaltungsverfahrensrecht ist anwendbar, denn wie ausgeführt, kann § 19 VI im Hinblick auf die Entpflichtung nicht als abschließende Spezialregelung angesehen werden.

1033 In Betracht zu ziehen ist daneben auch ein Widerruf gem. § 1 I, IV Nr. 2 LVwVfG i.V.m. § 49 II Nr. 5 VwVfG.

1034 Zur Begriffsbestimmung siehe bereits vorstehend B.I.2.b.

1035 Beanstandet der Prüfer die Abkürzung "BRD" in einer juristischen Aufsichtsarbeit als "Wortungeheuer", so stellt dies eine zur Anfechtung der Prüfungsentscheidung berechtigende sachfremde Erwägung dar, so VGH BW, NJW 1989, S. 1379 ff. Zwar ist diese spezielle Abkürzungsproblemtik spätestens durch die am 3.10.1990 erfolgte Wiedervereifung[1036] angehören.[1037] Hinsichtlich beider Prüfungsteile ist diese Manipulationsvariante demnach möglich.

a. Strafrechtliche Beurteilung

Bezüglich der möglicherweise durch den Professor begangenen Straftaten[1038] gilt die vorstehende Erörterung[1039] entsprechend: Durch Vergabe einer der schriftli-

---

nigung gegenstandslos geworden. Trotzdem hierzu einige Anmerkungen: Der VGH stellte fest, daß die achtmalige Beanstandung der Abkürzung "BRD" durch den Prüfer sachfremd sei. Unabhängig von der Tatsache, daß die betreffende Sprachregelung, nach der die Abkürzung "BRD" nicht benutzt werden sollte, seit 1971 aufgehoben war, stützte das Gericht seine Ansicht insbesondere darauf, daß angesichts der beschränkten Bearbeitungszeit dem Prüfling zuzugestehen sei, gebräuchliche und verständliche Abkürzungen zu benutzen. Außerdem könne eine Abkürzung logischerweise kein "Wortungeheuer" sein. Zu beachten ist auch die Entscheidung des VGH BW, VBlBW 1988, S. 262 f = NJW 1988, S. 2633 f. Hierin stellte das Gericht fest, daß ein Prüfer, der eine Aufsichtsarbeit im Rahmen einer juristischen Staatsprüfung wegen gehäufter sprachlicher und orthographischer Mängel statt mit ausreichend (4 Punkte) mit mangelhaft (3 Punkte) bewerte, damit nicht die ihm zustehende Beurteilungsermächtigung überschreite. Sowohl im Hinblick auf das erste als auch auf das zweite juristische Staatsexamen sei das Beherrschen der deutschen Sprache in Wort und Schrift unabdingbar. Eine Mitberücksichtigung formaler Mängel sei bei der Abrundung des Gesamturteils zulässig, solange nicht die formalen gegenüber inhaltlichen Gesichtspunkten Übergewicht erhielten. Lediglich eine Überbewertung äußerer Form könne sachwidrig und damit rechtswidrig sein. Vgl. hierzu auch VGH München, NJW 1988, S. 2632 f.

1036 Insbesondere bei den Prüfungsinhalten besteht ein weiter Beurteilungsspielraum. Dieser endet aber dort, wo der festgelegte Prüfungsstoff überschritten wird, wo gestellte Fragen mit dem Prüfungszweck nichts mehr zu tun haben. Um einen solchen Fall ging es in der sog. "Mali-Entscheidung" des BVerwG, NVwZ 1987, S. 977 f = DVBl. 1987, S. 1223 ff = Buchholz, 421.0, Nr. 242. Ein Prüfer leitete seinen Prüfungsteil in einer mündlichen juristischen Staatsprüfung mit der Frage ein, wo der Staat Mali liege, wie seine Hauptstadt heiße, welche legendäre Stadt am Hauptfluß des Landes liege und wer in dem Staat regiere. VG und BerGer hatten diese Fragen für zulässige Prüfungsfragen erachtet. Das BVerwG führt an, daß es dem Prüfer nicht verboten sei, beim Prüfungsgespräch beiläufig Fragen zu stellen, die nicht zum Prüfungsstoff gehörten und erkennbar außerhalb der Leistungsbewertung lägen. Auch sei es zwar grundsätzlich Landessache, welche Kenntnis im zweiten juristischen Staatsexamen vorausgesetzt werde. Jedoch werde durch Art. 12 I GG i.V.m. § 5 DRiG und dem Verhältnismäßigkeitsgrundsatz eine bundesrechtliche Grenze gezogen. Danach müsse sich die Prüfung an den Anforderungen des Berufes ausrichten, dessen Befähigungsmerkmale sie feststellen soll, hier also der Berufe, die die Befähigung zum Richteramt voraussetzen. Diese Grenze werde überschritten, wenn Prüfungsanforderungen gestellt würden, die mit den Anforderungen des Berufes nichts mehr zu tun hätten. So verhalte es sich mit den "Mali-Fragen". Diese Heranziehung unzulässigen Prüfungsstoffs mache die Prüfung fehlerhaft und das Prüfungsergebnis anfechtbar, denn es könne nicht ausgeschlossen werden, daß sich der fehlerhafte Teil der Prüfung auf das Prüfungsergebnis ausgewirkt habe.

1037 Vgl. nur § 8 II (1), V JAG; § 17 I JAG; § 20 I, II JAG und die einschlägigen Vorschriften anderer Länder.

1038 Zwar ließe sich auch an eine Strafbarkeit des Professors gem. § 263 I StGB denken: In der Rücksendung der manipuliert bewerteten Klausur oder in der manipulierten Bewertung bei mündlichen Prüfungen könnte eine Täuschungshandlung über die Ordnungsgemäßheit der Bewertung zu sehen sein. Hierdurch würde wohl auch ein entsprechender Irrtum hervorgechen Prüfungsleistung nicht angemessenen Note täuschen der oder die Prüfer den die Gesamtnote der schriftlichen Prüfung feststellenden Präsidenten des Prüfungsamtes[1040] und den die Prüfungsgesamtnote bildenden Prüfungsausschuß[1041] über den tatsächlichen Leistungsstand des betreffenden Examenskandidaten. Bei Erteilung einer den Leistungen nicht entsprechenden Gesamtnote täuschen die Prüfer den das Zeugnis über das Bestehen der Staatsprüfung erteilenden[1042] oder die Erklärung über das Nichtbestehen abgebenden Präsidenten des Prüfungsamtes hierüber. Jedoch wird durch die hierdurch hervorgerufene Irrtumserregung[1043] keine Vermögensverfügung veranlaßt; weder in der Feststellung und Mitteilung der Gesamtnote der schriftlichen Prüfung durch den Präsidenten des Prüfungsamtes oder in der Bildung der Prüfungsgesamtnote durch den Prüfungsausschuß noch in der Erteilung des Zeugnisses oder in der Abgabe der Erklärung über das Nichtbestehen durch den Präsidenten des Prüfungsamtes ist eine Handlung zu sehen, durch die das Vermögen des Präsidenten des Prüfungsamtes, der dem Prüfungsausschuß angehörenden Prüfer oder des Staates berührt wird. Eine Strafbarkeit des oder der Professoren gem. § 263 I StGB scheidet demnach aus.

Eine Strafbarkeit des oder der Prüfer gem. § 271 I StGB scheitert bereits daran, daß der Urkundeninhalt der in der Realität tatsächlich vorgenommenen Bewertung entspricht, insofern also gar keine Falschbeurkundung vorliegt. Auch er-

---

rufen. Jedoch scheitert eine Betrugsstrafbarkeit an dem Tatbestandsmerkmal des auf einer Vermögensverfügung beruhenden Vermögensschadens. Die Beteiligung an Staatsprüfungen gehört gem. § 43 I HRG, § 45 I HSchG zu den hauptberuflichen Aufgaben des Professors. Daraus folgt, daß diese Prüfungstätigkeit in der Regel durch die Besoldung aus dem übertragenen Amt mit abgegolten wird. Zwar ist die Gewährung von gesonderten Prüfungsvergütungen ausnahmsweise zulässig und wird auch von einigen Bundesländern durchgeführt (in Rheinland-Pfalz z.B. erhalten die Professoren zur Zeit ca. 18,- DM pro korrigierter Klausur). Diese Vergütung stellt aber keine echte Gegenleistung dar, sondern ist als Ersatz/Entschädigung für das Tätigwerden als solches gedacht; sie ist eher als eine Art "Schmerzensgeld" anzusehen. Ein Vermögensschaden liegt somit nicht vor.

1039 B.I.2.b.aa.

1040 Siehe § 8 III, IV und § 17 I JAG und die vergleichbaren Regelungen anderer Länder, wie z.B. §§ 11 IV, 12 I, 28 I JAG Saarl., §§ 3, 29 II, 30 I, 54 I, II JAPO Sachs., §§ 23, 48 V JAPO Thür.

1041 Dieser entscheidet gem. § 8 V, § 17 I JAG unter Addition der Einzelnoten der schriftlichen und mündlichen Prüfung über das Gesamtergebnis der Prüfung.

1042 Gem. § 9 I, § 17 I JAG erteilt der Präsident des Prüfungsamtes dem Examenskandidaten, der die juristische Staatsprüfung bestanden hat, hierüber ein Zeugnis. Vgl. beispielsweise auch §§ 28, 56 JAPO Bay., § 19 JAG Berl. i.V.m. § 14 III JAO Berl., §§ 22 I, 48 I JAG Hess.

1043 Hierzu bereits A.I.1.a.aa.(1)(a), insbesondere Fußnote 296 und 297.

streckt sich der öffentliche Glaube nicht auf die Richtigkeit[1044] der in dem Zeugnis festgeschriebenen Note[1045].

Eine Strafbarkeit gem. § 332 I i.V.m. III Nr. 2 StGB ist entsprechend der obigen Ausführungen gegeben.[1046]

b. Außerstrafrechtliche Beurteilung

Auch hier ergeben sich zu dem oben Ausgeführten keine Abweichungen.[1047]

III. Folgen der Manipulation für die getroffene Prüfungsentscheidung

Eine durch den oder die Prüfer vorgenommene Manipulation hat auch Folgen für die getroffene Prüfungsentscheidung. Jedoch ist hierbei grundsätzlich zu unterscheiden, ob eine diesbezügliche Veranlassung durch den Prüfungskandidaten vorlag oder nicht.

Die Auswirkungen im Falle der durch den Prüfling veranlaßten vorherigen Offenbarung der konkreten Prüfungsaufgabe und/oder der dazu bestehenden Lösungsskizze sind vorstehend[1048] erörtert.

Hat der Kandidat die vorherige Mitteilung nicht veranlaßt und wird ihm diese erst bei Erhalt der Prüfungsaufgabe zur eigentlichen Leistungserbringung im Prüfungsverfahren i.e.S. bekannt, so obliegt ihm eine diesbezügliche Offenbarungspflicht[1049]: Zwar trifft den Prüfungskandidaten keine Schuld an der vorherigen Kenntniserlangung. Jedoch ergibt sich aus dem bestehenden Prüfungsverhältnis und dem hierbei zu beachtenden Grundsatz von Treu und Glauben die Mitwirkungspflicht des Prüflings in der Form, daß er nach seinen Möglichkeiten

---

1044 Siehe vorstehend A.I.3.a.cc.(1)(a), A.II.1.a.cc.(1)(a).

1045 Gem. § 8 V, § 17 I JAG entscheidet der Prüfungsausschuß mit Stimmenmehrheit über das Gesamtergebnis. Bei Stimmengleichheit gibt die Stimme des Vorsitzenden den Ausschlag. Zwar werden die Punkte der Einzelleistungen aus schriftlicher und mündlicher Prüfung addiert, jedoch hat der Prüfungsausschuß bei Errechnung eines Ergebnisses von mindestens 4,00 Punkten die Möglichkeit, bis zu einem Punkt zuzuschlagen, wenn dadurch der Gesamtleistungsstand des Prüflings zutreffender gekennzeichnet wird.

1046 B.I.2.b.aa.(3).

1047 Vgl. Gliederungspunkt B.I.1.b.bb. und B.II.1.b.

1048 Hinsichtlich der Folgen einer durch den Prüfling veranlaßten Manipulation vgl. A.I.1.b.bb., A.I.2., A.I.3.b.aa.(2), A.II.1.a.aa.(2), A.II.1.b.aa.(2) und A.II.2.

1049 Zur Begründung dieser Pflicht und zu den Folgen der Verletzung derselben siehe bereits die übertragbaren Ausführungen oben A.I.1.b.bb. a.E.

zu einem ordnungsgemäßen Verlauf des Prüfungsverfahrens beizutragen und die Leistung der vorgegebenen Ordnung entsprechend zu erbringen hat. Aufgrund eines ansonsten vorliegenden Verstoßes gegen den Chancengleichheitsgrundsatz und wegen zu bejahender Zumutbarkeit der Offenbarung obliegt dem Kandidaten die Pflicht auf die vorherige Kenntniserlangung hinzuweisen. Verletzt er diese Pflicht, so erbringt er die Leistung unter Verwendung nicht zugelassener Hilfsmittel und täuscht[1050] darüber, die Lösung der Prüfungsaufgabe ordnungsgemäß, durch eigene geistige Leistung vollzogen zu haben. Deshalb sind die vorstehend aufgeführten Maßnahmen[1051] auch bei dieser Fallvariante einschlägig.

Durch die bewußte Verletzung der Geheimhaltungspflicht wird ein Verstoß gegen Art. 3 I GG, eine Verletzung des Chancengleichheitsgrundsatzes im Prüfungsverfahren, manifestiert. Die Gleichbehandlung aller Prüflinge ist die Grundlage einer jeden gerechten Entscheidung. Sowohl die Benachteiligung als auch die Bevorzugung von Prüfungskandidaten ist untersagt. Es widerspricht dem Sinn und Zweck eines Prüfungsverfahrens, daß einem Prüfling die Aufgabe und/oder die dazu bestehende Lösungsskizze vorher bewußt und gezielt zur Kenntnis gebracht wird. Dies gilt unabhängig davon, ob der Prüfungskandidat die Mitteilung veranlaßt hat oder nicht. Genau genommen kommt es durch ein solches Vorgehen überhaupt nicht zu einer Prüfung im natürlichen Sinne. Der Zweck der Prüfung wird vereitelt und das Ergebnis durch die Verfälschung unbrauchbar. Da die Leistung bei gezielter Indiskretion des Prüfers durch den Prüfungskandidaten nicht ordnungsgemäß erbracht wird und ein Einfluß der vorherigen Kenntnis auf das Prüfungsergebnis nicht ausgeschlossen werden kann (objektiv rechtswidriges Prüfungsverfahren), ist die insofern fehlerhafte Prüfungsentscheidung - unabhängig von den vorstehend aufgeführten Maßnahmen - grundsätzlich aufzuheben. Ein entgegenstehender Vertrauenstatbestand auf Seiten des Prüflings, der dadurch verletzt werden könnte, ist nicht ersichtlich.[1052]

1050 Eine Täuschung des Prüfers erfolgt naturgemäß nicht, wenn dem die Prüfungsaufgabe und/oder die dazu bestehende Lösung offenbarenden Professor die Korrektur und Benotung der Leistung allein obliegt. Dies ist ausschließlich bei den Leistungskontrollen und den juristischen Übungen der Fall. Im Rahmen der Promotion und der Staatsexamina wird die Bewertung mindestens durch zwei Prüfer vorgenommen, so daß zumindest einer davon getäuscht wird.

1051 Vgl. A.I.1.b.bb., A.I.2, A.I.3.b.aa.(2), A.II.1.a.aa.(2), A.II.1.b.aa.(2) und A.II.2. i.V.m. A.I.1.b.bb. a.E.

1052 Vgl. hierzu auch BVerwG - 7 B 169.83 - v. 16.1.1984, Buchholz, 421.0, Nr. 189.

Die Folgen einer durch den Prüfling veranlaßten manipulierten Korrektur und/oder Benotung ergeben sich aus der obigen Untersuchung[1053].

Zu überprüfen bleiben jedoch noch die Folgen einer ohne Veranlassung durch den Prüfling manipulierten Korrektur und/oder Bewertung. Hierdurch kann ein Verfahrensfehler und/oder eine Überschreitung des Beurteilungsspielraums begründet werden.[1054] Die Verletzung von Verfahrensvorschriften macht das Prüfungsverfahren fehlerhaft. Dieser Verfahrensfehler führt aber nur dann zur Aufhebung[1055] der Prüfungsentscheidung, wenn er wesentlich ist, d.h. wenn ein Einfluß desselben auf das Prüfungsergebnis nicht ausgeschlossen werden kann.[1056] Hat sich ein wesentlicher Verfahrensfehler lediglich auf die Bewertung der Prüfungsleistung ausgewirkt, ist auch nur diese erneut vorzunehmen.[1057] Soweit eine erneute Bewertung nicht möglich ist oder der Verfahrensfehler sich auf die Prüfungsleistung selbst ausgewirkt hat, muß der Prüfungskandidat die fehlerbeeinflußte Gesamt- oder Teilleistung erneut erbringen.[1058]

1053 Beachte A.I.1.d.bb., A.I.2, A.I.3.a.cc.(2), A.I.3.b.cc.(2), A.II.1.a.cc.(2), A.II.1.b.cc.(2) und A.II.2.

1054 Beachte in diesem Zusammenhang auch die Ausführungen von Kopp (JuS 1990, S. 944 ff) über die für den Prüfling bestehenden Möglichkeiten, die Überprüfung einer Prüfungsbewertung, die zwar nicht rechtswidrig ist, die er aber für unangemessen, ungerecht oder unbillig hält, zu erreichen. Ein Anspruch auf Wiederaufgreifen des Verfahrens oder auf Rücknahme der Prüfungsentscheidung kommt nur beim Vorliegen einer objektiv rechtswidrigen Prüfungsentscheidung in Betracht.

1055 Aufhebung ist der Oberbegriff für Rücknahme und Widerruf und auch für die Beseitigung des Verwaltungsakts im Vor- oder Klageverfahren, vgl. nur Stelkens/Sachs in: Stelkens/Bonk/Leonhardt, VwVfG, § 48, Rdnr. 13. Bei der Aufhebung eines den Prüfling begünstigenden Verwaltungsakts ist jedoch zu beachten, daß dem Vertrauensschutzgedanken, dem Verhältnismäßigkeitsgrundsatz und dem Gebot der Rechtssicherheit ein hoher Stellenwert beizumessen ist und dieser in der Regel mit Zeitablauf wächst; hierzu Kopp, VwVfG, § 48, Rdnr. 83 ff und Niehues, Schul- und Prüfungsrecht, S. 311, Rdnr. 423.

1056 Vgl. § 1 I, IV Nr. 2 LVwVfG i.V.m. § 46 VwVfG. Die materielle Beweislast hinsichtlich der mangelnden Kausalität obliegt dem Prüfer bzw. der Prüfungsbehörde. Hierzu Rausching, JuS 1993, S. 554 f; Rozek, JA 1989, S. 238; Seebass, NVwZ 1985, S. 525; v. Mutius/Sperlich, DÖV 1993, S. 53; Wagner, DVBl. 1990, S. 186, alle m.w.N.

1057 Niehues, Schul- und Prüfungsrecht, Rdnr. 435 f, S. 318; Rozek, JA 1989, S. 238, Seebass, NVwZ 1985., S. 525.

1058 BVerwG, Buchholz, 421.0, Nr. 127; Niehues, Schul- und Prüfungsrecht, Rdnr. 435 f, S. 318; Wagner, DVBl. 1990, S. 186. Bei der Herbeiführung einer neuen Prüfungsentscheidung ist so zu verfahren, daß dem Chancengleichheitsgrundsatz und dem in Art. 12 I GG zum Ausdruck kommenden Übermaßverbot - wonach überflüssige Prüfungen zu vermeiden sind - Rechnung getragen wird, vgl. Guhl, a.a.O., S. 364 ff; Seebass, NVwZ 1985, S. 525.

Die getroffene Prüfungsentscheidung ist rechtswidrig, wenn der Professor die Grenzen des ihm eingeräumten Beurteilungsspielraums[1059] überschritten hat. Im Falle des Vorliegens eines solchen materiellen Fehlers ist die Prüfungsentscheidung demnach in der Regel aufzuheben.[1060] Eine rechtmäßige Prüfungsentscheidung ist, wenn sich der Fehler ausschließlich auf die Bewertung ausgewirkt hat, dadurch herbeizuführen, daß eine Neubewertung der Prüfungsleistung vorgenommen wird. Ist eine solche nicht möglich oder hat sich der Fehler auf die Prüfungsleistung selbst ausgewirkt, so muß die betreffende Gesamt- oder Teilleistung durch den Prüfungskandidaten erneut erbracht werden.[1061]

Sowohl die vorherige Offenbarung des genauen Prüfungsstoffs an einen oder einige Prüflinge als auch die manipulierte Korrektur und/oder Benotung einer oder einzelner Prüfungsleistungen stellt einen Verstoß gegen Art. 3 I GG dar. Nach der Rechtsprechung und herrschenden Meinung in der Literatur ist Art. 3 I GG als subjektiv öffentliches Recht auf Gleichbehandlung anzusehen.[1062] Gleichzeitig bildet er einen in allen Bereichen geltenden Verfassungsgrundsatz, dem über den Anwendungsbereich der subjektiv-rechtlichen Seite hinaus Bedeutung zukommt.[1063] Demnach haben alle Prüflinge grundsätzlich einen Anspruch auf Gleichbehandlung im Prüfungsverfahren. Jedoch bleibt anzumerken, daß es keinen Anspruch auf "Gleichheit im Unrecht", auf Fehlerwiederholung gibt.[1064] Daraus folgt, daß die übrigen, von der Manipulation nur mittelbar betroffenen Prüflinge keinen Anspruch auf vorherige Offenbarung des Prüfungsstoffs und/oder auf eine manipulierte Korrektur und/oder Benotung geltend machen können. Da ein Vertrauen in die Beibehaltung rechtswidriger Verwaltungspraxis

---

1059 Hierzu oben A.IV.4. und 5.

1060 Die betreffende Prüfungsordnung kann regeln, daß ein solcher Fehler die Prüfungsentscheidung dann nicht rechtswidrig macht, wenn er sich auf das Prüfungsergebnis nicht ausgewirkt hat (so BVerwG 70/147). Im Hinblick auf das Rechtsstaatsprinzip (Art. 20 III GG) und das Gebot der Gewährung effektiven Rechtsschutzes (Art. 19 IV GG) trägt der Prüfer bzw. die Prüfungsbehörde in diesem Fall jedoch die materielle Beweislast für die Unwesentlichkeit des Fehlers (Rozek, JA 1989, S. 240; Seebass, NVwZ 1985, S. 528 f; Wagner, DVBl., S. 188).

1061 BVerwG, NVwZ 1987, S. 978; Rozek, JA 1989, S. 240; Seebass, NVwZ 1985, S. 529.

1062 BVerfGE 40/318; BVerwGE 55/351; Erichsen, VerwArch. 71, 1980, S. 294 ff m.w.N.; Starck in: v. Mangoldt/Klein/Starck, GG-Kommentar, Art. 3 GG, Rdnr. 150 f.

1063 Vgl. nur Jarass in: Jarass/Pieroth, GG-Kommentar, Art. 3, Rdnr. 1.

1064 BVerfGE 50/166; BVerwG, NVwZ 1986, S. 758; BVerwG, Buchholz, 421.0, Nr. 48; Gubelt in: v. Münch/Kunig, GG-Kommentar, Art. 3, Rdnr. 42; Guhl, a.a.O., S. 127; Jarass, a.a.O., Art. 3, Rdnr. 22; Niehues, Schul- und Prüfungsrecht, Rdnr. 403 a.E.

nicht geschützt ist, folgt ein Anspruch auf Aufrechterhaltung rechtswidrig eingeräumter Begünstigungen auch nicht aus dem Vertrauensschutzgedanken.[1065]

IV. Zusätzliche Besonderheiten der mündlichen Prüfung

Unabhängig von den vorstehend erörterten, bei schriftlicher und mündlicher Prüfung identischen Folgen einer durch den Professor vorgenommenen Prüfungsmanipulation, soll hier auf die bestehenden zusätzlichen Besonderheiten der mündlichen Prüfung eingegangen werden.

Bei der mündlichen Prüfung[1066] ist jegliche Anonymität aufgehoben; Prüfer und Prüfling sitzen sich während des gesamten Zeitraums direkt gegenüber. Dieses Verfahren wird zwar vielfach befürwortet[1067], ist aber auch häufiger Kritik ausgesetzt[1068]. Insbesondere wird hierbei - in noch erhöhterem Maße als bei schriftlichen Prüfungen - die oft mangelnde Objektivität, Validität und Reliabilität angeführt. Bei mündlichen Prüfungen ist eine Manipulation durch den Professor in vielfältiger Weise denkbar. So kann, abgesehen von der nachfolgenden Bewertung der Leistung, bereits durch die Auswahl der Themengebiete oder des Schwierigkeitsgrades der gestellten Fragen[1069], durch die Art der Fragestellung[1070], durch die Gestaltung des gesamten Prüferverhaltens oder durch er-

---

1065 Hierzu Guhl, a.a.O., S. 127 m.w.N.

1066 Bei den im Rahmen dieser Arbeit untersuchten Prüfungsarten ist eine mündliche Prüfung lediglich Bestandteil der juristischen Staatsexamen und der Promotion, vgl. 2.Teil, A.I.

1067 Vgl. nur Bönsch, DUZ 1987, S. 17 ff, der einige "Prüferregeln" aufstellt; Schmidt in: Probleme der Juristenausbildung, S. 87 ff; Teubner, Jura 1986, S. 505 ff; ders., Die mündliche Prüfung in beiden juristischen Staatsexamina; Voelkner in: Probleme der Juristenausbildung, S. 131 ff.

1068 Becker, NJW 1990, S. 280 f; ders., Prüfungsrecht, S. 36 ff; Birkel, Mündliche Prüfungen, S. 27 ff. Siehe hierzu auch Hitpaß/Trosien, Leistungsbeurteilung in Hochschulabschlußprüfungen innerhalt von drei Jahrzehnten, S. 146 ff

1069 Unterschiede im Schwierigkeitsgrad der Aufgabenstellung sind bei der Bewertung der Prüfungsleistung in geeigneter Weise auszugleichen, vgl. BVerwG, Buchholz, 421.0, Nr. 96; OVG Münster, WissR 1982, S. 274 ff; Guhl, a.a.O., S. 137; Radtke, VR 1981, S. 195; Schick, ZBR 1972, S. 303. "Die Schwierigkeit einer Aufgabe kann aber intuitiv kaum richtig eingeschätzt werden", so Becker, Prüfungsrecht, S. 39. Hinsichtlich der Beurteilung des Schwierigkeitsgrades einer Aufgabenstellung und der entsprechenden Bewertung vgl. auch Birkel, a.a.O., S. 55 ff.

1070 "Der Kandidat muß die Prüfungsaufgabe grundsätzlich so verstehen, wie dies der Prüfer von einem Kandidaten erwarten kann, der das Prüfungsgebiet und die hier in Betracht kommende Fragestellung in etwa beherrscht. Anders als bei der Würdigung, Bewertung und Gewichtung der Antworten muß hier jedoch dem Kandidaten das Recht zugestanden werden, eine Frage so zu verstehen, wie sie in dem betreffenden Prüfungsgebiet üblicherweise verstanden wird. Die Weigerung des Prüfers, die richtige Antwort auf eine so verstandene Frage als richtig anzuerkennen, weil er die Frage anders gemeint hatte und

hebliche Überschreitung der Prüfungsdauer[1071] eine rechtswidrige Unregelmäßigkeit hervorgerufen werden.[1072] Menschlichem Wesen immanent ist es, die Situation vor, während und nach der Prüfung in gewissem Rahmen subjektiv

---

verstanden wissen wollte, würde das Recht des Kandidaten auf Chancengleichheit verletzen", so Kopp (BayVBl. 1990, S. 205) dem hierin beizupflichten ist. Weitergehend Thürk (BayVBl. 1991, S. 428 f), der für die Ermessensgrenze hinsichtlich der Beurteilung einer Prüfungsfrage allein das Willkürverbot und die Unhaltbarkeit der zugrundegelegten Auffassung als maßgeblich ansieht.

1071 Die vom OVG Münster (NVwZ-RR 1992, S. 246 f) aufgeführten Erwägungen hinsichtlich einer mündlichen Ergänzungsprüfung im Studiengang Maschinenbau lassen sich auch auf die hier zu untersuchenden mündlichen Prüfungen übertragen: Wenn der normativ vorgegebene Zeitrahmen einer mündlichen Prüfung (vgl. z.B. §§ 5 IV (1), 51 IV (2) JAPO und § 26 PromO) erheblich überschritten wird, dann ist die Prüfung in der Regel verfahrensfehlerhaft durchgeführt worden und die Prüfungsentscheidung rechtswidrig, da nicht auszuschließen ist, daß das Prüfungsergebnis auf diesem Verfahrensfehler beruht. Die normativen Bestimmungen der Prüfungsdauer stellen nicht nur einen unverbindlichen Orientierungsrahmen für das zeitliche Ausmaß der Prüfung dar, sondern legen im Hinblick auf den Gleichbehandlungsgrundsatz vielmehr verbindlich fest, welche Zeit dem Prüfer ungefähr zur fachlichen Einschätzung und Beurteilung des Prüflings zur Verfügung steht und auf welchen Zeitraum sich der Prüfungskandidat ungefähr einzurichten hat. Die genannte Kausalität ist grundsätzlich nur dann ausgeschlossen, wenn nach Ablauf der regulären Prüfungszeit unter den Prüfern eine gemeinsam getroffene Entscheidung über das bis dahin erzielte Ergebnis bestand (vgl. nur §§ 8 V, 17 I JAG und § 31 PromO) und das nach rechtswidriger Fortsetzung der Prüfung festgestellte Ergebnis davon nicht abweicht.

1072 Im Hinblick auf die Staatsexamen ist eine zusätzliche Manipulationsmöglichkeit zu beachten: Gem. § 5 d III DRiG, §§ 8 V (3), 17 I JAG kann (Ermessen) der Prüfungsauschuß bis zu einem Punkt auf das rechnerisch ermittelte Gesamtergebnis aufschlagen. (Eine Abweichung zu Lasten des Kandidaten ist nach dem eindeutigen Wortlaut des § 8 V (3) JAG ausgeschlossen; ebenso beispielsweise § 20 III JAG Hess. Hierzu divergierende Regelungen bestehen in anderen Ländern, wie z.B. § 18 II JAPrO BW, § 14 I JAO Berl., § 20 II JAO Nds., § 15 IV JAG NRW, § 14 II JAG Saarl., § 27 III JAPO Thür. Eine Abweichung von der rechnerisch ermittelten Prüfungsnote darf jedoch auch hier nicht erfolgen, falls dies zum Nichtbestehen der Prüfung führen würde, BVerwG, Buchholz 421.0, Nr. 237, S. 5 ff). Voraussetzung für die Anhebung ist das Bestehen einer Diskrepanz zwischen rechnerisch ermitteltem Gesamtergebnis und Gesamtleistungsstand. Richtigerweise dürfen hierbei nur leistungsbezogene Gesichtspunkte herangezogen werden (ebenso Eggensperger/Hammel, a.a.O., § 18 JAPrO, Rdnr. 1 und Wassermann/Kirchner/Kröpil, a.a.O., § 20 NJAO, Rdnr. 3; a.A. Herzig/Schach, a.a.O., § 15 JAO, Anm. 2 c, S. 88, der besondere Belastungen während des Prüfungsverfahrens berücksichtigt sehen möchte). Die Bestimmung des Gesamteindrucks im Sinne eines allgemeinen charakterlichen und persönlichen Eindrucks vom Prüfling (vgl. Guhl, a.a.O., S. 146) ist bereits mit dem eindeutigen Wortlaut des § 8 V (3) JAG, der auf den "Gesamtleistungsstand" abstellt, abzulehnen. § 52 JAPO bestimmt z.B. ausdrücklich, daß bei der Entscheidung über die Erhöhung die Leistungen des Prüflings im Vorbereitungsdienst angemessen zu berücksichtigen sind. Die Entscheidung über die Abweichung untersteht dem Beurteilungsspielraum des zuständigen Prüfungsausschusses (vgl. BVerwG, NVwZ-RR 1989, S. 196 (kritisch hierzu Hamann, VBlBW 1989, S. 255 ff; vgl. auch OVG Lüneburg, DVBl. 1989, S. 112 ff); VGH BW, VBlBW 1991, S. 311; VGH Kassel, NVwZ-RR 1991, S. 641, mit eingehender Begründung; Eggensperger/Hammel, a.a.O., Rdnr. 1; Herzig/Schach, a.a.O., Anm. 3, S. 88; Klenke, NWVBl. 1988, S. 205 f; Wassermann/Kirchner/Kröpil, a.a.O., Rdnr. 7) und ist deshalb nur in engen Grenzen gerichtlich überprüfbar (siehe diesbezüglich bereits 2.Teil, A.IV.4. und 5.). Eine Manipulation im Sinne dieser Untersuchung ist sowohl durch bewußt fehlerhafte Nichtanwendung als auch durch bewußt fehlerhafte Anwendung der Abweichungsklausel möglich.

wahrzunehmen und zu bewerten.[1073] Diese Tatsache ist schon allein durch den mündlichen Prüfungen anhaftenden sog. Personalitäts-Charakter[1074] und dem damit zusammenhängenden sog. Primacy-Effekt[1075] bedingt.[1076] Für den Ablauf und die nachfolgende Bewertung ist sowohl die Person des Prüfers - generell sowie dessen situative physische und psychische Befindlichkeit speziell während der Prüfung - als auch eine gegenüber dem Prüfling bestehende Sympathie/Antipathie[1077] von entscheidender Bedeutung. Diese oft nicht faßbaren menschlichen Aspekte wurzeln im Bereich des Unterbewußtseins. Sie sind zwar nicht wünschenswert und durch den Prüfer möglichst zu neutralisieren, jedoch kann eine hierdurch in gewissem Rahmen hervorgerufene unbewußte Beeinflussung nicht als Prüfungsmanipulation im Sinne dieser Untersuchung angesehen werden.[1078]

Von besonderer Bedeutung für das Prüfungsverfahren, insbesondere im Hinblick auf die mündliche Prüfung, ist die Problematik des voreingenommenen und befangenen Prüfers.[1079] Es ist allgemein anerkannt, daß ein befangener Prüfer von

---

1073 Diese Beurteilung trifft natürlich ebenfalls auf den Prüfling zu.

1074 "Bei der mündlichen Prüfung steht der kommunikative Prozeß zwischen Prüfling und Prüfendem unter dem Zeichen der persönlichen Begegnung", so Voelkner, a.a.O., S. 132.

1075 Dieser besagt, daß der Gesamteindruck am stärksten durch den ersten Eindruck bestimmt wird, vgl. Becker, Prüfungsrecht, S. 37 und Birkel, a.a.O., S. 31.

1076 Zu den sonstigen die mündliche Prüfung beeinflussenden Effekten beachte Becker, Prüfungsrecht, S. 37 ff m.w.N.; Birkel, a.a.O., S. 31 ff m.w.N. und Voelkner, a.a.O., S. 132 ff.

1077 Diese ist wohl von vielfältigen Faktoren abhängig. Hierbei spielen häufig Erscheinungsbild, erkennbare Eigenschaften, Kleidung, Auftreten, Aussehen, Ausdrucksweise, Verhalten, Geschlecht u.ä. des Prüfungskandidaten eine wesentliche Rolle.

1078 Im Rahmen der mündlichen Prüfung spielt das Erscheinungsbild, Auftreten und Verhalten des Prüfungskandidaten eine wichtige Rolle für die Notengebung. Einerseits kann sich diese Tatsache für den Prüfling in Bezug auf seine Lebens- und Berufsbestimmung zwar äußerst nachteilig auswirken; andererseits ist die Beurteilung dieser Kriterien und deren Berücksichtigung bei der Notengebung im Hinblick auf die spätere juristische Berufsausübung und das damit zusammenhängende Gemeinwohlinteresse aber zu befürworten. Hierbei haben die Prüfer natürlich zu berücksichtigen, daß sich der Prüfling in einer für ihn ungewohnten, besonderen Streßsituation befindet, welche ihm ein natürliches, freies und souveränes Verhalten und Auftreten erheblich erschwert.

1079 Zur Befangenheit des Prüfers wegen geringschätzender und herabwürdigender Korrekturanmerkungen hinsichtlich schriftlicher Arbeiten vgl. VG Frankfurt (NVwZ-RR 1990, S. 32 f), welches ausführt: Die abschließenden Beurteilungen der Prüfungsleistungen zeigten, daß der Professor die Grenzen seines Einschätzungs- und Bewertungsvorrechts überschritten habe. Er habe sich, statt Ausgewogenheit und Distanz zu bewahren, zu emotionalen, die Person des Prüfungskandidaten abwertende Äußerungen hinreißen lassen, die als sachfremde und willkürliche Erwägungen einzustufen seien. Schlechte schriftliche Leistungen könnten zwar durchaus mit harten Randbemerkungen bedacht werden, um das Ausmaß des Versagens deutlich zu machen. Insbesondere dürfe sich der Prüfer hierbei des Stilmittels der Ironie bedienen (vgl. BVerwG, Beschl. v. 23.3.1987 - 7 B 52.87; OVG NW, Urt.

vornherein von der Teilnahme am Prüfungsverfahren ausgeschlossen ist.[1080] Der Einwand der Befangenheit ist nicht nur bei tatsächlich nachgewiesenem Vorliegen derselben anzuerkennen.[1081] Vielmehr ist ein Prüfer gem. § 1 I, IV Nr. 2 LVwVfG i.V.m. §§ 20, 21, 2 III Nr. 2 VwVfG[1082] bereits dann ausgeschlossen, wenn die Befangenheit gesetzlich vermutet wird oder aus der Sicht des Prüflings die begründete, auf objektiv feststellbaren Tatsachen beruhende Besorgnis der Befangenheit besteht.[1083] Erforderlich ist ein objektiver, nachvollziehbarer Grund, der aus der Sicht eines vernünftigen Prüflings die Befürchtung rechtfertigt, der Prüfer werde seine Aufgabe nicht mit der gebotenen Distanz und Objektivität erfüllen, sondern sich hierbei (auch) von sachfremden Erwägungen leiten lassen. Unter diesen Voraussetzungen kann der Prüfling die Ablehnung eines Prüfers bereits vor Beginn der Prüfungsverfahrens i.e.S. erreichen.[1084]

---

v. 16.1. 1987 - 22 A 452/86, (wobei jedoch fraglich ist, wie das Stilmittel der Ironie mit dem Gebot der Sachlichkeit zu vereinbaren ist!)). Auch komme dem Sachlichkeitsgebot (welches ebenso wie das Recht des Prüflings auf ein faires Prüfungsverfahren aus dem Rechtsstaatsprinzip und dem Chancengleichheitsgrundsatz folgt, vgl. bereits 2.Teil, A.IV.4.) bei schriftlichen Arbeiten ein anderes Gewicht zu als bei mündlichen Prüfungen, da eine dem Prüfling erst nach Abschluß der Prüfung eröffnete schriftliche Korrekturanmerkung nicht zu einer Leistungsverminderung durch Einschüchterung führen könne. (Hierzu auch BVerwGE 55/359 f, 70/152 = NVwZ 1985, S. 189 = DVBl. 1985, S. 64; BVerwG, DVBl. 1987, S. 1224; BVerwG, DVBl. 1993, S. 51, wonach eine drastische Ausdrucksweise und selbst gelegentliche Ausrutscher und Entgleisungen für sich allein weder im Rahmen der mündlichen Prüfung noch bei der Beurteilung der schriftlichen Leistung den Vorwurf der Unsachlichkeit rechtfertigen.) Jedoch könnten im zu beurteilenden Fall die gehäuft eingesetzten abwertenden Anmerkungen nicht mehr als gelegentliche Ausrutscher und Entgleisungen gewertet werden, so daß bestätigt sei, daß der Prüfer nicht unbefangen entschieden habe.

1080 Vgl. Guhl, a.a.O., S. 200 ff; Hamann, VR 1990, S. 21; Rozek, JA 1989, S. 238; Seebass, NVwZ 1985, S. 525; Thieme, Deutsches Hochschulrecht II, Rdnr. 328, S. 361.

1081 So aber Salzwedel in: Handbuch des Wissenschaftsrechts, Bd. 1, S. 822. Ebenso die frühere Rechtsprechung, BVerwG, Buchholz 421.0, Nr. 72, 94, 100; BVerwG 29/71; OVG Hamburg, NJW 1970, S. 910.

1082 Durch diese Vorschriften wird explizit festgelegt, daß die §§ 20, 21 VwVfG auch im Prüfungsverfahren zur Anwendung gelangen sollen. Bei den hier zu beurteilenden Prüfungsverfahren handelt es sich um förmliche Verwaltungsverfahren, wie sie in § 1 I, IV Nr. 2 LVwVfG i.V.m. § 9 VwVfG für die Anwendung der Verfahrensvorschriften vorausgesetzt werden.

1083 VGH BW, DVBl. 1988, S. 1123; Hamann, VR 1990, S. 21; Rozek, JA 1989, S. 238; Wagner, DVBl. 1990, S. 185.

1084 Diese Möglichkeit ist entgegen der früheren Rechtsprechung zu befürworten. Jene verneinte eine Ablehnung des Prüfers wegen bloßer Besorgnis der Befangenheit mit der Begründung, dem Prüfungsrecht sei ein vorsorgendes und befristetes Ablehnungsrecht dem Wesen nach fremd; die Vorschriften des Gerichtsverfahrens über die Ablehnung eines Richters seien auf das Prüfungsverfahrens nicht entsprechend anwendbar, vgl. nur BVerwGE 29/70 ff. Ein vorsorgendes Ablehnungsrecht ist jedoch insbesondere im Hinblick auf die eingeschränkte Möglichkeit gerichtlicher Überprüfung von Prüfungsentscheidungen und den bestehenden Beweisproblemen zu fordern; so auch Pietzcker, a.a.O., S. 136 f. "Inwieweit eine Besorgnis der Befangenheit begründet ist, beurteilt sich, da die

Eine abschließende Aufführung der Tatsachen, die eine Befangenheit des Prüfers begründen, erscheint nicht möglich. Generalklauselartig kann jedoch angeführt werden, daß eine solche zu bejahen ist, wenn sich der Prüfer (auch) von sachfremden Erwägungen beeinflussen läßt, sich also nicht objektiv verhält.[1085]

Die subjektive Besorgnis der Befangenheit ist aufgrund ihres präventiven Charakters vor Beginn der Prüfertätigkeit bzw. vor der abschließenden Prüfungsentscheidung geltend zu machen.[1086] Die Rüge der tatsächlichen Voreingenommenheit ist hingegen auch nach Abschluß der Prüfertätigkeit noch möglich[1087], denn diese wird in der Regel sowohl auf das Vorliegen eines Verfahrensfehlers[1088] (Verstoß gegen das Gebot der Fairneß[1089], der Sachlichkeit[1090]

Sicht des Prüflings maßgebend ist, nach den dem Prüfling vor dem Tätigwerden des Prüfers bekannt gewesenen und von ihm auch im Ablehnungsgesuch geltend gemachten Tatsachen", so VGH BW, DVBl. 1988, S. 1124.

1085 Vgl. OVG Koblenz, NVwZ 1986, S. 398; Pietzcker, a.a.O., S. 132; Salzwedel, a.a.O., S. 822. Befangenheitsgründe lassen sich z.B. aus verwandtschaftlichen, engen persönlichen und wirtschaftlichen Beziehungen zwischen Prüfer und Prüfling herleiten, so BVerwG, NJW 1963, S. 1640 f; BayVGH, BayVBl. 1965, S. 202 f; Niehues, Schul- und Prüfungsrecht, Rdnr. 399, S. 293 m.w.N.; Rozek, JA 1989, S. 238. Auch wird aus einem im Prüfungsrechtsverhältnis unüblichen Verhalten des Prüfers auf eine bei ihm vorhandene Befangenheit geschlossen, vgl. OVG Koblenz, NVwZ 1986, S. 398; Guhl, a.a.O., S. 210 f. Kritische Äußerungen über Prüfungsleistungen zu früherer Gelegenheit lassen hingegen nicht zwingend den Schluß auf Voreingenommenheit des Prüfers zu, beachte BVerwG, Buchholz, 421.0, Nr. 100; Wagner, DVBl. 1990, S. 185. Auch ist die "Selbstablehnung" eines Prüfers für sich allein kein Grund, die Besorgnis der Befangenheit zu begründen, BVerwG, NVwZ 1985, S. 576 f.

1086 VGH BW, KMK-HSchR 1982, S. 45; OVG Münster, DÖV 1981, S. 587. Nur in diesem Fall haftet der getroffenen Prüfungsentscheidung wegen Unterlassens der gebotenen Verfahrenshandlung (Ausschluß des Prüfers) ein Rechtsfehler an, wenn die Besorgnis der Befangenheit begründet war, vgl. VGH BW, DVBl. 1988, S. 1123. Siehe hierzu auch z.B. § 28 JAPG Brem. und § 20 Übereinkunft der Länder freie Hansestadt Brem., Freie und Hansestadt Ham. und Schl.-Hol. über ein gemeinsames Prüfungsamt und die Prüfungsordnung für die Große Juristische Staatsprüfung.

1087 Zwar ist davon auszugehen, daß der Prüfling sein Recht auf Geltendmachung der Befangenheit eines Prüfers verwirken kann. Jedoch ist dies nicht prinzipiell der Fall, wenn er es unterläßt, die Ablehnung des Prüfers wegen eventuell begründeter Besorgnis der Befangenheit vor Beginn der Prüfung zu erreichen: Aufgrund der besonderen Stellung der Prüfer und der Tatsache, daß diese sich ihrer Pflicht, persönliche Belange und Prüfertätigkeit von einander zu trennen, in der Regel bewußt sind, ist dem Prüfling grundsätzlich das Vertrauen in die Integrität des Professors solange zuzugestehen, bis dieser ihm das Gegenteil tatsächlich offenbart. Daß der Prüfling so möglicherweise einen erneuten Prüfungsversuch erhält, verstößt nicht gegen den Grundsatz der Chancengleichheit: Die anderen Prüflinge sind fehlerfrei behandelt und beurteilt worden und für den betroffenen Prüfungskandidaten besteht genau diese Chance eventuell nur in einer erneuten Prüfung; von einem gegenüber den anderen Prüflingen bestehenden zusätzlichen Prüfungsversuch kann insofern keine Rede sein. A.A. wohl VGH Hess., E. v. 7.1.1988, Az. 3 UE 1600/87.

1088 VGH BW, VBlBW 1981, S. 58 f; Niehues, Schul- und Prüfungsrecht, Rdnr. 399, S. 292; Wagner, DVBl. 1990, S. 185.

und/oder der Gleichbehandlung[1091]) als auch auf das eines Bewertungsfehlers[1092] gestützt; ein solcher kann aber erst vorliegen, wenn der Wertungsakt ergangen ist.[1093]

1089 In einer mündlichen Staatsprüfung hat der Vorsitzende das Vorgespräch mit der Bemerkung beschlossen: "Jetzt wollen wir aber mal voranmachen, wir erwarten von Ihnen heute Glanzleistungen, und eines kann ich Ihnen jedenfalls sagen - wie würde man das beim Kommiss ausdrücken - Sie werden hier auf dem Zahnfleisch wieder rausgehen". Das OVG Münster (NVwZ 1988, S. 458 f) erklärte, daß das Fairneßgebot die Prüfer verpflichte, darauf Bedacht zu nehmen, daß das Prüfungsverfahren auch hinsichtlich des Stils der Prüfung und der Umgangsformen der Beteiligten einen einwandfreien Verlauf nehme. Es verbiete, daß der Prüfling einer unangemessenen psychischen Belastung ausgesetzt werde, welche das Bild der Leistungsfähigkeit verfälsche und sich dadurch chancenmindernd auswirke. Durch die Äußerung des Vorsitzenden habe sich dem Prüfling die Annahme aufdrängen müssen, er werde es in der Prüfung besonders schwer haben, da er überzogenen, ihn "kleinmachenden", wenn nicht sogar schikanösen Anforderungen ausgesetzt werden soll. Der Hessische VGH (VerwRspr. in Deutschland, Bd. 31, 1980, S. 279 ff) führt aus, das das Recht des Prüflings, chancengleich und fair geprüft zu werden, in einer Prüfung verletzt werde, die von Erregung und Gereiztheit eines Prüfers vor allem deswegen geprägt sei, weil dieser ein vom Prüfling zur Vorbereitung auf die Prüfung gebrauchtes Fachbuch strikt ablehne und dies in feststellend-bestimmter Form in den Worten "Das ist kein Buch" ausdrücke. Die Bemerkung "Sie werfen hier mit Fremdwörtern um sich, aber haben falsch gelernt" und die an eine Wiederholerin gestellte Frage "Stellen Sie sich vor, Sie seien zweimal durchs Examen gefallen und wollen nun Friseuse werden ...", werden ebenfalls als mit dem Fairneßgebot unvereinbar angesehen, vgl. OVG Lüneburg, Beschl. v. 28.10.1983 - 10 OVG B 1669/83. Im Gegensatz dazu begründe eine scherzhaft gemeinte, wenn auch unpassende Bemerkung eines Prüfers keinen Verfahrensfehler, sofern sie objektiv nicht geeignet sei, einen Prüfling in normaler psychischer Verfassung zu verunsichern und seine Prüfungsleistung zu beeinträchtigen, so VG Münster, RdL 1981, S. 123 f.

1090 Zur Frage, unter welchen Voraussetzungen eine unterschiedliche Behandlung zweier Prüflinge, die Kürze der Beratungszeit und ein unbedachter oder mißverständlicher Ausspruch des Vorsitzenden bei der Notenbesprechung den Schluß auf sachfremde Erwägungen der Prüfer rechtfertigen, vgl. VGH BW, ESVGH 29/60 ff. Auch hier wird hervorgehoben, daß nicht schon jede unbedachte Äußerung auf Voreingenommenheit schließen lasse. Die Prüfungssituation stelle an beide Seiten hohe Anforderungen, weshalb damit gerechnet werden müsse, daß ein Prüfer auf schlechte Prüfungsleistungen mitunter auch einmal weniger beherrscht oder maßvoll reagiere. Die auf eine zutreffende Antwort des Prüflings gemachte Bemerkung des Prüfers, "ja, das ist richtig, vielleicht haben Sie es gewußt, vielleicht haben Sie es aber auch nur geraten" kann ein Verstoß gegen das Gebot der Sachlichkeit sein, so VGH BW (VBlBW 1990, S. 473 ff), der dies in dem zu beurteilenden Fall bejaht. Auch ist ein sachliches Prüfungsverfahren laut VG Schleswig (E. v. 22.1.1974, 9 A 69/73, SPE, III D XII, S. 1 ff) nicht gewährleistet, wenn die Prüfer während der Prüfung lachen, ohne daß dem Prüfling zweifelsfrei deutlich gemacht wird, daß aus einem Grund gelacht wurde, der mit dem Verhalten oder den Leistungen des Prüflings nichts zu tun hat. Ein solcher Verfahrensfehler sei auch wesentlich, denn ein Lachen der Prüfer sei generell geeignet, den Prüfling zu verunsichern und damit seine Leistungen und das Prüfungsergebnis zu beeinflussen.

1091 Ein Prüfer, der auf Fehlleistungen im Prüfungsgespräch mit einer von Sarkasmus und Unsachlichkeit geprägten Kritik reagiere, verletze das Gebot der Chancengleichheit sowie das Recht des Prüflings auf ein faires Verfahren, so BVerwGE 55/355 ff = DÖV 1978, S. 844 f = ZBR 1978, S. 372 f = Buchholz, 421.0, Nr.90. Laut Vorinstanz (VGH BW) hat der Prüfling aus der Sache nicht gebotene, durch Ironie, Sarkasmus, Unbeherrschtheit oder saloppe Überheblichkeit geprägte Prüferkritik jedenfalls dann hinzunehmen, wenn sie durch augenfällige Fehlleistungen ausgelöst worden sei. Dem widerspricht das BVerwG:

C. Strafbarkeit des Prüflings im Falle der durch den Prüfer vorgenommenen Manipulation

Wie erörtert[1094], macht sich der Professor, der für die vorherige Herausgabe der Prüfungsaufgabe und/oder der dazu bestehenden Lösungsskizze oder der für die manipulierte Korrektur und/oder Bewertung der Prüfungsleistung einen Vorteil fordert, sich versprechen läßt oder annimmt, wegen Bestechlichkeit gem. § 332 I i.V.m. III Nr. 1 StGB bzw. gem. § 332 I i.V.m. III Nr. 2 StGB strafbar. Da die §§ 333, 334 StGB das spiegelbildliche Gegenstück zu den §§ 331, 332 StGB darstellen[1095], folgt daraus, daß der Vorteilsgeber nur aus diesen Vorschriften strafbar sein kann. Eine zusätzliche Bestrafung wegen Anstiftung oder Beihilfe zum Bestechungsdelikt des Amtsträgers (§ 331 f StGB) ist nicht zulässig.[1096]

Solche Erwägungen genügten weder dem Chancengleichheitsgrundsatz noch dem Fairneßgebot. Die dem Prüfer gesteckten Grenzen würden nicht erst überschritten, wenn der Prüfungsstil ins schlechterdings Unsachliche abgleite oder wenn der Prüfer nicht alles unterlasse, was das Leistungsvermögen des Prüfungskandidaten mehr als unvermeidlich beeinträchtigen könne. Ein ihn der Lächerlichkeit preisgebendes Prüferverhalten brauche kein Prüfling zu dulden. Auch absolut unzulängliche Leistungen ("bodenloser Unsinn") gebe dem Prüfer nicht das Recht, dem Prüfling mit überheblichem Spott zu begegnen. Ein derart unfaires Verfahren, das den gesamten Verlauf der Prüfung erfasse und dessen typische Folge eine leistungsverfälschende psychische Belastung für den Prüfling darstelle, führe zur Rechtswidrigkeit der getroffenen Prüfungsentscheidung. Der VGH Kassel (NVwZ 1989, S. 890) führt aus, daß deutliche Kritik von Prüfern an gravierenden Prüfungsversagen gerechtfertigt und hinzunehmen sei, soweit sie als Reaktion auf Fehlleistungen noch verständlich erscheine. Kritik sei erst dann zu beanstanden, wenn sie in der Form grob unsachlich, sarkastisch, spöttisch, höhnisch oder in ähnlich herabsetzender Form auf Fehlleistungen eingehe oder erkennen lasse, daß der Prüfer die Gelassenheit und emotionale Distanz verloren habe, ohne die eine gerechte Beurteilung schwerlich gelingen könne.

1092 VGH BW, DVBl. 1988, S. 1124; OVG Koblenz, NVwZ 1986, S. 398; Karpen/Maas, JZ 1990, S. 633; Rozek, JA 1989, S. 238.

1093 Die subjektive Besorgnis der Befangenheit ist naturgemäß nicht geeignet, den Nachweis einer tatsächlich unsachlichen, voreingenommenen Bewertung zu führen; so richtigerweise auch VGH BW, DVBl. 1988, S. 1124 und Rozek, JA 1989, S. 238. Jedoch wird ein Prüferverhalten, das in der mündlichen Prüfung die Besorgnis der Befangenheit rechtfertigt, in der Regel zugleich das Fairneßgebot verletzen. Hat der Prüfling nämlich einen objektiven Grund, an der Unparteilichkeit des Prüfers zu zweifeln, so ist darin eine rechtlich erhebliche Verunsicherung zu sehen, vgl. Klenke, NWVBL 1988, S. 204.

1094 Vgl. B.I.1.a.aa., B.I.1.b.aa., B.I.2.a.aa., B.I.2.b.aa., B.II.1.a., B.II.2.a.

1095 Siehe nur Graupe, a.a.O., S. 50 f; Jescheck in: LK, § 331, Rdnr. 29; Lackner, a.a.O., § 331, Rdnr. 19.

1096 Vgl. Cramer in: Schönke/Schröder, a.a.O., § 334, Rdnr. 13 ff; Dreher/Tröndle, a.a.O., § 331, Rdnr. 24 und § 332, Rdnr. 11; Maurach/Schroeder/Maiwald, BT 2, § 78 II, Rdnr. 28; Wessels, BT 1, § 25 III IV. Beachte insbesondere die eigenständige Begründung bei Sax, ZStW 90, 1978, S. 953.

D. Manipulation durch Dritte[1097]

Bei Manipulationen durch Dritte sind grundsätzlich zwei Varianten zu unterscheiden: Der Dritte leistet lediglich unerlaubte Hilfe oder er tritt in die Position des eigentlichen Prüfungskandidaten ein[1098] und erbringt die Leistung für diesen.[1099]

I. Manipulation im hochschulinternen Bereich

Eine Differenzierung zwischen schriftlicher und mündlicher Prüfung ist hier nicht erforderlich: Bei den Leistungskontrollen und Übungen existieren keine mündlichen Prüfungen[1100], bei der Promotion ist die unerlaubte Hilfeleistung hinsichtlich des Rigorosums aufgrund der Tatsache, daß der Doktorand in der Regel alleine geprüft wird, ausgeschlossen. Das Eintreten des Dritten in die Position des Prüflings kommt aufgrund des bestehenden Doktorandenverhältnisses im Hinblick auf die mündliche Prüfung nicht in Betracht.[1101] Die nachfolgende Untersuchung bezieht sich demnach lediglich auf die schriftlichen Prüfungsteile.

1. Unerlaubte Hilfeleistung durch den Dritten

Unter dieser Manipulationsvariante ist im Sinne der Untersuchung die Erstellung bzw. Miterstellung der Arbeit durch den Dritten zu verstehen, wobei die Unterzeichnung und Ablieferung derselben jedoch durch den eigentlichen Prüfling erfolgt.

1097 Zur Festlegung und Begrenzung der die Prüfungsmanipulation vornehmenden Personen vgl. 2.Teil, A.II. Aufgrund der vielfältigen Möglichkeiten bleibt eine im Vorfeld der eigentlichen Prüfungsmanipulation begründete Strafbarkeit vorliegend außer Betracht.

1098 Zu einer umfangreichen Manipulationspraxis durch Dritte im Hinblick auf: Schlepperdienste (Anfertigung juristischer Klausuren und Hausarbeiten) während des Studiums, die durch Dritte erfolgte Erbringung des (schriftlichen und teilweise auch des mündlichen Teils des) ersten und zweiten juristischen Staatsexamens und Fremdanfertigung von Urteilsentwürfen und Klausuren während der Referendarzeit vgl. Urt. des AG Frankfurt, 75 Js 26801/87 - 920 Ls und die Urteile des AG München, 412 Ls 123 Js 4878/87, 413 Ls 123 Js 3514/89; 413 Ls 123 Js 3660/87. Dort findet auch eine bereits im Vorfeld der eigentlichen Prüfungsmanipulation begründete Strafbarkeit in Form des Fälschens von Pässen und/oder Personalausweisen Berücksichtigung.

1099 Hierzu bereits oben 2.Teil, A.III.3. und A.IV.3.

1100 2.Teil, A.I.1. und 2.

1101 Vgl. schon A.I.3.b.bb.

a. Strafrechtliche Beurteilung

aa. § 263 I / § 271 I StGB

Eine Betrugsstrafbarkeit und eine mittelbare Falschbeurkundung durch den Fremdschreiber ist vorliegend nicht erfüllt: Weder durch die Erstellung der Prüfungsarbeit für den eigentlichen Prüfling noch durch deren Weiterleitung an denselben erfolgt eine Täuschung[1102] im Sinne des § 263 StGB.

Da sich der öffentliche Glaube bei den Leistungskontrollnachweisen, Übungsscheinen und Promotionsurkunden nicht auf die eigenständige und ordnungsgemäße Leistungserbringung durch den eigentlichen Prüfling erstreckt[1103] und darüber hinaus die Anfertigung und Weitergabe der Arbeit an den Prüfungskandidaten - da dies im Hinblick auf Art. 103 II GG zu weit ginge - nicht als "Bewirken" im Sinne des § 271 I StGB, also nicht als Verursachung einer unwahren Beurkundung[1104] qualifiziert werden kann, macht sich der Fremdschreiber nicht wegen mittelbarer Falschbeurkundung strafbar.[1105]

bb. § 267 I 1. Alt. StGB

Dadurch, daß der Dritte die Arbeit erstellt, könnte er sich einer Urkundenfälschung strafbar machen.

Hiergegen bleibt jedoch anzuführen, daß der von der dritten Person auf einzelnen Blättern niedergeschriebene und an den eigentlichen Prüfling ausgehändigte Lösungsvorschlag noch keine Urkunde darstellt.[1106] Er enthält weder den Namen des Ausstellers noch sonstige Hinweise auf den Erklärenden. Zwar reicht es hinsichtlich der Erkennbarkeit des Ausstellers aus, daß sich dieser nach den Verhältnissen der Beteiligten oder Eingeweihten, nach Herkommen oder Vereinbarung ergibt. Jedoch genügt dessen Ermittelbarkeit im Wege der Schriftvergleichung

---

1102 Beachte zur Definition bereits 2.Teil, A.III.1. und 4.Teil, A.I.1.a.aa.(1).

1103 Siehe Gliederungspunkt A.I.1.a.aa.(3), A.I.1.c.aa.(1)(c), A.I.2., A.I.3.a.aa.(1)(c) und A.I.3.a.bb.(1)(c).

1104 Cramer in: Schönke/Schröder, a.a.O., § 271, Rdnr. 25; Dreher/Tröndle, a.a.O., § 271, Rdnr. 15; Samson in: SK, § 271, Rdnr. 19.

1105 Da schon eine Strafbarkeit des eigentlichen Prüflings gem. § 271 I StGB zu verneinen ist (vgl. A.I.1.c.aa.(1)(c), A.I.2., A.I.3.a.bb(1)(c)), macht sich der Dritte diesbezüglich auch nicht unter dem Gesichtspunkt der Mittäterschaft bzw. Beihilfe strafbar.

1106 Zum Urkundsbegriff und zu den von einer Urkunde zu erfüllenden Funktionen siehe schon A.I.1.a.aa.(2).

mit anderen Schriftstücken hierbei nicht.[1107] Folglich fehlt es dem durch den Dritten angefertigten Lösungsvorschlag an der Erkennbarkeit des Erklärenden (Garantiefunktion), so daß darin noch keine Urkunde im Sinne des § 267 StGB, sondern lediglich ein Urkundenentwurf gesehen werden kann.[1108] Eine Strafbarkeit des Fremdschreibers gem. § 267 I 1. Alt. StGB scheidet demnach aus.

b. Außerstrafrechtliche Beurteilung

Hinsichtlich der Leistungskontrollen und Übungen ist die OStbglLK der Universität Trier einschlägig. Die die Prüfungsmanipulation regelnden Vorschriften der §§ 8, 11 und 16 OStbglLK beziehen sich jedoch ausschließlich auf den zugelassenen Teilnehmer der Leistungskontrolle bzw. der Übung. Der Dritte, der nicht Teilnehmer ist, wird folglich hiervon nicht erfaßt.

Falls es sich bei dem manipulierenden Dritten um einen zugelassenen Teilnehmer handelt, können die dort aufgeführten Maßnahmen unter dem Aspekt "Versuch einer sonstigen Täuschung zu fremdem Vorteil" und/oder "erheblichem Verstoß gegen die Ordnung"[1109] gegen diesen getroffen werden: gem. §§ 8 I (1), 16 OStbglLK ist der Ausschluß von der Teilnahme bzw. der Fortsetzung der betreffenden Arbeit möglich; bei Einstufung des Vorgehens als besonders schwerem Fall[1110] kann darüber hinaus ein Ausschluß von der weiteren Teilnahme an der Leistungskontrolle bzw. der Übung erfolgen, §§ 8 I (2), 16 OStbglLK.[1111] Die

---

1107 Vgl. RGSt 67/420; BayObLG, BayVBl. 1981, S. 216; Cramer in: Schönke/Schröder, a.a.O., § 267, Rdnr. 17; Dreher/Tröndle, a.a.O., § 267, Rdnr. 7; Kienapfel, Urkunden im Strafrecht, S. 268.

1108 Geppert (Jura 1981, JK, StGB § 267/4) fügt hinzu, daß es nicht nur an der Erkennbarkeit des Ausstellers, sondern auch an der Beweisfunktion mangele. Er führt aus: "... handelt es sich noch um den bloßen Entwurf einer Urkunde, dem im Augenblick des Herstellens nach dem Willen der Aussteller zur "Absichtsurkunde" noch die Beweisbestimmung für den Rechtsverkehr fehlt .... Auch die Konstruktion über die Rechtsfigur der "Zufallsurkunde" .... hilft nicht weiter. Zwar kann vorl. der von dritter Hand gefertigte Lösungsentwurf zum Nachweis einer prüfungswidrigen Täuschung und so gesehen durchaus zum Nachweis einer rechtlich erheblichen Tatsache dienen. Doch wirkt das Satzgebilde bei solcher Betrachtung nicht durch seinen gedanktlichen Inhalt, sondern allein durch seine Existenz, also: ist nicht satzvertretende Erklärung und damit nicht "Urkunde", sondern typisches Augenscheinsobjekt."

1109 Vgl. hierzu insbesondere Fußnote 340.

1110 Dies ist in der Regel bei Erstellung der gesamten Arbeit durch den Dritten der Fall, siehe A.I.1.c.aa.(2).

1111 Besonders zu beachten ist, daß hiernach lediglich ein Ausschluß von der "weiteren" Teilnahme, nicht jedoch ein rückwirkender Ausschluß möglich ist. Eine nachträgliche, d.h. rückwirkende Aberkennung einer durch den Dritten als Teilnehmer vorher für sich selbst ordnungsgemäß erbrachten und bewerteten Prüfungsleistung ist hierdurch nicht gerechtfertigt. Daraus folgt, daß der Dritte durch diese Maßnahme tatsächlich nur beschwert ist,

durch den Dritten (mit-) erstellte Arbeit ist - da sie unter sonstiger Täuschung angefertigt wurde - gem. § 8 II, 16 OStbglLK als ungenügend zu bewerten. Hat der Dritte als Teilnehmer der Leistungskontrolle bzw. der Übung seine eigenen Leistungen vorher ordnungsgemäß erbracht, so ist mangels Vorliegens der Voraussetzungen weder die Rücknahme noch die Versagung des Kontrollnachweises bzw. Übungsscheins zulässig, §§ 11 I (1), 11 III, 16 OStbglLK.

Ist der Dritte nicht Teilnehmer, so ergeben sich aus der OStbglLK für ihn keine Folgen. Da er jedoch als Student an der Universität eingeschrieben ist[1112], kommt eine Anordnung aufgrund des Hausrechts, eine Androhung des Einschreibungswiderrufs und schließlich ein Widerruf der Einschreibung gem. § 65 III (2) 2. Alt. HSchG[1113] in Betracht.[1114] Letzter ist jedoch nur bei wiederholter Zuwiderhandlung gegen eine ihm gegenüber auf Grund des Hausrechts ergangene Anordnung, Prüfungsmanipulation zu unterlassen, möglich.

Hinsichtlich der Promotion ist die PromO der Universität Trier heranzuziehen.[1115] Hieraus ergeben sich aber lediglich für den eigentlichen Doktoranden und die erbrachten Prüfungsleistungen, nicht jedoch für den Dritten, Folgen der Manipulation[1116]: gem. § 44 PromO kann die Promotion ganz oder teilweise für ungültig erklärt werden und gem. § 45 PromO i.V.m. § 4 I a) 1. Alt. AkadGFG ist die Entziehung eines dem eigentlichen Prüfling bereits verliehenen Grades möglich.

Da hinsichtlich des manipulierenden Dritten im Rahmen der Promotion allgemein auf sog. akademische ghost-writer abgestellt wird, ohne deren besonderen Berufsstand zu berücksichtigen[1117], sei hier nur kurz angemerkt, daß, falls es sich bei dem Dritten um einen an der Universität immatrikulierten Studenten handelt,

---

wenn er die für sich als Teilnehmer an der Leistungskontrolle bzw. der Übung erforderliche(n) Leistung(en) noch nicht erbracht hat.

1112 Bei der Manipulation durch Dritte im Rahmen der Leistungskontrollen und Übungen erfolgt eine Begrenzung der Untersuchung auf Studenten, vgl. 2.Teil, A.II.

1113 Vergleichbar § 28 I (2) HRG und die ähnlichen Regelungen anderer Länder, wie z.B. § 38 II (2) Nr. 2 HSchG Brem., § 41 I Nr. 2 HSchG Nds., § 69 IV (2) UG NRW.

1114 Hierzu bereits ausführlich vorstehend A.I.1.a.bb.(2).

1115 An den anderen promotionsberechtigten Universitäten existieren entsprechende Promotionsordnungen. Beachte beispielsweise §§ 30, 33 PromO der Christian-Albrechts-Universität zu Kiel; §§ 24, 27 PromO der Friedrich-Wilhelms-Universität Bonn; § 19 PromO der Universität Hamburg; §§ 20, 21 PromO der Universität Heidelberg; § 21 PromO der Wilhelms-Universität Münster; §§ 23, 24 PromO der Universität Tübingen.

1116 Vgl. bereits oben A.I.3.a.bb.(2)(a) und (b).

1117 Siehe hierzu 2.Teil, A.II.

auch hier eine Anordnung aufgrund des Hausrechts, eine Androhung des Einschreibungswiderrufs und der Widerruf der Einschreibung gem. § 65 III (2) 2. Alt. HSchG bei - in der Praxis nicht naheliegender - wiederholter Zuwiderhandlung gegen eine ihm gegenüber ergangene Anordnung, Prüfungsmanipulation zu unterlassen, in Betracht kommt.[1118] Handelt es sich bei dem Dritten um eine "universitätsfremde Person", d.h. um jemanden, der mit der Universität in keiner Verbindung steht und die betreffenden Räumlichkeiten nur zu Manipulationszwecken betreten hat, so kommt ihm gegenüber ein aufgrund des Hausrechts nach § 74 VII HSchG ergangenes Hausverbot in Betracht.

Sonstige Vorschriften, aus denen sich Folgen für den bei der Leistungskontrolle, Übung und/oder Promotion manipulierenden Dritten ergeben könnten, sind nicht ersichtlich.

2. Eintritt in die Position des eigentlichen Prüfungskandidaten

Der Dritte tritt in die Stellung des eigentlichen Prüflings ein[1119], d.h. er erstellt die Arbeit, unterzeichnet diese und liefert sie unter dem Namen des Prüfungskandidaten ab.

a. Strafrechtliche Beurteilung

aa. § 263 I / § 271 I StGB

Eine Strafbarkeit des Dritten wegen Betruges ist mangels Vorliegens einer Vermögensverfügung nicht erfüllt.[1120] Da sowohl der Leistungskontrollnachweis als auch der Übungsschein weder für die Identität des Erklärenden noch für die ordnungsgemäße Erstellung der Arbeit Beweis erbringen[1121], der Dritte insofern also keine unrichtige Beurkundung bewirkt, scheidet eine Strafbarkeit desselben nach § 271 I StGB aus.

1118 Vgl. im einzelnen entsprechend A.I.1.a.bb.(2).

1119 Hinsichtlich der Promotion bleibt diese Manipulationsvariante außer Betracht. Aufgrund der bestehenden persönlichen Bekanntschaft zwischen Doktorvater und Doktorand wird dieser die durch einen Fremdschreiber angefertigte Arbeit grundsätzlich in eigener Person einreichen und die der Dissertation beizuheftende Erklärung, er habe die Arbeit ohne fremde Hilfe in eigener Person erstellt, selber abgeben und mit seinem Namen unterzeichnen (vgl. A.I.3.a.bb.). Auch wird er aufgrund der notwendigen persönlichen Bekanntschaft die mündliche Prüfung grundsätzlich in eigener Person ablegen.

1120 Siehe vorstehend A.I.1.a.aa.(1) und A.I.2.

1121 Vgl. A.I.1.c.bb.(1)(b) und A.I.2.

bb. § 267 I 1. und 3. Alt. StGB

Indem der Dritte die Arbeit für den eigentlichen Prüfling anfertigt, diese mit dessen Namen unterzeichnet und sie abliefert, könnte er sich einer Urkundenfälschung strafbar machen.

Die Leistungskontrollklausur und die Aufsichts- und Hausarbeit der Fortgeschrittenenübung stellen Urkunden im Sinne des § 267 I StGB dar.[1122] Diese Prüfungsleistungen enthalten die Erklärungen, die Arbeit selbst erstellt zu haben und wie aus der Sicht des jeweiligen Prüflings die Aufgabe zu lösen ist. Folglich handelt es sich um verkörperte Gedankenerklärungen. Sie sind für die Erteilung des Leistungskontrollnachweises bzw. des Übungsscheins rechtserheblich und lassen den Aussteller erkennen.

Desweiteren müßte die betreffende Urkunde unecht sein.[1123] Voraussetzung dafür ist das Vorliegen einer Identitätstäuschung über den Aussteller, d.h. die Urkunde darf nicht von dem stammen, der aus ihr als Aussteller hervorgeht. Der Fremdschreiber hat die Arbeit angefertigt und mit dem Namen des eigentlichen Prüflings unterzeichnet. Jedoch läßt sich allein aus dieser Tatsache die Unechtheit der Urkunde nicht herleiten. Nach der zu befürwortenden Geistigkeitstheorie[1124] ist nicht derjenige Aussteller einer Urkunde, der diese körperlich herstellt, sondern derjenige, der sie im Rechtsverkehr als seine Erklärung gelten lassen und sich an sie gebunden fühlen will. Folglich kann auch durch Unterzeichnen mit fremdem Namen grundsätzlich eine echte Urkunde hergestellt werden. Eine Meinung[1125] führt an, dies sei der Fall, wenn die Unterzeichnung befugtermaßen mit Willen und im Auftrag des Namensträgers erfolge, denn § 267 StGB wolle eben nicht die außerstrafrechtliche Rechtswirksamkeit von Urkunden schützen.

Nach herrschender Ansicht[1126] muß im Falle der Unterzeichnung mit fremdem Namen eine Einschränkung der Geistigkeitstheorie erfolgen: Wo eine eigenhändige Ausstellung gesetzlich vorgeschrieben sei oder gewohnheitsrechtlich verlangt werde, könne durch Unterzeichnung mit fremdem Namen keine echte Urkunde

---

1122 Beachte Gliederungspunkt A.I.1.a.aa.(2) und A.I.2.

1123 Zum Begriff der unechten Urkunde vgl. bereits A.I.1.a.aa.(2).

1124 Hierzu A.I.1.c.aa.(1)(b).

1125 Samson in: SK, § 267, Rdnr. 58; ders., JuS 1970, S. 375; vgl. auch Puppe, JR 1981, S. 441 ff.

1126 Vgl. BayObLG, NJW 1988, S. 1401; Bürsch, JuS 1975, S. 722 f; Cramer in: Schönke/Schröder, a.a.O., § 267, Rdnr. 58; Krey, BT 1, Rdnr. 710; Lackner, a.a.O., § 267, Rdnr. 18; Tröndle in: LK, § 267, Rdnr. 19 ff.

hergestellt werden. Eine Urkunde sei nur dann als echte anzusehen, wenn der Vertreter den Namensträger vertreten wolle, dieser sich vertreten lassen wolle und keine eigenhändige Ausstellung vorgeschrieben sei oder verlangt werde. Diese Meinung und die von ihr aufgestellten Erfordernisse sind zu befürworten. Die Geistigkeitstheorie stellt hinsichtlich der Ausstellereigenschaft richtigerweise auf die Bedeutung der Urkunde im Rechtsverkehr, also auf den Erklärungswillen, der in der Regel durch die Unterschrift zum Ausdruck gebracht wird, ab. Genau dieser Erklärungswille kann jedoch im Rechtsverkehr nur Bedeutung erlangen, wenn die Unterzeichnung in zulässiger Art und Weise vorgenommen wird. Lediglich in diesem Fall ist eine Zurechnung möglich und kann der Namensträger die Erklärung tatsächlich als seine gelten lassen. Im Falle nicht zulässiger Unterzeichnung mit fremdem Namen kommt es zu einer Identitätstäuschung[1127] und gerade diese soll durch § 267 I 1. Alt. StGB erfaßt werden. Die Echtheit eines Schriftstücks bestimmt sich nach der Unterschrift, nicht nach seinem Wahrheitsgehalt, jedoch ist dafür die Zulässigkeit und Wirksamkeit der Unterschrift maßgeblich. Da ansonsten weder dem Urkundenzweck noch dem von § 267 StGB bezweckten Schutz[1128] Rechnung getragen wird, muß auf den Erklärungswillen des Namensträgers in Verbindung mit der Befugnis zur Vertretung abgestellt werden.[1129]

Bei Erstellung und Unterzeichnung der Arbeit durch den Dritten kommt es nicht zu einer wirksamen Vertretung des eigentlichen Prüflings. Juristische Übungsarbeiten sind von dem jeweiligen Prüfungskandidaten grundsätzlich[1130] selbst zu schreiben und zu unterzeichnen.[1131] Nur so ist eine tatsächliche Leistungskontrolle in der Praxis zu realisieren. Folglich ist auch nach der Geistigkeitstheorie

---

1127 Eine echte Urkunde gibt Aufschluß über den wirklichen Aussteller. Bei von der Rechtsordnung nicht gebilligter Unterzeichnung mit fremdem Namen kann diese den Namensträger deshalb nicht als Erklärenden ansehen.

1128 Geschütztes Rechtsgut ist die Sicherheit und Zuverlässigkeit des Rechtsverkehrs, insbesondere des Beweisverkehrs mit Urkunden, vgl. BGHSt 2/52; Cramer in: Schönke/Schröder, a.a.O., § 267, Rdnr. 1; Tröndle in: LK, § 267, Rdnr. 2 ff. Genau dieser ist aber beeinträchtigt, wenn mit der Urkunde kein gültiger Beweis erbracht werden kann, was bei rechtlich nicht zulässiger Vertretung eindeutig der Fall ist.

1129 So auch Tröndle in: LK, § 267, Rdnr. 24, der anführt: "Der geistige Urheber kann dort, wo er mit dem körperlichen Hersteller der Urkunde nicht identisch ist, im Hinblick auf den strafrechtlichen Echtheitsschutz der Urkunden nur dann als Aussteller im Rechtssinne legitimiert sein, wenn das Auseinanderfallen zwischen geistiger Urheberschaft und körperlicher Herstellung konform mit der Rechtsordnung ist."

1130 Abgesehen z.B. von dem Fall, daß einem körperbehinderten Prüfungskandidaten eine Schreibhilfe zugestanden wird, siehe bereits Fußnote 396.

1131 Vgl. §§ 7 II (2), 16 OStbglLK, wonach die Übungsarbeiten mit dem Namen des Bearbeiters zu versehen und von diesem zu unterzeichnen sind.

der Fremdschreiber als Aussteller der Urkunde anzusehen, der durch sein Vorgehen auf den eigentlichen Prüfungskandidaten als Erklärenden hinweist. Die durch den Fremdschreiber angefertigte und unterzeichnete Arbeit ist somit als unechte Urkunde im Sinne des § 267 I 1. Alt. StGB anzusehen.

Eine unechte Urkunde ist gebraucht, wenn der Fälscher oder ein Dritter sie dem zu Täuschenden zugänglich gemacht hat und diesem damit die Möglichkeit der Kenntnisnahme gegeben ist.[1132] Dadurch, daß der Dritte die Prüfungsarbeit nach Fertigstellung abgibt, bringt er diese in den Verfügungsbereich eines eventuell beauftragten Mitarbeiters und des Übungsleiters, der diese korrigieren und bewerten soll. Er macht damit auch im Sinne des § 267 I 3. Alt. StGB Gebrauch von der unechten Urkunde.

Der Fremdschreiber handelt in der Regel vorsätzlich und - da er durch bezweckte Erstellung und Abgabe der unechten Urkunde bei dem Korrektor der Arbeit einen Irrtum über die Echtheit der Urkunde erregen und diesen dadurch zu einem rechtserheblichen Verhalten (Korrektur, Benotung und Erteilung des Leistungskontrollnachweises bzw. Übungsscheins) veranlassen will - auch zur Täuschung im Rechtsverkehr. Rechtswidrigkeit und Schuld sind grundsätzlich erfüllt, so daß der Fremdschreiber § 267 I 1. und 3. Alt. StGB verwirklicht.[1133]

cc. <u>§ 123 I StGB</u>

Hinsichtlich der anzufertigenden Aufsichtsarbeiten könnte sich der Fremdschreiber durch das Betreten der Prüfungsräume eines Hausfriedensbruchs gem. § 123 I StGB strafbar machen.

Hierbei sind jedoch zwei Fallvarianten zu unterscheiden: Einmal kann der Dritte die notwendigen Voraussetzungen[1134] erfüllen und damit individuell bzw. generell zum Betreten des Prüfungsraums befugt sein[1135] oder aber er erfüllt die Voraus-

---

1132 Krey, BT 1, Rdnr. 690; Lackner, a.a.O., § 267, Rdnr. 23; Tröndle in: LK, § 267, Rdnr. 164 ff.

1133 Wer eine unechte Urkunde zu einem bestimmten Zweck herstellt und dann gebraucht, begeht nach einhelliger Ansicht nur eine Tat. Die Begründungen dieses Ergebnisses gehen jedoch auseinander, vgl. zusammenfassend Tröndle in: LK, § 267, Rdnr. 210 ff m.w.N.

1134 Siehe hierzu nur §§ 6, 15 OStbglLK und die vergleichbaren Regelungen anderer Universitäten.

1135 Dies ist z.B. der Fall, wenn der Dritte die erste Aufsichtsarbeit bestanden hat und als rechtmäßig zugelassener Teilnehmer der studienbegleitenden Leistungskontrolle die zweite Klausur für einen anderen Prüfungskandidaten schreibt. Ebenso, wenn ein an der Universität für das rechtswissenschaftliche Studium immatrikulierter Student, der den fachbezogesetzungen nicht, so daß eine Zulassung mangels individueller bzw. genereller Erlaubnis zum Betreten nicht besteht. Im erstgenannten Fall ist eine Strafbarkeit des Fremdschreibers gem. § 123 I StGB unter dem Aspekt "Verfolgung widerrechtlicher Zwecke" mit der oben aufgeführten Begründung[1136] zu verneinen. Gehört der Dritte aber nicht zu dem individuell bzw. generell zugelassenen Personenkreis, erfüllt er also die notwendigen Voraussetzungen nicht, so ist wiederum zwischen zwei Varianten zu differenzieren: Täuscht er vor, zu dem berechtigten Personenkreis zu gehören und darf er aufgrund dessen den Eingang passieren, so dringt er nicht in den Prüfungsraum ein. Er erschleicht sich vielmehr den Zutritt. Da es jedoch allein auf den wirklichen objektiv erkennbaren Willen des Berechtigten - in der Regel des jeweiligen Übungsleiters[1137] - ankommt, und hierbei nicht danach zu differenzieren ist, ob dieser durch Täuschung beeinflußt wurde, schließt ein durch Täuschung erschlichenes Einverständnis ein Eindringen im Sinne des § 123 I StGB aus.[1138] Folglich begeht der Dritte in diesem Fall keinen Hausfriedensbruchs gem. § 123 I StGB. Wird durch den Berechtigten auf eine individuelle Prüfung verzichtet, so liegt ein Eindringen durch den Dritten ebenfalls nicht vor: Entfällt ein solches bereits, wenn die Zulassung durch Täuschung erschlichen wird, so gilt dies erst recht, wenn es gar nicht zu einer solchen Täuschung kommt, weil der Berechtigte auf eine individuelle Prüfung verzichtet.[1139] Ist es dem Berechtigten insofern gleichgültig, wer den Prüfungsraum betritt und die Aufsichtsarbeit anfertigt, kann ein Eindringen nicht angenommen werden.[1140]

---

nen Leistungskontrollnachweis und den Übungsschein der Anfängerübung besitzt, die entsprechende Aufsichtsarbeit für einen anderen Übungsteilnehmer anfertigt.

1136 Vgl. A.I.1.a.aa.(4) und A.I.2., Fußnote 452.

1137 Vorstehend Fußnote 337 und §§ 15 II, 16 i.V.m. 7 IV (1) OStbglLK.

1138 Ebenso Dreher/Tröndle, a.a.O., § 123, Rdnr. 10; Krey, BT 1, Rdnr. 437; Lackner, a.a.O., § 123, Rdnr. 5; Lenckner in: Schönke/Schröder, a.a.O., § 123, Rdnr. 22, 24; Schild, NStZ 1986, S. 349 f; Amelung, NStZ 1985, S. 457. (Etwas anderes gilt, wenn er ein ihm gegenüber bestehendes Hausverbot durch Täuschung vereitelt.) A.A. etwa BayObLG, NJW 1972, S. 2275; Rudolphi in: SK, § 123, Rdnr. 18, 27.

1139 So schon Lenckner in: Schönke/Schröder, a.a.O., § 123, Rdnr. 24; ähnlich Dreher/Tröndle, a.a.O., § 123, Rdnr. 10.

1140 Diese Variante entspricht einem stillschweigenden Einverständnis des Berechtigten durch Duldung des Eintritts in den Prüfungsraum (vgl. hierzu insbesondere § 15 II OStbglLK, wonach der Übungsleiter über die Teilnahmeberechtigung entscheidet). Dem könnte zwar entgegengehalten werden, daß nur eine beschränkte generelle Erlaubnis bestehe, d.h. eine generelle Erlaubnis, die auf bestimmte Personengruppen beschränkt bzw. von bestimmten Voraussetzungen abhängig sei. Hierfür ist jedoch Voraussetzung, daß ein Ausschlußwille des Berechtigten hinsichtlich des Nichtvorliegens der Bedingungen hinreichend deutlich zum Ausdruck kommt, siehe nur Lenckner in: Schönke/Schröder, a.a.O., § 123, Rdnr. 23. In der OStbglLK sind zwar sämtliche Zulassungsbedingungen aufgeführt (vgl. §§ 6, 15), jedoch sind diese den Studenten relativ unbekannt, so daß ein echter Ausschlußwille hierdurch allein nicht hinreichend deutlich zum Ausdruck kommt. Wenn der jeweilige

Eine Strafbarkeit des Fremdschreibers wegen Hausfriedensbruchs gem. § 123 I StGB ist demnach in keinen Fall erfüllt.

b. Außerstrafrechtliche Beurteilung

Hinsichtlich der Leistungskontrolle bleibt anzumerken, daß der Dritte, der die Position des eigentlichen Prüfungskandidaten einnimmt, in der Regel nicht gleichzeitig individuell zugelassener Teilnehmer derselben sein wird. Da sich die §§ 8 und 11 OStbglLK jedoch ausschließlich auf den Teilnehmer an den Leistungskontrollen beziehen, ergeben sich aus diesen Vorschriften für den Dritten bezüglich der zu untersuchenden Manipulationsvariante keine Folgen.

In Bezug auf die juristischen Übungen kann auf die obigen Ausführungen diesbezüglich[1141] verwiesen werden. Sie gelten hier entsprechend.

Bei - in der Praxis wohl seltenem - Vorliegen der dafür erforderlichen Voraussetzungen kommt hinsichtlich des im Rahmen einer Leistungskontrolle bzw. einer Übung manipulierenden Dritten ein Widerruf seiner Einschreibung nach § 65 III (2) 2. Alt. HSchG in Betracht. Zuvor sind Anordnungen aufgrund des Hausrechts und die Androhung des Einschreibungswiderrufs möglich bzw. erforderlich.[1142]

II. Manipulation bei den juristischen Staatsexamen

Hierunter fällt das erste und das zweite juristische Staatsexamen[1143], d.h. sowohl der schriftliche als auch der mündliche Prüfungsteil.

1. Unerlaubte Hilfeleistung durch den Dritten

Diese Manipulationsvariante[1144] in Form der durch den Dritten erfolgten Weitergabe der Antwort bzw. Lösung an den eigentlichen Prüfungskandidaten ist wohl aufgrund des hierbei bestehenden direkten optischen Kontakts zwischen

---

Übungsleiter oder ein von diesem beauftragter Mitarbeiter den unkontrollierten Zutritt der Personen duldet, ohne auf die bestehende Beschränkung hinzuweisen, dann ist eine solche im Hinblick auf § 123 I StGB nicht wirksam. In diesem Zusammenhang ist insbesondere zu beachten, daß Einschränkungen der generellen Zutrittserlaubnis ihren Wert verlieren, wenn sie im Widerspruch zu einer tatsächlichen, vom Berechtigten geduldeten Übung stehen, so Lenckner, a.a.O.

1141 Gliederungspunkt D.I.1.b.

1142 Hierzu ausführlich A.I.1.a.bb.(2).

1143 Vgl. diesbezüglich 2.Teil, A.I.3. und 4.

1144 Zur näheren Begriffsbestimmung und Erläuterung bereits vorstehend D.I.1.

Prüfling und Prüfer im Rahmen der mündlichen Prüfung ausgeschlossen, so daß sich die nachstehenden Ausführungen allein auf den schriftlichen Prüfungsteil beziehen.

a. Strafrechtliche Beurteilung

Eine Strafbarkeit des Dritten gem. §§ 263 I, 267 I 1. Alt. und 271 I StGB liegt nicht vor.[1145]

b. Außerstrafrechtliche Beurteilung

Bezüglich der juristischen Staatsexamen könnten sich für den Dritten aus dem JAG bzw. der JAPO außerstrafrechtliche Folgen ergeben. Die die Prüfungsmanipulation im Examen regelnden Normen der §§ 11, 17 I JAG[1146] beziehen sich laut ausdrücklichem Wortlaut ausschließlich auf den Bewerber, d.h. auf den individuell zugelassenen Prüfungskandidaten. Demnach können sich für den Dritten hieraus lediglich Folgen ergeben, wenn er ebenfalls Bewerber ist. Dies ist z.B. der Fall, wenn er als Wiederholer zur Notenverbesserung gem. §§ 13 III, 17 I JAG erneut am Examen teilnimmmt. Da sowohl die Ergebnisbeeinflussung zu eigenem als auch zu fremdem Vorteil von § 11 JAG erfaßt wird[1147], kann die betreffende Prüfungsleistung in diesem Fall wegen eines Täuschungsversuchs und/oder eines erheblichen Ordnungsverstoßes gem. §§ 11 I (1), 17 I JAG mit null Punkten bewertet werden.

Bei Einstufung eines solchen Vorgehens als schwerem Fall, kann der Dritte gem. §§ 11 I (2), 17 I JAG von der Prüfung ausgeschlossen werden. Seine Verbesserungsprüfung gilt dann als nicht bestanden. Wird eine solche Täuschungshandlung erst nach Aushändigung des Zeugnisses über das Bestehen der Prüfung bekannt, so ist innerhalb von fünf Jahren seit dem Tag der mündlichen Prüfung gem. §§ 11 II (1), 17 I JAG eine entsprechende Berichtigung des Prüfungsergebnisses oder ein Fürnichtbestandenerklären der Prüfung möglich. Zu beachten ist, daß sich diese nachträgliche Änderungsmöglichkeit nur auf den Wieder-

---

1145 Vgl. entsprechend Gliederungspunkt D.I.1.a.aa. und D.I.1.a.bb.

1146 In den anderen Ländern bestehen vergleichbare Regelungen. Siehe nur z.B. §§ 23, 45 I JAPrO BW; §§ 19, 43 JAO Berl.; §§ 18, 43 II JAG Hess.; §§ 24, 52 JAO Nds., wo von Kandidat, Prüfling, Bewerber, Prüfungsteilnehmer o.ä. die Rede ist.

1147 Vgl. A.II.1.a.aa.(2).

holungsversuch zur Notenverbesserung, nicht aber auf das vorher ordnungsgemäß bestandene Examen des Dritten bezieht.[1148]

Sonstige außerstrafrechtliche Regelungen, aus denen sich für den im Examen manipulierenden Dritten Folgen ergeben könnten, sind nicht ersichtlich.

Zwar werden im Rahmen dieser Untersuchung berufsspezifische und sonstige besondere, spezielle Folgen der Manipulation für den Dritten nicht berücksichtigt.[1149] Nachfolgend jedoch einige Anmerkungen zu einem Fall der Aberkennung des Doktorgrades wegen Unwürdigkeit infolge unerlaubter Examenshilfe[1150]: Der Kläger, ein Jurist, wendete sich gegen die Entziehung seines akademischen Doktorgrades. Dieser war ihm aufgrund wiederholt angebotener und tatsächlich vorgenommener, unzulässiger, entgeltlicher Hilfeleistung bei juristischen Staatsprüfungen entzogen worden. Das OVG Berlin[1151] führt aus, der Kläger habe sich durch sein Vorgehen der Führung des akademischen Grades "Doktor jur." als unwürdig erwiesen. Der Inhaber eines Doktorgrades erweise sich zu dessen Führung als unwürdig, wenn er durch ein grob unredliches Verhalten dem mit der Führung dieses Grades verbundenen Anspruch wissenschaftlicher Lauterkeit zuwiderhandele, wobei es sich nicht notwendig um ein strafbares Verhalten handeln müsse. Auch z.B. spätere Plagiate und Fälschungen größeren Umfangs könnten die Unwürdigkeit begründen. Die Entziehung sei gerechtfertigt, weil der Kläger in grober Weise gegen den Anspruch auf wissenschaftliche Lauterkeit verstoßen habe, indem er wiederholt in der Absicht finanzielle Vorteile zu erzielen, Examenskandidaten unzulässige Hilfe angeboten und geleistet habe. Er habe den Doktorgrad werbewirksam dafür eingesetzt, zahlungskräftige Rechtskandidaten für bezahlte unlautere Examenshilfe zu gewinnen, wobei er unter Ausnutzung ihrer Prüfungsängste möglichst hohe Einnahmen habe erzielen wollen. Sein wissenschaftlich unlauteres Treiben habe er noch fortgesetzt, als sein früheres Vorgehen zu erheblichen strafrechtlichen Verurteilungen und schwerwiegenden beruflichen Konsequenzen geführt hätte. Sogar aus der Haft heraus habe er mit Hilfe seiner Ehefrau unzulässige Examenshilfe angeboten. Das OVG Berlin weist ausdrück-

---

1148 Da sich der an der Wiederholung zur Notenverbesserung teilnehmende Dritte aufgrund der Tatsache, daß er die Leistung für den eigentlichen Prüfling (mit-) erstellt, in der Regel nicht verbessern und ihm deshalb gem. §§ 9 II, 53 (1) JAPO über die Verbesserungsprüfung kein Zeugnis erteilt wird, kommt die in §§ 11 II (1), 17 I JAG aufgeführte Maßnahme ihm gegenüber in der Praxis wohl nicht zur Anwendung.

1149 Siehe vorstehend 2.Teil, A.II.

1150 Vgl. hierzu BVerwG, Beschl. v. 7.9.1990 - BVerwG 7 B 127.90, WissR 1991, S. 56 f; OVG Berlin, Urt. v. 26.4.1990 - OVG 3 B 19.89, NVwZ 1991, S. 188 f; VG Berlin, Urt. v. 21.4.1988 - VG 3 A 694.84.

1151 OVG Berlin, NVwZ 1991, S. 188 f.

lich darauf hin, daß späteres Wohlverhalten für die nach der Sach- und Rechtslage im Zeitpunkt des Erlasses der Entziehungsverfügung zu beurteilenden Unwürdigkeit ohne Belang sei.

2. Eintritt in die Position des eigentlichen Prüfungskandidaten

Bei dieser Manipulationsvariante[1152] im Rahmen der Examen wird auch die Erbringung der mündlichen Prüfungsleistung durch den Dritten erfaßt. Dieser wird hierbei unter dem Namen des eigentlichen Prüflings tätig.

a. Strafrechtliche Beurteilung

aa. § 263 I / § 271 I StGB

Eine Betrugsstrafbarkeit des Dritten ist mangels Vorliegens einer Vermögensverfügung nicht erfüllt.[1153] Da sowohl das Zeugnis des ersten als auch das des zweiten juristischen Staatsexamens für die eigenständige und ordnungsgemäße Leistungserbringung durch den eigentlichen Prüfungskandidaten keinen Beweis erbringt[1154], macht sich der Dritte nicht gem. § 271 I StGB strafbar.

bb. § 267 I 1. und 3. Alt. StGB

Die Examensklausur stellt eine Urkunde im Sinne des § 267 StGB dar.[1155] Auch ist die für § 267 I 1. Alt. StGB erforderliche Identitätstäuschung vorliegend zu bejahen: Hierbei kann auf die obigen Ausführungen[1156] verwiesen werden, wobei der einzige Unterschied darin besteht, daß der Fremdschreiber die Aufsichtsarbeiten nicht mit dem Namen des eigentlichen Prüflings unterzeichnet. Er versieht vielmehr jedes einzelne Blatt der Aufsichtsarbeit und auch das Deckblatt mit der durch ihn auf den Namen des eigentlichen Prüfungskandidaten ausgelo-

---

1152 Begriffsbestimmung und Erklärung dieser Variante im Hinblick auf schriftliche Prüfungsleistungen, D.I.2.

1153 Oben A.II.1.a.aa.(1)(a), A.II.1.b.aa.(1) und A.II.2. Falls der Dritte Prüfungsleistungen für den eigentlichen Prüfungskandidaten erbringt oder er sonstige Hilfe leistet, die zum Bestehen des Examens führt, kommt möglicherweise eine Beihilfe (§ 27 StGB) zum Anstellungsbetrug (hierzu A.II.1.a.aa.(1)(a), Fußnote 605) in Betracht.

1154 Vgl. A.II.1.a.aa.(1)(c), A.II.1.a.bb.(2)(a)(bb), A.II.1.b.bb.(1) und A.II.2.

1155 Diesbezüglich bereits A.II.1.a.aa.(1)(b) und A.II.2.

1156 Gliederungspunkt D.I 2.a.bb.

sten Kennziffer, die aufgrund des angewandten Verschlüsselungsverfahrens[1157] auf den Prüfling als Aussteller hinweist. Bei Fremdanfertigung der Arbeit unter der auf den Namen des eigentlichen Prüfungskandidaten ausgelosten Kennziffer kommt es nicht zu einer wirksamen Vertretung desselben. Der Dritte ist als wirklicher Aussteller der Urkunde anzusehen, der durch sein Vorgehen auf den eigentlichen Prüfling als Erklärenden hinweist. Die so angefertigte Klausur ist folglich als unechte Urkunde im Sinne des § 267 I 1. Alt. StGB anzusehen.

Durch Abgabe der Klausur unter dem Namen des eigentlichen Prüfungskandidaten macht der Dritte auch zum Zwecke der Täuschung im Sinne des § 267 I 3. Alt. StGB Gebrauch[1158] von der unechten Urkunde. Zwar gelangt die Aufsichtsarbeit dadurch nicht direkt in den Verfügungsbereich des eigentlichen Korrektors. Jedoch soll der Aufsichtsbeamte über die Person dessen, der die Klausur angefertigt hat, getäuscht werden. Er soll die Arbeit als unter Aufsicht erstellte Leistung des eigentlichen Prüflings bestätigen und sie an die zuständigen Korrektoren weiterleiten.[1159] Daß es dem Dritten als Endziel auf die Täuschung der Korrektoren und das von ihnen ausgehende rechtserhebliche Verhalten in Form der Korrektur und Bewertung der Leistung ankommt und der getäuschte Aufsichtsbeamte die Täuschung nur weiterleiten soll, steht - da dieser aufgrund der eigenen Täuschung und seines rechtserheblichen Verhaltens hierbei nicht lediglich als Bote[1160] tätig wird - der Vollendung des Gebrauchmachens nicht entgegen.[1161]

Der Dritte handelt in der Regel vorsätzlich und auch zur Täuschung im Rechtsverkehr: Durch Erstellung und Abgabe der unechten Urkunde will er sowohl bei der Aufsichtsperson als auch bei den Korrektoren einen Irrtum über die Echtheit

---

1157 Hierzu und zu der dadurch aureichend gewährleisteten Ermittelbarkeit des Ausstellers vorstehend A.II.1.a.aa.(1)(b).

1158 Zum Begriff des Gebrauchmachens oben D.I.2.a.bb.

1159 Hierbei macht es keinen Unterschied, ob er die Arbeiten direkt an die zuständigen Korrektoren weiterleitet oder diese erst, wie es z.B. §§ 4 VIII (2), 50 VI JAPO vorsehen, an den Präsidenten des Prüfungsamtes übersendet, der die Weiterleitung dann gewährleistet. Eine Täuschung der Korrektoren ist nur aufgrund der Täuschung der Aufsichtsperson möglich und dieser in Gang gesetzte Automatismus ist als ausreichend anzusehen.

1160 Zu dem Erfordernis, daß es sich bei der Mittelsperson zur Annahme eines vollendeten Gebrauchmachens nicht nur um einen Boten handeln darf, vgl. Cramer in: Schönke/Schröder, a.a.O., § 267, Rdnr. 78 und Dreher/Tröndle, a.a.O., § 267, Rdnr. 25. Weitergehend Maurach/Schroeder/Maiwald (BT 2, § 65 IV 3, S. 150, Rdnr. 71), der lediglich auf die Gutgläubigkeit der Mittelsperson abstellt. Da diese Unterscheidung vorliegend ohne Bedeutung ist, kann dahingestellt bleiben, welche Ansicht zu befürworten ist.

1161 RGSt 68/242; Cramer in: Schönke/Schröder, a.a.O., § 267, Rdnr. 78; Dreher/Tröndle, a.a.O., § 267, Rdnr. 25; Maurach/Schroeder/Maiwald, BT 2, § 65 IV 3, S. 150, Rdnr. 71.

der Urkunde erregen und diese Personen dadurch zu einem rechtserheblichen Verhalten veranlassen; die Aufsichtsperson soll bestätigen, daß es sich um eine unter Aufsicht angefertigte Arbeit des Prüflings handelt und diese weiterleiten, die Korrektoren sollen zu der sachlich nicht angemessenen Bewertung der Arbeit veranlaßt werden.

Rechtswidrigkeit und Schuld sind grundsätzlich zu bejahen, so daß der Fremdschreiber durch sein Vorgehen § 267 I 1. Alt. und 3. Alt. StGB verwirklicht, jedoch nur wegen einer Urkundenfälschung strafbar ist.[1162]

cc. § 123 I StGB

Ist der Dritte als Prüfungsteilnehmer individuell zum Betreten des Prüfungsraums zugelassen[1163], ist eine Strafbarkeit desselben gem. § 123 I StGB unter dem Gesichtspunkt "Verfolgung widerrechtlicher Zwecke" entsprechend der obigen Begründung[1164] zu verneinen.

Ist der Dritte nicht individuell zugelassen, so ist zu unterscheiden[1165]: Erschleicht er sich die Erlaubnis durch Täuschung, so entfällt damit ein "Eindringen" und folglich eine Strafbarkeit gem. § 123 I StGB. Wird durch den Berechtigten auf eine individuelle Prüfung verzichtet, so entfällt eine Strafbarkeit des Dritten wegen Hausfriedensbruchs aufgrund des Erst-Recht-Schlusses.

b. Außerstrafrechtliche Beurteilung

Da sich die §§ 11, 17 I JAG lediglich auf den Bewerber beziehen, der Dritte, der in die Stellung des eigentlichen Prüflings eintritt, also unter dessen Namen handelt, jedoch nicht gleichzeitig Bewerber, d.h. individuell zugelassener Prüfungsteilnehmer sein wird, ergeben sich aus diesen Vorschriften für den Dritten hinsichtlich der zu untersuchenden Manipulationsvariante keine Folgen. Sonstige Regelungen diesbezüglich sind nicht ersichtlich.

1162 Vgl. schon Fußnote 1133.

1163 Dies ist beispielsweise der Fall, wenn der Dritte das Examen bestanden hat, aber als Wiederholer zur Notenverbesserung (§§ 13 III, 17 I JAG) erneut an der Prüfung teilnimmt.

1164 A.II.1.a.aa.(1)(d), A.II.1.b.aa.(1) und A.II.2.

1165 Hierzu schon D.I.2.a.cc.

E. Strafbarkeit des Prüflings im Falle der durch den Dritten vorgenommenen Manipulation

Zwar ist auf den jeweiligen Einzelfall und die dabei vorliegenden Besonderheiten abzustellen, so daß durchaus Fälle denkbar sind, in denen der eigentliche Prüfling und der Dritte mittäterschaftlich zusammenwirken. Im Sinne dieser Untersuchung kommt jedoch, wie oben ausgeführt[1166], nicht eine Mittäterschaft, sondern nur eine Teilnahme des eigentlichen Prüfungskandidaten an den Straftaten des Dritten in Betracht.[1167]

Lediglich bei der Manipulationsvariante "Eintritt in die Position des eigentlichen Prüfungskandidaten" ist hinsichtlich des schriftlichen Prüfungsteils eine Strafbarkeit des Dritten erfüllt. Indem er die Arbeit für den eigentlichen Prüfling anfertigt, sie mit dessen Namen unterzeichnet bzw. mit der auf diesen ausgelosten Kennziffer versieht und abliefert, verwirklicht er eine tatbestandsmäßig-rechtswidrige Haupttat gem. § 267 I 1. und 3. Alt. StGB.[1168]

Hierzu könnte der eigentliche Prüfling eine Anstiftung gem. § 26 StGB begangen haben. Anstifter ist, wer vorsätzlich einen anderen zu dessen vorsätzlich begangener rechtswidriger Tat bestimmt hat, über die nicht er, sondern der Angestiftete Tatherrschaft hatte.[1169] Bestimmen bedeutet Hervorrufen des Tatentschlusses.[1170] Der eigentliche Prüfling wird in der Regel mit dem anderen[1171] di-

---

1166 Beachte A.I.1.c.bb.(1)(a), A.I.2., A.II.1.a.bb.(2)(a)(aa), A.II.1.b.bb.(1) und A.II.2. Bestehen Zweifel, ob ein Tatbeteiligter Täter oder Teilnehmer ist, so kann dieser nur wegen Teilnahme bestraft werden, vgl. BGHSt 23/203; Cramer in: Schönke/Schröder, a.a.O., § 25, Rdnr. 76 m.w.N., Wessels, AT, § 13 IV 8.

1167 Im Rahmen dieser Untersuchung bleiben einzelne Anhaltspunkte, die das Vorliegen einer Mittäterschaft zwischen Prüfling und Drittem nahelegen (also ein bewußtes und gewolltes Zusammenwirken, ein gemeinsam geplantes, arbeitsteiliges Handeln in Bezug auf die Vorbereitung oder Verwirklichung der Prüfungsmanipulation), außer Betracht. Da nicht jede Fallvariante erfaßt werden kann, wird hinsichtlich dieser Manipulationsvariante lediglich darauf abgestellt, daß der Fremdschreiber auf Veranlassung vollständig die Position des eigentlichen Prüfungskandidaten einnimmt und so alle notwendigen Handlungen eigenständig, ohne Dazutun des Prüflings, vornimmt.

1168 Siehe Gliederungspunkt D.I.2.a.bb und D.II.2.a.bb.

1169 Dreher/Tröndle, a.a.O., § 26, Rdnr. 2; Lackner, a.a.O., § 26, Rdnr. 1; Wessels, AT, § 13 IV 4.

1170 Cramer in: Schönke/Schröder, a.a.O., § 26, Rdnr. 4; Samson in: SK, § 26, Rdnr. 2; Stratenwerth, a.a.O., Rdnr. 876 ff.

1171 Hierbei ist unerheblich, ob der Prüfungskandidat sich mit seinem Anliegen direkt an den Dritten oder an einen sog. Vermittler wendet. Im letztgenannten Fall stiftet er einen anderen zur Anstiftung an (Kettenanstiftung) und begeht so eine (mittelbare) Anstiftung zur Haupttat. Hierzu BGHSt 6/361; Cramer in: Schönke/Schröder, a.a.O., § 26, Rdnr. 9 m.w.N.; Lackner, a.a.O., § 26, Rdnr. 8 m.w.N.

rekten kommunikativen Kontakt aufnehmen und diesen z.B. bitten, überreden oder durch Zusage einer Belohnung bzw. Gegenleistung dazu veranlassen, im Hinblick auf die Prüfung seine Position einzunehmen.[1172] In diesem Vorgehen ist ein "Bestimmen" im Sinne des § 26 StGB zu sehen, denn der Entschluß zur konkreten Tat geht auf den Einfluß des eigentlichen Prüfungskandidaten zurück. Da dieser den Dritten zu dem Vorgehen lediglich veranlaßt und jener ohne Einzelheiten der Tat vorher mit dem Prüfling zu besprechen - dessen Position vollständig einnimmt, obliegt auch nur dem Dritten die Tatherrschaft. Der Vorsatz des Anstifters muß die Anstiftungshandlung als solche und auch die Ausführung und Vollendung einer bestimmten, in ihren wesentlichen Grundzügen konkretisierten Tat durch einen bestimmten Täter oder einen individuell bestimmten Personenkreis umfassen.[1173]

Der Prüfling, der den Dritten veranlaßt, seine Stellung einzunehmen und eine Urkundenfälschung zu verwirklichen, handelt in Bezug auf die Anstiftungshandlung vorsätzlich. Da sich die Veranlassung und auch seine Vorstellung auf die Anfertigung einer bestimmten Prüfungsleistung bezieht, welche der Dritte mit Namen des Prüflings bzw. mit der auf dessen Namen ausgelosten Kennziffer versieht und an die Aufsichtsperson abgibt, hat er auch Vorsatz bezüglich einer (- da er die Einzelausgestaltung dem Dritten überläßt - zumindest in ihren wesentlichen Merkmalen und Grundzügen) konkretisierten Straftat. Er weiß, daß es sich um eine rechtswidrige Tat handelt, die der Dritte vorsätzlich begeht und er will auch deren Vollendung. Der eigentliche Prüfungskandidat wird sich mit seinem Anliegen in der Regel an eine bestimmte Person wenden. Deshalb ist auch der in Bezug auf den Haupttäter notwendige bestimmte Konkretisierungsgrad erreicht.[1174] Da er in der Regel auch rechtswidrig und schuldhaft handelt, macht sich der Prüfling demnach einer Anstiftung zur Urkundenfälschung strafbar.

1172 Deshalb kann vorliegend dahingestellt bleiben, ob für die Verursachung des Tatentschlusses bereits bloßes Schaffen einer sozialinadäquaten, zur Tat anreizenden Sachlage genügen kann; so z.B. Bloy, Die Beteiligungsform als Zurechnungstypus im Strafrecht, S. 328 f; Herzberg, Täterschaft und Teilnahme, S. 53, 146; ders., JuS 1976, S. 41; Lackner, a.a.O., § 26, Rdnr. 2; Samson in: SK, § 26, Rdnr. 5.

1173 Cramer in: Schönke/Schröder, a.a.O., § 26, Rdnr. 12 ff; Dreher/Tröndle, a.a.O., § 26, Rdnr. 5 ff; Haft, a.a.O., 8. Teil, § 3, Anm. 5 d; Samson in: SK, § 26, Rdnr. 6 ff; Wessels, AT, § 13 IV 4.

1174 Im Falle der sog. mittelbaren Anstiftung bzw. Kettenanstiftung (Fußnote 1171) ist es ausreichend, wenn es dem Vermittler (Angestifteten) überlassen bleibt, den Haupttäter auszuwählen. Auch braucht der eigentliche Anstifter die Zahl der Zwischenglieder zwischen ihm und dem Haupttäter nicht zu kennen. Vgl. hierzu BGHSt 6/361; Dreher/Tröndle, a.a.O., § 26, Rdnr. 3; Lackner, a.a.O., § 26, Rdnr. 8.

F. Heilungsproblematik

Fraglich ist, ob im Fall einer erst nach Erlaß der Prüfungsentscheidung und Zeugnis- bzw. Scheinerteilung bekanntgewordenen - durch den Prüfling vorgenommenen bzw. veranlaßten - Manipulation die Rücknahme der Prüfungsentscheidung und die Bewertungsänderung oder die Erklärung des Nichtbestehens der Prüfung unbefristet möglich ist oder ob vielmehr ein Ausschluß der Änderung vorgesehen ist bzw. eintreten kann[1175].

Die ohne Kenntnis von der Manipulation getroffene Prüfungsentscheidung ist unrichtig. Zur Korrektur dieses unrichtigen Ergebnisses muß die Prüfungsentscheidung grundsätzlich zurückgenommen und eine neue erlassen werden können. In dem Fall, daß keine speziellen Regelungen existieren bzw. eingreifen, erfolgt die Rücknahme nach bekanntgewordener Manipulation nach den Grundsätzen über die Rücknahme rechtswidriger begünstigender Verwaltungsakte[1176], d.h. nach Maßgabe der §§ 1 I, IV Nr. 2 LVwVfG, 48 I VwVfG[1177], wobei jedoch wegen der Manipulation und der darauf beruhenden fehlenden Schutzwürdigkeit der Vertrauensschutzgedanke nicht eingreift.[1178] Im Hinblick auf die von der Behörde bei der Entscheidung über die Rücknahme zu treffende Ermessensentscheidung, kann sich jedoch grundsätzlich ein Änderungsausschluß unter dem Aspekt der "Besonderheit des Prüfungsverfahrens"[1179], aus dem Verhältnismäßigkeitsgrundsatz und unter dem Gesichtspunkt der Rechtssicherheit ergeben.

1175 Hierbei ist zu berücksichtigen, daß durch die Annahme einer Heilung in zu großem Umfang für die Prüfungskandidaten ein Anreiz zur Manipulation geschaffen werden könnte.

1176 "Ihre Anwendung wird durch spezielle Normierungen von Rücknahmegründen in den einzelnen Prüfungsordnungen nicht ausgeschlossen", so Jakobs, VBlBW 1981, S. 180 m.w.N. Vgl. hierzu auch A.I.1.d.bb., insbesondere Fußnote 448; A.I.3.a.cc.(2)(b), Fußnote 576; A.II.1.a.cc.(2).

1177 Da der Verwaltungsakt in Form der Prüfungsentscheidung nicht auf Geldleistungen oder teilbare Sachleistungen gerichtet ist, findet § 48 I (2), III VwVfG Anwendung.

1178 VGH BW, VBlBW 1985, S. 426; VG Köln, WissR 1977, S. 83; Guhl, a.a.O., S. 228; Pietzcker, a.a.O., S. 101. Vgl. hierzu auch Bull, Allgemeines Verwaltungsrecht, Rdnr. 735 ff; Erichsen in: Erichsen/Martens, Allgemeines Verwaltungsrecht, § 18 I, S. 256 ff; Faber, Verwaltungsrecht, § 25 II b), S. 261 ff.

1179 Grundsätzlich sind objektiv rechtswidrige Prüfungsentscheidungen zurückzunehmen. Zu beachten ist aber, daß sich Manipulation bei Prüfungen vielfach in einer "Grauzone" bewegt, und daß die Besonderheiten des Prüfungsverfahrens und die darauf beruhenden Beweisprobleme eine nächträgliche Abänderung im Einzelfall ausschließen können (insbesondere bei mündlichen Prüfungen im Hinblick auf mangelnde Rekonstruierbarkeit der jeweiligen Prüfung). Die Unwiederholbarkeit der Prüfungssituation für sich alleine begründet jedoch kein zwingendes Änderungsverbot, denn ansonsten würde der Manipulation Tür und Tor geöffnet. Zur Abänderbarkeit von Prüfungsentscheidungen vgl. auch Kopp, VwVfG, § 48, Rdnr. 13; Kopp, JuS 1990, S. 945; Mehring, BayVBl. 1984, S. 714 ff; Rozek, JA 1989, S. 241; Weber, BayVBl. 1984, S. 268 ff, der eine nachträgliche Abän-

Nach einem gewissen Zeitablauf kann das öffentliche Interesse an der Rücknahme einer Prüfungsentscheidung (Prinzip der Gesetzmäßigkeit und Rechtsrichtigkeit, Gebot der Chancengleichheit und Gleichbehandlung) im Verhältnis zu den Interessen des betroffenen Prüfungskandidaten (Prinzip der Rechtssicherheit, Bestandsschutz, Zumutbarkeit) als so gering anzusehen sein, daß der Fortbestand der unrichtigen Entscheidung hinzunehmen ist. Auch kann der durch die Manipulation umgangene jeweilige Prüfungszweck aufgrund einer später abgelegten Prüfung oder einer erfolgten Berufstätigkeit erreicht worden sein, so daß deswegen von einer Rücknahme der unrichtigen Prüfungsentscheidung unter dem Gesichtspunkt der Heilung abzusehen ist.[1180] Die Beurteilung einer möglichen Änderungsbefristung ist somit nicht pauschal zu beantworten, sondern muß für den jeweiligen Einzelfall unter Berücksichtigung der dabei bestehenden Besonderheiten erfolgen.

Gem. § 11 I (1) OStbglLK ist ein Leistungskontrollnachweis zurückzunehmen, wenn sich bezüglich der Kontrolleistung ein Fall des § 8 II OStbglLK, d.h. eine unter Täuschung erbrachte Leistung, nachträglich herausstellt. Eine ausdrückliche Frist, innerhalb derer die Rücknahme erfolgen kann, beinhaltet § 11 OStbglLK nicht. § 11 II OStbglLK bestimmt lediglich, daß die Rücknahme nur innerhalb eines Jahres seit dem Zeitpunkt der Kenntnisnahme zulässig ist. Abgesehen von dieser Beschränkung könnte demnach eine unbefristete Rücknahme erfolgen. Gem. § 16 OStbglLK gilt dies entsprechend für die juristischen Übungen. Hierbei ist jedoch eine mögliche Befristung der Rücknahme aufgrund des Heilungsaspekts unter dem Gesichtspunkt der Zweckerreichung durch eine spätere ordnungsgemäß abgelegte Prüfung zu beachten. So könnte die Rücknahme eines Leistungskontrollnachweises bzw. eines Übungsscheins und der Erlaß einer diesbezüglichen neuen Prüfungsentscheidung aufgrund der Tatsache, daß der Prüfungskandidat das erste juristische Staatsexamen ordnungsgemäß abgelegt und bestanden hat, ausscheiden.

---

derung von Prüfungsentscheidungen durch die Prüfer grundsätzlich für ausgeschlossen hält.

1180 So führt Pietzcker (a.a.O., S. 101) aus: "Die Befristung trägt nicht nur den mit dem Zeitablauf wachsenden Beweisschwierigkeiten Rechnung, sondern verhindert auch tiefgreifende Änderungen in der Lebensgestaltung des einzelnen." Ein Fortschreiten in der Ausbildung bzw. der Berufseintritt kann eine Rücknahme der Prüfungsentscheidung zu einer unangemessenen Härte für den Prüfungskandidaten werden lassen. Vgl. hierzu OVG Münster, NVwZ 1988, S. 463; Guhl, a.a.O., S. 228 f m.w.N.; Klappstein in: Knack, VwVfG, § 48, Anm. 5.6.3.; Kopp, VwVfG, § 48, Rdnr. 58 f, 84 ff; Niehues, Schul- und Prüfungsrecht, Rdnr. 423, S. 311; Stelkens/Sachs in: Stelkens/Bonk/Leonhardt, a.a.O., § 48, Rdnr. 18 ff, 54 ff.

Bei der Frage, ob eine bestandene Prüfung den durch Manipulation hervorgerufenen Mangel, d.h. die Unrichtigkeit einer vorhergehenden Prüfungsentscheidung heilen kann, ist von dem Zweck und der Zielsetzung der einzelnen Prüfung auszugehen. Mit den studienbegleitenden Leistungskontrollen soll festgestellt werden, ob der Student für die weitere Ausbildung fachlich geeignet ist.[1181] Die Prüfungen im Rahmen der Übungen haben die Funktion, Grundkenntnisse und Grundfertigkeiten des Studenten abzufragen. Für den Studenten sollen sie eine Eignungs- und Leistungskontrolle bieten und ihm eine Rückmeldung über seinen Lernerfolg ermöglichen. Auch sollen sie zur Vorbereitung auf das erste Staatsexamen dienen.[1182] Das erste juristische Staatsexamen ist Studienabschlußprüfung und Eingangsprüfung für den öffentlichen Dienst. Es dient der Feststellung, ob der Bewerber das rechtswissenschaftliche Studienziel erreicht hat und für den Vorbereitungsdienst fachlich geeignet ist.[1183] Da der Prüfling durch das Bestehen der ersten Staatsprüfung beweist, daß er das Studienziel erreicht hat und davon Zweck und Zielsetzung der Leistungskontrollen und auch der juristischen Übungen mitumfaßt sind, ist davon auszugehen, daß das Bestehen des ersten Staatsexamens die aufgrund der Manipulation bestehende Unrichtigkeit des Leistungskontrollnachweises bzw. des Übungsscheins heilt und deshalb eine Änderung diesbezüglich ausschließt.

Eine solche Heilungsmöglichkeit im Hinblick auf die Leistungskontrollen ist jedoch durch das Bestehen der entsprechenden Übung für Fortgeschrittene nicht anzunehmen: Wie bereits die Bezeichnung "Übung" klarstellt, dient sie vorrangig den Bedürfnissen der Studenten[1184] und nur nachrangig als Qualifikations- bzw. Leistungsnachweis. Da die Übungen auch nicht - wie z.B. die Leistungskontrollen und die Staatsexamen - unter strengen Prüfungsbedingungen zu erbringen sind, hierbei somit eine erhöhte Manipulationsgefahr besteht, ist durch ihr Bestehen eine Heilung der durch Manipulation hervorgerufenen, aber erst nach Erteilung des Leistungskontrollnachweises entdeckten Unrichtigkeit desselben nicht in Betracht zu ziehen.

Wird eine Manipulationshandlung in Bezug auf das erste Staatsexamen erst nach Aushändigung des Zeugnisses über das Bestehen der Prüfung bekannt, so kann gem. § 11 II (1) JAG innerhalb von fünf Jahren seit dem Tage der mündlichen Prüfung das Prüfungsergebnis entsprechend berichtigt oder die Prüfung für nicht

---

1181 Siehe 2.Teil, A.I.1. und C.III.

1182 Beachte 2.Teil, C.III.

1183 Vgl. vorstehend 2.Teil, A.I.3. und C.III.

1184 Hierzu 2.Teil, C.III.

bestanden erklärt werden; das unrichtige Prüfungszeugnis ist einzuziehen.[1185] Das Bestehen der zweiten juristischen Staatsprüfung schließt jedoch jede Änderung aus, § 11 II (2) JAG.[1186]

Im Hinblick auf das zweite juristische Staatsexamen sieht § 17 I JAG die entsprechende Geltung des § 11 II (1) JAG vor. Folglich gilt auch hierbei die Fünfjahresfrist hinsichtlich des Änderungsausschlusses.[1187]

Der Entzug des Doktorgrades bestimmt sich nach § 45 PromO i.V.m. § 4 I AkadGFG. Eine ausdrückliche Befristung dieser Entziehungsmöglichkeit ist nicht vorgesehen. Auch ist grundsätzlich nicht davon auszugehen, daß eine Heilung unter dem Gesichtspunkt der Zweckerreichung durch eine spätere ordnungsgemäß abgelegte Prüfung oder eine durch Berufseintritt erfolgte Bewährung möglich ist. Aufgrund der unterschiedlichen und nicht vergleichbaren Zwecke von Staatsexamen und Promotion[1188], wird weder eine Promotion den durch Manipulation hervorgerufenen Mangel bei den Staatsprüfungen heilen noch führt das Bestehen eines Staatsexamens zur Heilung eines solchen Mangels bei der Promotion. Demnach ist in der Regel eine unbefristete Entziehung des Doktorgrades möglich, wobei im Rahmen der zu treffenden Ermessensentscheidung im Einzelfall eine

---

1185 Eine nachträgliche Erklärung des Nichtbestehens der Prüfung aufgrund der Manipulation kommt aber nur bei schweren Täuschungshandlungen in Betracht. Dies ergibt sich aus dem bestehenden Bezug der Vorschrift zu § 11 I (2) JAG. Vgl. hierzu auch OVG Münster, NVwZ 1988, S. 462 ff.

1186 Mit dem Ausschluß der Änderungsmöglichkeit nach Ablauf der Fünfjahresfrist wird dem Prinzip der Rechtssicherheit Genüge getan und mit dem Änderungsausschluß nach Bestehen des zweiten Staatsexamens wird dem Aspekt der Zweckerfüllung und Heilung durch eine spätere ordnungsgemäß erbrachte Prüfung Rechnung getragen. Vgl. hierzu auch die Vorschriften anderer Länder. Teilweise sind dort keine ausdrücklichen Fristen genannt, beispielsweise § 31 III JAPO Bay., § 14 III JAPO Sachs.; zum Teil existieren kürzere Fristen hinsichtlich des Änderungsausschlusses, siehe nur § 12 II JAPO Thür. ("... mehr als drei Jahre ...") und § 18 IV JAG Hess. ("... innerhalb von drei Jahren ...").

1187 Hierzu auch die Vorschriften anderer Länder, wie z.B. § 43 II JAG Hess., § 12 II JAPO Thür., § 21 IV Übereinkunft der Länder Freie Hansestadt Brem., Freie und Hansestadt Ham. und Schl-Hol. über ein gemeinsames Prüfungsamt und die Prüfungsordnung für die Große Juristische Staatsprüfung. Gem. § 32 II JAG Saarl. gilt zwar grundsätzlich auch eine Fünfjahresfrist, jedoch kann hiernach eine Änderung des Prüfungsergebnisses längstens bis zur Ernennung zum planmäßigen Richter oder Beamten erfolgen. Diese der Rechtssicherheit, Zumutbarkeit und dem Bewährungsgedanken im angemessenen Umfang Rechnung tragende Entscheidung ist zu befürworten. Für den Fall, daß § 11 II JAG nicht eingreift (vgl. A.II.1.a.cc.(2), A.II.1.b.cc.(2) und A.II.2.), sind jedoch sowohl im Hinblick auf das erste als auch auf das zweite Examen die darin aufgeführten Ausschließungsgründe hinsichtlich der Änderungsmöglichkeit entsprechend heranzuziehen.

1188 Siehe hierzu oben 2.Teil, C.III.

Abwägung der widerstreitenden Interessen[1189] zu erfolgen hat. Auch ist davon auszugehen, daß die §§ 48 IV, 49 II (2) VwVfG als Fristbestimmung heranzuziehen sind.[1190]

1189 Dies sind einerseits das Prinzip der Gesetzmäßigkeit und Rechtsrichtigkeit, das Gebot der Chancengleichheit und Gleichbehandlung; andererseits das Prinzip der Rechtssicherheit, des Bestandsschutzes, der Zumutbarkeit und der Verhältnismäßigkeit.

1190 Vgl. insofern A.I.3.a.bb.(2)(b).

5. TEIL: ZUSAMMENFASSENDES ERGEBNIS UND SCHLUSSBETRACHTUNG

A. Im Hinblick auf den Prüfling hat die vorstehende Untersuchung gezeigt, daß das Strafrecht und die aufgeführten Maßnahmen des allgemeinen Ordnungsrechts der Hochschule in Form des Erlasses von Anordnungen aufgrund des Hausrechts, der Androhung des Einschreibungswiderrufs und der tatsächlichen Vornahme des Einschreibungswiderrufs ein dem Verhältnismäßigkeitsgrundsatz entsprechendes, abgestuftes und gerechtes Maßnahmesystem bereithalten.

I. Lediglich bei der Beeinflussung von Prüfern durch die Gewährung materieller oder immaterieller Vorteile sind die bestehenden Sanktionsnormen lückenhaft. Weder der Fall, daß sich der Prüfer auf das Begehren des Prüflings einläßt noch die Variante, daß er dies von vornherein ablehnt, werden erfaßt. Da in beiden Fällen jedoch ein Sanktionsbedürfnis besteht, wäre Abhilfe z.B. durch eine Formulierung des § 11 I JAG in der nachfolgenden Fassung möglich:

> "(1) Unternimmt es der Bewerber, das Ergebnis einer schriftlichen Arbeit, einer mündlichen Prüfung oder der gesamten Prüfung durch fremd- oder eigennützige Täuschung, Benutzung nicht zugelassener Hilfsmittel, unzulässige Hilfe anderer Bewerber oder Dritter oder durch Einwirken auf Prüfer, Prüfungsorgane oder sonstige mit der Wahrnehmung von Prüfungsangelegenheiten befaßter bzw. beauftragter Personen zu beeinflussen oder verstößt er sonst erheblich gegen die Ordnung, so kann die betreffende Prüfungsleistung mit null Punkten bewertet werden. In schweren Fällen kann der Bewerber von der Prüfung ausgeschlossen werden; die Prüfung ist nicht bestanden. Der Besitz nicht zugelassener Hilfsmittel nach Ausgabe der Prüfungsaufgabe oder nach Beginn der mündlichen Prüfung steht der Benutzung nicht zugelassener Hilfsmittel gleich, sofern der Bewerber nicht nachweist, daß der Besitz weder auf Vorsatz noch auf Fahrlässigkeit beruht."[1191]

1191 Ähnlich lautende Formulierungen finden sich z.B. in § 14 I JAPO Sachs., § 12 I JAPO Thür.

Durch die Formulierung "Unternimmt...." werden Versuch und Vollendung gleichgestellt; bloße Vorbereitungshandlungen, für die noch kein Sanktionsbedürfnis besteht, werden nicht erfaßt.

Selbst für den Fall, daß man - abweichend von dem Ergebnis der vorliegenden Untersuchung - die Beeinflussung von Prüfern durch die Gewährung eines Vorteils als von § 11 I JAG erfaßt ansieht, sollte eine Änderung dieser Norm aus Klarstellungsgründen erfolgen.

Für die anderen Prüfungsformen sollte eine entsprechende Formulierung der jeweiligen Sanktionsnorm gewählt werden, um auch dort die bestehende Lücke zu schließen.

II. Eine Strafbarkeit des Prüflings gem. § 271 StGB ist in den dargelegten Sachverhalten zu verneinen: Eine erhöhte öffentliche Beweiswirkung kann auch nicht allein durch Argumentation mit dem Wortlaut der jeweiligen Urkunde - unabhängig von dessen inhaltlicher Ausgestaltung - begründet werden. Eine solche ist ausschließlich dann zu bejahen, wenn eine eigene Tatsachenfeststellung durch den Beurkundenden vorgeschrieben, üblich und auch möglich ist.

B. Hinsichtlich der Prüfer kann das vorhandene Instrumentarium als ausreichend zur Ahndung der beschriebenen Handlungsweisen erachtet werden. Nicht übersehen werden darf jedoch, daß einerseits eine Grauzone zwischen unerlaubter Manipulation und erlaubter Hilfeleistung, andererseits zwischen bewußter und unbewußter Manipulation verbleibt, die sich einer trennscharfen, in der täglichen Praxis handhabbaren Abgrenzung entzieht.

C. Als besonders problematisch erscheint die Manipulation durch Dritte. Strafrechtlich sind deren Hilfeleistungen kaum faßbar und aus der OStbglLK, dem JAG, der JAPO und der PromO ergeben sich nur dann Rechtsfolgen, wenn sie zugleich Prüfungsteilnehmer sind. Handelt es sich um sog. Vermittler, werden sie überhaupt nicht von dem Anwendungsbereich der o.g. Regelungen erfaßt.

I. Die rückwirkende Aberkennung ordnungsgemäß erbrachter, eigener Leistungen von Teilnehmern der Leistungskontrolle bzw. Übung, die als Dritte im Sinne der Untersuchung Prüfungsleistungen für den eigentlichen Prüfling erbringen und somit ordnungswidrig handeln, ist mangels bestehender Rechtsgrundlage nicht möglich. Die §§ 16, 8 I OStbglLK sehen lediglich den Ausschluß von der "weiteren" Teilnahme vor.

II. Bezüglich des Vorgehens eines Dritten, der nicht als Student an der Hochschule eingeschrieben ist, besteht die Möglichkeit, Maßnahmen und Anordnungen aufgrund des Hausrechts zu treffen. Gegenüber eingeschriebenen Studenten stehen hochschulintern zusätzlich die o.g. Maßnahmen zur Verfügung.

III. Eine Chance, Prüfungsmanipulation durch Dritte in gewissem Umfang jedenfalls einzudämmmen, bietet die Einführung strengerer Kontrollen. Bei Leistungskontrollen und Übungen sollte die persönliche Abgabe der Arbeit unter Vorlage des Personalausweises erfolgen; dadurch besteht die Möglichkeit, die unter der Klausur befindliche Unterschrift mit der im Personalausweis enthaltenen zu vergleichen. Der Verwaltungsaufwand für eine solche Maßnahme ist zwar groß, aber hielte sich noch im erträglichen Rahmen. Hinsichtlich der Staatsexamen wäre eine räumliche Trennung zwischen Wiederholern zur Notenverbesserung und den übrigen Bewerbern bei Ablegung der schriftlichen Prüfung zur Beschränkung der Manipulationsmöglichkeiten wünschenswert.

D. Allgemein bieten sich folgende Möglichkeiten an, die aufgezeigten "Miseren" bei der juristischen Bewältigung von Prüfungsmanipulationen zumindest abzuschwächen:

I. Einen wirksamen Schutz würde die allgemeine Einführung des Erfordernisses einer eidesstattlichen Versicherung über die selbständige, ordnungsgemäße Anfertigung der Prüfungsleistungen bieten, § 156 StGB. Dafür müßten die Landesprüfungsämter bzw. Universitäten landesrechtlich zur Abnahme eidesstattlicher Versicherungen ermächtigt werden. Hierdurch würden alle auch in Bezug auf den Drittschreiber relevanten Sachverhalte erfaßt, da eine unter falschem Namen abgegebene Versicherung stets falsch ist und auch die bloße Beihilfe zu § 156 StGB unter Strafe steht.

II. Desweiteren wäre die Einführung einer Ordnungswidrigkeitennorm in die Hochschulgesetze der Länder in Betracht zu ziehen. Eine solche könnte z.B. lauten:

> "(1) Ordnungswidrig handelt, wer das Verfassen oder Mitwirken beim Verfassen von Prüfungsarbeiten oder unerlaubte Hilfeleistungen bei mündlichen Prüfungen vermittelt, anbietet oder vornimmt.
>
> (2) Die Ordnungswidrigkeit kann mit einer Geldbuße bis zu einhunderttausend Deutsche Mark geahndet werden."

Eine solch abstrakte Formulierung birgt natürlich die Gefahr von Auslegungschwierigkeiten in sich. Besonders problematisch erscheint die ungewollte Erfassung und Pönalisierung von eigentlich erlaubten Hilfeleistungen, wie z.B. Beratungen und Diskussionen des Doktorvaters mit seinen Doktoranden. Hier wären die zuständigen Behörden berufen, eine praxisnahe Auslegung vorzunehmen. Subsumtionsfähig wären auf jeden Fall die gewerbsmäßigen und/oder entgeltlichen Formen der oben beschriebenen Handlungsweisen.

III. Im übrigen sollten die zur Verfügung stehenden, im Hochschulgesetz normierten, Ordnungsvorschriften extensiver zur Anwendung kommen. Soweit ersichtlich, machen die Hochschulen in der bisherigen Praxis von den ihnen dadurch gebotenen Handlungsmöglichkeiten kaum Gebrauch. Der Verfasserin ist zumindest kein Fall bekannt, in dem eine Universität nach aufgedeckter Prüfungsmanipulation eine Anordnung aufgrund des Hausrechts erlassen, für den Wiederholungsfall einen Widerruf der Einschreibung angedroht oder eine Einschreibung sogar widerrufen hat.

Zusammenfassend läßt sich somit festhalten, daß nach geltendem Recht - abgesehen von den aufgeführten Ausnahmen - wirksame und angemessene Maßnahmen als Entgegnung auf Manipulationen bei juristischen Prüfungen getroffen werden können. Dies kann aber nicht darüber hinwegtäuschen, daß selbst die dargestellten Verbesserungen nicht geeignet sind, die Problematik der Prüfungsmanipulation vollständig einer allumfassenden juristischen Bewältigung zuzuführen. "Und die Schlechten sind es meist nicht, die ihren guten Glauben teuer bezahlen müssen."[1192]

1192 Hachenburg, DJZ 1914, S. 677.

Anhang

Durch das Gesetz zur Verkürzung der Juristenausbildung vom 20.11.1992 (BGBl. I, S. 1926 f) sind die Ausbildungsvorschriften in den §§ 5 a ff DRiG geändert worden. Damit hat die langjährige Diskussion um die Reform der Juristenausbildung einen vorläufigen Abschluß gefunden. Die Landesgesetzgeber sind aufgerufen worden, die landesrechtlichen Vorschriften innerhalb eines Jahres dieser Neuregelung anzupassen. Da im Bundestag und Bundesrat keine Mehrheit für eine einheitliche grundlegende Änderung der Ausbildungsstruktur zustande kam, blieb bzw. bleibt es den Ländern überlassen, weitergehende Reformvorstellungen zu verwirklichen.

Die nunmehr vorliegende rheinland-pfälzische Neufassung des Landesgesetzes über die juristische Ausbildung (JAG n.F.) vom 30.11.1993 (GVBl. Rhl.-Pf. 1993, S. 550 ff) und der Juristischen Ausbildungs- und Prüfungsordnung (JAPO n.F.) vom 29.12.1993 (GVBl. Rhl.-Pf. 1994, S. 37 ff) bringt inhaltlich neben der Verkürzung auch eine Neustrukturierung der Juristenausbildung durch folgende Maßnahmen:

- Konzentration des Studienstoffs;
- wahlweise Abschichtung des schriftlichen Teils der ersten Staatsprüfung;
- Aufhebung der studienbegleitenden Leistungskontrollen;
- Verkürzung von Vorbereitungsdienst und Prüfungszeit der Staatsprüfungen.

Der rheinland-pfälzische Gesetzgeber nahm die Änderung des DRiG zum Anlaß, die Einzelregelungen im JAG auf ein Mindestmaß zu begrenzen und die Juristenausbildung umfassend in der JAPO zu normieren: Das Landesgesetz über die juristische Ausbildung konzentriert sich auf die wesentlichen Bestimmungen über Studium, Vorbereitungsdienst und Prüfungen, während die Einzelheiten zusammenhängend und übersichtlich in der Juristischen Ausbildungs- und Prüfungsordnung geregelt wurden. Der Grund für diesen gesetzgebungstechnischen Wandel dürfte nicht zuletzt darin zu suchen sein, daß so zukünftig durch bloße Anpassung der JAPO Gesetzesänderungen entbehrlich sein werden.

Zu den ausbildungsverkürzenden Maßnahmen gehört in erster Linie die Abschaffung der erst 1984 eingeführten studienbegleitenden Leistungskontrollen sowie die Verkürzung des Vorbereitungsdienstes um sechs Monate.

§ 8 I Nr. 1 JAG n.F. sieht den sofortigen Wegfall der studienbegleitenden Leistungskontrollen als Zulassungsvoraussetzung für das erste juristische Staatsexamen vor. Dies führt zu einigen "seltsamen" Konsequenzen: Studenten, die aufgrund des Nichtbestehens einer Leistungskontrolle ihr Studium aufgeben mußten, dürfte auch zukünftig der Zugang zum juristischen Studium verwehrt bleiben. Zwar enthält das JAG n.F. diesbezüglich keine ausdrückliche Regelung, so daß man grundsätzlich davon ausgehen könnte, daß mit Wegfall der Leistungskontrollen als Zulassungsvoraussetzung zur ersten juritischen Staatsprüfung der Weg zum Jurastudium wieder eröffnet wird. Richtigerweise muß man aber wohl der Auffassung sein, daß der entsprechende Anspruch endgültig verwirkt ist. Für Rheinland-Pfalz dürfte sich diese Folge zumindest aus § 64 I Nr. 4 HSchG ergeben, wonach eine Einschreibung zu versagen ist, wenn der Bewerber im gewählten Studiengang bereits den Prüfungsanspruch verloren hat. Da gem. § 2 II (7) JAG a.F. der Anspruch auf Zulassung zur ersten juristischen Staatsprüfung verloren ging, wenn bis zum Ende des sechsten Semesters nicht alle Leistungskontrollen bestanden wurden, müßte der Gesetzgeber eine Wiedereröffnung der Studienmöglichkeit explizit festschreiben. Zwar begegnet die sofortige Abschaffung der Leistungskontrollen ohne Übergangsregelung als Änderung zugunsten der Studenten keinen rechtsstaatlichen Bedenken. Hierbei kann jedoch nicht übersehen werden, daß denjenigen, die sich nur lange genug vor der Wahrnehmung ihres letzten Versuchs zum erfolgreichen Bestehen einer Leistungskontrolle "gedrückt" haben, eine milde gesetzgeberische Gabe in Form der unbeschränkten weiteren Studienmöglichkeit zuteil wurde bzw. wird. Hier wäre jedem betroffenen Studenten zu empfehlen gewesen, die gesetzgeberischen Aktivitäten Ende des Jahres 1992 zum Anlaß für eine Krankmeldung oder für die Einlegung eines Urlaubssemesters zu nehmen.

Im Gegensatz zu § 2 I JAPO a.F. sieht § 4 I JAPO n.F. die erfolgreiche Teilnahme an je einer Übung für Anfänger als Zulassungsvoraussetzung für das erste juristische Staatsexamen nicht mehr vor. Der Gesetzgeber stellt es den Universitäten demnach frei, Anfängerübungen auch weiterhin anzubieten. Die erfolgreiche Teilnahme an je einer Übung für Fortgeschrittene bleibt jedoch gem. § 2 I Nr. 3 JAPO n.F. als Zulassungsvoraussetzung für die erste Staatsprüfung bestehen.

Die schriftliche erste juristische Staatsprüfung besteht entsprechend § 3 II JAG n.F. aus zwei Teilen. Im ersten Teil sind die auf das Grundstudium, im zweiten Teil die auf das Vertiefungsstudium bezogenen Aufsichtsarbeiten zu fertigen. Gem. § 3 II (4) JAG n.F. können die schriftlichen Prüfungsleistungen aber auch zusammenhängend nach Abschluß des Vertiefungsstudiums erbracht werden.

Der Ordnungsverstöße regelnde § 11 JAG a.F. findet sich nunmehr unverändert in § 11 JAPO n.F. Für das zweite Staatsexamen verweist § 48 JAPO n.F. auf § 11 JAPO n.F.

Eine Wiederholung der Prüfung zur Notenverbesserung soll auch weiterhin zulässig sein, wenn die Prüfung beim ersten Versuch in Rheinland-Pfalz abgelegt worden ist, § 3 VII JAG n.F.

§ 4 II - V JAG n.F. entspricht weitgehend § 14 JAG a.F., wobei § 4 III (2) JAG n.F. die wünschenswerte Klarstellung enthält, daß grundsätzlich eine Aufnahme des Bewerbers in ein öffentlich-rechtliches Ausbildungsverhältnis erfolgt, wenn die Vorausetzungen für die Berufung in das Beamtenverhältnis nicht vorliegen.

Entgegen § 19 VI JAG a.F. sieht § 6 JAG n.F. eine Entpflichtung von Prüfern nicht mehr ausdrücklich vor.

Die jüngste Rechtsprechung des Bundesverfassungs- und des Bundesverwaltungsgerichts spiegelt sich in § 3 IV JAG n.F. wider, der die Möglichkeit für Kandidaten enthält, auch außerhalb des gerichtlichen Verfahrens im Verwaltungsweg die Bewertung ihrer Prüfungsleistungen nachprüfen zu lassen. Ein solches in Rheinland-Pfalz bereits vorher praktiziertes Gegenvorstellungsverfahren ist nunmehr gesetzlich festgeschrieben.

Gem. § 9 JAG n.F. ist das Gesetz und gem. § 53 JAPO n.F. ist die Rechtsverordnung mit Wirkung vom 30. April 1993 rückwirkend in Kraft getreten, um den Referendaren, die sich seit dem 3. Mai 1993 im Vorbereitungsdienst befinden, eine verkürzte Ausbildung nach neuem Recht bieten zu können. Jedoch sind in § 8 JAG n.F. und § 52 JAPO n.F. umfangreiche Übergangsregelungen normiert.

Anlage

A 1. Auszug aus der Teilstudienordnung des Fachbereichs Rechtswissenschaft der Universität Trier über studienbegleitende Leistungskontrollen und Übungen während des rechtswissenschaftlichen Studiums vom 6. März 1986

§ 1
Studienbegleitende Leistungskontrollen

(1) Während des rechtswissenschaftlichen Studiums werden studienbegleitende Leistungskontrollen unter Prüfungsbedingungen durchgeführt. Mit den Kontrollen wird festgestellt, ob der Studierende für die weitere Ausbildung fachlich geeignet ist. Sie erstrecken sich auf das Bürgerliche Recht, das Strafrecht und das Öffentliche Recht (Kontrollfächer).
(2) Der erfolgreiche Abschluß des Kontrollverfahrens ist Voraussetzung für die Zulassung zur ersten juristischen Staatsprüfung. Zu den Übungen für Fortgeschrittene im Bürgerlichen Recht, im Strafrecht und im Öffentlichen Recht wird nur zugelassen, wer die Leistungskontrollen für das jeweilige Fach bestanden hat. § 15 bleibt unberührt.

§ 2
Durchführung in Übungen für Anfänger

(1) Die Leistungskontrollen sollen im Rahmen der Übungen für Anfänger im Bürgerlichen Recht, im Strafrecht und im Öffentlichen Recht stattfinden. In jeder der Übungen werden zwei Aufsichtsarbeiten für die Erlangung des Kontrollnachweises gestellt. Die Bearbeitungszeit für die Aufsichtsarbeiten beträgt mindestens zwei Stunden.
(2) Die Leistungskontrollen sind bestanden, wenn in jedem der drei Kontrollfächer eine Aufsichtsarbeit mit "ausreichend" bewertet worden ist.

§ 3
Kontrollnachweise

Für jedes der drei Kontrollfächer wird das Bestehen der Leistungskontrolle in einem Kontrollnachweis bestätigt.

§ 4
Kontrollfrist, Wiederholung

(1) Die Bewerber müssen sich den Leistungskontrollen bis zum Ende des zweiten Studienjahres (viertes Semester) unterzogen haben.
(2) In jedem Kontrollfach kann das Kontrollverfahren bei Mißerfolg einmal wiederholt werden. Die Wiederholung ist letztmals bis zum Ende des dritten Studienjahres (sechstes Semester) möglich.

§ 6
Teilnahmeberechtigung, Zulassung

(1) Zur Teilnahme an den Leistungskontrollen sind die für das rechtswissenschaftliche Studium an der Universität Trier eingeschriebenen Studenten berechtigt, soweit sie den Kontrollnachweis in dem betreffenden Fach noch nicht erhalten haben. Anderen Studierenden des Fachbereichs Rechtswissenschaft der Universität Trier einschließlich der Gasthörer kann aus besonderen Gründen die Teilnahme an den Aufsichtsarbeiten zu Übungszwecken gestattet werden.
(2) Der Antrag auf Zulassung zur Teilnahme ist innerhalb einer vom Dekan zu bestimmenden Frist zu stellen. Die Zulassung setzt voraus, daß die erstmalige Teilnahme beziehungsweise die einmalige Wiederholung fristgerecht (§ 4) erfolgt und daß die betreffende Übung durch Eintragung in das Studienbuch belegt ist. Die Nachweise hierfür hat der Bewerber vorzulegen; soweit dies nach einem Studienortwechsel nicht möglich ist, hat der Bewerber entsprechende schriftliche Versicherungen abzugeben.

§ 7
Durchführung unter Prüfungsbedingungen

(1) Die Durchführung der Leistungkontrollen unter Prüfungsbedingungen liegt in der Verantwortung des Hochschullehrers, der die Übung abhält (Übungsleiter).
(2) Die zugelassenen Bewerber haben sich auf Verlangen bei jeder Aufsichtsarbeit durch einen amtlichen Ausweis mit Lichtbild auszuweisen. Die Aufsichtsarbeiten sind mit dem Namen des Bearbeiters zu unterzeichnen.
(3) Bei der Anfertigung der Aufsichtsarbeiten dürfen nur die zugelassenen Hilfsmittel verwendet werden. Das Mitführen nicht zugelassener Hilfsmittel gilt als Täuschungsversuch.
(4) Die Führung der Aufsicht obliegt dem Übungsleiter oder einem von diesem beauftragten Mitarbeiter. Weitere Aufsichtspersonen können hinzugezogen werden.

§ 8
Täuschung, Benutzung nicht zugelassener Hilfsmittel, Störung

(1) Der Aufsichtsführende (§ 7 Abs. 4 Satz 1) kann Teilnehmer wegen der Verwendung nicht zugelassener Hilfsmittel oder wegen des Versuchs einer sonstigen Täuschung zu eigenem oder fremden Vorteil oder wegen eines erheblichen Verstoßes gegen die Ordnung von der Teilnahme beziehungsweise der Fortsetzung der Arbeit ausschließen. Darüber hinaus kann in besonders schwerwiegenden Fällen der Teilnehmer von der weiteren Teilnahme an dieser Leistungkontrolle (§ 2 Abs. 1 Satz 1) ausgeschlossen werden. Über den Ausschluß nach Satz 1 oder 2 ist eine Niederschrift anzufertigen.
(2) Eine unter Verwendung nicht zugelassener Hilfsmittel oder unter sonstiger Täuschung angefertigte Aufsichtsarbeit ist als "ungenügend" zu bewerten.

§ 10
Auswahl und Bewertung der Aufsichtsarbeiten

(1) Die Auswahl und die Bewertung der Aufsichtsarbeiten liegt in der Verantwortung des Hochschullehrers, der die Übung abhält.
(2) Für die Bewertung der Aufsichtsarbeiten gilt § 1 der Verordnung des Bundesministers der Justiz über eine Noten- und Punkteskala für die erste und zweite juristische Prüfung vom 3. Dezember 1981.

§ 11
Rücknahme und Versagung der Kontrollnachweise

(1) Ein Kontrollnachweis (§ 3) ist zurückzunehmen, wenn dieser selbst, die Zulassung zu einer Leistungskontrolle, eine Fristverlängerung, die Anerkennung einer Verhinderung oder ein für diese Entscheidungen notwendiger Nachweis durch arglistige Täuschung, Drohung oder Bestechung oder durch unrichtige und unvollständige Angaben erwirkt worden ist oder wenn sich bezüglich einer für einen Kontrollnachweis erforderlichen Kontrolleistung ein Fall des § 8 Abs. 2 nachträglich herausstellt. Im letzteren Falle kann die Wiederholung der betreffenden Leistungskontrolle innerhalb einer bestimmten Frist gestattet werden, wenn für diese Leistungskontrolle zur Zeit der Setzung des Rücknahmegrundes noch eine Wiederholungsmöglichkeit bestanden hatte.
(2) Unter den Voraussetzungen des § 8 Abs. 2 sowie in Fällen, in denen Entscheidungen und Nachweise durch unrichtige oder unvollständige Angaben erwirkt worden sind, ist die Rücknahme nur innerhalb eines Jahres seit dem Zeitpunkt der Kenntnisnahme zulässig.
(3) Die in Abs. 1 aufgeführten Nachweise und Entscheidungen sind zu versagen, wenn jeweils vorher Tatsachen bekannt werden, die einen Rücknahmegrund darstellen.

§ 13
Zuständigkeiten

(1) Der Dekan ist zuständig für
1. die Fristberechnung und Fristverlängerung (§ 5),
2. die Zulassung zur Teilnahme an einer Leistungkontrolle (§ 6 Abs. 1 Satz 1 und Abs. 2),
3. die Anerkennung einer Verhinderung (§ 9),
4. Rücknahmen und Versagungen (§ 11),
5. Entscheidungen bei Zweifeln über die Anerkennung anderer Leistungen (§ 12).

In den Fällen der Nummern 3 und 4 entscheidet der Dekan im Einvernehmen mit dem Übungsleiter.

(2) Im übrigen ist der Hochschullehrer zuständig, der die Übung abhält.

§ *15*
Teilnahmeberechtigung für die Übungen für Fortgeschrittene

(1) Zur Teilnahme an den Übungen für Fortgeschrittene im Bürgerlichen Recht, im Strafrecht und im Öffentlichen Recht sind die für das rechtswissenschaftliche Studium an der Universität Trier immatrikulierten Studierenden einschließlich der Gaststudierenden berechtigt, die für das betreffende Fach den Kontrollnachweis (§ 3) und den Übungsschein der Übung für Anfänger vorlegen.
(2) Über die Teilnahmeberechtigung entscheidet der Hochschullehrer, der die Übung für Fortgeschrittene abhält.

§ *16*
Entsprechende Anwendung

Auf die Durchführung von Übungen finden die §§ 7 Abs. 2 - 4 und §§ 8, 10 und 11 entsprechende Anwendung.

§ *17*
Geltung

Die vorliegende Ordnung gilt für alle Studierenden, die ein rechtswissenschaftliches Studium ab dem 16. September 1985 aufnehmen.

A 2. Auszug aus der Promotionsordnung des Fachbereichs Rechtswissenschaft der Universität Trier vom 6. November 1979, zuletzt geändert durch Ordnung vom 7. Mai 1992

§ *2*
Promotionsvoraussetzungen

(1) Die Verleihung erfolgt auf Grund von Promotionsleistungen oder ehrenhalber.
(2) Die Promotion auf Grund von Promotionsleistungen dient dem Nachweis der Fähigkeit zur vertieften selbständigen Arbeit auf dem Gebiet der Rechtswissenschaft.

§ *3*
Promotionsleistungen

Die Promotionsleistungen bestehen aus einer Dissertation und einer mündlichen Prüfung.

§ *10*
Anforderung an die Dissertation

Die Dissertation muß einen selbständigen Beitrag zur Weiterentwicklung der Rechtswissenschaft enthalten. Sie darf nicht bereits bei einem anderen Fachbereich eingereicht oder abgelehnt worden sein.

§ *12*
Zulassungsgesuch

(1) Das Verfahren der Promotion auf Grund von Promotionsleistungen beginnt mit der Einreichung des Zulassungsgesuchs beim Dekan.
(2) Dem Zulassungsgesuch sind beizufügen:
a) ein Nachweis der Annahme als Doktorand,
b) drei Exemplare der Dissertation einschließlich der Zusammenfassung i.S. des § 39 Abs. 1 Satz 2,
c) ein Lebenslauf,
d) ein polizeiliches Führungszeugnis,
e) die Versicherung des Antragstellers, daß er die Dissertation selbständig angefertigt und nur die angegebenen Hilfsmittel verwendet hat,
f) eine Erklärung des Antragstellers, daß die Dissertation nicht bei einem anderen Fachbereich eingereicht oder abgelehnt worden ist,

g) die Benennung der dogmatischen Fächer und des Grundlagenfachs für die mündliche Prüfung (§ 25),
h) ein Nachweis über die Einzahlung der Promotionsgebühr.

§ *14*
Ausschluß von der Promotion

Von der Promotion ausgeschlossen ist, wer bei dem Nachweis der Annahme oder Zulassungsvoraussetzungen eine Täuschung begangen hat. Über den Ausschluß entscheidet der Fachbereichsrat. Dem Bewerber ist vorher Gelegenheit zur Stellungnahme zu geben.

§ *15*
Bestellung der Berichterstatter

(1) Der Dekan bestellt zwei Berichterstatter zur Begutachtung der Dissertation. Berichterstatter sind der betreuende sowie ein zweiter Professor oder Privatdozent des Fachbereichs. Ist der Betreuer kein beamteter Professor im Sinne von § 48 Abs. 1 HochSchG, muß der zweite Berichterstatter beamteter Professor im Sinne von § 48 Abs. 1 HochSchG sein.
(2) Im Falle des § 5 Abs. 2 gilt Abs. 1 Satz 1. Mindestens ein Berichterstatter muß beamteter Professor im Sinne von § 48 Abs. 1 HochSchG sein.
(3) Bei einer Dissertation aus Grenzgebieten zwischen zwei Fachbereichen kann der Dekan als zweiten Berichterstatter einen Professor aus einem anderen Fachbereich bestellen.

§ *19*
Bewertung

Die Dissertation wird mit "summa cum laude", "magna cum laude", "cum laude", "rite" oder mit "insufficienter" bewertet.

§ *20*
Annahme oder Ablehnung der Dissertation

(1) Bewerten beide Berichterstatter die Dissertation mit "rite" oder besser, ist sie angenommen. Bewerten sie beide mit "insufficienter", ist sie abgelehnt.
(2) Hält ein Berichterstatter im Gegensatz zu dem anderen die Dissertation für "insufficienter", so bestellt der Dekan einen Drittberichterstatter. Die Berichterstatter entscheiden dann mit Mehrheit über die Annahme der Dissertation.
(3) § 18 bleibt unberührt.
(4) Bei Ablehnung der Dissertation ist die Prüfung nicht bestanden. Der Dekan teilt dies dem Doktoranden mit und gibt ihm eine Begründung. Der Kandidat kann Einsicht in die Prüfungsakte nehmen. Die abgelehnte Dissertation verbleibt bei den Akten des Fachbereichs.

§ *22*
Zeitpunkt der mündlichen Prüfung

Die mündliche Prüfung wird vom Dekan nach Annahme der Dissertation anberaumt.

§ *23*
Prüfer

(1) Der Dekan bestellt drei Prüfer aus dem Kreis der Professoren und Privatdozenten des Fachbereichs und bestimmt den Vorsitzenden.
(2) Von den Prüfern müssen mindestens zwei beamtete Professoren im Sinne von § 48 Abs. 1 HochSchG sein. Der betreuende Professor oder Privatdozent wird stets zum Prüfer bestellt.

§ *25*
Gegenstand der mündlichen Prüfung

(1) Die mündliche Prüfung erstreckt sich auf zwei dogmatische Fächer sowie ein Grundlagenfach nach Wahl des Doktoranden.
(2) Dogmatische Fächer i.S.d. Abs. 1 sind
a) Zivilrecht,
b) Öffentliches Recht,
c) Strafrecht.
(3) Grundlagenfächer i.S.d. Abs. 1 sind

a) Rechtsgeschichte,
b) Allgemeine Staatslehre und Verfassungsgeschichte,
c) Staatsphilosophie und Rechtsphilosophie,
d) Rechtstheorie einschließlich Methodenlehre und Rechtssoziologie.

§ 26
Prüfungsdauer

(1) Wird der Doktorand alleine geprüft, soll die Prüfung 90 Minuten dauern.
(2) Werden mehrere Doktoranden zusammen geprüft, soll die Prüfung in einem Fachgebiet eine Stunde nicht überschreiten.

§ 29
Bewertung

Im Anschluß an die mündliche Prüfung beschließen die Prüfer mehrheitlich über die Bewertung der mündlichen Prüfung entsprechend der Bewertung nach § 19.

§ 31
Gesamtnote

Im Anschluß an die mündliche Prüfung beschließen die Prüfer unter Einbeziehung der Gutachten und des Ergebnisses der mündlichen Prüfung mehrheitlich über die Gesamtnote der Promotion. § 19 gilt entsprechend.

§ 33
Wiederholung

(1) Ist die Dissertation abgelehnt worden, so kann in einem neuen Verfahren einmal eine andere Dissertation vorgelegt werden.
(2) Ist die mündliche Prüfung nicht bestanden, so kann sie einmal wiederholt werden. Die Frist, innerhalb derer die Wiederholung beantragt werden kann, beginnt mit Ablauf von sechs Monaten und endet nach einem Jahr.

§ 40
Vollzug der Promotion

Ist die Dissertation veröffentlicht, so vollzieht der Dekan die Promotion durch Aushändigung der Promotionsurkunde.

§ 41
Promotionsurkunde

Die Promotionsurkunde enthält:
a) den Ausspruch der Verleihung des Grades eines Doktors der Rechte (Dr. iur.) durch den Fachbereich,
b) die Bewertung der Promotion,
c) den Titel der Dissertation,
d) das Datum der mündlichen Prüfung,
e) die Siegel der Universität und des Fachbereichs,
f) die Unterschrift des Präsidenten der Universität und des Dekans.

§ 44
Verfahren bei Täuschungshandlungen

Hat der Doktorand beim Nachweis der Annahme- oder Zulassungsvoraussetzungen oder bei der Erbringung von Promotionsleistungen eine Täuschung begangen, so kann der Fachbereichsrat die Promotion ganz oder teilweise für ungültig erklären. Bevor der Fachbereichsrat einen Beschluß faßt, ist dem Doktoranden Gelegenheit zur Stellungnahme zu geben.

§ 45
Entzug des Doktorgrades

Der Doktorgrad kann nach den geltenden gesetzlichen Bestimmungen entzogen werden.

A 3. Auszug aus dem Gesetz über die Führung akademischer Grade vom 7. Juni 1939, zuletzt geändert durch Art. 54 des Dritten Landesgesetzes zur Änderung strafrechtlicher Vorschriften vom 5. November 1974

§ 4

(1) Der von einer deutschen staatlichen Hochschule verliehene akademische Grad kann wieder entzogen werden,
a) wenn sich nachträglich herausstellt, daß er durch Täuschung erworben worden ist, oder wenn wesentliche Voraussetzungen für die Verleihung irrigerweise als gegeben angenommen worden sind,
b) wenn sich nachträglich herausstellt, daß der Inhaber der Verleihung eines akademischen Grades unwürdig war,
c) wenn sich der Inhaber durch sein späteres Verhalten der Führung eines akademischen Grades unwürdig erwiesen hat.
Über die Entziehung entscheidet diejenige Hochschule, die den akademischen Grad verliehen hat.

§ 8

Die zur Durchführung dieses Gesetzes erforderlichen Rechts- und Verwaltungsvorschriften erläßt der Reichsminister für Wissenschaft, Erziehung und Volksbildung.

A 4. Auszug aus der Verordnung zur Durchführung des Gesetzes über die Führung akademischer Grade vom 21. Juli 1939

Auf Grund des § 8 des Gesetzes über die Führung akademischer Grade vom 7. Juni 1939 (RGBl. I S. 985) wird verordnet:

1.

Ein akademischer Grad darf nur geführt werden, wenn er von der dazu befugten Stelle ordnungsgemäß verliehen worden ist und der Beliehene eine Verleihungsurkunde oder ein Besitzzeugnis inne hat.

3.

(1) Über die Entziehung eines von einer inländischen staatlichen Hochschule verliehenen akademischen Grades entscheidet ein Ausschuß, der aus dem Rektor der Hochschule und den Dekanen besteht. An Hochschulen, denen eine Untergliederung in Fakultäten (Abteilungen) fehlt, treten an die Stelle der Dekane zwei jeweils für die Dauer von fünf Jahren durch den Reichsminister für Wissenschaft, Erziehung und Volksbildung bestellte ordentliche Mitglieder des Lehrkörpers.
(2) Die Entscheidung des Ausschusses wird mit der Zustellung wirksam.

Literaturverzeichnis

Albrecht, Peter-Alexis: Beförderungserschleichung bei unkontrolliertem Zugang, Anmerkung zu OLG Hamburg, Urt. v. 3.6.1987 - 1 Ss 67/87, in: NStZ 1988, S. 222 ff

Allgaier, Edwin: Zur Frage des Verzichts auf den Doktorgrad, in: DÖD 1989, S. 231 f

Amelung, Knut: Hausfriedensbruch bei "Tag der offenen Tür", Anmerkung zu OLG Zweibrücken, Urt. v. 26.10.1984 - 1 Ss 175/84, in: NStZ 1985, S. 457 f

Amelung, Knut/*Weidemann*, Jürgen: Bestechlichkeit und Förderung einer Selbstschädigung im Maßregelvollzug - BGH, NJW 1983, S. 462, in: JuS 1984, S. 595 ff

Arndt, Ad.: Die Entziehung von Titeln, Orden, Ämtern und Ehren im Verwaltungsrechtsweg, in: Das Recht, 6. Jhrg. 1902, S. 410 ff

Arzt, Gunther/*Weber*, Ulrich: Strafrecht, Besonderer Teil, LH 4: Wirtschaftsstraftaten, Vermögensdelikte, Fälschungsdelikte, 2. Aufl., Bielefeld 1989

Arzt, Gunther/*Weber*, Ulrich: Strafrecht, Besonderer Teil, LH 5: Delikte gegen den Staat, gegen Amtsträger und durch Amtsträger, Bielefeld 1982

Bachof, Otto: Beurteilungsspielraum, Ermessen und unbestimmter Rechtsbegriff im Verwaltungsrecht, in: JZ 1955, S. 97 ff

Bahnson, Karsten: Studentische Auszüge, in: Neuloh, Otto/Rüegg, Walter (Hrsg.), Student und Hochschule im 19. Jahrhundert, S. 173 ff, Göttingen 1975

Bahrdt, Hans Paul: Leistungsstand, Leistungsdefizite und Leistungskontrolle bei den Studenten von heute, in: DUZ 1972, S. 536 ff

Bake, Uwe: Die Entstehung des dualistischen Systems der Juristenausbildung in Preußen, Kiel 1971

Baldus, Manfred: Der Verzicht auf den akademischen Grad, in: Jura 1988, S. 573 ff

Battis, Ulrich: Bundesbeamtengesetz mit Erläuterungen, München 1980

Bauchrowitz, Wolfgang: Der immaterielle Vorteilsbegriff der Bestechungsdelikte im StGB, Frankfurt a.M. 1988

Baumann, Jürgen: Disziplinarrecht - autoritäres Instrument oder notwendiges Element der Hochschulautonomie?, in: DÖV 1970, S. 257 ff

ders.: Reform des studentischen Disziplinarrechts, Tübingen 1968

ders.: Der Lichtblick im Disziplinarrecht, in: JZ 1967, S. 657 ff

Baumbach, Adolf/*Lauterbach*, Wolfgang/*Albers*, Jan/*Hartmann*, Peter: Zivilprozeßordnung mit Gerichtsverfassungsgesetz und anderen Nebengesetzen, 51. Aufl., München 1993

Becker, Hellmut: Zensuren. Ihre Fragwürdigkeit, Berechtigung und Alternativen, Heidelberg 1991

Becker, Hellmut/*von Hentig*, Hartmut: Zensuren. Lüge - Notwendigkeit - Alternativen, Frankfurt a.M. 1983

Becker, Joachim: Die hergebrachten Grundsätze des Berufsbeamtentums in der Rechtsprechung des Bundesverwaltungsgerichts, in: ZBR 1978, S. 255 ff

Becker, Peter: Der Parlamentsvorbehalt im Prüfungsrecht, in: NJW 1990, S. 273 ff *ders.*: Prüfungsrecht: eine konstruktive Kritik seiner Rituale, 1. Aufl., Baden-Baden 1988

ders.: Prüfungsordnungen und Rechtsstaatgebot, in: DÖV 1970, S. 730 ff

Behl, Wilfried: Verändertes Strafrecht - verändertes Disziplinarrecht, Würzburg 1981

Bengeser, Gerhard: Doktorpromotion in Deutschland. Begriffe, Geschichte, gegenwärtige Gestalt, Bonn 1964

ders.: Hochschulrecht/Promotionsordnungen. Eine Sammlung der Vorschriften über die Verleihung des Doktorgrades an den wissenschaftlichen Hochschulen in Deutschland, Loseblattsammlung Bonn 1964, Stand: 3. Lfg. 1970

Berkemann, Jörg: Aus der Rechtsprechung des Bundesverfassungsgerichts, in: JR 1991, S. 447 ff

Bettermann, Karl-August: Hypertrophie der Grundrechte. Eine Streitschrift, Hamburg 1984

Bettermann, Karl-August/*Goessl*, Manfred: Schulgliederung, Lehrerbildung und Lehrerbesoldung in der bundesstaatlichen Ordnung, Berlin 1963

Birkel, Peter: Mündliche Prüfungen. Zur Objektivität und Validität der Leistungsbeurteilung, 1. Aufl., Bochum 1978

Bleckmann, Albert: Staatsrecht II - Die Grundrechte, 3. Aufl., Köln, Berlin, Bonn, München 1989

Bleek, Wilhelm: Von der Kameralsausbildung zum Juristenprivileg. Historische und Pädagogische Studien, Bd. 3, Berlin 1972

Blei, Hermann: Strafrecht II, Besonderer Teil, 12. Aufl., München 1983

Bloy, René: Die Beteiligungsform als Zurechnungstypus im Strafrecht, Berlin 1985

Blümel, Willi: Vom Hochschullehrer zum Professor, in: König, Klaus/Laubinger, Hans-Werner/Wagner, Frido (Hrsg.), Öffentlicher Dienst - Festschrift für Carl Hermann Ule zum 70. Geburtstag, S. 287 ff, Köln, Berlin, Bonn, München 1977

Bockelmann, Paul: Betrug verübt durch Schweigen, in: Bockelmann, Paul/Gallas, Wilhelm (Hrsg.), Festschrift für Eberhard Schmidt zum 70. Geburtstag, S. 437 ff, Göttingen 1961

ders.: Strafrecht, Besonderer Teil, Bd. 3, Ausgewählte Delikte gegen Rechtsgüter der Allgemeinheit, München 1980

Boehm, Laetitia: Die Verleihung akademischer Grade an den Universitäten des 14. - 16. Jahrhunderts, in: Chronik der Ludwig-Maximilians-Universität München, S. 164 ff, München 1958/59 (1959)

Bönsch, Manfred: Auf den Prüfer kommt es an, in: DUZ 1987, S. 17 ff

Bolte, Michael: Kompetenzen und Kompetenzabgrenzungen im Hochschulinnenbereich, Wissenschaftliche Beiträge aus Europäischen Hochschulen, Reihe 02, Rechtswissenschaften Bd. 9, Ammersbek bei Hamburg 1990

Braun (ohne Vornamen): Die Entziehung staatlicher Orden und Ehrentitel in Preußen, in: AöR, Bd. 37, 1918, S. 129 ff

Brehm, Robert: Rechtsstaatliche Prüfungen, in: Recht der Jugend und des Bildungswesens, 1992, S. 87 ff

Brockmann, Thomas: Das große Buch vom Schummeln, Frankfurt a.M. 1990

Brockhaus, F.A.: Der Neue Brockhaus, Lexikon in fünf Bänden und einem Atlas, Bd. 5, 6. Aufl., Wiesbaden 1980

Brüdermann, Stefan: Göttinger Studenten und akademische Gerichtsbarkeit im 18. Jahrhundert, Göttingen 1990

Brüggemann, Thomas: Der Verzicht von Zivilpersonen im Verwaltungsrecht, Münster 1965

Buchholz, Birte: Die akademische Prüfung als institutionelles und persönliches Problem, in: Sperling, Eckhard/Jahnke, Jürgen, Zwischen Apathie und Protest, Bd. 2, S. 5 ff, Bern, Stuttgart, Wien 1974

Büchner, Bernward: Anmerkung zu VG Frankfurt, Urt. v. 26.1.1972 - III/2 - E 96/69, in: NJW 1972, S. 1831 f

Bürker (ohne Vornamen): Bericht betreffend Entziehung des Doktortitels, in: Mitteilungen des Verbandes Deutscher Hochschulen (1920-1933), 1926, S. 19 f

Bürsch, Michael: Der Übungsschein, in: JuS 1975, S. 721 ff

Bull, Hans Peter: Allgemeines Verwaltungsrecht, 3. Aufl., Heidelberg 1991

ders.: Die Staatsaufgaben nach dem Grundgesetz, 2. Aufl., Kronberg/Taunus 1977

Bydlinski, Franz: Juristische Methodenlehre und Rechtsbegriff, 2. Aufl., New York, Wien 1991

Claussen, Hans Rudolf: Das förmliche Disziplinarverfahren, 2. Aufl., Köln, Berlin, Bonn, München 1989

Claussen, Hans Rudolf/*Benneke*, Friedhelm: Vorermittlungen im Disziplinarverfahren, 3. Aufl., Köln 1984

Claussen, Hans Rudolf/ *Benneke*, Friedhelm: Das nichtförmliche Disziplinarverfahren, 2. Aufl., Köln, Berlin, Bonn, München 1991

Claussen, Hans Rudolf/*Janzen*, Werner: Bundesdisziplinarordnung, Handkommentar unter Berücksichtigung des materiellen Disziplinarrechts, 7. Aufl., Köln, Berlin, Bonn, München 1993

Dallinger, Peter/*Bode*, Christian/*Delian*, Fritz: Hochschulrahmengesetz Kommentar, Tübingen 1978

Degenhart, Christoph: Staatsrecht I, Staatszielbestimmungen, Staatsorgane, Staatsfunktionen, 8. Aufl., Heidelberg 1992

Denninger, Erhard: Hochschulrahmengesetz Kommentar, München 1984

Dettinger-Klemm, Martin: Grenzen der Wissenschaftsfreiheit, Pfortzheim 1990

Döhring, Erich: Die juristische Fakultät. Geschichte der Christian-Albrechts-Universität Kiel, 1665-1965, Bd. 3, Teil 1, Neumünster 1965

Dohse, Walter: Das Schulzeugnis. Sein Wesen und seine Problematik, Weinheim 1963

Dorff, Gerth: Das Beamten- und Besoldungsrecht der Hochschullehrer, in: Gesammelte Schriften, Präsidium des Hochschulverbandes (Hrsg.), Hochschulpolitik und Hochschulrecht, S. 111 ff, 1. Aufl., Kehl am Rhein 1985

Dornseifer, Gerhard: Strafrechtsreform im Einführungsgesetz? Die Vorteilsgewährung (einfache aktive Bestechung) nach dem Entwurf eines Einführungsgesetzes zum StGB, in: JZ 1973, S. 267 ff

Drake, C.A.: Why students cheat, in: The Journal of Higher Education, 12, 1941, S. 418-420

Dreher, Eduard/*Tröndle*, Herbert: Strafgesetzbuch und Nebengesetze, 46. Aufl., München 1993

Ebel, Wilhelm: Der Karzer und die Strafgerichtsbarkeit der Universität, in: Universitätschronik Georgia Augusta, S. 34 ff, Göttingen 1971

Ebert, Udo: Verletzung der amtlichen Schweigepflicht als Bezugshandlung der Bestechungstatbestände, in: GA 1979, S. 361 ff

Eckhardt, Carl-August: Die Richtlinien zur Vereinheitlichung der Hochschulverwaltung und die Strafordnung für Studenten vom 1.4.1935, in: Deutsche Rechtswissenschaft, Hamburg 1936, S. 89 ff

Eggensperger, Dieter/*Hammel*, Reiner: Die Juristenausbildung in Baden-Württemberg, München 1986

Ellwein, Thomas: Die deutsche Universität (vom Mittelalter bis zur Gegenwart), Königstein/Taunus 1985

Erdmann, Johann Ed.: Von der akademischen Gerichtsbarkeit, in: Erdmann, Johann Ed. (Hrsg.), Über einige der vorgeschlagenen Universitätsreformen, S. 7 ff, Leipzig 1848

Erichsen, Hans-Uwe: Höchstrichterliche Rechtsprechung zum Verwaltungsrecht. Art. 3 I GG als Grundlage von Ansprüchen des Bürgers gegen die Verwaltung, in: VerwArch., Bd. 71, 1980, S. 289 ff

ders.: Höchstrichterliche Rechtsprechung zum Verwaltungsrecht. Rechtsfragen der Aufhebung von begünstigenden Verwaltungsakten durch die Verwaltung nach Inkrafttreten der Verwaltungsverfahrensgesetze des Bundes und der Länder, in: VerwArch., Bd. 69, 1978, S. 303 ff

Erichsen, Hans-Uwe/*Martens*, Wolfgang: Allgemeines Verwaltungsrecht, 8. Aufl., Berlin, New York 1988

Evers, Hans-Ulrich: Lehrbefähigung und Lehrbefugnis, in: Flämig, Ch./Grellert, V./Kimminich, O. u.a. (Hrsg.), Handbuch des Wissenschaftsrechts, Bd. I, S. 453 ff, Berlin, Heidelberg, New York 1982

ders.: Unzeitgemäßes und Zeitgemäßes zum studentischen Disziplinarrecht, in: Festschrift für Wilhelm Felgentraeger zum 70. Geburtstag, S. 17 ff, Göttingen 1969

Faber, Heiko: Verwaltungsrecht, 2. Aufl., Tübingen 1989

Fahse, Hermann: Landesgesetz über die wissenschaftlichen Hochschulen in Rheinland-Pfalz, Kommentar, Kaiserslautern 1976

Fastenrath, Ulrich: Studienbegleitende Leistungskontrollen in der Juristenausbildung, in: WissR, Bd. 19, 1986, S. 141 ff

Fischbach, Oscar Georg: Die hergebrachten Grundsätze des Berufsbeamtentums, in: DVBl. 1951, S. 99 ff

Flechsig, Karl-Heinz: Prüfungen und Evaluation, in: Interdisziplinäres Zentrum für Hochschuldidaktik der Universität Hamburg (Hrsg.), Hochschuldidaktische Stichworte, Nr. 9, Sept. 1974, S. 1 ff

Flechsig, Karl-Heinz/*Francke*, Robert/*Huber*, Ludwig/*Walter*, Manfred: Ausbildungsbegleitende Leistungskontrollen als Formen wissenschaftlichen Prüfens in der einstufigen Juristenausbildung in Niedersachsen. Gutachten des Interdisziplinären Zentrums für Hochschuldidaktik der Universität Hamburg. Manuskript (ohne Ortsangabe) 1972

Fleig, M.: Das Verbot der Doppelbestrafung im Disziplinarverfahren, in: VBlBW 1989, S. 86 ff

Florin, Irmela/v. *Rosenstiel*, Lutz: Leistungsstörung und Prüfungsangst, Ursachen und Behandlung, München 1976

Francke, Robert: Reformansprüche und Reformverwirklichung des Prüfungswesens an neuen Hochschulen, in: Prahl, Hans Werner (Hrsg.), Prüfungssysteme und Prüfungsreformen an den Hochschulen in der Bundesrepublik Deutschland, Bd. II, S. 105 ff, Hamburg 1981

Frank, Reinhard: Das Strafgesetzbuch für das Deutsche Reich nebst Einführungsgesetz, 18. Aufl., Tübingen 1931

Fries, Gunter: Die Rechtsstellung des Studenten innerhalb der wissenschaftlichen Hochschule, Hamburg 1974

Füller, Klaus: Funktionen und Formen von Prüfungen, Neuburgweier 1975

Fürst, Walter/*Finger*, Hans Joachim/*Mühl*, Otto/*Niedermaier*, Franz: Gesamtkommentar öffentliches Dienstrecht (GKÖD), Fürst, Walter (Hrsg.), Bd. I, Beamtenrecht des Bundes und der Länder, Richterrecht und Soldatenrecht, Teil 2 a, Allgemeines Beamtenrecht I; Teil 2 b, Allgemeines Beamtenrecht II, Loseblattsammlung Berlin 1973, Stand: 2/93 Lfg. Juli 1993

Geltinger, Jakob: Immunitätsrecht und disziplinargerichtliches Verfahren, in: Zum öffentlichen Dienst- und Disziplinarrecht, Festgabe für Hans Rudolf Claussen, S. 127 ff, Köln, Berlin, Bonn, München 1988

Geppert, Klaus: Fälschung von Prüfungsaufgaben als strafbare Urkundenfälschung?, in: Jura 1981, JK, StGB § 267/4

Gerber, Hans: Grundfragen des akademischen Disziplinarrechts, in: DVBl. 1955, S. 480 ff

ders.: Studentisches Diziplinarrecht, in: DVBl. 1954, S. 657 ff

ders.: Akademisches Disziplinarrecht für die Mitglieder des Lehrkörpers der Hochschulen und die Glieder ihrer Verwaltung. - Ein vernachlässigter Problemkreis des Beamtenrechts, in: DÖV 1954, S. 673 ff

Gertmann, Dieter: Wirkung des Vollzugs der akademischen Prüfung auf Selbstbewertung und Motivation der Prüflinge, Münster/Westfalen 1977

Glauning, Otto: Dissertationsfragen, in: Mitteilungen des Verbandes Deutscher Hochschulen (1920-1933), 1930, S. 186 ff

Gössl, Karl Heinz: Scheckkartenmißbrauch ist keine Untreue, sondern Betrug, Anmerkung zum Urt. des OLG Köln v. 22.11.1977 - Ss 397/77, in: JR 1978, S. 469 ff

ders.: Vom Scheckbetrug zum Scheckkartenbetrug?, in: MDR 1973, S. 177 ff

Goldschmidt, Levin: Rechtsstudium und Prüfungsordnung. Ein Beitrag zur Preußischen und Deutschen Rechtsgeschichte, Stuttgart 1887

Grabendorff, Walter/*Arend*, Paul: Landesbeamtengesetz Rheinland-Pfalz, Kommentar (fortgeführt von Arend, Paul), Bd. I, Bd. II, Loseblattsammlung Siegburg 1967, Stand: 31. Lfg. August 1993

Gramlich, Ludwig: Grundlagen des Disziplinarrechts, in: Recht im Amt 1991, S. 261 ff

Grapengeter, Andrew/*Damm*, Walter: Kultusrecht. Sammlung von Gesetzen, Verordnungen und anderen öffentlich-rechtlichen Vorschriften des Bundes (Reiches) und der Hansestadt Hamburg auf den Gebieten der Erziehung, Wissenschaft und Kultur, 2. Bd., Hochschulwesen, Hamburg 1953

Graupe, Johannes: Die Systematik und das Rechtsgut der Bestechungsdelikte, München 1988

Großfeld, Bernhard: Rechtsausbildung und Rechtskontrolle, in: NJW 1989, S. 875 ff

ders.: Das Elend des Jurastudiums, in: JZ 1986, S. 357 ff

Günther, Hellmuth: Entlassung von Beamten auf Widerruf, in: ZBR 1987, S. 129 ff

ders.: Die Tatbestände nichtiger, zurücknehmender oder rücknehmbarer Ernennung, in: DÖD 1990, S. 281 ff

Guhl, Peter: Prüfungen im Rechtsstaat, 1. Aufl., Bad Honnef 1978

Gursky, Karl-Heinz: Rezension der Dissertation "Verzug im Sachenrecht" von Eberhard Schwerdtner, in: AcP, Bd. 174, 1974, S. 415 ff

Gusy, Christoph: Prüfungsentscheidungen vor Gericht, in: Jura 1991, S. 633 ff

ders.: Der Vorrang des Gesetzes, in: JuS 1983, S. 189 ff

Hachenburg (ohne Vornamen): Juristische Rundschau, in: DJZ 1914, S. 676 ff

Haft, Fritjof: Strafrecht, Allgemeiner Teil, 5. Aufl., München 1992

Hamann, Andreas: Besprechung des BVerwG-Urteils v. 7.10.1988 - 7 C 2.88, in: VBlBW 1989, S. 255 ff

Hamann, Wolfram: Möglichkeiten und Grenzen der rechtlichen Kontrolle von pädagogischen Beurteilungen und Prüfungsakten, in: VR 1990, S. 17 ff

Harms, Peter: Vollzugsprobleme bei der Bestenauslese, in: Die Personalvertretung 1990, S. 510 ff

Hattenhauer, Hans: Akademische Freiheit oder Studentenbeglückung?, in: Jura 1984, S. 278 ff

Havers, Hans/*Schnupp*, Günther: Beamten- und Disziplinarrecht, 7. Aufl., Hilden/Rhld. 1990

Hennecke, Hans-Günter: Studienbegleitende Leistungskontrollen. Legitimationsgründe, normative Regelung und satzungsmäßige Ausgestaltung durch die Rechtswissenschaftlichen Fakultäten, in: von Mutius, Albert (Hrsg.), Das Jura-Studium, S. 49 ff, Berlin, New York 1987

Hergenröther, Josef/*Kaulen*, Franz: Enzyklopädie der katholischen Theologie und ihrer Hilfswissenschaften, 2. Aufl., Freiburg 1891

Hermelink, Heinrich/*Kaehler*, Siegfried A.: Die Philipps-Universität zu Marburg: 1527-1927, Marburg 1927

Herr, Robert: Für eine juristische Zwischenprüfung - eine Entgegnung, in: DRiZ 1984, S. 236 f

Herrmann (ohne Vornamen): Die akademische Gerichtsbarkeit, in: Allgemeine Deutsche Strafrechtszeitung, Jhrg. 8, 1868, 4, S. 144-153

Herzberg, Rolf D.: Täterschaft und Teilnahme, München 1977

ders.: Grundfälle zur Lehre von Täterschaft und Teilnahme, in: JuS 1976, S. 40 ff

Herzig, Manfred/*Schach*, Klaus: Juristenausbildung in Berlin, 2. Aufl., Berlin, New York 1985

Hesse, Konrad: Grundzüge des Verfassungsrechts der Bundesrepublik Deutschland, 16. Aufl., Heidelberg 1988

Heyde, Doris: Beamtenprüfungen - eine wichtige Institution des Traditionalismus im alten China, in: Das Altertum, 23, 1977, S. 90 ff

Hilg, Günter: Beamtenrecht, 3. Aufl., München 1990

Hirsch, Ernst E.: Über akademische Grade und Würden, in: DUZ, Bd. 18, 1963, S. 10 ff

Hitpaß, Josef/*Trosien*, Jürgen: Leistungsbeurteilung in Hochschulabschlußprüfungen innerhalb von drei Jahrzehnten, Bonn 1987

Hohl, Karl-Eugen: Die akademische Gerichtsbarkeit in Württemberg, Tübingen 1944

Holmes, Brian/*Lauwerys*, J.A.: Education and Examinations, in: Lauwerys und Scanlon (ed.): Examinations, London 1969, S. 1 ff

Hruschka, Joachim: Anstiftung zum Meineid und Verleitung zum Falscheid, in: JZ 1967, S. 210 ff

Hubrich, Eduard: Die Entwicklung verliehener Ehrentitel in Preussen, in: AöR, Bd. 22, 1907, S. 327 ff

Hudtwalcker, M.H.: Einige Bemerkungen über das Verfahren vor akademischen Gerichten und über akademische Strafgesetze, in: Hudtwalcker, M.H./Trummer, Carl (Hrsg.), Criminalistische Beiträge, 2. Bd., S. 203 ff, Hamburg 1825

Hülbusch, Bruno: Rückkoppelungen zwischen Prüfung und Ausbildung, dargestellt an der Anrechnung von Ausbildungsnoten im Großen Staatsexamen, in: Merten, Detlef (Hrsg.), Probleme der Juristenausbildung, S. 73 ff, Berlin, München 1980

Hufen, Friedhelm: Auflösung eines Promotionsverhältnisses, in: JuS 1987, S. 918 f

Hummel, Hermann: Gerichtsschutz gegen Prüfungsbewertungen, Berlin 1969

Ingenkamp, Karlheinz: Möglichkeiten und Grenzen des Lehrerurteils und der Schultests, in: Roth, Heinrich (Hrsg.), Begabung und Lernen. Ergebnisse und Folgerungen neuer Forschungen. Deutscher Bildungsrat. Gutachten und Studien der Bildungskommission, 4. Aufl., Stuttgart 1969, S. 407 ff

ders.: Die Fragwürdigkeit der Zensurengebung. Texte und Untersuchungsberichte. Zusammengestellt und kommentiert von Karlheinz Ingenkamp, 7. Aufl., Weinheim 1977

Itter, Johann Christ: De Honoribus sive gradibus academicis liber. Editio nova, Francofurti a.M. 1698

Jahoda, Marie: Examining university examinations, in: Universities Quarterly 1966/67 (Juni 1967), S. 269 ff

Jakobs, Otto-Wilhelm: Die Klagearten im Prüfungsrechtsstreit, in: VBlBW 1981, S. 173 ff

Janke, W./*Faber*, B.: Über die Motive des Mogelns bei Klassenarbeiten, in: Die Deutsche Schule 6, 52. Jhrg. 1960, S. 284 ff

Jarass, Hans D.: Grundrechte als Wertentscheidungen bzw. objektivrechtliche Prinzipien in der Rechtsprechung des BVerfG, in: AöR, Bd. 110, 1985, S. 363 ff

Jarass, Hans D./*Pieroth*, Bodo: Grundgesetz für die Bundesrepublik Deutschland. Kommentar, 2. Aufl., München 1992

Jastrow, J.: Promotionen und Prüfungen, in: Doeberl, Michael/Scheel, Otto u.a. (Hrsg.), Das Akademische Deutschland, Bd. III, S. 219 ff, Berlin 1930

Jellinek, Georg: System der subjektiven öffentlichen Rechte, 2. Aufl., Tübingen 1919

Jellinek, Walter: Verwaltungsrecht, 2. Aufl., Berlin 1929

ders.: Verwaltungsrecht, 3. Aufl., Offenburg 1931

Jenrich, Holger, Titel auf Bestellung, in: Unicum, 10. Jhrg., Nr. 12, Dezember 1992, S. 31

Jestaedt, Christoph: Anmerkungen zum ordnungswidrigen Verhalten in Prüfungsverfahren, in: JA 1984, S. 145 ff

Judges, A.V.: The Evolution of Examinations, in: Lauwerys und Scanlon (ed.): Examaninations, London 1969, S. 17 ff

Karl, F.: Die nachträgliche Entziehung des akademischen Titels, in: AnnDR 1931, S. 212 ff

Karpen, Ulrich: Akademische Grade, Titel, Würden, in: Flämig, Ch./Grellert, V./Kimminich, O. u.a. (Hrsg.), Handbuch des Wissenschaftsrechts, Bd. I, S. 854 ff, Berlin, Heidelberg, New York 1982

ders.: Planung des Hochschulwesens und Grundgesetz, in: Karpen, Ulrich/Knemeyer, Franz-Ludwig (Hrsg.), Verfassungsprobleme des Hochschulwesens, S. 9 ff, Paderborn 1976

Karpen, Ulrich/*Maas*, Gabriele: Die Entwicklung der Rechtsprechung zum Wissenschaftsrecht seit 1984, in: JZ 1990, S. 626 ff

Kaufmann, Georg: Die Geschichte der Deutschen Universitäten, Bd. I, II, Stuttgart 1888

Kaz, Ernst Alexander: Der Widerruf von Verwaltungsakten bei vorgefallener Bestechung, in: VerwArch., Bd. 24, 1916, S. 497 ff

Kemper, Jürgen, F.: Die Überleitungsgerechtigkeit bei Gebietsänderungen und sonstigen Änderungen im territorialen Geltungsbereich von Rechtsordnungen, Pfaffenweiler 1992

Kern, Eduard: Die Geschichte des Gerichtsverfassungsrechts, München, Berlin 1954

Kerres, Michael: Prüfungsangst und Bewältigung, Bochum 1988

Kienapfel, Diethelm: Urkunden im Strafrecht, Frankfurt a.M. 1967

Killias, Martin: Disziplinarrecht. Die Handhabung des Disziplinarrechts an der Universität Zürich während der Jahre 1930-1970, Bern 1971

Kirchhoff, Hans/*Wermann*, Helga: Über das Mogeln, in: Schule und Psychologie, 8. Jhrg., 1961, S. 193 ff

Klenke, Reiner: Rechtsfragen des Justizprüfungsrechts, in: NWVBl. 1988, S. 199 ff

Klotz, Ernst: Die akademische Gerichtsbarkeit in alter und neuer Zeit, in: Festblatt zur Einweihung des neuen Kollegienhauses der Albert-Ludwigs-Universität Freiburg, Sonderausgabe der Akademischen Mitteilungen Nr. 1-3, 21.-28. Oktober 1911, S. 42 ff

Knack, Hans Joachim: Verwaltungsverfahrensgesetz (VwVfG), Kommentar, 3. Aufl., Köln, Berlin, Bonn, München 1989

Köhler, Heinz/*Ratz*, Günter: BDO, Bundesdisziplinarordnung und materielles Disziplinarrecht, Kommentar für die Praxis, Köln 1989

Koenig, Christian: Zur gerichtlichen Kontrolle sogenannter Beurteilungsspielräume im Prüfungsverfahren, in: VerwArch. 1992, S. 351 ff

Köttgen, Arnold: Deutsches Universitätsrecht, Tübingen 1933

ders.: Das Grundrecht der deutschen Universität. Gedanken über die institutionelle Garantie wissenschaftlicher Hochschulen, Göttinger Rechtswissenschaftliche Studien, Bd. 26, Göttingen 1959

Kohlrausch, Eduard/*Lange*, Richard: Strafgesetzbuch mit Erläuterungen und Nebengesetzen, bearbeitet von Richard Lange, 43. Aufl., Berlin 1961

Kopp, Ferdinand: Anmerkung zu den Entscheidungen des BVerfG, Beschluß des 1. Senats vom 17.4.91, - 1 BvR 419/81, 213/83, DVBl. 91, 801; - 1 BvR 1529/84, 138/87, DVBl. 91, 805, in: DVBl. 1991, S. 989 ff

ders.: Rechtsbehelfe in bezug auf Prüfungsbewertungen, in: JuS 1990, S. 944 ff

ders.: Die Bestimmung des maßgeblichen Sinns und Inhalts von Prüfungsfragen, in: BayVBl. 1990, S. 205

ders.: Verwaltungsverfahrensgesetz, 5. Aufl., München 1991

Krause, Peter: Hochschulprüfungen und ihre Kontrolle als Rechtsproblem, in: WissR 1970, S. 118 ff

Krey, Volker: Strafrecht, Besonderer Teil, Bd. 1, Besonderer Teil ohne Vermögensdelikte, 8. Aufl., Stuttgart, Berlin, Köln 1991

ders.: Strafrecht, Besonderer Teil, Bd. 2, Vermögensdelikte, 9. Aufl., Stuttgart, Berlin, Köln, 1993

Kröpil, Karl: Einige wichtige Anforderungen der Rechtsprechung an die Prüfertätigkeit in den juristischen Staatsprüfungen und Rechtsschutzgewährung, in: JuS 1989, S. 243 ff

Krohe, Heinz W.: Angst bei Schülern und Studenten, 1. Aufl., Hamburg 1977

Krope, Peter: Zensur, Ausbildung und Gesellschaft, 1. Aufl., Essen 1976

Krüger, Herbert: Das Leistungsprinzip als Verfassungsgrundsatz, Heft 17, Schriftenreihe des Deutschen Beamtenbundes, Bad Godesberg 1957

Krug, Wilhelm Traugott: Von der akademischen Gerichtsbarkeit, in: Krug, Wilhelm Traugott (Hrsg.), Versuch einer neuen Einteilung der Wissenschaften, S. 60 ff, Züllichan u. Freyst. 1805

Kühne, Hans-Heiner: Geschäftstüchtigkeit oder Betrug? Wettbewerbspraktiken im Lichte des § 263 StGB, Kehl am Rhein 1978

Kuhlen, Lothar: Zu den Tathandlungen bei Vorteilsnahme und Bestechlichkeit, in: NStZ 1988, S. 433 ff

Kunig, Philig: Das Rechtsstaatsprinzip, Tübingen 1986

ders.: Das Recht des öffentlichen Dienstes, in: v. Münch, Ingo/Schmidt-Aßmann, Eberhard (Hrsg.), Besonderes Verwaltungsrecht, 9. Aufl., Berlin, New York 1992

Kurth, Horst: Die Bewertung von Prüfungsleistungen und die neue Rechtsprechung, in: VR 1991, S. 144 f

Kutscher, Joachim: Beurteilen oder Verurteilen, München, Wien, Baltimore 1977

ders.: Hochschulprüfungen und Objektivität, in: Hüper, Rolf/Gahrens, Manfred (Hrsg.), Fachhochschule im Wandel, S. 79 ff, 1. Aufl., Hannover 1985

Kvale, Steinar: Prüfungen und Herrschaft. Hochschulprüfungen zwischen Ritual und Rationalisierung, Weinheim 1972

Lackner, Karl: Strafgesetzbuch mit Erläuterungen, 20. Aufl., München 1993

Larenz, Karl: Methodenlehre der Rechtswissenschaft, 5. Aufl., Berlin, Heidelberg, New York, Tokyo 1983

Laubinger, Hans-Werner: Beamten- und korporationsrechtlicher Status der Professoren, in: Flämig, Ch./Grellert, V./Kimminich, O. u.a. (Hrsg.), Handbuch des Wissenschaftsrechts, Bd. I, S. 401 ff, Berlin, Heidelberg, New York 1982

Leibholz, Gerhard/*Rinck*, Hans-Justus/*Hesselberger*, D.: Grundgesetze für die Bundesrepublik Deutschland, Kommentar an Hand der Rechtsprechung des Bundesverfassungsgerichts, 6. Aufl., Köln ab 1979

Lerche, Peter/*Lorenz*, Dieter: Rechtsfragen zur Führung des Professortitels, in: WissR 1968, S. 193 ff

Leipziger Kommentar: Kommentar zum Strafgesetzbuch, Jagusch, Heinrich/Mezger, Edmund/Schaefer, August/Werner, Wolfhardt (Hrsg.), Bd. 1 (§§ 1- 152), 8. Aufl., Berlin 1957, (zitiert: Verfasser in LK)

ders.: Kommentar zum Strafgesetzbuch, Jescheck, Hans-Heinrich/Ruß Wolfgang/Willms, Günther (Hrsg.), Bd. 5 (§§ 185-262); Bd. 6 (§§ 263-302 a); Bd. 7 (§§ 303-358), 10. Auflage, Berlin, New York 1988/1989, (zitiert: Verfasser in LK)

Letzgus, Klaus: Der Begriff der Diensthandlung und des Vorteils bei der Bestechlichkeit sowie die Konkurrenz zwischen Bestechlichkeit und "strafbarer" Diensthandlung, in: NStZ 1987, S. 309 ff

Leuze, Dieter/*Bender*, Giesela: Gesetz über die wissenschaftlichen Hochschulen des Landes Nordrhein-Westfalen unter Berücksichtigung des Hochschulrahmengesetzes des Bundes und der Hochschulgesetze der Länder, Kommentar, Loseblattausgabe, Bielefeld 1981, Stand: 7. Lfg. Januar 1990

Ley, Richard: Staats- und Verwaltungsrecht für Rheinland-Pfalz, 3. Aufl., Baden Baden 1992

Loeser, Otwin: Das außerschulische berufliche Prüfungswesen, Köln 1977

Maack, Heinrich: Grundlagen des studentischen Disziplinarrechts, Freiburg im Breisgau 1956

Martin, Klaus: Entlassung von Widerrufsbeamten im Vorbereitungsdienst, in: ZBR 1976, S. 177 ff

Maunz, Theodor/*Dürig*, Günter/*Herzog*, Roman/*Scholz*, Ruppert u.a.: Grundgesetz Kommentar, Bd. II (Art. 12a-37), Loseblattsammlung, Lfg. 1-30, München 1993

Maunz, Theodor/*Zippelius*, Reinhold: Deutsches Staatsrecht, 28. Aufl., München 1991

Maurach, Reinhart/*Schroeder*, Friedrich-Christian/*Maiwald*, Manfred: Strafrecht, Besonderer Teil, Teilband 1, Straftaten gegen Persönlichkeits- und Vermögenswerte, 7. Aufl., Heidelberg 1988

Maurach, Reinhart/*Schroeder*, Friedrich-Christian/*Maiwald*, Manfred: Strafrecht, Besonderer Teil, Teilband 2, Straftaten gegen Gemeinschaftswerte, 7. Aufl., Heidelberg 1991

Maurer, Hartmut: Allgemeines Verwaltungsrecht, 8. Aufl., München 1992

ders.: Kontinuitätsgewähr und Vertrauensschutz, in: Isensee/Kirchhof, Handbuch des Staatsrechts, Bd. III: Das Handeln des Staates, S. 211 ff, Heidelberg 1988

ders.: Promotion, in: Flämig, Ch./Grellert, V./Kimminich, O. u.a. (Hrsg.), Handbuch des Wissenschaftsrechts, Bd. I, S. 832 ff, Berlin, Heidelberg, New York 1982

Mehring, Peter: Censore locuto causa finita? - Zur Abänderbarkeit von Prüfungsentscheidungen durch die Prüfer, in: BayVBl. 1984, S. 714 ff

Meiners, Christoph: Geschichte der Entstehung und Entwicklung der hohen Schulen unseres Erdteils, 4. Bd., Göttingen 1802-1805

Menze, Clemens: Wilhelm von Humboldts Begründung und Einrichtung der Prüfungen und ihre Verwandlung im 19. Jahrhundert, in: Böhm, Winfried/Schiewer, Jürgen (Hrsg.), Geschichte der Pädagogik und systematische Erziehungswissenschaft, Festschrift zum 65. Geburtstag von Albrecht Reble, S. 215 ff, 1. Aufl., Stuttgart 1975

Menzel, Eberhard: Die Entziehung des Doktorgrades, in: JZ 1960, S. 457 ff

Meroth, Ekkehart: Disziplinar- und Strafgerichtsbarkeit der Universität Freiburg im 19. und 20. Jahrhundert, Pfaffenweiler 1990

Millgramm, Karl-Heinz: Studienbegleitende Leistungskontrollen - Erste Erfahrungen, in: Jura 1987, S. 178 ff

Moeller, Michael Lukas: Die Prüfung als Kernmodell psychosozialer Konflikte, in: Kölner Zeitschrift für Soziologie und Sozialpsychologie, 1969, S. 355 f

Mohrbotter, Kurt: Anmerkung zum Urteil des OLG Düsseldorf v. 23.12.65 - (1) Ss 630/65, in: NJW 1966, S. 1421

Muckel, Stephan: Neues zum Rechtsschutz gegenüber Prüfungsentscheidungen, in: JuS 1992, S. 201 ff

Müller, Rainer A.: Geschichte der Universität, München 1990

Nebendahl, Mathias/*Rönnau*, Thomas: Der Verzicht auf den Doktorgrad - eine mögliche Alternative zum Entziehungsverfahren, in: NVwZ 1988, S. 873 ff

Neumann, Dieter: Studienbegleitende Leistungskontrollen in der Juristenausbildung, in: DVBl. 1987, S. 339 ff

Nhili, Ali: Pädagogische und psychologische Untersuchungen zur Objektivität mündlicher Prüfungen im Hochschulbereich, Köln 1989

Niehues, Norbert: Schul- und Prüfungsrecht, 2. Aufl., München 1983

ders.: Stärkere gerichtliche Kontrolle von Prüfungsentscheidungen, in: NJW 1991, S. 3001 ff

o.V.: Der deutsche Michel auf der Hochschule (für Aufhebung der akademischen Gerichtsbarkeit), in: Zeitschrift für Deutschlands Hochschulen, Heidelberg 1844, S. 63-65, 72-73

o.V.: Entwicklung der Justizprüfungskommission und des Amtes ihres Vorsitzenden, in: Justiz-Ministerial-Blatt für die Preußische Gesetzgebung und Rechtspflege 60. Jhrg., Berlin 1898, S. 51 ff, herausgegeben im Bureau des Justiz-Ministeriums

o.V.: Karl Adolph Cäsar's Gedanken über die Notwendigkeit der akademischen Gerichtsbarkeit; und über einige andere mit dieser Frage verwandte Gegenstände, Leipzig 1800 bei Karl Wilhelm Küchler

Obermayer, Klaus: Kommentar zum Verwaltungsverfahrensgesetz, Ehlers, Dirk/Link, Christoph (Hrsg.), 2. Aufl., Neuwied 1990

Oesterley (ohne Vornamen): Darstellung der Gerichtsverfassung in der Universitätsstadt Göttingen, Göttingen 1933

Ohr, Günter: Das formgültige eigenhändige Testament als unechte Urkunde - OLG Düsseldorf, NJW 1966, 749, in: JuS 1967, S. 255 ff

Oppenhoff, Theodor/*Delius*, Hans: Das Strafgesetzbuch für das Deutsche Reich, nebst Einführungsgesetz vom 31. Mai 1870 und dem Einführungsgesetz für Elsaß Lothringen vom 30. August 1871 erläutert durch Dr. Friedrich Oppenhoff, fortgeführt von Dr. Theodor Oppenhoff und von Hans Delius (Hrsg.), 14. Ausgabe, Berlin 1901

Oppermann, Thomas: Kulturverwaltungsrecht. Bildung - Wissenschaft - Kunst, Tübingen 1969

Ortloff, Hermann: Karzerstrafe als Disciplinarstrafe auf Universitäten. - Conflict zwischen Straf- und Disciplinarverfahren. - Verbüßung geringer Freiheitsstrafen im academischen Karzer, in: Der Gerichtssaal 33, 1801, S. 189-220

Otto, Harro: Die Probleme der Urkundenfälschung (§ 267 StGB) in der neueren Rechtsprechung und Lehre, in: JuS 1987, S. 761 ff

Pappermann, Ernst: BVerfG, Beschluß des Ersten Senats vom 17.4.1991 (1 BvR 4119/81, 213/83), in: VR 1991, S. 343 ff

Paulsen, Friedrich: Geschichte des gelehrten Unterichts auf den deutschen Schulen und Universitäten vom Ausgang des Mittelalters bis zur Gegenwart, Bd. I und II, 3. Aufl., Berlin und Leipzig 1921

Pelke, Bernhard: Die strafrechtliche Bedeutung der Merkmale "Übel" und "Vorteil". Zur Abgrenzung der Nötigungsdelikte von den Bestechungsdelikten und dem Wucher, München 1990

Peters, Hans: Lehrbuch der Verwaltung, Berlin 1949

Pietzcker, Jost: Anmerkung zu den Entscheidungen des BVerfG, Beschluß v. 17.4.1991 - 1 BvR 419/81 u. 213/83, Beschluß v. 17.4.1991 - 1 BvR 1529/84 u. 138/87, in: JZ 1991, S. 1084 ff

ders.: Verfassungsrechtliche Anforderungen an die Ausgestaltung staatlicher Prüfungen, Berlin 1975

Plog, Ernst/*Wiedow*, Alexander/*Beck*, Gerhard/*Lemhöfer*, Bernt: Kommentar zum Bundesbeamtengesetz mit Beamtenversorgungsgesetz, Bd. 1, Loseblattsammlung Neuwied, Darmstadt 1986, Stand: 181. Lfg. August 1993

Prahl, Hans-Werner: Prüfungen, in: Huber, Ludwig (Hrsg.), Enzyklopädie Erziehungswissenschaften, Bd. 10, Ausbildung und Sozialisation in der Hochschule, S. 438 ff, Stuttgart 1983

ders.: Prüfungssysteme und Prüfungsreformen an den Hochschulen in der Bundesrepublik Deutschland, Bd. I, Hamburg 1980

ders.: Prüfungsangst. Symptome, Formen, Ursachen, München 1977

ders.: Hochschulprüfungen - Sinn oder Unsinn?, München 1976

ders.: Gesellschaftliche Funktionen von akademischen Abschlußprüfungen und Graden, Kiel 1974

Puppe, Ingeborg: Die neue Rechtsprechung zu den Fälschungsdelikten, Teil 1, in: JZ 1986, S. 938 ff

dies.: Unzulässiges Handeln unter fremdem Namen als Urkundenfälschung, in: JR 1981, S. 441 ff

dies.: Urkundenfälschung, in: Jura 1979, S. 630 ff

Quambusch, Erwin: Prüfungen ohne Befähigungsnachweis, in: DÖD 1989, S. 252 ff

Quaritsch, Helmut: Der Verzicht im Verwaltungsrecht und auf Grundrechte, in: Selmer, Peter/v. Münch, Ingo (Hrsg.), Gedächtnisschrift für Wolfgang Martens, S. 407 ff, Berlin 1987

Radtke, Dieter: Zur Bewertung von Prüfungsklausuren, in: VR 1981, S. 195 ff

Raether, Joachim: Das Prinzip des Rechtsstaats in der Rechtsprechung des Bundesverfassungsgerichts und der Oberen Bundesgerichte, Hamburg 1967

Rapp, Martin: Die Anfechtung von Prüfungen, in: Breinersdorfer, Alfred W. (Hrsg.), Numerus Clausus Handbuch, S. 216 ff, Köln 1984

Rausching, Dietrich: Kontrolle der Leistungsbewertung im juristischen Staatsexamen - OVG Münster, NVwZ 1993, 94 und 95, in: JuS 1993, S. 551 ff

Redeker, Konrad: Verfassungsrechtliche Vorgaben zur Kontrolldichte verwaltungsgerichtlicher Rechtsprechung, in: NVwZ 1992, S. 305 ff

Rehborn, Helmut/*Schäfer*, Heinrich: Die Juristenausbildung in Nordrhein-Westfalen, 5. Aufl., München 1974

Rehborn, Helmut/*Schäfer*, Heinrich/*Tettinger*, Peter J.: Die Juristenausbildung in Nordrhein-Westfalen, 6. Aufl., München 1986

Reich, Andreas: Hochschulrecht des Bundes, Bd. 2, Hochschulrahmengesetz, Kommentar, 4. Aufl., Bad Honnef 1992

Reichel, Hans: Aberkennung des Doktortitels wegen Erschleichung der Zulassung, in: DJZ 1927, S. 941 f

Reiß, Günter: Die Rechtssetzungsbefugnis der Universität. Eine Darstellung ihrer Entwicklung, Rechtsgrundlagen und praktischen Bedeutung, Mainz 1979

Reuhl, Günter: Die Rechtsbeziehungen zwischen Staat und Hochschule auf dem Gebiet der wissenschaftlichen Berufsvorbildung und Prüfungen in der Form der Staats- und Diplomprüfungen, Marburg 1971

Richter, Ingo: Leistungsbeurteilung in der juristischen Ausbildung, in: Giehring, Heinz/Haag, Fritz/Hoffmann-Riem, Wolfgang u.a. (Hrsg.), Juristenausbildung - erneut überdacht, S. 344 ff, 1. Aufl., Baden Baden 1990

Rinken, Alfred: Einführung in das juristische Studium, 2. Aufl., München 1991

Ritter, Gerhard: Die Heidelberger Universität, ein Stück deutscher Geschichte, 1. Bd., Heidelberg 1936

Roellecke, Gerd: Wisschenschaftsfreiheit als instituionelle Garantie?, in: JZ 1969, S. 726 ff

Rogge, Heinz: Die Frage des Mogelns an deutschen und ausländischen Schulen, in: Zeitschrift für Pädagogik, Vierteljahresschrift, 9. Jhrg., 1963, S. 280 ff

Rosenberg, Werner: Das Recht der akademischen Grade in Preußen, Breslau 1930

Rost, Detlef H./*Wild*, Klaus P.: Schulisches Mogeln und Leistungsvermeidung; Komponenten und Erfassung, Marburg 1989

Rotter, Hartmut: Studentisches Disziplinarrecht und Verfassung. Die Verfassungsmäßigkeit des studentischen Disziplinarrechts nach dem Bonner Grundgesetz, Bonn 1967

ders.: Ethische Totalbindung des Studenten. Überlegungen zur Verfassungsmäßigkeit des studentischen Disziplinarrechts, Bonn 1965

ders.: Enklave des Rechtsstaats. Studentisches Disziplinarrecht in der Bundesrepublik Deutschland, Bonn/Beuel 1968

Rozek, Jochen: Neubestimmung der Justitiabilität von Prüfungsentscheidungen, in: NVwZ 1992, S. 343 ff

ders.: Zur Justitiabilität von Prüfungsentscheidungen im Hochschulwesen, in: JA 1989, S. 233 ff

Rupp, Hans Heinrich: Die Stellung der Studenten in der Universität, in: VVDStRL, Heft 27, 1969, S. 113 ff

Salzwedel Jürgen: Prüfungen, in: Flämig, Ch./Grellert, V./Kimminich, O. u.a. (Hrsg.), Handbuch des Wissenschaftsrechts, Bd. I, S. 810 ff, Berlin, Heidelberg, New York 1982

Samson, Erich: Grundprobleme der Urkundenfälschung, in: JA 1979, S. 658 ff *ders.*: Grundprobleme des Betrugstatbestandes, in: JA 1978, S. 469 ff

ders.: Grundprobleme der Urkundenfälschung, in: JuS 1970, S. 369 ff

ders.: Fälschung von Beweiszeichen?, in: GA 1969, S. 353 ff

Satánek, Ales: Zur Frage der Lernerfolgmessung im Bereich der Fortbildung, in: Prüfungsobjektivierung, S. 169 ff, Veranstaltung vom Forschungs- und Entwicklungszentrum für objektivierte Lehr- und Lernverfahren vom 25.-27.5.1972, Paderborn 1973

Sax, Walter: Zur Problematik des Teilnehmerdelikts, in: ZStW 90, 1978, S. 927 ff

Scheer, Jörn W./*Zenz*, Helmuth: Studenten in der Prüfung, Frankfurt a.M. 1973

Scheerbarth, Walter/*Höffken*, Heinz/*Bauschke*, Hans-Joachim/*Schmidt*, Lutz: Beamtenrecht, 6. Aufl., Siegburg 1992

Scherzberg, Arno: Behördliche Entscheidungsprärogativen im Prüfungsverfahren?, in: NVwZ 1992, S. 31 ff

Scheuner, Ulrich: Rechtsgrundlagen des Hochschulrechts, in: DVBl. 1955, S. 137 ff

ders.: Pressefreiheit, in: VVDStRL 1964, S. 1ff

Schick, Walter: Wichtige Entscheidungen zum Prüfungs- und Beurteilungsrecht, Rechtsprechungsbericht, in: ZBR 1972, S. 300 ff

Schild, Wolfgang: "Eindringen" (§ 123 I StGB) bei individuellem Betretungsverbot, in: NStZ 1986, S. 346 ff

Schlichting, Hermann: Mein erster Besuch im Karzer. Nach dem Tagebuch eines jungen Philisters, in: Deutsche Studenten-Zeitung, 1. 1884 No. 52, 2. 1885 No. 1

Schlink, Bernhard: Das Grundgesetz und die Wissenschaftsfreiheit; zum gegenwärtigen Stand der Diskussion um Art. 5 III GG, in: Der Staat, 10. Bd., 1971, S. 244 ff

Schlöder, Jürgen: Gerichtliche Kontrolle von Prüfungsbewertungen, in: DVP 1992, S. 35 ff

Schmalz, Dieter: Grundrechte, 2. Aufl., Baden Baden 1991

Schmidt, Dieter: Die Bedeutung der Prüfungsleistungen insbesondere der schriftlichen Arbeiten für die Prüfung, in: Merten, Detlef (Hrsg.), Probleme der Juristenausbildung, S. 79 ff, Berlin, München 1980

Schmidt-Bleibtreu, Bruno/*Klein*, Franz: Kommentar zum Grundgesetz, 7. Aufl., Bonn, München, Neuwied 1990

Schmiel, Martin: Lernstandsfeststellungen in der Berufsbildung, Köln 1973

Schnapp, Friedrich E.: Verhältnismäßigkeitsgrundsatz und Verwaltungsverfahrensrecht, in: Achterberg, Norbert/Krawietz, Werner/Wyduckel, Dieter (Hrsg.), Festschrift für Hans Ulrich Scupin, S. 899 ff, Berlin 1983

Schneider, Egon: Der Kommentar, in: DRiZ 1983, S. 362

Schnellenbach, Helmut: Beamtenrecht in der Praxis, 2. Aufl., München 1987

Schoenborn, Walter: Studien zur Lehre vom Verzicht im Öffentlichen Recht, Tübingen 1908

Schöner, Hartmut: Das Recht der akademischen Grade in der Bundesrepublik Deutschland, Würzburg 1969

Schönke, Adolf/*Schröder*, Horst: Strafgesetzbuch, Kommentar, 24. Aufl., München 1991

Scholz, Bernd: Die heutige Problematik des Hochschuldisziplinarrechts, Breslau 1969

Schroeder, Friedrich-Christian: Urkundenstraftaten an entwerteten Fahrkarten, in: JuS 1991, S. 301 ff

ders.: Urkundenfälschung durch Examenstäuschung - BayObLG, NJW 1981, S. 772, in: JuS 1981, S. 417 ff

ders.: Die Bewertung juristischer Prüfungsleistungen, in: JuS 1980, S. 310 ff

Schütz, Erwin: Beamtenrecht des Bundes und der Länder: dargestellt am Beamtengesetz des Landes NRW, mit eingehender Behandlung der Beamtengesetze des Bundes und der anderen Länder, Gesamtausgabe Kommentar, Ordner 1, 5. Aufl., Loseblattsammlung Heidelberg, Stand: 107. Lfg. 1992

Schulze, Friedrich/*Ssymank*, Paul: Das deutsche Studententum von den ältesten Zeiten bis zur Gegenwart, 4. Aufl., München 1932

Schusser, Gerhard: Zur Frage schichtspezifischer Funktion der Hochschulprüfungen, in: Daxner, Michael/Gries, Jürgen (Hrsg.), Recht und Ökonomie der Hochschulprüfungen, S. 73 ff, Osnabrück 1978

Schwabe, Jürgen: Probleme der Grundrechtsdogmatik, Darmstadt 1977

Seebass, Friedrich: Eine Wende im Prüfungsrecht, in: NVwZ 1992, S. 609 ff

ders.: Die Prüfung - ein rechtschutzloser Freiraum des Prüfers?, in: NVwZ 1985, S. 521 ff

Seeberg, Reinhold: Zur Doktorfrage, in: Mitteilungen des Verbandes Deutscher Hochschulen (1920-1933), 1923, S. 76 ff

ders.: Bericht des Promotionsausschusses: "Doktorfragen", in: Mitteilungen des Verbandes Deutscher Hochschulen (1920-1933), 1926, S. 47 ff

ders.: Doktornöte, in: Mitteilungen des Verbandes Deutscher Hochschulen (1920-1933), 1928, S. 99 ff

ders.: Doktorfrage, in: Mitteilungen des Verbandes Deutscher Hochschulen (1920-1933), 1927, S. 177 ff

ders.: Promotionsfragen, in: Mitteilungen des Verbandes Deutscher Hochschulen (1920-1933), 1929, S. 132 ff

Sellmann (ohne Vornamen): Grundsätzliches zur Disziplinargerichtsbarkeit, in: DVBl. 1957, S. 227 ff

Sonnen, B.-R.: Anmerkung zum Urteil des BayObLG v. 17.12.80 -RReg. 3 St. 250/79 a-f = NJW 81, S. 772, in: JA 1981, S. 367

Starosta, Thomas: Die Aberkennung akademischer Grade, in: DÖV 1987, S. 1050 ff

Stein, Friedrich: Die akademische Gerichtsbarkeit in Deutschland, Leipzig 1891

Steinmetz, Bernd: Der Echtheitsbegriff im Tatbestand der Urkundenfälschung (§ 267 StGB), Berlin 1991

ders.: Forum: Hausfriedensbruch bei Räumen mit genereller Zutrittserlaubnis, in: JuS 1985, S. 94 ff

Stelkens, Paul/*Bonk*, Heinz-Joachim/*Leonhardt*, Klaus: Verwaltungsverfahrensgesetz, Kommentar, 3. Aufl., München 1990

Stern, Klaus: Das Staatsrecht der Bundesrepublik Deutschland, Bd. I: Grundbegriffe und Grundlagen des Staatsrechts, Strukturprinzipien der Verfassung, 2. Aufl., München 1984

Stich, Rudolf Franz: Vertrauensschutz im Verwaltungsrecht, Mainz 1954

Stiebler, Walter: Rückkoppelungen zwischen Prüfung und Ausbildung, dargestellt an der Anrechnung von Ausbildungsnoten im Großen Staatsexamen, in: Merten, Detlef (Hrsg.), Probleme der Juristenausbildung, S. 57 ff, Berlin, München 1980

Stiller, Thomas: Disziplinarrecht des Bundes und der Länder, Regensburg 1991

Stölzel (ohne Vornamen): Entstehung der juristischen Prüfungen und des juristischen Vorbereitungsdienstes in Preußen, in: Justiz-Ministerial-Blatt für die Preußische Gesetzgebung und Rechtspflege, Berlin 1882, S. 48 ff

Störle, Wilhelm/*Störle*, Johann: Rechtsprechung zum Prüfungsrecht, Bayerisches Staatsinstitut für Hochschulforschung und Hochschulplanung (Hrsg.), München 1978 (zitiert: Störle, Rechtsprechung zum Prüfungsrecht)

Stratenwerth, Günter: Strafrecht, Allgemeiner Teil I (Die Straftat), 3. Aufl., Köln, Berlin, Bonn, München 1981

Strauch, Hans-Joachim: Staatliche und akademische Prüfungsordnungen, Hamburg 1978

Strunck, Gert Peter: Beamtenrecht, 3. Aufl., Köln, Berlin, Bonn, München 1986

Systematischer Kommentar: Kommentar zum StGB, Rudolphi, Hans-Joachim/Horn, Eckhard/Samson, Erich (Hrsg.), Bd. I, Allgemeiner Teil (§§ 1-79 b), 6. Aufl., Loseblattsammlung Neuwied, Kriftel, Berlin, Stand: 20. Lfg. April 1993 (zitiert: Verfasser in SK)

Systematischer Kommentar: Kommentar zum StGB, Rudolphi, Hans-Joachim/Horn, Eckhard/Samson, Erich (Hrsg.), Bd. II, Besonderer Teil (§§ 80-358), 4. Aufl., Loseblattsammlung Neuwied, Kriftel, Stand: 29. Lfg. Juni 1991 (zitiert: Verfasser in SK)

Tent, Lothar: Die Auslese von Schülern für weiterführende Schulen. Möglichkeiten und Grenzen. Beiträge zur Theorie und Praxis der Leistungsbeurteilung in der Schule, Göttingen 1969

Teubner, Ernst: Die mündliche Prüfung in beiden juristischen Examina - der Akten-(Kurz)-Vortrag, 3. Aufl., Köln, Berlin, Bonn, München 1990

ders.: Die mündliche Prüfung im ersten juristischen Staatsexamen, in: Jura 1986, S. 505 ff

Theisen, Manuel René: Promotionsberatung - am Rande des Abgrunds?, in: WiSt, Heft 9, 1992, S. 477 ff

ders.: Ein gekaufter Doktorhut wird jedem Unbefugten wieder vom Kopf gerissen, in: Junge Karriere, Sommersemester 1989, S. 4 f

Theuersbacher, Paul: Gerichtliche Kontrolle der Prüfungsentscheidungen im Antwort-Wahlverfahren der medizinischen und pharmazeutischen Prüfungen, in: BayVBl. 1991, S. 649 ff

Thieme, Werner: Deutsches Hochschulrecht, Berlin, Köln 1956 (zitiert: Thieme, Deutsches Hochschulrecht I)

ders.: Deutsches Hochschulrecht, 2. Aufl., Köln, Berlin, Bonn, München 1986 (zitiert: Thieme, Deutsches Hochschulrecht II)

ders.: Grundprobleme des Hochschulrechts, Darmstadt 1978

ders.: Vom Wesen des Disziplinarrechts, in: DVBl. 1957, S. 769 ff

ders.: Das Recht auf freie Wahl der Ausbildungsstelle, in: JZ 1959, S. 265 ff

ders.: Probleme einer juristischen Zwischenprüfung, in: DRiZ 1984, S. 233 ff *ders.*: Der Verzicht auf den Doktorgrad, in: DÖV 1988, S. 250 ff

Thomas, Heinz/*Putzo*, Hans: ZPO. Zivilprozeßordnung mit Gerichtsverfassungsgesetz und den Einführungsgesetzen, 18. Aufl., München 1993

Thürk, Walter: Nochmals: Die Bestimmung des maßgeblichen Sinns und Inhalts von Prüfungsfragen, in: BayVBl. 1991, S. 428 f

Toll, Heinz-Joachim: Akademische Gerichtsbarkeit und akademische Freiheit, Neumünster 1979

Ule, Carl Hermann: Öffentlicher Dienst, in: Bettermann, Karl August/Nipperdey, Hans Carl, Die Grundrechte, Bd. IV, 2. Halbband, S. 537 ff, 2. unveränderte Auflage, Berlin 1972

Ule, Carl Hermann/*Laubinger*, Hans-Werner: Verwaltungsverfahrensrecht, 3. Aufl., Köln, Berlin, Bonn, München 1986

Voelkner, Jürgen: Probleme der Leistungsbewertung bei mündlichen Prüfungen aus pädagogischer und psychologischer Sicht, in: Merten, Detlef (Hrsg.), Probleme der Juristenausbildung, S. 131 ff, Berlin, München 1980

Vollmar, Rudi: Die Entziehung der Doktorwürde, Heidelberg 1950

von Amira, Karl: Reform der Doktorpromotion, in: Akademische Rundschau 1912/13, S. 564-585

von Hippel, Reinhard: Zur Entziehung akademischer Grade, in: GA 1970, S. 18 ff

von Mangoldt, Paul: Strafgesetzbuch für das Deutsche Reich, Leipzig 1889

von Mangoldt, Hermann/*Klein*, Friedrich/*Starck*, Christian: Das Bonner Grundgesetz, Kommentar, Bd. 1 (Präambel, Art. 1-5), 3. Aufl., München 1985

von Münch, Ingo: Öffentlicher Dienst, in: von Münch, Ingo (Hrsg.), Besonderes Verwaltungsrecht, S. 1 ff, 8. Aufl., Berlin, New York 1988

ders.: Grundgesetzkommentar, Bd. 2, 2. Aufl., München 1983

von Münch, Ingo/*Kunig*, Philip: Grundgesetzkommentar, Bd. 1, 4. Aufl., München 1992

von Mutius, Albert/*Sperlich*, Klaus: Prüfungen auf dem Prüfstand, in: DÖV 1993, S. 45 ff

von Olshausen, Justus: Kommentar zum Strafgesetzbuch für das Deutsche Reich, 11. Aufl., 1. Bd., Berlin 1927

von Stralendorff, Dagmar: "Studienbegleitende Leistungskontorllen" - das etablierte Ärgernis?, in: JuS 1989, S. 943 f

von Weber, Hellmuth: Zur Reform des akademischen Disziplinarrechts, in: DVBl. 1958, S. 297 ff

Wagner, Fritjof: Beamtenrecht, 3. Aufl. Heidelberg 1991

ders.: Das Prüfungsrecht in der aktuellen Rechtsprechung, in: DVBl. 1990, S. 183 ff

ders.: Die fehlerhafte Beamtenernennung und ihre Rechtsfolgen, in: DVP 1987, S. 211 ff

Wagner, Heinz: Die Rechtsprechung zu den Straftaten im Amt seit 1975, in: JZ 1987, S. 594 ff

Wahlers, Wilhelm: Gerichte als letzte Chance für verpatzte Examen, in: DUZ 1991, S. 26 ff

Waibel, Wolf-Wilhelm: Die Rechtsprechung auf dem Gebiet des Hochschulrechts seit 1945, Freiburg im Breisgau 1966

Wassermann, Rudolf: Das Disziplinarrecht der Referendare, in: JuS 1964, S. 418 ff

Wassermann, Rudolf/*Kirchner*, Lothar/*Kröpil*, Karl: Das Recht der Juristenausbildung. Die Vorschriften des Bundes und des Landes Niedersachsen, Neuwied 1988

Wattler, Arnold: Bericht über die Behörde des Bundesdisziplinaranwalts, in: ZBR 1989, S. 321 ff

Weber, Albrecht: Die Stellung und Begriff des Hochschullehrers in der Rechtsprechung des BVerfG, in: Zeidler, Wolfgang/Maunz, Theodor/Roellecke, Gerd (Hrsg.), Festschrift für Hans Joachim Faller, S. 287 ff, München 1984

Weber, Klaus: Censore locuto causa finita? - Zur Abänderbarkeit von Prüfungsentscheidungen durch die Prüfer, in: BayVBl. 1984, S. 268 ff

Weber, Konrad: Die Entwicklung des juristischen Prüfungs- und Ausbildungswesens in Preußen, in: Zeitschrift für Deutschen Zivilprozeß, Bd. 59, 1935, S. 1-35, 96-168, 253-290

Weber, Werner: Die Rechtstellung des deutschen Hochschullehrers, Göttingen 1951, 2. unveränderte Aufl., 1965

Weber-Dürler, Beatrice: Vertrauensschutz im Öffentlichen Recht, Basel, Frankfurt a.M. 1983

Weingarten, Andrea: Prüfungserwartung als Lernbehinderung, Münster (Westf.) 1977

Weiß, Hans-Dietrich: Gesamtkommentar Öffentliches Dienstrecht (GKÖD), Fürst, Walter (Hrsg.), Bd. II, Disziplinarrecht des Bundes und der Länder, Teil 3, Verfahrensrecht (K §§ 1-32), Loseblattsammlung Berlin 1974, Stand: 48. Lfg. Mai 1993

Weiß, Hans-Joachim: Prüfungsangst, München 1989

Weißhaar, Erwin: Beamtenrecht, 3. Aufl., Göttingen 1989

Welzel, Hans: Das deutsche Strafrecht, 11. Aufl., Berlin 1969

Wende, Erich: Grundlagen des preußischen Hochschulrechts, Berlin 1930

Wendt, Reinhard: Die Bayerische Konkursprüfung der Montgelas-Zeit, München 1984

Wessels, Johannes: Strafrecht, Allgemeiner Teil, 22. Aufl., Heidelberg 1992

ders.: Strafrecht, Besonderer Teil, 1. Bd., Straftaten gegen Persönlichkeit- und Gemeinschaftswerte, 15. Aufl., Heidelberg 1991

ders.: Strafrecht, Besonderer Teil, 2. Bd., Straftaten gegen Vermögenswerte, 13. Aufl., Heidelberg 1990

Westen, Ingo A.: Das neue Ordnungsrecht der wissenschaftlichen Hochschulen, Bochum 1974

Wetzell, G.W.: Bedenken gegen die Aufhebung der akademischen Gerichtsbarkeit, Marburg 1848

Wichardt, Rita: Verleihung und Entziehung des Doktorgrades, Kiel 1976

Wiese, Walter: Beamtenrecht, 3. Aufl., Köln, Berlin, Bonn, München 1988

Wilde, Klaus Ruediger: Der Verzicht Privater auf subjektive öffentliche Rechte, Hamburg 1966

Wind, Ferdinand/*Schimana*, Rudolph/*Wallerius*, Peter: Öffentliches Dienstrecht, 3. Aufl., Köln 1991

Windholz, Jürg: Promotionsmöglichkeiten für Juristen in Deutschland, 2. Aufl., Konstanz 1984

Woeste, Peter: Akademische Väter als Richter, Marburg 1987

Würkner, Joachim: Bundesverfassungsgericht auf Abwegen? Gedanken zur Kontrolldichte verwaltungsgerichtlicher Rechtsprechung, in: NVwZ 1992, S. 309 ff

Wurth, Karl: Die Tatfolgen im Disziplinarrecht, in: Zum öffentlichen Dienst- und Disziplinarrecht, Festgabe für Hans Rudolf Clausssen, S. 157 ff, Köln, Berlin, Bonn, München 1988

Zacher, Hans F.: Hochschulrecht und Verfassung, Göttingen 1973

Zimmerling, Wolfgang: Akademische Grade und Titel, Schriftenreihe für die Prozeßpraxis, Bd. 7, Köln, Berlin, Bonn, München 1990

Zöller, Richard: Zivilprozeßordnung mit Gerichtsverfassungsgesetz und den Einführungsgesetzen, mit internationalem Zivilprozeßrecht, Kostenanmerkungen, 18. Aufl., Köln 1993

FSC
www.fsc.org
MIX
Papier | Fördert gute Waldnutzung
FSC® C083411

Kolibri 360 GmbH
Ferdinand-Jühlke-Straße 7
99095 Erfurt, Deutschland
produktsicherheit@kolibri360.de